Elfriede Jelinek: Provokationen der Kunst

—

Herausgegeben von
Uta Degner und Christa Gürtler

DE GRUYTER

Die Drucklegung wurde gefördert mit Mitteln der Stadt Salzburg, der Stiftungs- und Förderungsgesellschaft und des Fachbereichs Germanistik der Universität Salzburg und des Programmbereichs „Figurationen des Übergangs" an der interuniversitären Einrichtung *Wissenschaft & Kunst* der Paris-Lodron-Universität und der Universität Mozarteum.

ISBN 978-3-11-135620-4
e-ISBN (PDF) 978-3-11-074243-5
e-ISBN (EPUB) 978-3-11-074261-9

Library of Congress Control Number: 2021943312

Bibliografische Information der Deutschen Nationalbibliothek
Die Deutsche Nationalbibliothek verzeichnet diese Publikation in der Deutschen Nationalbibliografie; detaillierte bibliografische Daten sind im Internet über http://dnb.dnb.de abrufbar.

© 2023 Walter de Gruyter GmbH, Berlin/Boston
Dieser Band ist text- und seitenidentisch mit der 2021 erschienenen gebundenen Ausgabe.
Einbandabbildung: © Ulrike Ottinger, 2007
Druck und Bindung: CPI books GmbH, Leck

www.degruyter.com

Inhalt

Uta Degner und Christa Gürtler
Provokationen der Kunst – Provokationen als Kunst. Einleitung —— 1

I Provokationen der Poetologie

Juliane Vogel
Batman in Amstetten. Jelineks *wir sind lockvögel baby!* —— 19

Konstanze Fliedl
Die Welt als Bild. Elfriede Jelineks Virtualität —— 33

Simon Aeberhard
Diskurskonkurs. Mit dem Theater gegen das Theater für ein anderes Theater (*Bambiland*) —— 51

Christa Gürtler
Elfriede Jelineks *Wut*. Zwischen Sprech-Wut und Katharsis —— 77

II Angreifende Autorschaft

Anne Fleig
Das Drama der Autorin. Elfriede Jelineks essayistische Positionierungen zum Theater —— 95

Uta Degner
***Die Klavierspielerin*: Erika Kohut und der Wiener Aktionismus** —— 111

Norbert Christian Wolf
***Lust* im journalistischen Feld, Unlust an der Lektüre. Zur Funktion der Werkpolitik und Kritik an Jelineks Roman** —— 133

Harald Gschwandtner
„Der Gigant ist tot." Elfriede Jelinek liest Thomas Bernhard —— 163

III Provokation als Revision

Alexandra Millner
Nora 3/3. Über Elfriede Jelineks Ibsen-Fortschreibungen —— 201

Silke Felber
Provokationen. Zur Funktion der Klage in Jelineks Tragödienfortschreibungen —— 219

Teresa Kovacs
Was vergeht, bleibt. Das Fotografische im Theater von Elfriede Jelinek und Einar Schleef —— 231

Die Beiträger*innen —— 255

Personenregister —— 259

Uta Degner und Christa Gürtler
Provokationen der Kunst – Provokationen als Kunst. Einleitung

„Reizfigur Elfriede Jelinek",[1] „[d]ie Frau, die alle reizt"[2] – das Image Elfriede Jelineks als Provokateurin ist vielleicht ihre wichtigste Autorinnencharakteristik in der öffentlichen Wahrnehmung.[3] Von Beginn ihrer Karriere an hat Jelineks Literatur – insbesondere in Österreich – eine außergewöhnliche Provokationskraft gezeigt und fungierte in den letzten Jahrzehnten immer wieder als Unruheherd, von dem gewichtige gesellschaftliche Debatten ausgingen[4] und der seinerseits immer wieder zum Gegenstand von Polemiken wurde.[5] In diesen öffentlichen Auseinandersetzungen ging allerdings das ästhetische Profil von Jelineks Texten verloren. Dabei zeigt sich dort eine nicht minder provokative Kraft der Autorin: Jelineks Texte nehmen kontinuierlich und insistierend ihr eigenes Terrain, die Literatur selbst, ins Visier. Ulrike Haß hat diese Qualität der Jelinek'schen Literatur herausgestellt. In Hinblick auf das Theater betont sie, dass Jelineks Texte

> von Anfang an die eigentümlichen Probleme des Theaters ergründet haben [...]. Und dass sie, im Gegensatz zum Theaterbetrieb, anfingen, nach den Bedingungen und Implikationen der Bühne zu fragen. Dass sie sich für die Geschichte einer Bühne interessierten, die man immer mit der Unterscheidung von wahr und falsch, von wirklich und trügerisch in Verbindung gebracht hatte. Und dass Jelineks Theatertexte von Anfang an mit der Nicht-Anerkennung dieser Unterscheidung einsetzten, mit der Nicht-Verschiedenheit von fiktionaler und wirklicher Welt.[6]

---

1 Pia Janke: Reizfigur Elfriede Jelinek: „Die Nestbeschmutzerin". In: Der Standard v. 10. Oktober 2004. Zitiert nach: https://www.derstandard.at/story/1820271/breizfigurb-elfriede-jelinek-die-nestbeschmutzerin (letzter Zugriff: 15. Juni 2020).
2 Gerald Heidegger: Die Frau, die alle reizt (20.10.2016). https://orf.at/v2/stories/2362247/2362492/ (letzter Zugriff: 15. Juni 2020).
3 Vgl. z. B. auch Anke Dürr: Die Kunst der Provokation. In: Spiegel 12/2004, S. 38.
4 So z. B. die von der Uraufführung von *Burgtheater* ausgelöste Kontroverse; vgl. hierzu auch die Publikation Pia Janke, Teresa Kovacs und Christian Schenkermayr (Hg.): Elfriede Jelineks „Burgtheater". Eine Herausforderung. Wien 2018.
5 Einen guten Überblick hierzu bietet: Pia Janke (Hg.): Die Nestbeschmutzerin. Jelinek & Österreich. Salzburg/Wien 2002.
6 Ulrike Haß und Monika Meister: „Wie ist es möglich, Theater ausschließlich mit Texten aufzustören?" E-Mailwechsel zwischen Ulrike Haß und Monika Meister. In: Pia Janke und Teresa Kovacs (Hg.): „Postdramatik". Reflexion und Revision. Wien 2015 (Diskurse. Kontexte. Impulse. Publikationen des Elfriede Jelinek-Forschungszentrums. Bd. 11), S. 112–118, hier S. 113–114. In

Die „Nicht-Anerkennung" von künstlerischen Konventionen provoziert, da sie wie das Rühren an Tabus Fundamente unseres Verständnisses von Kunst in Frage stellt. Einer der bekanntesten poetologischen Texte Jelineks beginnt mit einer solchen apodiktischen Verweigerung:

> Ich will nicht spielen und auch nicht anderen dabei zuschauen. Ich will auch nicht andere dazu bringen zu spielen. Ich will kein Theater. [...] Theater darf es nicht mehr geben. [...] Die Schauspieler bedeuten sich selbst und werden durch sich definiert. Und ich sage: Weg mit ihnen! Sie sind nicht echt. Echt sind nur wir. [...] Richten wir die Blicke nur noch auf uns! Wir sind unsere eigenen Darsteller.[7]

Jelineks komprimierter Essay formuliert mit der Verweigerung gegenüber dem Spiel eine deutliche Polemik gegen das Konzept der Fiktionalität als ein Spiel mit Als-ob-Charakter: Fiktionalität wird hier als ein Dogma präsentiert, das es abzuschaffen gilt. Die Blickrichtung wird deshalb konsequenterweise von der Bühne der Kunst direkt auf die Wirklichkeit und ‚das Echte' umgelenkt. Wenn Jelinek in ihren Bühnentexten faktuale Zitate aus Politikerreden und -texten, Presseerzeugnissen und anderen Quellen integriert, unterläuft sie *in aestheticis* die Differenz von Kunst und Nicht-Kunst innerhalb eines literarischen Textes – und lenkt unseren Blick darauf, dass Fiktionalität vielleicht eher als eine fragwürdige Übereinkunft denn als eine ‚natürliche' Essenz literarischer Texte verstanden werden muss.

---

diese Richtung bereits: Daniela Bartens: Das Häkeln und die Avantgarde. Zu Elfriede Jelineks „Stecken, Stab und Stangl – Eine Handarbeit". In: Kurt Bartsch (Hg.): Avantgarde und Traditionalismus. Kein Widerspruch in der Postmoderne? Innsbruck/Wien/München 2000 (Schriftenreihe Literatur des Instituts für Österreichkunde. Bd. 11), S. 153–175, hier S. 172: „Elfriede Jelineks Schreibweise gehorcht [...] der avantgardistischen Forderung nach ständiger Innovation der ästhetischen Mittel, indem sie ihr Theaterinstrumentarium strikt an die Vermittlungsbedingungen der postmodernen Mediengesellschaft anpaßt, wobei gleichzeitig ständig die politischen Implikationen einer massenmedial geprägten Wirklichkeitssicht hinterfragt werden. Auch die Forderung der historischen Avantgarde nach einer Überführung der Kunst in Lebenspraxis wird durch die Ununterscheidbarkeit von Chor und Talk-Show-Publikum zumindest innerhalb der Bühnenfiktion realisiert, der performative Sprechakt [...] weist weit über die fiktionale Ebene hinaus."
[7] Elfriede Jelinek: „Ich möchte seicht sein." In: Theater 1983. (= Jahrbuch der Zeitschrift Theater heute), S. 102.

1 Angriffe auf die Doxa: Avantgarde zwischen Bürger und Bourdieu

Solche Angriffe auf die Doxa, auf das konsensuell geteilte Verständnis von dem, was Literatur ausmacht, sind Herzstück von Jelineks Werk und situieren es in der Tradition der Avantgarde. Die Diskussion um den Avantgardebegriff in den letzten Jahren hat einige Aspekte ins Bewusstsein gehoben, die auch für eine Verortung der Autorposition Jelineks und die Bewertung ihrer provokativen Verfahren fruchtbar gemacht werden können.

Peter Bürgers *Nach der Avantgarde* hat 2014 seine ‚klassische' Definition der Avantgarde als eine „die Institution Kunst radikal in Frage stellende[] Bewegung",[8] die insbesondere „den Autonomie-Status der Kunst in der bürgerlichen Gesellschaft in Frage stellt",[9] mit dem Befund verbunden, dass Avantgarde in diesem Sinne in der Gegenwart verunmöglicht worden sei, denn der Kunstbetrieb habe die häretischen Impulse der Avantgarde zur Gänze absorbiert und den Gestus der Revolution für seine *interne* Evolution appropriiert. Das Scheitern der Avantgarde hinsichtlich einer Durchbrechung der Differenz von Kunst und Leben korrespondiere mit ihrem – für Bürger äußerst zwiespältigen – Triumph innerhalb der Kunstwelt, durch welchen das Vokabular von „Bruch und Schock, Provokation und Subversion in den Diskurs der Institution"[10] integriert, ja zum unentbehrlichen Accessoire der Künstlerausstattung geworden sei. Dieser Befund Bürgers ist sicher nicht von der Hand zu weisen – wenn man allerdings statt sich auf das Ausbleiben der emanzipatorischen Hoffnungen zu fokussieren die dadurch akzelerierte Dynamik innerhalb der Kunst und ihre internen Grenzüberschreitungen in den Blick rückt, zeigt sich das Avantgardistische als Strukturmoment gerade am autonomen Pol des künstlerischen Feldes wirksam, wie Pierre Bourdieu in seiner Studie zu den *Regeln der Kunst* darlegte, gegen dessen allgemeines Avantgarde-Verständnis sich Bürger wendet – das er aber im faktischen Befund bestätigt.[11] Bourdieus Avantgarde-Begriff ist nicht inhaltlich, sondern

---

8 Peter Bürger: Nach der Avantgarde. Weilerswist 2014, S. 7. Vgl. auch Wolfgang Asholt (Hg.): Avantgarde und Modernismus. Dezentrierung, Subversion und Transformation im literarisch-künstlerischen Feld. Berlin/Boston 2014.
9 Bürger: Nach der Avantgarde, S. 10.
10 Bürger: Nach der Avantgarde, S. 12.
11 Vgl. hierzu Pierre Bourdieu: Die Regeln der Kunst. Genese und Struktur des literarischen Feldes. Frankfurt a. M. 1999. Bourdieus Studie widmet sich freilich dem Frankreich des 19. Jahrhunderts, nicht der Gegenwart; sein Modell erhebt jedoch den Anspruch, strukturelle Bedingungen zu beschreiben, die in autonomen künstlerischen Feldern per se gelten.

relational orientiert: Die Avantgarde besteht aus den Newcomern im Feld, die eine gegenüber ihren arrivierten Vorgängern und momentanen Legitimitätsinhabern häretische Position einnehmen, indem sie eine andere Auffassung von Kunst verfechten, die (noch) nicht mehrheitsfähig ist.[12] Das Prinzip des Neuen, das bei Bourdieu nicht absolut gedacht wird, sondern relational, im Verhältnis zu in einem bestimmten Zeitmoment durchgesetzten Ästhetiken,[13] kann nicht analog zum Modischen verstanden werden, wie es Bürger suggeriert.[14] Die Position der Avantgarde entspricht vielmehr einem noch nicht durchgesetzten Stil, der nur einen *Anspruch* darauf erhebt, die aktuelle Mode abzulösen: sobald eine Kunstrichtung dies geschafft hat (was kein Automatismus ist und auch scheitern kann), ist sie nicht mehr reine Avantgarde, sondern „arrivierte", also gealterte Avantgarde, die, so Bourdieu, ihre Provokationskraft zu verlieren droht, wenn sie sich nicht immer wieder ästhetisch neu erfindet.[15]

Wenn es also um die Epoche geht, die Bürger die postavantgardistische nennt, die Gegenwart seit den 1960er Jahren, in der auch Jelinek ihre Autorschaft beginnt, sind sich Bürger und Bourdieu in der Beschreibung der Rolle der Avantgarde einig und nur ihre Bewertung differiert.[16] Da Bürgers Avantgarde-Ideal sich an dem Ziel der Vereinigung von Kunst und Leben orientiert, wie es die historischen Avantgarden anstrebten, muss er das Avantgarde-Spiel, das innerhalb des Kunstfelds verbleibt, negativ bewerten. Bourdieu hingegen qualifiziert „die Eroberung der Autonomie"[17] eines weitgehend eigenständigen Kunstfeldes als Errungenschaft; die relative Separiertheit der Kunst von lebenspraktischen Bezügen und die daraus resultierende „gesellschaftliche Folgenlosigkeit"[18] erscheint in seinem Licht als positiver Freiraum.

---

12 Vgl. Bourdieu, S. 254 ff.
13 Zur Kritik daran vgl. Bürger: Theorie der Avantgarde, S. 19.
14 Vgl. Peter Bürgers Kritik an dem Begriff des ‚Neuen' zur Bestimmung avantgardistischer Ästhetiken. In: ders.: Theorie der Avantgarde. Frankfurt a. M. 1974, S. 81–86.
15 Vgl. Bourdieu, S. 254 ff.
16 Vgl. auch Wolfgang Asholt: Nach Altern und Scheitern: Brauchen wir noch eine Avantgarde-Theorie? In: ders. (Hg.): Avantgarde und Modernismus. Dezentrierung, Subversion und Transformation im literarisch-künstlerischen Feld. Berlin/Boston 2014, S. 327–345, hier S. 342 ff.
17 Vgl. hierzu Asholt: Nach Altern und Scheitern, S. 83 ff.
18 Bürger: Theorie der Avantgarde, S. 29.

2 Provokationen der Kunst

In Übereinstimmung befinden sich Bürger und Bourdieu bezüglich der innerästhetischen Leistung der Avantgarde: sie besteht in einer fundamentalen Revision arrivierter Vorstellungen von Kunst. Bereits in seiner *Theorie der Avantgarde* hat Bürger das Aufkommen der historischen Avantgardebewegungen dahingehend interpretiert, dass mit ihnen „das gesellschaftliche Teilsystem Kunst in das Stadium seiner Selbstkritik ein[trete]":[19] „Der Dadaismus [...] übt nicht mehr Kritik an den ihm vorangegangenen Kunstrichtungen, sondern an der *Institution Kunst*, wie sie sich in der bürgerlichen Gesellschaft herausgebildet hat."[20] Die Provokation gilt also nicht (nur) einer konkurrierenden ästhetischen Auffassung (wie es in Bourdieus Konzept der Fall sein kann), sondern das ganze System ‚Kunst' wird in Frage gestellt (was auch bei Bourdieu als Möglichkeit angelegt ist und die häretische Provokationskraft einer künstlerischen Positionierung intensiviert). Nicht die „Veränderung einzelner Darstellungs*mittel*", sondern die „Veränderung des Darstellungs*systems*"[21] im Ganzen sei das Ziel der Avantgarde.

Ein solches Vermögen attestiert Elfriede Jelinek der Kunst von Valie Export, die ihr zufolge das

> ganze Zeichen- und Vermittlungssystem aus seiner Verankerung reißt, auch wenn sie den Raum nur seitlich sozusagen ein wenig anbohren durfte. Doch dort, an der Stelle der Fenster, ist etwas hereingekommen, das sich wahrscheinlich nicht mehr zurückdrängen lassen wird.[22]

Das Zitat artikuliert neben seinem subversiven Pathos ein Wissen, das auch Bürger betont: dass die Wirkung der Kunst auf die Realität letztendlich begrenzt ist; zugleich aber relativiert die Passage Bürgers Alles-oder-Nichts-Gestus: Denn auch wenn nur ein ‚kleines Loch' gebohrt wurde, hat sich etwas ‚im Außen' manifestiert: „manchmal gibt es etwas, das nicht möglich ist, und es schafft sich Raum, auch wenn ursprünglich niemand einen hergeben wollte."[23] Jelinek formuliert hier in nuce ihr eigenes Verständnis der „postavantgardistische[n] Situation":[24] Nicht eine allumfassende und dauerhafte Revolution der Realität ist

---

[19] Bürger: Theorie der Avantgarde, S. 28.
[20] Bürger: Theorie der Avantgarde, S. 28 f.
[21] Bürger: Theorie der Avantgarde, S. 113, Anm. 14.
[22] Elfriede Jelinek: Sich vom Raum eine Spalte abschneiden. Zu den Video-Installationen Valie Exports [1997]. www.elfriedejelinek.com (letzter Zugriff: 15. Juni 2020).
[23] Jelinek: Sich vom Raum eine Spalte abschneiden.
[24] Bürger: Nach der Avantgarde, S. 30 f.

der Kunst möglich, aber doch ein punktuelles Durchstechen der Grenze zwischen Kunst und Nicht-Kunst und damit eine Irritation des Bisherigen, wie es Bürger zum Beispiel Joseph Beuys zuerkennt, dem „Avantgardist[en] nach dem Ende der Avantgarde".[25]

Bourdieus feldtheoretische Überlegungen erläutern ergänzend dazu die Notwendigkeit von Provokationen der Kunst im Feld der Kunst: Denn Provokation ist der Motor der künstlerischen Evolution. Die Brüskierung der „Fundamente der herrschenden Denkweise [...], jene gemeinsamen Prinzipien der Vision und Division, die den Konsens über die Welt begründen",[26] ist Indiz für die Innovativität einer künstlerischen Position, weshalb Ablehnung durch ein Publikum am avantgardistischen Pol eigentlich erwünscht ist. Die in Hinblick auf Jelinek nicht zuletzt noch im Zuge der Nobelpreisverleihung in den Medien massiv geäußerte, zum Teil sehr polemische Kritik des Feuilletons an ihrem Werk[27] kann in diesem Sinne als Indikator für die anhaltende Avantgarde-Position Jelineks im literarischen Feld gewertet werden: Die Ablehnung ist ein Indiz dafür, dass Jelinek auch in der Position einer arrivierten Avantgarde das Spiel eines immer neuen „Bruch[s] mit den alten Produktions- und Wahrnehmungsmustern"[28] betreibt. Man kann die ästhetische Vielfalt ihres Werks nicht zuletzt durch den Druck erklären, sich und gerade als Avantgarde immer wieder neu erfinden zu müssen. So ist Jelinek mit wachsender Anerkennung nicht vor dem Verdacht gefeit, dass sich ihre Provokationskraft totgelaufen habe und nur mehr das Klischee eines Enfant terrible bediene, als „Lieferantin von Theaterskandalen, wie sie mittlerweile routinierter nicht sein könnten und eigentlich nur noch Theatergreise wie Claus Peymann zappelig machen."[29]

3 Provokationen als Kunst

Damit ist zugleich evident, dass die Provokation im Feld der Kunst komplexer ist als im gesellschaftlichen Diskurs. Die Tatsache, dass die Provokationen im Feld der Kunst stattfinden, bedeutet ja auch, dass die Auseinandersetzungen nicht diskursiv, sondern ‚performativ' geführt werden. *Als* Kunst aber basieren neuartige Ästhetiken auf komplexen Eigenlogiken und erfordern, nicht zuletzt im Fall

---

25 Bürger: Nach der Avantgarde, S. 12.
26 Bourdieu, S. 158.
27 Dokumentiert in Pia Janke und Studentinnen: Literaturnobelpreis Elfriede Jelinek. Wien 2005.
28 Bourdieu, S. 252.
29 Matthias Mattusek: Alle Macht den Wortequirlen! In: Spiegel 42/2004, S. 178–179 u. S. 181–182, hier S. 181.

Jelineks, eine Kontextualisierung seitens ihrer Rezipient*innen. Mit der These, Jelineks Ästhetik sei avantgardistisch und provokativ, ist daher noch nicht viel gewonnen, denn sie erklärt noch nicht, wie und gegen was sie sich positioniert und worin ihre spezifische Innovativität liegt. Die Aufgabe der Literaturwissenschaft besteht in diesem Kontext darin, die jeweils einzigartige Provokations-Spezifik der Werke zu erhellen.

Die mitunter intrikate Spannung zwischen vermeintlich schlagkräftiger Polemik und der ‚subversiven' Eigenlogik der Kunst manifestiert sich im Werk Jelineks bereits in einer kleinen poetologischen Szene, die 1970, im Jahr des Erscheinens ihres ersten Romans, publiziert wurde. Zunächst lesen wir ein programmatisches „Statement", in welchem die junge Autorin ihre Literatur vom etablierten Literaturbetrieb abzugrenzen scheint:

> meine literatur wird nicht mehr für literaten & künstler gemacht werden können.
> meine literatur wird nicht mehr für literaturmanager gemacht werden dürfen.
> meine literatur wird ihre isolation aufzugeben haben.
> meine literatur wird heiß werden müssen wie eine explosion wie in einem rauchpilz wird das sein.
> wie napalm.[30]

Tatsächlich steigt wenig später ein „kampfgas[ ]" auf, das eine überaus zersetzende Wirkung besitzt:

> es stinkt es stinkt gewaltig es stinkt zum himmel es stinkt mehr es stinkt unerträglich woher kommt dieser gestank wo ist dieser stinker wer stinkt uns hier in die nasen sucht diesen stinker bringt den stinker hierher liefert uns den stinker aus wir weichen zurück vor dem gestank der gestank ist nicht auszuhalten der gestank dringt durch fenster türen und ritzen dieser schreckliche gestank dieser entsetzliche gestank dieser gestank dieser gestank dieser gestank ist für uns nicht mehr tragbar dieser gestank ist tödlich für uns dieser gestank wer ist zu solchem gestank fähig nur ein gegner kann zu solchem gestank fähig sein werft den stinker hinaus tut was gegen den gestank riecht diesen gestank atmet diesen gestank ein ausser diesem gestank gibt es nichts mehr der gestank füllt alles aus der gestank scheint von überallher zu kommen dieser gestank scheint überall hinzugehen dieser gestank kommt aus dem nichts dieser gestank kommt aus dieser öffnung welche öffnung kann solchen gestank produzieren dieser unerträgliche gestank das riecht nach gestank dieser gestank ist eine ursache & eine wirkung wo dieser gestank hingeht gibt es noch viel mehr davon![31]

---

30 Elfriede Jelinek: Statement. In: Renate Matthaei (Hg.): Grenzverschiebung. Neue Tendenzen in der deutschen Literatur der 60er Jahre. Köln 1970, S. 215–216, hier S. 215.
31 Jelinek: Statement, S. 215 f.

Nicht nur sind hier bereits Jelineks Wortlawinen vorgeprägt, wie sie noch die jüngsten Texte beherrschen, es entfaltet sich auch eine Jelinek-typische Bewegung, welche die vorgängige, scheinbar evidente Programmatik im Geist von 1968 in ein fragwürdiges Licht rückt: Die brachiale Forderung nach einem Kampfgas mit der Wirkung von Napalm wird konterkariert durch eine in ihrer Wirkung zwar äußerst unangenehme, aber letztlich harmlose Stinkbombe. In der Konfrontation mit dem ‚auflösenden' Reihungsstil offenbaren sich die inhärente Sprechgewalt und der vorschreibende Charakter (ausgedrückt in den Modalverben „können", „dürfen", „zu haben" und „müssen") der zuvor geäußerten selbstgewissen „Statement[s]", die in den Passivkonstruktionen latent artikuliert waren und welche durch den sprachlich ganz anders strukturierten ‚Gestank' zur Evidenz gebracht werden. So entfaltet der Gestank allererst eine destruktive Kraft gegen die vermeintlich affirmativ vorgetragene ‚pseudorevolutionäre' Rede,[32] die er dem Spott anheim gibt. Die Verselbständigung des ‚para-dox' angelegten ‚Bildes' (da man Gestank ja nicht sehen kann, er aber doch „von allen blicken verfolgt wird") wird bis zum Schluss nicht mehr eingeholt – ganz im Gegenteil wird am Ende noch mehr Gestank angekündigt. Die Stinkbombe ist damit lesbar als eine Metapher für Jelineks Konzept einer irritierenden und ‚störenden'[33] Literatur: Sie richtet sich als ‚para-doxe' gegen eine Doxa – in diesem Fall den damals modischen 1968er Habitus –, nimmt aber selbst keine fest umrissene Gestalt an. Ihre materielle Ungreifbarkeit steht für eine bislang noch nicht genügend gewürdigte Leistung von Jelineks Literatur. Denn das Herausarbeiten dogmatischer Setzungen, wo sie noch fraglos akzeptiert werden, erfolgt in einer Ästhetik, die selbst keine festumrissene Form annimmt. Eine mit dieser Art von Schreiben einhergehende Leistung besteht in dem Öffnen und Offenhalten literarischer Positionen: Die aggressive Tabula rasa-Geste der Avantgarde, die Negation des Geltenden, verbindet sich bei Jelinek nicht mit einer neuen Setzung, sondern mit einer Öffnung des Diskurses, deren Potential nicht zuletzt in einer reflexiven Abstandnahme gegenüber den angesagten Parolen liegt; nicht zufällig kann man deshalb

---

32 Vgl. den aus derselben Zeit stammenden expliziten Vorwurf an Jelineks Konkurrenten Peter Handke, nur eine Pseudorevolution anzustreben. Elfriede Jelinek und Wilhelm Zobl: Offener Brief an Alfred Kolleritsch und Peter Handke. In: manuskripte 27 (1969), S. 3–4, hier S. 3.
33 Zum Prinzip der Irritation bei Jelinek vgl. Sandro Zanetti: Sagen, was sonst kein Mensch sagt. Elfriede Jelineks Theater der verweigerten Komplizenschaft. In: Inge Arteel und Heidy Margrit Müller (Hg.): Elfriede Jelinek: Stücke für oder gegen das Theater? Brüssel 2008, S. 183–192. Zum Begriff der Störung vgl. Teresa Kovacs: Drama als Störung. Elfriede Jelineks Konzept des Sekundärdramas. Bielefeld 2016.

die Szene auch als Anschluss an die ‚leisere' Avantgarde Franz Kafkas sehen, von dem der Aphorismus überliefert ist „Schriftsteller reden Gestank".[34]

So sehr also Jelineks Provokationen in der literarischen Avantgarde beheimatet sind, erschöpfen sie sich nicht in deren Provokationsgestus, sondern entfalten eine eigene *reflexive* Dynamik, die sich aus den und durch die jeweiligen künstlerischen Verfahren entwickelt. Wie sich an diesem Beispiel erwies, sind die expliziten Aussagen nicht unumwunden affirmativ zu verstehen; sie sind mit den stilistischen, rhetorischen und syntaktischen Praktiken in Beziehung zu setzen, die jeweils ‚mitsprechen'. Daher können die jeweiligen ‚Gehalte' nicht ohne Verlust referiert werden, sie sind vielmehr im engen Kontakt mit der dem Text eigenen Darstellungsweise nachzuvollziehen und Gegenstand der Interpretation. Nicht zuletzt diese Eigenart macht Jelineks Texte für die Literaturwissenschaft interessant, die von ihnen in besonderer Weise herausgefordert wird. Wenn der von Inge Arteel und Heidy Margit Müller 2006 herausgegebene Sammelband zum Theater Jelineks in seinem Titel fragt *Stücke für oder gegen das Theater?*,[35] bringt er das reflexiv-provokatorische Potential der Texte Jelineks zum Ausdruck, für das sich der vorliegende Band interessiert. Denn gerade diese Produktivkräfte des Jelinek'schen Œuvres sind noch lange nicht vollständig ausgelotet.

4 Zu den einzelnen Sektionen und Beiträgen

Die Beiträge des vorliegenden Bandes gehen anhand beispielhafter Lektüren den Jelinek-spezifischen ästhetischen Provokationskräften in drei heuristischen Schwerpunkten nach, wobei sich Poetologie, Autorschaft und Intertextualität in Jelineks Werk überschneiden und ineinandergreifen. Die Sektion **Provokationen der Poetologie** widmet sich Jelineks Auseinandersetzung mit einflussreichen ästhetischen Theorien und poetologischen Dogmen. **Juliane Vogels** Beitrag profiliert, wie sich bereits Jelineks erster publizierter Roman *wir sind lockvögel, baby!* in einer ambivalenten ‚fernen Nähe' zur damaligen Popliteratur positioniert und zugleich ‚für und gegen' den Pop eintritt. Insbesondere die konsequente Provinzialisierung, die der Roman an der coolen Welt des Pop vollzieht, sieht Vogel als Indiz dafür, dass Jelinek dem Pop mit seiner „Flughöhe" auch die Geste der Affirmation entzieht, die er einfordert. Schon an Jelineks Romanerstling lässt

---

34 Franz Kafka: Tagebücher 1910–1923. Hg. von Max Brod. Frankfurt a. M. 1951.
35 Neben dem bereits angeführten Beitrag von Sandro Zanetti ist aus dem Band auch der Aufsatz von Thomas Ernst für unsere Diskussion von Relevanz: Thomas Ernst: Ein Nobelpreis für die Subversion? Aporien der Subversion im Theater Elfriede Jelineks (S. 193–202).

sich damit ein Strukturgesetz erkennen, das auch das weitere Werk der Autorin bestimmen wird: ein Verfahren der „subversiven Affirmation"[36] mit einer gehörigen polemischen Schlagseite.

Konstanze Fliedl widmet sich in *Die Welt als Bild. Elfriede Jelineks Virtualität* der Jelinek'schen kritischen Revision der neueren Bild- und Virtualisierungsdebatte anhand des Textes *Appendix*, der 2015 als Nachtrag zu dem Stück *Die Schutzbefohlenen* entstanden ist. Wie Fliedl in einer genauen Kontextualisierung zeigen kann, entfaltet Jelineks provozierende rhetorische „Analität" in diesem Text eine ungemein analytische Kraft bezüglich der in diesen Debatten zirkulierenden „kollektiven Neurosen". Die ästhetische Form von Jelineks Text, insbesondere der unaufhörliche Wechsel von Erzähl- und Sprechinstanzen lässt sich, so Fliedl, als beharrliche Positionierung gegen die diagnostizierten gesellschaftlichen Ein- und Ausschlussmechanismen verstehen. Die Opposition gegen die postmodern-schicke These einer Virtualisierung der Welt Jelineks formiert sich nicht zuletzt in Jelineks Anschaulichkeit unterlaufendem Schreiben: die vorgeblich zwingende Evidenz der Rhetorik und Medialität des Bildes erweist sich als Effekt einer Setzung, die von Jelineks Text dekonstruiert wird.

Einen analog gelagerten Widerstand gegen die wirkungsmächtige Institution des Theaters diagnostiziert **Simon Aeberhard** in Jelineks Theatertexten, deren anti-theatrale Impulse er in seinem Aufsatz *Diskurskonkurs. Mit dem Theater gegen das Theater für ein anderes Theater (Bambiland)* herausarbeitet. Am Beispiel von *Bambiland* (2003) zeigt Aeberhard, durch welche formalen Praktiken – auf Ebene der Sprachpragmatik, der Rhetorik und nicht zuletzt der Gattungspoetik – Jelinek die Differenz von Text und Aufführung ausspielt und dabei den Text für das Theater als Vehikel gegen den „Trivialmythos" Theater in Position bringt. Gerade der Entzug von für das Theater grundlegenden Instanzen, wie eine an den Körper gebundene Stimme, zielt auf eine umfassende Transformation des Theaters als bürgerliche Institution.

Christa Gürtlers Beitrag *Elfriede Jelineks „Wut": Zwischen Sprech-Wut und Katharsis* macht die titelgebende Emotion von Jelineks Theatertext *Wut* (2016) zum Ausgangspunkt einer Befragung der ästhetischen Relevanz von ‚Sprech-Wut' für Jelineks Texte. In *Wut* setzt Jelinek die wutgeleitete Radikalisierung der Gesellschaft – veranschaulicht am Extrembeispiel des IS-Terrorismus – in Beziehung zu ihrer eigenen Schreibidentität, für die Wut schon immer ein entscheidender Impuls war. Gürtler diagnostiziert eine Jelinek'sche Wut-Poetik, die als provokatives Potential und zugleich als Defizit in Erscheinung tritt. Denn die ‚blinde' Ungerichtetheit von Wut spiegelt sich in der formalen, mäandernden Gestalt des

---

36 Zanetti, S. 190.

Textes und lässt eine kathartische Erfahrung beim Zuschauer höchst unwahrscheinlich werden. Doch gerade in diesem ‚Ausfall' der Katharsis, so Gürtler, bestehe letztlich die Pointe von Jelineks Text(en): Sie ermöglichen eine Unterbrechung der fatalen Wut-Eskalation, indem sie auf Rezipient*innenseite ein aktives Verstehen einfordern, welches hinter der scheinbar blinden Wut Jelineks Ideologien freilegende ‚sehende' Wut sichtbar macht.

Ein entscheidender Teil von Jelineks Provokationen im Feld der Kunst gilt der Kategorie der Autorschaft.[37] Dies ist zunächst nicht überraschend, ist der Autorschaftsentwurf von Autor*innen doch die wichtigste paratextuelle Rahmung ihrer literarischen Ästhetik. Die autorschaftliche *Posture*, so hat Jérôme Meizoz dargelegt, als „die *singuläre* Weise, eine objektive Position innerhalb eines Feldes zu besetzen", erfolgt nicht zuletzt durch „verschiedene Modi der Darstellung seiner selbst".[38] Zugleich ist der Fokus auf die Person (besonders bei Autorinnen) von außen induziert: Die Öffentlichkeit verlangt nach einer ‚biographischen Legende' (Boris Tomaševskij), welche die Rezeption von Texten entscheidend mitprägt. Der Titel **Angreifende Autorschaft** bringt zum Ausdruck, dass Jelineks Autorschaftsmodell nicht nur einen starken, aggressiven Anteil hat (wohl im direkten Gegensatz zur biographischen Person, wie in Interviews immer wieder betont wird), der sich aus ihrer Positionierung am autonomen Pol des literarischen Feldes erklären lässt. Jelineks Werk greift zugleich das Konzept Autorschaft selbst an, indem es zum Beispiel die von ihr mit zunehmendem Bekanntheitsgrad relativ autonom flottierenden medial entstandenen Autor-Bilder in ihr Werk aufnimmt und einer ironischen bis polemischen Demontage unterzieht. **Anne Fleig** liest in ihrem Beitrag *Das Drama der Autorin. Elfriede Jelineks essayistische Positionierungen zum Theater* drei prominente theatertheoretische Essays der Autorin aus unterschiedlichen Werkperioden – *Ich möchte seicht sein* (1990), *Sinn egal. Körper zwecklos* (1997) sowie *Textflächen* (2013) – als Experimentierfelder, in denen Jelinek auf besonders konzentrierte Weise neue Konzeptionen von Autorinnenschaft und Dramenästhetik erprobt. In der Engführung von Jelineks Positionie-

---

37 Vgl. zu diesem Aspekt Jeanine Tuschling-Langewand: Autorschaft und Medialität in Elfriede Jelineks Todsündenromanen *Lust, Gier* und *Neid*. Marburg 2016. Dort S. 8: „Jelineks Beschäftigung mit dem Thema Autorschaft gründet sich auf eine umfassende Kulturkritik, die sich mit den Konzepten der bürgerlichen Subjektivität und im Anschluss daran auch mit dem Autordiskurs analytisch auseinandersetzt." Zur Autorschaftsproblematik bei Jelinek vgl. auch Peter Clar: *„Ich bleibe, aber weg". Dekonstruktionen der AutorInnenfigur(en) bei Elfriede Jelinek*. Bielefeld 2017.
38 Jérôme Meizoz: Die ‚posture' und das literarische Feld. Rousseau, Céline, Ajar, Houellebecq. In: Markus Joch und Norbert Christian Wolf (Hg.): Text und Feld. Bourdieu in der literaturwissenschaftlichen Praxis. Tübingen 2005 (Studien und Texte zur Sozialgeschichte der Literatur. Bd. 108), S. 177–188, hier S. 177. Herv.i.O.

rungen zum Theater, der Inszenierung und Reflexion ihrer eigenen Autorinnenstimme, stellt Fleig die eminente Verknüpfung beider Ebenen in Jelineks dramatischer Reflexion heraus – und vollzieht zugleich nach, in welchen Etappen sie sich entwickelten und wandelten: der Shift vom bürgerlichen Repräsentationstheater zum postdramatischen Theater korrespondiert mit der Entfaltung einer ‚mehrstimmigen' Autorinnenfigur, die in den Essays auf entscheidende Weise vorbereitet wird.

Eine bislang nicht wahrgenommene poetologische Positionierung präsentiert **Uta Degner** im Roman *Die Klavierspielerin*, den sie als literarische Selbstobjektivierung und Gegenentwurf zur neuen Frauenliteratur liest. Erika Kohuts Anstoß erregender Auftritt am Ende, ihr demonstrativer Stich in die Schulter erweist sich als Allegorie für Jelineks ästhetisches Selbstverständnis, das im Gestus der Selbstverletzung an die provokative Avantgarde des Wiener Aktionismus anknüpft, als dessen ‚Erbin' sich die Autorin im dezidiert als autobiographisch profilierten Roman darstellt. Erikas ostentative Ausstellung der eigenen Beschädigung fungiert als Gegenmodell zu den utopischen Emanzipationshoffnungen der neuen Frauenliteratur, gegen die sich Jelinek polemisch wendet.

Norbert Christian Wolfs Beitrag „*Lust*" *im journalistischen Feld, Unlust an der Lektüre. Zur Funktion der Werkpolitik und Kritik an Jelineks Roman* beschäftigt sich mit dem vielleicht eklatantesten Fall der Kollision von fremder Doxa und Eigenentwurf anlässlich des Erscheinens von *Lust* im Jahr 1989. Wie Wolf zeigt, mündeten Jelineks Bemühungen um eine Rezeptionssteuerung im Vorfeld für die Autorin in eine „Katastrophe", da sie damit nicht erfolgreich war, ja sich medial ein Autorinnenbild verselbständigte, das den Intentionen der Autorin gänzlich zuwiderlief. Trotz des außergewöhnlich großen Medienechos hat gerade dieser Fall zu tiefgreifenden Verwerfungen geführt, die Jelineks spätere Werkpolitik prägten, ja Eingang in ihre fiktionalen Texte fanden, so dass die in späteren Texten zirkulierenden Autorinnen-Personas als polemische Antworten auf die anhand der *Lust*-Rezeption gemachten Erfahrungen verstehbar werden.

Unter dem Titel *„Der Gigant ist tot." Elfriede Jelinek liest Thomas Bernhard* profiliert **Harald Gschwandtner** die Divergenz unterschiedlicher Autorschaftsmodelle in Hinblick auf die literarische Konkurrenz Jelinek – Bernhard. Zunächst anhand diverser paratextueller Äußerungen, dann auch durch den 2000 uraufgeführten Theatertext *Das Schweigen*, Jelineks extensivste Auseinandersetzung mit Thomas Bernhard, arbeitet Geschwandtner die vielschichtige Abgrenzung Jelineks diesem „Gigant[en]" und im Sinne Harald Blooms paradigmatisch ‚starkem' Autor gegenüber heraus; es exponieren sich dabei nicht nur genderspezifische Implikationen, sondern ganz grundsätzlich die Frage nach der autorschaftlichen Autorität und Legitimität öffentlichen Sprechens. Wie

Gschwandtner an *Das Schweigen* zeigt, dienen Jelineks „Verflachungsstrategien" als Gegenprogramm zu Bernhards konservativem Traditionsverständnis.

Eines der zentralen Schreibverfahren Jelineks besteht in der ex- und intensiven Integration fremder Texte und Medien, die eine große Reichweite an Formen und Funktionen besitzt.[39] Im Kontext des vorliegenden Bandes interessiert deren provokative Implikation; dies bedeutet nicht, dass die Referenzen auf andere (und mit fortschreitender Werkentwicklung auch auf eigene frühere) Werke unbedingt selbst schon polemisch wären – von Belang ist vor allem der Umstand, dass Jelinek die Auseinandersetzung mit anderen Positionen zum Anlass einer kritischen (Selbst-)Positionierung nimmt. Das Prinzip ‚Revision' erweist sich in diesem Zusammenhang als ein wichtiges künstlerisches Verfahren der Jelinek'schen Provokation. Im Teil **Provokation als Revision** kontrastiert **Alexandra Millner** in *Nora 3/3. Über Elfriede Jelineks Ibsen-Fortschreibungen* Jelineks Theaterdebut *Was geschah, nachdem Nora ihren Mann verlassen hatte oder Stützen der Gesellschaft* von 1979 mit der ‚Nachschrift' *Nach Nora* aus dem Jahr 2013. Wie bei Fleig zeigt sich die Weiterentwicklung und ästhetische Radikalisierung, die Jelinek in jeder ihrer Schaffensphasen „eine Schriftstellerin von heute"[40] sein lässt und auch vor Revisionen der eigenen Arbeiten nicht haltmacht. Die Überblendung der Diskurse von Kapitalismus und Feminismus arbeitet deren Parallelentwicklung in einer historischen Perspektive heraus. Millners Beitrag beweist die Jelineks Autorschaft charakterisierende unauflösbare Konvergenz von ästhetischer Form und Gesellschaftskritik, die auch in anderen Beiträgen bereits Thema war. Der ‚Realismus' im Zugriff auf aktuelle politische Vorkommnisse, der sich in Jelineks Schaffen (aber nicht dort) gerade in den letzten Jahren verstärkt hat, lässt sich in avantgarde-theoretischer Perspektive als neuerlicher Versuch einer Durchbrechung der Grenze von Kunst und Leben interpretieren. Diese avantgardistische Utopie, die nach der These von Wolfgang Asholt nie wirklich ad acta gelegt war und nach dem Ende der historischen Avantgarde weiterhin als Phantom durch die Kunst geisterte,[41] verknüpft sich in Jelineks neueren Theatertexten wiederholt mit

---

39 Für einen Überblick über die Intertextualität im Werk Jelineks vgl. Juliane Vogel: Intertextualität. In: Pia Janke (Hg.): Jelinek-Handbuch. Stuttgart/Weimar 2013, S. 47–55. Zu intermedialen Dimensionen des Jelinek'schen Schreibens vgl. Pia Janke und Peter Clar (Hg.): „Ich will kein Theater". Mediale Überschreitungen. Wien 2007 (Diskurse. Kontexte. Impulse. Publikationen des Elfriede Jelinek-Forschungszentrums. Bd. 3).
40 Peter Handke über Elfriede Jelinek zitiert nach Verena Mayer und Roland Koberg: Elfriede Jelinek. Ein Porträt. Reinbek bei Hamburg ²2007, S. 255.
41 Wolfgang Asholt: Nach Altern und Scheitern: Brauchen wir eine neue Avantgarde-Theorie? In: Avantgarde und Modernismus, S. 327–345, hier S. 344f. In Bezug auf eine dezidiert politische Lesart Jelineks vgl. z. B. die Diskussion im Rahmen des Interuniversitären Forschungsverbunds Elfriede Jelinek: Projekt: Kunst und Politik. https://ifvjelinek.at/forschungsarbeiten/projekt-

einem grundlegenden Rekurs auf die griechischen Theatertradition, die **Silke Felber** in *Provokationen. Zur Funktion der Klage in Jelineks Tragödienfortschreibungen* anhand der insistierenden Präsenz der attischen Tragödie untersucht. Gegenüber einer vielleicht vorschnellen Subsummierung unter die Position des Klassischen zeigt Felber, wie präzise Jelineks ‚Fortschreibungen' diverse provokante Potentiale der antiken Texte aktualisieren und für sich adaptieren: Jelineks Arbeit am Mythos ist diesem gegenüber in Felbers Interpretation nicht agonal, sondern in einer überraschenden und oft schöpferischen Weise produktiv. Wie Felber am Beispiel der Anknüpfung an das Motiv der weiblichen Klage in Jelineks Post-Tragödie *Ein Sturz* zeigt, etabliert sich darin ein Bezug zu ihrer eigenen Autorinnenschaft. Die kritische Analyse der Hybris und der Sprachmasken einer Gesellschaft, die ihre Verantwortung an Geld- und Kreditinstitute abgibt, erweist sich vor dem „Urbild" Demokratie als neoliberaler Triumph, der die Werte Gleichheit, Freiheit und politische Autonomie nur mehr in marktwirtschaftlichen Termini formulieren kann. Jelinek transzendiert die einfache Dichotomie klassisch – subversiv, indem sie in ihrer Adaption gerade die subversiven Anteile der klassischen griechischen Tragödie aktualisiert.

Teresa Kovacs wirft in ihren Überlegungen unter dem Titel *Was vergeht, bleibt. Das Fotografische im Theater von Elfriede Jelinek und Einar Schleef* eine neue Perspektive auf die Zusammenarbeit von Jelinek mit dem Regisseur Einar Schleef, indem sie dessen im Kontext der Inszenierungspraktiken der 1990er Jahre befremdlich wirkende Anleihen am Medium der Fotografie als zentralen Bezugspunkt für Jelineks Faszination an Schleefs Bühnenwerken kenntlich macht. Schleefs Inszenierungsstil als eines Bilder-Erzeugens, das weniger referentiell, als temporal motiviert ist, als bleibende Zeugenschaft vergehender Zeit, entspricht in kongenialer Weise einem in Jelineks Arbeiten um 2000 zu konstatierenden Interesse an der temporalen Eigenlogik der Literatur.

Jelineks Provokationen sind, lässt sich abschließend konstatieren, nie bloß Provokation um der Provokation willen; sie besitzen eine Tiefenschärfe, die sich erst in einer genauen Lektüre offenbart. Nicht Empörung, sondern insistierende Aufmerksamkeit für die ästhetischen Beschaffenheiten der Texte ist daher die adäquate Rezeptionshaltung; und erst durch solche Analysen erschließt sich die provokative Kraft der Autorin im Feld der Kunst.

Die Beiträge des vorliegenden Bandes gehen (mit Ausnahme des Aufsatzes von Juliane Vogel) auf eine Tagung zurück, die im Oktober 2016 im Programm-

---

kunst-politik/ (letzter Zugriff: 15. Juni 2020). Zu der in den letzten Jahren intensiver geführten Diskussion um politische Möglichkeiten der Texte vgl. z. B. Leonhard Emmerling und Ines Kleesattel (Hg.): Politik der Kunst. Über Möglichkeiten, das Ästhetische politisch zu denken. Bielefeld 2016.

schwerpunkt „Kunstpolemik – Polemikkunst" am interuniversitären Forschungsschwerpunkt *Wissenschaft und Kunst* – eine Kooperationseinrichtung der Salzburger Universitäten Mozarteum und Paris-Lodron-Universität – stattfand. Wir danken dem Programmbereich herzlich für die Förderung und Silvia Amberger für die Unterstützung bei der Vorbereitung und Durchführung der Tagung. Ferner bedanken wir uns bei Stadt Salzburg, der Stiftungs- und Förderungsgesellschaft der Universität Salzburg, dem Fachbereich Germanistik und *Wissenschaft und Kunst* für ihre Druckkostenförderung. Last not least gebührt unser Dank Jonathan Voit für seine Hilfe bei der Einrichtung des Manuskripts und Marcus Böhm von De Gruyter für die professionelle, freundliche Betreuung und die Organisation eines Peer-Reviews.

Literaturverzeichnis

Arteel, Inge und Müller, Heidy Margit (Hg.): Elfriede Jelinek. Stücke für oder gegen das Theater? Brüssel 2008.
Asholt, Wolfgang (Hg.): Avantgarde und Modernismus. Dezentrierung, Subversion und Transformation im literarisch-künstlerischen Feld. Berlin/Boston 2014.
Asholt, Wolfgang: Nach Altern und Scheitern: Brauchen wir noch eine Avantgarde-Theorie? In: ders. (Hg.): Avantgarde und Modernismus. Dezentrierung, Subversion und Transformation im literarisch-künstlerischen Feld. Berlin/Boston 2014, S. 327–345.
Bartens, Daniela: Das Häkeln und die Avantgarde. Zu Elfriede Jeluneks „Stecken, Stab und Stangl – Eine Handarbeit". In: Kurt Bartsch (Hg.): Avantgarde und Traditionalismus. Kein Widerspruch in der Postmoderne? Innsbruck/Wien/München 2000 (Schriftenreihe Literatur des Instituts für Österreichkunde. Bd. 11), S. 153–175.
Bourdieu, Pierre: Die Regeln der Kunst. Genese und Struktur des literarischen Feldes. Frankfurt a. M. 1999.
Bürger, Peter: Theorie der Avantgarde. Frankfurt a. M. 1974.
Bürger, Peter: Nach der Avantgarde. Weilerswist 2014.
Clar, Peter: „Ich bleibe, aber weg". Dekonstruktionen der AutorInnenfigur(en) bei Elfriede Jelinek*. Bielefeld 2017.
Dürr, Anke: Die Kunst der Provokation. In: Spiegel 12/2004, S. 38.
Emmerling, Leonhard und Kleesattel, Ines (Hg.): Politik der Kunst. Über Möglichkeiten, das Ästhetische politisch zu denken. Bielefeld 2016.
Ernst, Thomas: Ein Nobelpreis für die Subversion? Aporien der Subversion im Theater Elfriede Jeluneks. In: Inge Arteel und Heidy Margrit Müller (Hg.): Elfriede Jelinek: Stücke für oder gegen das Theater? Brüssel 2008, S. 193–202.
Haß, Ulrike und Meister, Monika: „Wie ist es möglich, Theater ausschließlich mit Texten aufzustören?" E-Mailwechsel zwischen Ulrike Haß und Monika Meister. In: Pia Janke und Teresa Kovacs (Hg.): „Postdramatik". Reflexion und Revision. Wien 2015 (Diskurse. Kontexte. Impulse. Publikationen des Elfriede Jelinek-Forschungszentrums. Bd. 11), S. 112–118.

Heidegger, Gerald: Die Frau, die alle reizt (20.10.2016). https://orf.at/v2/stories/2362247/2362492/ (letzter Zugriff: 15. Juni 2020).
Interuniversitärer Forschungsverbund Elfriede Jelinek: Projekt Kunst und Politik. https://ifvjelinek.at/forschungsarbeiten/projekt-kunst-politik/ (letzter Zugriff: 15. Juni 2020).
Janke, Pia (Hg.): Die Nestbeschmutzerin. Jelinek & Österreich. Salzburg/Wien 2002.
Janke, Pia: Reizfigur Elfriede Jelinek: „Die Nestbeschmutzerin". In: Der Standard, 10. Oktober 2004. https://www.derstandard.at/story/1820271/breizfigurb-elfriede-jelinek-die-nestbeschmutzerin (letzter Zugriff: 15. Juni 2020).
Janke, Pia und Studentinnen: Literaturnobelpreis Elfriede Jelinek. Wien 2005.
Janke, Pia und Clar, Peter (Hg.): „Ich will kein Theater". Mediale Überschreitungen. Wien 2007 (Diskurse. Kontexte. Impulse. Publikationen des Elfriede Jelinek-Forschungszentrums. Bd. 3).
Janke, Pia, Kovacs, Teresa und Schenkermayr, Christian (Hg.): Elfriede Jelineks „Burgtheater" – Eine Herausforderung. Wien 2018.
Jelinek, Elfriede und Zobl, Wilhelm: Offener Brief an Alfred Kolleritsch und Peter Handke. In: manuskripte 27 (1969), S. 3–4.
Jelinek, Elfriede: Statement. In: Renate Matthaei (Hg.): Grenzverschiebung. Neue Tendenzen in der deutschen Literatur der 60er Jahre. Köln 1970, S. 215–216.
Jelinek, Elfriede: „Ich möchte seicht sein." In: Theater 1983 (= Jahrbuch der Zeitschrift Theater heute), S. 102.
Jelinek, Elfriede: Sich vom Raum eine Spalte abschneiden. Zu den Video-Installationen Valie Exports [1997]. www.elfriedejelinek.com (letzter Zugriff: 15. Juni 2020).
Kafka, Franz: Tagebücher 1910–1923. Hg. von Max Brod. Frankfurt a. M. 1951.
Kovacs, Teresa: Drama als Störung. Elfriede Jelineks Konzept des Sekundärdramas. Bielefeld 2016.
Mattusek, Matthias: Alle Macht den Wortequirlen! In: Spiegel 42/2004, S. 178–179 u. S. 181–182.
Mayer, Verena und Koberg, Roland: Elfriede Jelinek. Ein Porträt. Reinbek bei Hamburg [2]2007.
Meizoz, Jérôme: Die ‚posture' und das literarische Feld. Rousseau, Céline, Ajar, Houellebecq. In: Markus Joch und Norbert Christian Wolf (Hg.): Text und Feld. Bourdieu in der literaturwissenschaftlichen Praxis. Tübingen 2005 (Studien und Texte zur Sozialgeschichte der Literatur. Bd. 108), S. 177–188.
Tuschling-Langewand, Jeanine: Autorschaft und Medialität in Elfriede Jelineks Todsündenromanen *Lust*, *Gier* und *Neid*. Marburg 2016.
Vogel, Juliane: Intertextualität. In: Pia Janke (Hg.): Jelinek-Handbuch. Stuttgart/Weimar 2013, S. 47–55.
Zanetti, Sandro: Sagen, was sonst kein Mensch sagt. Elfriede Jelineks Theater der verweigerten Komplizenschaft. In: Inge Arteel und Heidy Margrit Müller (Hg.): Elfriede Jelinek: Stücke für oder gegen das Theater? Brüssel 2008, S. 183–192.

I Provokationen der Poetologie

Juliane Vogel
Batman in Amstetten. Jelineks *wir sind lockvögel baby!*

Jelineks früher Text *wir sind lockvögel baby!* wird gewöhnlich der Popliteratur zugerechnet.[1] Eigenständig und zugleich angepasst an österreichische Verhältnisse eignet er sich eine Schreibweise zu, die Anfang der sechziger Jahre aus den USA nach Europa gelangt und zum Leitmodell gegenkultureller Bewegungen geworden war. Die Popliteratur war ein Angriff auf den westlichen, durch den Weltkrieg weitgehend unbeschädigten Kunstkanon. Sie planierte die Grenzen zwischen ernster Literatur und Unterhaltungsliteratur und attackierte das normative Kunstverständnis, das den deutschsprachigen Literaturbetrieb, für den die Avantgarden der Zwischenkriegszeit noch keine Anknüpfungsreize boten, nach dem zweiten Weltkrieg beherrscht hatte. Programmatisch öffnete sie sich den Gegebenheiten einer gesellschaftlichen Alltagsrealität, die nicht durch die hohe Literatur, sondern durch die Massenmedien geprägt war. Ihre Protagonisten, unter ihnen Rolf Dieter Brinkmann oder H.C. Artmann, erwarteten sich von dieser Öffnung die Belebung und Herausforderung einer bis dahin von den ästhetischen Ressourcen des frühen 20. Jahrhunderts abgeschnittenen literarischen Produktion.[2] Nach Auffassung des Literaturwissenschaftlers Hans Robert Jauss, Kanonwissenschaftler ohne Abstriche, konnte Literatur als Medium nur dann überleben, wenn sie jene Textsorten in sich aufnahm, die am Zeitschriftenkiosk erhältlich waren. Nur wenn sie die Vitalität der Trivialliteratur und die Macht ihrer Konventionen anerkannte, war sie konkurrenzfähig.[3] Popliteratur verabschiedete das exklusive System der E-Kultur, sie wandte sich gegen den Formalismus wie die

---

[1] Dieser Text ist die umgearbeitete Fassung eines Nachworts zu Jelineks *wir sind lockvögel baby!*, das 2017 im Residenz-Verlag erschien. Der Charakter eines Nachworts bleibt trotz der Umarbeitungen bestehen – vgl. Uta Degner: Pop nicht als Pop: Jelineks frühe Romane *wir sind lockvögel baby!* und *Michael. Ein Jugendbuch für die Infantilgesellschaft* im literarischen Feld der frühen 70er Jahre (Vortrag zum interdisziplinären Workshop für Nachwuchswissenschaftlerinnen zum Thema Elfriede Jelinek „Es ist Sprechen und aus" in Wien 2014. https://fpjelinek.univie.ac.at/fileadmin/user_upload/proj_ejfz/PDF-Downloads/Degner_Pop_nicht_als_Pop.pdf), S. 1 ff. (letzter Zugriff: 13. Januar 2021).
[2] Vgl. Jörgen Schäfer: „Neue Mitteilungen aus der Wirklichkeit". Zum Verhältnis von Pop und Literatur in Deutschland seit 1968. In: Heinz Ludwig Arnold und ders. (Hg.): Pop-Literatur (Text +Kritik Sonderband X/03). München 2003, S. 7–25, hier S. 12 ff.
[3] Vgl. Hans Robert Jauss: Paradigmawechsel in der Literaturwissenschaft. In: Linguistische Berichte 3 (1969), S. 44–56, hier S. 55; Schäfer, S. 9 ff.

Rigorosität avantgardistischer Schreibprogramme und bezog nun jene Texte in ihr Universum hinein, die auf dem Markt begehrt und gelesen waren. Wie H.C. Artmann in einem berühmten Eintrag in sein Diarium formulierte, war die „Literaturmisere" der Nachkriegszeit nur zu beheben, wenn die Kluft zwischen hoher Literatur und Trivialliteratur geschlossen wurde.[4] Diese Forderung klingt in der Forderung des amerikanischen Literaturkritikers Leslie Fiedler nach, der in einem umstrittenen, für die Neuausrichtung der deutschen Literaturszene jedoch richtungsweisenden Vortrag von 1968 die Devise ausgegeben hatte: *Cross the borders, close the gap*[5]. Der Modernismus wurde für tot erklärt – sein Formethos und seine hochentwickelte Empfindlichkeit – „sensibility and form"[6], wie es bei Leslie Fiedler heißt, sollten anderen, direkteren, ekstatischeren poetischen Äußerungen weichen.

Zentrale Methode dieser Annäherung ist das „Hineinnehmen von Material"[7] – die Öffnung der Literatur für das sogenannte Triviale und seine unterschiedlichen, in den Massenmedien aufgefundenen, materiellen und semantischen Manifestationen. Diese Materialien, aus der eine Literatur der „zweiten Worte"[8] bzw. der „sekundäre[n] Welt"[9] hervorgeht, entstammten überwiegend der zeitgenössischen Printindustrie: der Werbung, den Illustrierten, den Marken, den Songs, den Serien und Comics.[10] Fundstücke von geringer Haltbarkeit aus einem flachen Gedächtnisraum, profanierten die durch zwei Weltkriege hindurch gerettete Institution der Literatur. Was dem bürgerlichen Kunstdiskurs als „Zivilisationsmüll" gegolten hatte und die staatlichen Kunstinstitutionen als nicht-kunstfähig ausgeschlossen hatten, hatte nun auch in diesen ihren Auftritt.[11]

---

[4] Hans C. Artmann: das suchen nach dem gestrigen tag oder schnee auf einem heißen brotwecken. Eintragungen eines bizarren liebhabers. Neuwied/Berlin 1964, S. 44.
[5] Vgl. die Druckfassung Leslie A. Fiedler: Cross the Border – Close the Gap. New York 1972 [1971], S. 61–85.
[6] Fiedler, S. 61.
[7] Ralf-Rainer Rygulla (Hg.): Fuck you (!). Underground-Gedichte. Frankfurt a. M. 1980, S. 119 (Nachwort S. 115–120).
[8] Moritz Baßler: Der Deutsche Pop-Roman. Die neuen Archivisten. München 2002, S. 184.
[9] Botho Strauß: Der Aufstand gegen die sekundäre Welt. Bemerkungen zu einer Ästhetik der Anwesenheit. München/Wien 1999.
[10] Vgl. Lea Müller-Dannhausen: Zwischen Pop und Politik. Elfriede Jelineks intertextuelle Poetik in *wir sind lockvögel baby!*. Berlin 2011, S. 202–266; vgl. Katharina Langhammer: Fernsehen als Motiv und Medium des Erzählens. Elfriede Jelinek. In: Jörg Döring, Christian Jäger und Thomas Wegmann (Hg.): Verkehrsformen und Schreibverhältnisse. Medialer Wandel als Gegenstand und Bedingung von Literatur im 20. Jahrhundert, Opladen 1996, S. 187–203.
[11] Vgl. Boris Groys: Über das Neue. Versuche einer Kulturökonomie, München/Wien 1992, S. 106.

1 Superhelden

In ästhetischer wie auch in sozialpsychologischer Hinsicht spielte dabei die amerikanische Comic-Literatur eine herausragende Rolle. Ästhetisch, weil sie der psychischen und sprachlichen Komplexität der literarischen Moderne plakative Gestalten und serielle drastische Handlungsmuster entgegenstellte. Von ihr übernahm die deutschsprachige Popliteratur die für den Comic charakteristischen Überzeichnungen, die reduzierte Syntax und die torsohafte, inchoative Sprechweise seiner Sprechblasen. Nach ihrem Vorbild reduzierte sie in der Übertragung die Komplexität literarischer Aussagen und erhöhte zugleich die graphische Orientierung des Textes. Sozialpsychologisch deswegen, weil sie die Konturen eines durch den Kalten Krieg geprägten hegemonialen Männlichkeitstypus ins Übermenschliche verzeichnete. Im Zentrum ihrer Aufmerksamkeit stand die Gattung der Superhelden, die als repräsentativ für den Comic der Nachkriegszeit gelten kann. In ihren amerikanischen wie in ihren deutschsprachigen Ausprägungen propagierte sie einen heroischen Typus, der in einer in feindliche Blöcke geteilten Welt die Überlegenheitsansprüche des weißen westlichen männlichen Egos in fasslichen Bildformeln zum Ausdruck brachte. Popliteratur spielte mit Steigerungsformen – mit allem, was „super" war und „Riesenkräfte" besaß, was die menschliche oder nationale Leistungskraft überstieg und in seinen Kampfdimensionen ins Planetarische ausgriff. Die Potenzkurve des freien weißen Westens sollte an den Heldentaten Batmans, Supermans und Robins abgelesen werden.

Dieses ‚Hineinnehmen' der Supermänner in den literarischen Text ging allerdings nicht ohne Eingriff in die in den Comics vorgefundene Bedeutungsstruktur vor sich. Anders als Ralf Rainer Rygulla, der Herausgeber und Vermittler amerikanischer Popliteratur in Deutschland, behauptete, kann von einer „ungebrochenen"[12] Übernahme nicht die Rede sein. Die Umcodierung[13] des populären Materials, von der die Literaturwissenschaft in Hinblick auf die Popliteratur spricht, gilt auch für die Comichelden, die in ihr auftreten. Bereits das erste Pop-Gedicht deutscher Sprache *To lofty with love*, 1965 von Rolf Dieter Brinkmann in London verfasst, transformiert ihren Erscheinungsraum drastisch. Mit der Skizzierung einer Selbstmordszene durchbricht es den auf den Superhelden gerichteten Erwartungshorizont: „Der Ajaxsuperman hat den Gashahn aufgedreht/ um

---

12 Rygulla, S. 119.
13 Vgl. Schäfer, S. 15.

langsam/ Die eigene Schwere loszuwerden."[14] Erst durch einen Akt der gewaltsamen Selbstbeseitigung erlangt Superman die Schwerelosigkeit, die ihn zu übermenschlichen Taten befähigt.

Als weiteres Beispiel für eine solche ‚Brechung' kann Lenore Kandels Gedicht *In the Comics* gelten, das in der einflussreichen, von Ralf-Rainer Rygulla 1968 herausgegebenen Anthologie *Fuck you (!)* enthalten war und auch in Jelineks *lockvögeln* zitiert wird. Kandel ist für Jelinek nicht nur deshalb richtungsweisend, weil sie den Brechungslinien folgt, die diese in ihren Gedichten auslegt, sondern auch, weil sie die latente Gewalt zur Manifestation bringt, die in den Figuren der Superhelden sowohl chiffriert als auch gestaut ist. Das in den „clean American guys" eingeschlossene Gewalt- und Sexualpotential wird nunmehr freigesetzt. Kandels Gedicht legt an den Figuren Superman, Batman und Robin die Obszönität wie die Brutalität offen, die verborgen auch in ihren Rettungsmissionen wirksam ist. Verse wie „BATMAN makes it with ROBIN/ ROBIN makes it with eagles/ SUPERMAN never does"[15] schreiben den Superhelden homosexuelle und sodomitische Neigungen zu, während sie das Heldentum Supermans als pathologisches Symptom sexueller Repression kenntlich machen. Die in Kindermund gelegten Verse: „Dad! SUPERMAN stands for law, justice and order. Why is he acting like a tyrant?"[16] charakterisieren den Repräsentanten eines durch Sexualverdrängung brutalisierten amerikanischen Nachkriegsfaschismus.

Damit sind wichtige Weichen für die *lockvögel* gestellt. Auch Jelinek parodiert die Denk- und Vorstellungsmuster einer durch den Kalten Krieg geprägten kollektiven Einbildungskraft: „batman ist das sümbol für die ungeheure stärke des grossen volkes der vereinigten staaten von amerika robin ist der garant dafür dass das grosse volk der vereinigten staaten von amerika auch in zukunft ungeheuer stark sein wird."[17] Das Archiv wird auch hier geöffnet, um an den Aktionen der Retterfiguren, die die amerikanische Einbildungskraft während des Kalten Krieges hervorgebracht hatte, faschistische Gewaltmuster aufzuzeigen.

Jelinek folgt Kandel auch darin, dass sie, neben der Gewalttätigkeit, in erster Linie die Infantilität in der Allmachtsphantasie offenlegt, die in den Superhelden wirksam ist. Setzt Kandel Batman auf die Schulbank, verorten die *lockvögel* Batman und Superman im bürgerlichen Kinderzimmer. „robin pflegt niemals zu

---

14 Zit. in Ralf-Rainer Rygulla: Frank Xerox' wüster Traum und andere Kollaborationen. In: Rowohlt Literaturmagazin (Sonderheft Rolf Dieter Brinkmann) 36 (1995), S. 51–55, hier S. 54.
15 Lenore Kandel: Comics. In: Ralf-Rainer Rygulla (Hg.): Fuck you (!). Underground-Gedichte, Frankfurt a. M. 1980, S. 65–69, hier S. 66. Vgl. Müller-Dannhausen, S. 185.
16 Kandel: Comics, S. 66.
17 Elfriede Jelinek: wir sind lockvögel baby!. Reinbek bei Hamburg 1988, S. 154.

wachsen".[18] In genauen Textvergleichen hat Lea Müller-Dannhausen außerdem nachgewiesen, dass Jelinek die Figuren der Superhelden in Textpassagen aus Else Urys Mädchenbuchklassiker *Nesthäkchen* montiert und so den Erscheinungsraum Superman parodistisch verkleinert: „superman liegt bauz da. er war über seine dicken beinchen gestolpert."[19]

Neben die Infantilisierung tritt die Regionalisierung. Eine der satirischen Pointen der *lockvögel* liegt darin, dass sie den amerikanischen Superhelden deutsche und österreichische Popikonen mit allenfalls regionaler Ausstrahlungskraft an die Seite stellen. Sie werden nicht ohne Verluste aus der Sphäre der globalen Bildzirkulation in der österreichischen Provinz relokalisiert. Einerseits verliert Batman seinen us-amerikanischen Glamour, wenn er als „fledermausmensch"[20] im Umkreis von Amstetten in Niederösterreich auftaucht. Andererseits stammt auch die notorische Figur des „White Giant"[21] aus dem deutsch- österreichischen Poparchiv. Sie ist die amerikanisierte Version des „Weißen Riesen", der mit „Riesenwaschkraft" ausgestattete Namensträger eines bekannten deutschen Waschmittels, der in einem Werbefilm von 1968 als ein *white saviour* im Wortsinn den Grauschleier auf der Wäsche zusammenballte und brutal zertrat. Als Repräsentant des Wirtschaftswunders und Inkarnation deutscher und österreichischer Waschzwänge nach dem Zweiten Weltkrieg ist auch ihm kein globales Charisma verliehen. Jelineks Pop reduziert sich damit auf provinzielle Dimensionen: Die im Text allgegenwärtige Figur Onkel Otto, Maskottchen und Werbeträger im Werbefernsehen des Hessischen Rundfunks seit 1958, setzt den Maßstab des ‚Normalhelden', an dem sich die Superhelden orientieren, sowie sich dieser umgekehrt die Allmachtsphantasien der Superhelden übernimmt. Mit jedem Satz betont der Text den kleinbürgerlichen Zuschnitt der nach Österreich transferierten gigantomanischen Männlichkeitsprojektionen. Räumlich schlagen sich diese Beschränkungen hauptsächlich in der Verringerung des Zirkulationsradius der Superhelden nieder. Das Gotham City oder New York City der *lockvögel* ist das Kinderzimmer oder die Kleinstadt in Niederösterreich. Entsprechend umgreifen die Allmachtsphantasien, die sich in ihnen artikulieren, nicht den Globus, sie reichen allenfalls bis Düsseldorf. Provinziell sind zuletzt auch die Materialien aus den Massenmedien, die in die *lockvögel* eingehen. Hauptressource des Textes, den Jelinek zunächst als „Illustriertenroman" bezeichnete, ist, wie Müller-Dannhausen in ihrer intertextuellen Analyse aufzeigt, die deutsche Illustrierte *Die Bunte*,

---

18 Jelinek, S. 154.
19 Jelinek, S. 49. Vgl. Müller-Dannhausen, S. 186 ff.
20 Jelinek, S. 45.
21 Jelinek, S. 68.

deren Fortsetzungsromane in unbezeichneten Ausschnitten in *wir sind lockvögel* eingehen, während die Gewaltdarstellungen der im deutschen Sprachraum verbreiteten Heftchenliteratur (Perry Rhodan, Jerry Cotton) entnommen sind.[22]

2 Cut up

Dabei werden scheinbar nicht nur die Helden, sondern auch das in *wir sind lockvögel* angewendete Verfahren aus den USA importiert. Jelinek orientiert sich in ihrem Vorgehen am Cut up-Verfahren, das in den sechziger Jahren mit der Literatur der amerikanischen Undergroundszene verknüpft ist, für alle für diese maßgeblichen Strömungen – Beat, Underground und Popliteratur – bestimmend ist und hauptsächlich durch die Leitfigur der Beatgeneration, William Burroughs, geprägt wurde.[23] „Cut up-method" nannte dieser das ursprünglich durch den Dadaismus – insbesondere durch Tristan Tzara entwickelte und von den Surrealisten weiterentwickelte Verfahren, das darin bestand, vorgefundene Print- oder Pressematerialien zu zerschneiden und nach einem Zufallskalkül neu anzuordnen. Das Cut up-Verfahren „produced the accident of spontaneity" – „You can not will spontaneity. But you can introduce the unpredictable spontaneous factor with a pair of scissors."[24] Ziel des Cut up-Verfahrens war es, aus der Zerstörung scheinbar selbstverständlicher Bild-, Text- und Soundzusammenhänge in den Medien „new juxtapositions"[25] zu gewinnen, die die Künstlichkeit und Veränderbarkeit unserer, durch die Medien geschaffenen Umgebungen deutlich machte.[26] Der Schnitt ins Material legte die Grundlage für eine spontane, d. h. zufallsgenerierte Neuordnung der in Scheinzusammenhängen gebundenen und kompromittierten Wirklichkeitstatsachen. Er zerstörte, was Burroughs die „IM-

---

22 Vgl. Müller-Dannhausen, S. 79 ff.; S. 205 ff.
23 Vgl. Andreas Kramer: Von Beat bis „Acid". Zur Rezeption amerikanischer und britischer Literatur in den sechziger Jahren. In: Heinz Ludwig Arnold und Jörgen Schäfer (Hg.): Pop-Literatur (Text+Kritik Sonderband X/03), München 2003, S. 26–41, hier S. 34 ff. Vgl. auch Müller-Dannhausen, S. 72 ff.; vgl. Rona Cran: „Everything is permitted": William Burroughs' Cut-up Novels and European Art. In: Comparative American Studies An International Journal 11 (2013) H. 3, S. 300–313.
24 William S. Burroughs: The Cut up-Method. In: Leroi Jones (Hg.): The Moderns. An Anthology of New Writing in America. London 1965, S. 345–348, hier S. 346.
25 William S. Burroughs: Palm Sunday Tape. In: ders.: The Burroughs File. San Francisco 1984, S. 56–62, hier S. 62.
26 Vgl. Johannes Ullmaier: Cut-Up. Über ein Gegenrinnsal unterhalb des Popstroms. In: Heinz Ludwig Arnold und Jörgen Schäfer (Hg.): Pop-Literatur (Text+Kritik Sonderband X/03). München 2003, S. 133–148, hier S. 136.

MUTABLE REALITY OF THE UNIVERSE" nannte und zeigte, dass hinter der Maske einer „natural seeming continuity" eine „alien construction" [27] anzutreffen war, die so eingerichtet war, dass sie uns als verführerische Natur und damit als ebenso unveränderlich wie begehrenswert erschien. Auf diesem Weg entstanden offene, assemblage- oder collageartige Textstrukturen, die die Kohärenz der durch den Kapitalismus geschaffenen Wirklichkeitsfiktionen zerstörten und zugleich die medialen und psychischen Strategien offenlegten, nach denen diese hergestellt worden waren. Die Cut up-Praxis leistete daher mit der Schere dasselbe wie die Mythenkritik Roland Barthes', der in seinen 1964 ins Deutsche übersetzten *Mythen des Alltags* ein Analyseinstrument bereitstellte, um die von den Massenmedien hervorgebrachte „sekundäre Welt"[28] als eine von Marktinteressen geleitete Konstruktion kenntlich zu machen, die sich als Natur ausgab.[29] Jelinek, die ihre Barthes-Lektüre 1980 in ihrem Text *die endlose unschuldigkeit* niederlegen sollte und damit die theoretische Grundlage für eine Poetik der Mythenkritik legte, die ihre Texte insbesondere der achtziger Jahre bestimmte, musste eine Arbeitsmethode einleuchten, die unmittelbar am Presse- und Printmaterial ansetzte. Der in dieser Arbeitsweise angelegten Medienkritik gab sie dabei eine genderpolitische Wendung, die in ihrem Roman *Michael. Jugendbuch einer Infantilgesellschaft* und in *Die Liebhaberinnen* in Bezug auf die Gattung der Vorabendserie im Deutschen Fernsehen fortgesetzt werden sollte. Wenn es William Burroughs in seinen Cut ups darum ging, die Machenschaften amerikanischer Medienimperien offenzulegen,[30] galt Jelineks Angriff in erster Linie den Illusionen, die die Gattung des Illustriertenromans in Bezug auf kleinbürgerliche – und insbesondere weibliche – Aufstiegschancen erzeugte. In der Kollision der brutalisierten Figuren des „white saviour" aus der Comicsphäre und dem Material aus der Zeitschrift *Die Bunte* zerbrach die durch die Illustrierten genährte, weibliche Traumwelt an den Realitäten patriarchaler Klassenstrukturen. Zugleich bedeutete es die Freisetzung der in den medialen Fiktionen gebundenen Gewalt.

Ebenso aber geht Jelinek auch zu den globalen Subversionsversprechen, die an die Cut up-Methode gebunden waren, deutlich auf Distanz. *wir sind lockvögel* beginnen mit einer Verfahrensparodie. Gleich auf den Vorsatzblättern des Romans wird die Arbeit mit der Schere persifliert, die den Poeten der Beatgeneration als ein Werkzeug des Sinnentzugs, der Zufallsbildung und der produktiven Zukunftsstiftung galt. Programmatisch wird der Cut up-Methode das revolutionäre

---

[27] Oliver Harris: Cutting up the Century. In: Joan Hawking und Alex Wermer-Colan (Hg.): William Burroughs. Cutting up the century. Bloomington 2019, S. 28–50, hier S. 28.
[28] Baßler, S. 184.
[29] Vgl. Harris, S. 28.
[30] Vgl. Harris, S. 28.

Potential aberkannt. Wenn Burroughs dieser die Fähigkeit zuschrieb, durch Schnitte in die Zeitung eine Zukunft zu stiften, die nicht von den Massenmedien geschrieben wurde, hat sich die in den *lockvögeln* angesprochene Gesellschaft das Cut up-Verfahren längst angeeignet. Hier wird der Leser per Gebrauchsanweisung aufgefordert, vorbereitete Sätze und Zitate entlang perforierter Linien auszuschneiden, unter ihnen eine Wahl zu treffen und den gewählten Ausschnitt als alternativen Untertitel des Romans in eine auf dem abwaschbaren Umschlag des Romans angebrachte Lasche einzuführen, die an ein Schulheft erinnert. Zitate aus der amerikanischen Underground-Literatur[31] erscheinen auf einer, von der Autorin eingerichteten Bastelseite, die zu keinen revolutionären Materialunterbrechungen mehr anleitet. Die Ausschnitte stehen gleichsam zur Auswahl, die Gebrauchsanweisung unterbreitet ein konsumentenfreundliches Angebot zur Interaktivität. Wenn es darin heißt:

> sie sollen dieses buch sofort eigenmächtig verändern, sie sollen die untertitel auswechseln. sie sollen hergehen & und sich überhaupt zu VERÄNDERUNGEN ausserhalb der legalität hinreissen lassen. ich baue ihnen keine einzige künstliche sperre die sie nicht durchbrechen könnten. ich hole sie ganz heran & zeige ihnen die noch unbemerkten hohlräume […] die bereit sind für völlig neue programmierungen[32],

dann sind diese neuen Programmierungen durch das vorgegebene Cut up-Design bereits kompromittiert. Änderungen sind nur in medienkonformen Formen möglich, der Schnitt ist längst in das Anreizsystem der Werbung eingegangen. Generell ist festzuhalten, dass die *lockvögel* auch die Gegenwelten, Gegenkulturen und Gegenkräfte der Konsumgesellschaft, die sich in den sechziger Jahren in den Underground-Bewegungen, in Beat oder Pop konzentrieren, in die kulturelle Konkursmasse aufnehmen, die der Roman akkumuliert und zersetzt. So sehr er deren Verfahren und Themen aufgreift, so scharf registrieren die *lockvögel* jedoch, dass der Unterschied zwischen Protest und Affirmation durch die Warengesellschaft eingeebnet wurde. Wenn unter den zahlreichen Figuren des Romans auch die Beat poets Allen Ginsberg und Tuli Kupferberg auftauchen,[33] dann nicht als widerständige Gegenfiguren, sondern eingereiht in die umcodierten Serien- und

---

31 Der Satz „ist das nicht schon krieg?" entstammt dem ebenfalls in Fuck you (!) enthaltenen Gedicht von Tuli Kupferberg. Tuli Kupferberg: Bajonet Drill. In: Ralf-Rainer Rygulla (Hg.): Fuck you (!). Underground-Gedichte. Frankfurt a. M. 1980, S. 31. Vgl. Müller-Dannhausen, S. 154.
32 Jelinek, Vorspann.
33 Vgl. Katharina Langhammer: Fernsehen als Motiv und Medium des Erzählens. Elfriede Jelinek. In: Jörg Döring, Christian Jäger und Thomas Wegmann (Hg.): Verkehrsformen und Schreibverhältnisse. Medialer Wandel als Gegenstand und Bedingung von Literatur im 20. Jahrhundert. Opladen 1996, S. 187–203, hier S. 192.

Comicfiguren und eingepasst in die gleichförmigen Abläufe, die das kommodifizierte Universum der *lockvögel* bestimmen.

Außerdem hat die Cut up-Methode in den *lockvögeln* nicht die Materialität, die sie in den Avantgarden und bei Gysin und Burroughs hatte. Die Zufälligkeit der Anordnung wie der Kollision ergibt sich aus einer Zitierpraxis, die Cut up-Effekte erzeugte, ohne sie am Material durchzuführen wie William Burroughs oder Boris Gysin, der die Cut up-Methode im Jahr 1959 wiederentdeckt hatte. Folgende Selbstauskunft gibt aufschlussreiche Einblicke in die spezifische Abwandlung, die die Cut up-Methode bei Jelinek erfährt. Sie zeigt eine Autorin mit raubvogelhaften Zügen, für die Zufallsprovokation und auktoriale Souveränität keinen Widerspruch darstellen:

> Wie ein Raubvogel, so kommt es mir vor. Ich fliege in größerer Höhe über dem Material, das ich verwende, herum und stoße dann ziemlich blind (im Gegensatz zum Bussard, der ja die Maus sieht) herunter. Es ist wahrscheinlich ein viel zufälligeres Verfahren, als man denken würde. Ich hätte keinen Spaß dabei gehabt, wenn ich mir die Montagestellen genau ausgesucht und sie dann zusammengesetzt hätte. Die Freude des augenblicklichen Findens, also des Zufalls, gehört zur Befriedigung der libidinösen Energie (wenn man das so sagen kann) beim Schreiben dazu. Andererseits gibt es natürlich auch Stellen, die man gezielt sucht und dann einbaut. Oder andere, die man zufällig findet, von denen man aber sofort weiß, dass man sie einmal verwenden wird.[34]

Texte, die auf diese Art und Weise entstehen, sind durch thematische, personale oder grammatische Unbeständigkeit gekennzeichnet. Programmatisch inszenieren sie Umsprünge: Abrupte Szenenwechsel, Satzbrüche, Personentausch, Transformationen sind seine dominanten Gestaltungsprinzipien. Die Platzierung seiner Elemente erfolgt niemals endgültig im Sinne einer festen und alternativlosen Fügung. An jeder beliebigen Stelle können sich Akteure wandeln und Erzählverläufe in gegenläufige umbrechen. Die Leitfigur Otto aus dem deutschen Werbefernsehen realisiert sich innerhalb einer Redeeinheit als Mann oder Frau, Opfer oder Täter. Was eingangs „Otto die Frau" ist, wird wenig später zum Mann, ohne dass dieser Geschlechterwechsel Aufsehen erregt.

3 Speed

Diese von Realismuszwängen entlastete Erzählstruktur wird im Roman jedoch außerdem mit Drogenexperimenten der Beatgeneration in Verbindung gebracht. Die Instabilität der Formen, die Dynamik der Abläufe und die Gewaltkaskaden,

---

[34] Jelinek zitiert nach Müller Dannhausen, S. 208, Anm. 557 [Jelinek, Mail 17. Juni 2009].

die generell für die Popliteratur charakteristisch sind, werden explizit zu den Erfahrungen einer mit halluzinogenen Substanzen vertrauten Generation in Beziehung gesetzt. Anschließend an die Experimente der amerikanischen Beatgeneration stellt auch *wir sind lockvögel* eine Verbindung zwischen Comic, Droge und Cut up her. Ein Vergleich mit den Anthologien *Fuck you (!)* und *Acid* zeigt, dass die Montage linguistische Effekte mit psychedelischem Charakter hervorbringt. Einerseits stellen Drogen einen Konnotationsraum zur Verfügung, in dem unerwartete Zusammenhänge möglich bzw. unsichtbare Beziehungen sichtbar gemacht werden, andererseits werden sie dramaturgisch und stilistisch wirksam. Das Stichwort „speed"[35], das im Text auftaucht, führt das Geschwindigkeits- und Steigerungsversprechen einer seit den sechziger Jahren nachgefragten Designerdroge in die Textbewegung ein. Die Amphetamine, die es enthält, manifestieren sich in analogen textuellen Strukturen, sie beschleunigen die Abläufe und Übergänge zwischen den Mikroepisoden des Romans und erhöhen die Kollisionsfrequenzen zwischen den im Text zirkulierenden Fragmenten und Zitaten. Drogen werden zur poetologischen Leitmetapher, wenn der beschränkte Horizont der Erfahrungswelt hin auf die grelle Überwirklichkeit der Comic-Literatur überschritten wird. Sie steigern die Gewalttätigkeit, die Jelineks Text beherrscht und erklären zugleich die eigentümliche Schmerzunempfindlichkeit, die deren Opfer kennzeichnet. Auch das Super-Ego der in ihm auftretenden Figuren ist das Ergebnis einer chemisch verstärkten Selbstwahrnehmung.

Auch an dieser Stelle jedoch kann von einer emphatischen Übernahme amerikanischer Erfahrungsdesigns nicht die Rede sein. Vielmehr demontiert Jelinek erneut die subversiven Strategien von Pop und Underground. Das wird deutlich am Thema der Reise, das aufgenommen wird, um das psychedelische Versprechen, das sich zeitgenössisch mit dem Wort „Trip" verbindet, kritisch zu reflektieren. Die wiederholten Auskünfte: „dies soll noch immer eine reisebeschreibung werden"[36] und „dies soll aber kein reisebericht sein"[37] gehen auf Distanz zur Praxis der von den Drogen versprochenen Bewusstseinserweiterung, die in Zusammenhang mit LSD stets als Reisebewegung vorgestellt wird. Ähnlich wie bei Burroughs romantisiert sie den Drogenkonsum nicht, vielmehr distanziert sie sich auch an dieser Stelle von Entgrenzungs- und Intensivierungsversprechen der Designerdrogen.[38] Auch das Rauschversprechen wird enttäuscht. Wenn es bei Kandel heißt: „BATMAN rolled up his sleeve and shot up three thousand ccs of

---

35 Jelinek, S. 98; vgl. auch Müller-Dannhausen, S. 117.
36 Jelinek, S. 22f.
37 Jelinek, 12f.
38 Vgl. Harris.

WHAM!"[39], bleibt die Wirkung bei Jelinek aus: „COWBOY WAS HAST DU MIR FÜR EIN ZEUGS GESPRITZT ICH WERDE NICHT HIGH! ICH FÜHLE ÜBERHAUPT NICHTS!"[40]

Der revolutionäre Impuls wie die durch die Pop- und Beatliteratur aufgebaute Erwartung einer Intensivierung von Erfahrung wird damit in den Erzählroutinen des Romans egalisiert und serialisiert. In den Mikroepisoden des Romans bauen sich stets dieselben Erzählmuster auf. Diese Regelmäßigkeit wird in der Regel dadurch erreicht, dass eine Rettungserzählung aus der Sphäre der *white saviours* bzw. die trivialidealistische Exposition eines Fortsetzungsromans innerhalb eines Satzes oder einer Redeeinheit jeweils in eine Gewalterzählung umgeschnitten wird. Jelineks Lieblingsausruf „egal!", der ihre späteren Texte skandiert, gilt bereits für die Gleichgültigkeit wie die Gleichförmigkeit der in den *lockvögeln* versprachlichten Vorfälle, die auch die Eventangebote der Pop-Beatliteratur unterschiedslos einebnen.

Jelineks *lockvögel* lassen sich in die Reihe derjenigen Texte einreihen, die die Popeuphorie ihrer Generation kritisch reflektieren. Sie sind eher als Abrechnung und Entzauberung derjenigen Hoffnungen zu lesen, die den Pop in die Literatur ‚hineinnehmen' und von den Energien populärer Vorstellungswelten profitieren wollten. So rechnen sie auch mit den Ekstasen ab, die der Erfinder des LSD Timothy Leary seinen Gefolgsleuten gegenüber als Befreiung und Grenzüberschreitung ausgab, zugleich aber, wie Oliver Harris gezeigt hat, gerade durch dieses Versprechen die kommerzielle amerikanische Mainstreamkultur bediente.[41] Der Sonderstellung der *lockvögel* kommt auch zugute, dass in ihnen auch andere avantgardistische Traditionen mitschreiben, die sich nicht in den USA, sondern in Österreich nach 1945 entwickelten.[42] Jelineks *lockvögel* schreiben die formalen Experimente der Wiener Gruppe fort, die in ihren experimentellen Anordnungen die bewusstseinsbildende Macht sprachlicher Konventionen analysierten und die Gemachtheit unserer kulturellen Umwelt offenlegten.[43] Die Rigorosität der Verfahren der Avantgarden, die vom Pop eigentlich überwunden werden sollten, ist in *wir sind lockvögel* weiterhin wirksam, das Material wird einer Bearbeitung unterzogen, die seine Produktionsprinzipien in zahllosen Durchgängen offenlegt und den „flow" unterbricht, in dem die Superhelden durch die Galaxien reisen und ihre Heilsversprechen in jeden Teil der westlichen Kon-

---

39 Kandel, S. 66.
40 Jelinek, S. 24.
41 Vgl. Harris, S. 39.
42 Vgl. Müller-Dannhausen, S. 36 ff.
43 Vgl. Gerhard Rühm: Die Wiener Gruppe. Achleitner. Artmann. Bayer. Texte. Gemeinschaftsarbeiten. Aktionen. Erweiterte Neuausgabe. Hamburg 1985.

sumgesellschaft hineintragen. Diese zerstören, ihres Popauftritts ungeachtet, auch den Mythos Pop. Sie wüten im Poparchiv ihrer Generation und legen die Gewalt offen, die durch ihre Ankunft freigesetzt wird.

Literaturverzeichnis

Artmann, Hans C.: das suchen nach dem gestrigen tag oder schnee auf einem heißen brotwecken. Eintragungen eines bizarren liebhabers. Neuwied/Berlin 1964.
Baßler, Moritz: Der Deutsche Pop-Roman. Die neuen Archivisten. München 2002.
Burroughs, William S.: The Cut up-Method. In: Leroi Jones (Hg.):The Moderns. An Anthology of New Writing in America. London 1965, S. 345–348.
Burroughs, William S.: Palm Sunday Tape. In: ders.: The Burroughs File. San Francisco 1984 S. 56–62.
Cran, Rona: 'Everything is permitted': William Burroughs' Cut-up Novels and European Art, in: Comparative American Studies An International Journal 11 (2013), H. 3, S. 300–313.
Degner, Uta: Pop nicht als Pop: Jelineks frühe Romane *wir sind lockvögel baby!* und *Michael. Ein Jugendbuch für die Infantilgesellschaft* im literarischen Feld der frühen 70er Jahre (Vortrag zum interdisziplinären Workshop für Nachwuchswissenschaftlerinnen zum Thema Elfriede Jelinek „Es ist Sprechen und aus" in Wien 2014. https://fpjelinek.univie.ac.at/fileadmin/user_upload/proj_ejfz/PDF-Downloads/Degner_Pop_nicht_als_Pop.pdf (letzter Zugriff: 13. Januar 2021).
Fiedler, Leslie A.: Cross the Border – Close the Gap. New York 1971.
Goebbels, Heiner: Puls und Bruch: Zum Rhythmus in Sprache und Sprechtheater. In: ders. und Wolfgang Sandner (Hg.): Komposition als Inszenierung. Berlin 2002, S. 99–108.
Groys, Boris: Über das Neue. Versuche einer Kulturökonomie. München/Wien 1992.
Harris, Oliver: Cutting up the Century. In: Joan Hawking und Alex Wermer-Colan (Hg.): William Burroughs. Cutting up the century. Bloomington 2019, S. 28–50.
Jauss, Hans Robert: Paradigmawechsel in der Literaturwissenschaft. In: Linguistische Berichte 3 (1969), S. 44–56.
Jelinek, Elfriede: wir sind lockvögel baby! Reinbek bei Hamburg 1988.
Kandel, Leonore: Comics. In: Ralf-Rainer Rygulla (Hg.): Fuck you (!). Underground-Gedichte. Frankfurt a. M. 1980, S. 65–69.
Kramer, Andreas: Von Beat bis „Acid". Zur Rezeption amerikanischer und britischer Literatur in den sechziger Jahren. In: Heinz Ludwig Arnold und Jörgen Schäfer (Hg.): Pop-Literatur (Text+Kritik Sonderband X/03). München 2003, S. 26–41.
Kupferberg, Tuli: Bajonet Drill. In: Ralf-Rainer Rygulla (Hg.): Fuck you (!). Underground-Gedichte. Frankfurt a. M. 1980, S. 31.
Langhammer, Katharina: Fernsehen als Motiv und Medium des Erzählens. Elfriede Jelinek. In: Jörg Döring, Christian Jäger und Thomas Wegmann (Hg.): Verkehrsformen und Schreibverhältnisse. Medialer Wandel als Gegenstand und Bedingung von Literatur im 20. Jahrhundert. Opladen 1996, S. 187–203.
Moser, Jeannie: Psychotropen. Eine LSD-Biographie. Konstanz 2013.
Müller-Dannhausen, Lea: Zwischen Pop und Politik. Elfriede Jelineks intertextuelle Poetik in *wir sind lockvögel baby!* Berlin 2011, S. 202–266.

Rühm, Gerhard: Die Wiener Gruppe. Achleitner. Artmann. Bayer. Texte. Gemeinschaftsarbeiten. Aktionen. Erweiterte Neuausgabe. Hamburg 1985.
Rygulla, Ralf-Rainer (Hg.): Fuck you (!). Underground-Gedichte. Frankfurt a. M. 1980.
Rygulla, Ralf-Rainer: Frank Xerox' wüster Traum und andere Kollaborationen. In: Rowohlt Literaturmagazin (Sonderheft Rolf Dieter Brinkmann) 36 (1995), S. 51–55.
Schäfer, Jörgen: „Neue Mitteilungen aus der Wirklichkeit". Zum Verhältnis von Pop und Literatur in Deutschland seit 1968. In: und Heinz Ludwig Arnold und ders. (Hg.): Pop-Literatur (Text+Kritik Sonderband X/03). München 2003, S. 7–25.
Strauß, Botho: Der Aufstand gegen die sekundäre Welt. Bemerkungen einer Ästhetik der Anwesenheit. München/Wien 1999.
Ullmaier, Johannes: Cut-Up. Über ein Gegenrinnsal unterhalb des Popstroms. In: Heinz Ludwig Arnold und Jörgen Schäfer (Hg.): Pop-Literatur (Text+Kritik Sonderband X/03), München 2003. S. 133–148.

Konstanze Fliedl
Die Welt als Bild. Elfriede Jelineks Virtualität

In Frank Günthers Shakespeare-Monographie ist zu lesen, dass zu dessen Werk weltweit jährlich 5475 wissenschaftliche Studien erscheinen, sowie täglich ein Buch.[1] Das sind freilich uneinholbare Zahlen. Aber zu Elfriede Jelineks Texten sind seit 2000 pro Jahr etwa 55 Schriften – also Monographien und Aufsätze – veröffentlicht worden, immerhin knapp ein Zehntel des globalen Shakespeare-outputs.[2] Die Jelinek-Forschung folgt dem rasanten Schreibtempo der Autorin und bemüht sich, mit den betreffenden neuen Publikationen auf ihrer Homepage Schritt zu halten. Zu diesem umfangreichen Œuvre und dem immensen Korpus an Sekundärliteratur lässt sich daher nicht mehr viel mehr als ein Nachtrag machen: Daher widmen sich die folgenden Überlegungen konsequenterweise einem Text namens *Appendix*.[3] Es handelt sich um eine von mehreren Weiterführungen zu Jelineks vieldiskutiertem, in Mannheim 2014 uraufgeführtem Theatertext *Die Schutzbefohlenen*; die anderen, später verfassten Addenda tragen die Titel *Coda*, *Epilog auf dem Boden* und *Philemon und Baucis*. *Appendix* ist mit dem 18. September 2015 datiert. Am 3. September hatten Fotos des ertrunkenen dreijährigen Aylan Kurdi weltweites Aufsehen erregt. Darauf folgte ein am 9. September präsentierter Vorschlag der Europäischen Kommission, die am stärksten von der Flüchtlingskrise betroffenen Länder durch Umverteilung zu entlasten, ein bekanntlich bislang gescheiterter Versuch. Am 14. September wurde der an der ungarischen Außengrenze errichtete Sperrzaun fertiggestellt; einen Tag später erschienen in der französischen Satirezeitschrift *Charlie Hebdo* die Karikaturen Laurent Sourisseaus zum Tod Aylan Kurdis.

Jelinek wäre nicht Jelinek, wenn nicht schon der Titel einen prekären Doppelsinn aufwiese. Unter ‚Appendix' versteht man ja nicht nur einen schriftlichen Anhang, sondern auch – ‚appendix vermiformis' – den Wurmfortsatz des Blinddarms. Die Ausführungen zu diesem semantischen Aspekt erfordern eine kurze

---

[1] Frank Günther: Unser Shakespeare. Einblicke in Shakespeares fremd-verwandte Zeiten. München 2014, S. 7.
[2] Gezählt nach den Einträgen in der Bibliographie der deutschen Sprach- und Literaturwissenschaft. – Gemäß dem Katalog des Innsbrucker Zeitungsarchivs kommen – ebenfalls seit 2000 – noch etwa hundert journalistische Artikel jährlich dazu.
[3] Die auf Elfriede Jelineks Homepage http://www.elfriedejelinek.com ohne Seitenzahlen erschienenen Texte werden im Folgenden lediglich mit entsprechenden Siglen zitiert, *Appendix* also mit (A); (letzter Zugriff: 17. Juni 2017).

https://doi.org/10.1515/9783110742435-003

Vorüberlegung zum fundamentalsten Rezeptionsmissverständnis in Jelineks Wirkungsgeschichte. Seit ihren allerersten Büchern findet sich in der Kritik ein Mechanismus, der sozialpsychologisch als das ‚Kill the messenger'-Syndrom klassifiziert werden könnte. Berichtet Jelinek – etwa in den *Liebhaberinnen* (1975) – von der ‚Kälte' des Liebesmarktes, auf dem der weibliche Körper verhandelt wird, wirft man ihr den ‚kalten' Blick auf ihre Figuren vor; äußert sie sich zu dreckigen Korruptionsfällen in der österreichischen Republik, gilt *sie* als die ‚Nestbeschmutzerin'[4]. Mit erstaunlicher Regelmäßigkeit wird die Botin für die Botschaft (zumindest) geprügelt. Wenn daher im Folgenden von gewissen Unappetitlichkeiten die Rede ist, wäre zu bedenken, dass nicht Jelinek die Verstöße gegen eine gesellschaftliche Reinlichkeitsideologie produziert, sondern dass sich ihr Schreiben gegen eine extrem ungustiöse Form öffentlicher Rhetorik wendet. Worauf sie es abgesehen hat, ist nicht eine fäkale Provokation, sondern die Reflexion auf die anale Fixierung der politischen und gesellschaftlichen Diskurse zur ‚Flüchtlingsfrage'.

1 Eine Prise Freud

Jelineks intertexuelle Verfahren – die persiflierende Anspielung, die satirische Verfremdung, die sarkastische Montage – sind in der methodisch überaus avancierten Forschung ausreichend untersucht. Jelinek folgt dabei generell Roland Barthes' Verfahren, die eigene theoretische Prämisse – die Mitsprache anderer ‚Stimmen' in jeder Rede – nicht durch exakte Zitation zu banalisieren.[5] Dennoch hat sie einige Texte mit ironischen Literaturangaben versehen. Bei den *Schutzbefohlenen* handelt es sich um folgende Quellen: Aischylos' Tragödie *Die Schutzflehenden* aus dem 5. vorchristlichen Jahrhundert, die 2013 vom Bundesministerium für Inneres herausgegebene Broschüre *Zusammenleben in Österreich*, Ovids *Metamorphosen* und, wie es heißt: „eine Prise Heidegger, die muß sein, denn ich kann es nicht allein".[6] Am Ende des *Appendix* steht nun die Fußnote: „Das Übliche, wie vorhin. Dazu noch eine Prise Freud. Na, den haben wir noch gebraucht!" (A)

Als Kontext erweist sich Freuds Theorie zur analen Stufe der Libidoentwicklung. Das assoziative Gelenk ist das „dreijährige" Kind, das ertrunken (oder auch vermisst) ist. Die Afterzone, so heißt es in der zweiten *Abhandlung zur Sexual-*

---

4 Vgl. Pia Janke (Hg.): Die Nestbeschmutzerin. Jelinek & Österreich. Salzburg/Wien 2002.
5 Vgl. Roland Barthes: S/Z [1970; übers. v. Jürgen Hoch]. Frankfurt a. M. 1976, v. a. S. 25–26.
6 Elfriede Jelinek: Die Schutzbefohlenen (14. 6. 2013 – 29. 9. 2015). https://www.elfriedejelinek.com/fschutzbefohlene.htm (letzter Zugriff: 17. Juni 2017); im Folgenden zitiert mit (Sch).

theorie, sei von großer erogener Reizbarkeit. Kinder nützten diese aus, indem sie den Stuhl zurückhielten, um schließlich bei der Defäkation einen umso größeren „Lustnebengewinn" zu lukrieren. Dazu komme noch eine andere Bedeutung: Der Darminhalt stelle das erste „Geschenk" des Kindes an seine Umgebung dar, den es aus „Gefügigkeit" herausgeben, aus „Trotz" verweigern könne.[7] Diese Passage wird im *Appendix*, gemäß den Regeln von Jelineks Zitationskunst, zerstückelt, verschoben und satirisch verzerrt:

> Alles muß raus. Das sagt das Kind zu seinem Darm nicht, denn dort will es alles so lang wie möglich behalten, seine Scheiße sind sein erstes Geschenk, mehr hat es nicht, das Kind, es ist ein Geschenk, dessen Verweigerung den Trotz des Kindes gegen seine Umgebung ausdrückt. (A)

Die Ankopplung an das Flüchtlingsthema geschieht über drei sehr drastische Relais. Einmal spricht Freud von den „Stuhlmassen", welche aufgehäuft würden, um dann „beim Durchgang durch den After einen starken Reiz auf die Schleimhaut ausüben zu können".[8] Diesen Terminus junktimiert Jelineks Text mit der (journalistischen und politischen) Rede von den Menschen-„Massen", die über die Grenzen hereinbrechen: „[Das Kind] will diese Massen, die da drängen, zurückhalten, das Kind, Sie können das gerne nachlesen, Sie werden dann auch nichts anderes wissen als ich, zurückhalten, damit es den starken Reiz auf die Schleimhäute genießen kann" (A). Die dadurch kreierte Analogie von Menschen und Ausscheidungsprodukten erklärt die Flüchtlinge zur Verkörperung des Abjekten, dem Jelineks Aufmerksamkeit seit jeher gilt: Ausscheidungen wie Schleim und Kot sind in ihrem Schreiben viskose Emblemata für die Ausstoßung der Minorität, des Fremden, des Abnormen.[9] Zweitens hat die Assoziation einen realen Sitz im Leben: Der Umstand, dass man nicht in der Lage war, an den Grenzen ausreichend mobile Toiletten zur Verfügung zu stellen, führt in Jelineks Text zu empörten Äußerungen eines kollektiven ansässigen Ich:

> Sie schaffen Vulkane aus Scheiße, aus Dreck, aus Müll, es sieht aus, als wäre ein Müllberg explodiert, ja, schauen Sie doch, was die für Dreck machen, und sowas sollen wir jetzt immer unter uns wohnen haben? (A)

---

[7] Sigmund Freud: Drei Abhandlungen zur Sexualtheorie [1905]. In: ders.: Sexualleben. Frankfurt a. M. ^{8}1997 (Studienausgabe. Bd. V), S. 37–145, S. 92–93.
[8] Freud, S. 93.
[9] Vgl. Susanne Böhmisch: Jelinek'sche Spiele mit dem Abjekten. In: Françoise Rétif und Johann Sonnleitner (Hg.): Elfriede Jelinek. Sprache, Geschlecht und Herrschaft. Würzburg 2008 (Saarbrücker Beiträge zur vergleichenden Literatur- und Kulturwissenschaft. Bd. 35), S. 33–45.

oder:

> [...] und dann scheißen sie uns vors Haus und schmeißen ihren Abfall hin. Wohin sollen sie damit, wenn in Ungarn das Klo noch nicht erfunden wurde, in Serbien noch weniger; das transportable Klo meine ich, eine der bedeutendsten Erfindungen der Menschheit [...] (A)

Drittens wird lapidar auf den von Freud entwickelte Zwangsneurose der analen Fixierung gedeutet, den betreffenden Zusammenhang von Kot, Geld und Besitzdenken – wie auch schon in den *Schutzbefohlenen* selbst: „Und wenn sie erst mal da sind, liegen sie uns auf der Tasche, das werden wir verhindern, und schon verhindern wir es" (Sch). Im *Appendix* heißt es nur mehr: „Tja, Geld, Scheiße und: Das Wort" (A). Das „Wort" mit (großgeschriebenem) Artikel markiert einerseits die Erhabenheit des λóγος, andererseits in der Kopplung mit „Geld" und „Scheiße" die Inflation der journalistischen und politischen Rede; die Analogie verläuft über die Assoziation von massenhafter Ausscheidung, der Absonderung von Ekelhaftem.

2 Eine Prise Theweleit

Ein Charakteristikum des öffentlichen Diskurses zur ‚Flüchtlingskrise' ist der Gebrauch von Liquidmetaphern. Über die Verschränkung von ‚Flutmasse' und ‚Massenflut' stehen diese Bilder für die Beschreibung der ‚Flüchtlingsströme' bereit. In den *Schutzbefohlenen* ist daher die Flut eine Zentralmetapher:

> [...] alles, alles rückt aus, um Überschwemmungen zu verhindern und noch Schlimmeres zu verhindern, uns zu verhindern, zu verhindern, daß Menschen, Menschenzüge Sie überfluten, ein wahres, nein, ein unwahres Meer, ein Meer zum Meer, ein Meer ins Meer, wo sie enden, wo sie endlich enden, und schon sind es einige weniger, die da sind, dafür kommen immer mehr, in entscheidenden Zügen, in schon auf dem Wasser verscheidenden verschiedenen Booten, sie kommen, und das muß verhindert werden [...] da müssen [wir] Menschenfluten verhindert werden [...] (Sch)

In der Wiener Burgtheaterinszenierung von Michael Thalheimer[10] wurde dem dramaturgisch insofern Rechnung getragen, als die Bühne knöchelhoch mit Wasser bedeckt war, in das sich die Schauspieler fallen lassen mussten. Wie automatisch die Junktimierung von Flucht und Flut vor sich geht, lässt sich aber schon aus Elias Canettis *Masse und Macht* (1960) lernen. In seiner Beschreibung der „Fluchtmasse" – also einer Masse, die „durch *Drohung* hergestellt" wird – tauchen wie selbstverständlich Liquiditätsmetaphern auf: Die „Massenflucht" ist

---

10 Premiere am 28.3.2015.

ein „mächtiger Strom", der eine „Quelle" hat – den ursprünglichen Konfliktherd – und der auch durch „Versickern" enden kann, wenn die Bedingungen für die Flüchtenden zu hart und „feindlich" werden.[11]

Die Angst, mit der die Rede von der ‚Flut' aufgenommen wird, hat zweifellos zu tun mit der Abwehr des Strömenden und Überschwemmenden, die Klaus Theweleit seinerzeit als Charakteristikum des soldatischen Mannes beschrieben hat. Das bedrohlich Flutende wird einerseits assoziiert mit dem Ozeanisch-Weiblichen, andererseits mit der linken und roten Massenbewegung. Dagegen ist nur das Kristallin-Starre männlicher Zucht und Disziplin zu setzen; ‚Flut' bedeutet die drohende Auflösung und Entgrenzung, den Verlust von Virilität und Identität. Der Augenblick des Zusammenbruchs – und das ist in dem von Theweleit untersuchten Corpus protofaschistischer Kämpferromane die Niederlage und Kapitulation von 1918 – ist ein Dammbruch, assoziiert mit der betreffenden Körperfunktion ein „Darmbruch"[12]: Die ‚Flut' wird zum braunen Schlamm, zum ‚Durchfall', zum Kot. Aus dem Roman *Wieland der Schmied* (1924) des deutschnationalen Erfolgsschriftstellers Rudolf Herzog etwa stammt folgendes Zitat:

> Eine Woge von Kot wälzte sich über das entsetzensstarre Rheinland [...]. Und die Woge von Kot wälzte sich über die großen und ruhmreichen Städte des Rheins [...]. Und sie wälzte sich auf die Dörfer und langte nach Kornspeichern und Viehställen, und der Bauer sah sein Hab und Gut hinweggeschwemmt zur Ernährung landfremder Sonderbündlerhaufen.[13]

Damit liegt die Blaupause vor für die Assoziation der Bilder. Kot wird als die ‚Flut' des feindlichen Anderen begriffen, umso mehr, als die Beherrschung der eigenen Körperfunktion damit auf dem Spiel steht. Von Freuds Theorie der analen Phase führt hier ein Weg zur Psychoanalyse des soldatischen Mannes: Der Kontrollverlust im Körperinneren bewirkt die aggressiv-abwehrende Projektion nach au-

---

11 Elias Canetti: Masse und Macht [1960]. München 1994 (Gesammelte Werke. Bd. 3), S. 59–62. – Dass Politik und Boulevard sich ad libitum dieser Metaphorik bedienen, wurde vom deutschen Kabarettisten Bernhard Hoëcker in einer NDR-Talkshow vom 25. März 2016 klargestellt. Er sagte: „Es gibt ja massenweise Wasserbilder: die überschwemmen uns, [...] es strömt über uns hinweg", bevor er das Verhältnis von deutscher Bevölkerung und Flüchtlingen (1:80) im Studio veranschaulichte: Bei 120 Studiogästen stellten zwei Personen, die er bat aufzustehen, die ‚Überschwemmung' dar (also in der noch prekäreren Relation von 1:60). Vgl. Konstantin Hofmann: Das Ei des Hoëcker. Komiker zur Flüchtlingsdebatte (30.3.2016). http://www.faz.net/aktuell/gesellschaft/menschen/bernhard-hoecker-zur-fluechtlingskrise-wird-internet-hit-14152344.html (letzter Zugriff: 17. Juni 2017).
12 Klaus Theweleit: Männerphantasien. Bd. 1: Frauen, Fluten, Körper, Geschichte. Frankfurt a.M. 1977, S. 506.
13 Rudolf Herzog: Wieland der Schmied. Roman [1924]. Berlin: Vier Falken Verlag [~ 1943], S. 344f.; vgl. Theweleit, S. 507.

ßen. Dieser Mechanismus liegt offenbar im kollektiven Unbewussten bereit und wird unterschwellig in den gegenwärtigen Debatten aufgerufen.

3 Bilderfluten

Die Repräsentanz dieser Diskurse hat Jelinek schon immer durch satirische Montage unterwandert; seit den 1990er Jahren gilt ihre Aufmerksamkeit auch der Repräsentanz durch das Bild. So wie es – seit dem linguistic turn – klar ist, dass Sprache eine Weltsicht induziert, so kann seit dem ‚pictorial turn' gelten, dass Bilder die Sicht auf die Welt kreieren – vielmehr, die Welt simulieren und sie – als virtuelle – überhaupt erst erschaffen. Im Zug der Etablierung der ‚Visual Culture Studies' ist ununterbrochen von der ‚Bilderflut', der ‚übermäßigen', ‚überbordenden' oder ‚überwältigenden' Bilderflut die Rede, der man sich in einer Vielzahl von Disziplinen mit rationalen Kriterien stellen müsse. Auch von den Vertretern der Virtualisierungsdebatte wird die Metapher aufgenommen. Bei Jean Baudrillard heißt es etwa, es seien die „Bilder, die wie eine Flut über unseren Alltag hereinbrechen, die unser Leben überschwemmen".[14] Paradoxerweise verbildlicht diese Metapher erst recht, was man mit wissenschaftlichen Kategorien ja kontrollieren möchte. Das Assoziationsfeld von ‚Flut' führt unterschwellig alle negativen Konnotationen des gefährlich ‚Flutenden' ein; der Bilderkonsument wird als völlig passiv, als wehrloses Objekt dieser Überschwemmung dargestellt.

Besonders brisant wird die metaphorische Rede von der ‚Flut' dann, wenn Sujet und Medium übereinstimmen, wenn also die Realität einer Überschwemmung in der ‚Anschauung' des Konsumenten durch eine Bilder-‚Flut' konstruiert wird. Dem südostasiatischen Tsunami von Dezember 2004 hat Elfriede Jelinek einen Text mit dem Titel *Die Flut* gewidmet (im engeren Sinn geht es um den damaligen Finanzminister Karl-Heinz Grasser, der mit seiner Verlobten gerade zu dieser Zeit auf den Malediven Ferien machte[15]). Über den satirischen Kontext hinaus heißt es bei Jelinek:

---

14 Jean Baudrillard: Jenseits von Wahr und Falsch, oder Die Hinterlist des Bildes. In: Hans Matthäus Bachmayer, Otto van de Loo und Florian Rötzer (Hg.): Bildwelten – Denkbilder. München 1986 (Texte zur Kunst. Bd. 2), S. 265–268, S. 268.
15 Grasser gab an, er habe diesen Urlaub nicht abbrechen können, weil keine Flugplätze für die Rückreise zu erhalten gewesen seien. Als das von der AUA dementiert wurde – die, ein weiteres interessantes Detail, überdies die Tickets des Paares kostenlos von economy auf business class ‚upgegradet' hatte – versuchte er es mit zwei weiteren Begründungen: erstens, er habe die Plätze im Flugzeug nicht für Betroffene blockieren wollen, zweitens, er sei von der Regierung der Ma-

> Jetzt muß ich der Schuld nachrennen, sehe sie aber noch nicht recht. Jedoch muß einer, etwas schuld sein. Ich finde es schon noch. Ich spüre es auf. Ich finde es notfalls auch unter dem Bildschirm, wo die Hochspannung zuhause ist und mich ständig bedroht. Da ist eine wahnsinnige Spannung in diesem Schirm, habe ich gehört. Das trübe Wasser verdunstet und überzieht alles mit einer Art Schleier, leider (naja, mein Bildschirm ist auch trübe, bevor ich ihm ein Licht aufstecke!).[16]

Der Bildschirm erscheint also als ‚geflutet', das Wasser, dessen Realität durch die Bilder bezeugt wird, affiziert das Bildmedium gleich mit. Taucht die Realität der Flutopfer immer nur im Bild auf, so beruht die medienkritische Rede aber auf der metaphorischen Übertragung. Das sprachliche Bild für die mediale Vermittlung der Katastrophe setzt die Betroffenen und deren Beobachter in eins. Von der ‚Flut' überwältigt erscheinen beide; für die Medienkonsumenten allerdings geht das mit einer ‚Entwirklichung' des Phänomens einher. Tatsächlich tauchten in der Berichterstattung zu diesem Tsunami eine Reihe von fotografischen Fälschungen auf, so dass es kaum möglich war, zwischen ‚echtem' und ‚gefaktem' Bild zu unterscheiden; die Realität des Ereignisses wurde solchermaßen tatsächlich liquide. Die Theorie der Virtualisierung stellt sich aber als Einbahnstraße heraus: Für die etwa 230.000 Todesopfer war die Frage, ob ihre Zuschauer existierten, wohl nicht mehr relevant. Die metaphorische Rede schließt den Spalt zwischen Subjekten und Objekten der ‚Anschauung', ein Phänomen, das auch in der Virtualisierungsdiskussion auftaucht.

4 Virtualität

Sowohl die Theoretiker des ‚pictorial turn' als auch die Vertreter der Virtualitätstheorie, neben Baudrillard vor allem Paul Virilio, beziehen sich (wenn auch mitunter kritisch) auf einen philosophischen Vorgänger der These von der „Welt als Bild", nämlich Martin Heidegger. Daher beginnt auch Jelineks *Appendix* mit der obligaten „Prise Heidegger". Die ersten Sätze lauten:

> Die Eroberung der Welt als Bild, das war einmal, denn Bild ist ja Herstellen. Die Menschen werden aber nicht hergestellt, und sie bleiben nicht, wo sie hingestellt werden. Sie kämpfen um ihre Stellung, das ist keine Stellung, so wie Sie sich das vorstellen, das ist einfach, wie sie sind. Sie haben es aufgegeben, dem Seienden ein Maß zu geben, denn das Maß ist noch nicht

---

lediven aufgefordert worden, zu bleiben, um die Hilfsmaßnahmen zu unterstützen. Zumindest das Letztere erwies sich als auch nicht der Wahrheit entsprechend.
16 Elfriede Jelinek: Die Flut. https://www.elfriedejelinek.com/fflut.htm (letzter Zugriff: 17. Juni 2017).

geschöpft, in das sie hineingehen. Sie gehen aber. Sie gehen weiter. [...] Wer an ihrer Richtschnur gezogen hat, ein Richter, ein Retter, gezogen mußte werden, gezogen wird immer, an ihnen gezogen, hierhin, dorthin. Und sie selber ziehen auch. Sie ziehen herum. (A)

Das angespielte Zitat aus dem später unter dem Titel *Die Zeit des Weltbildes* publizierten Vortrag Heideggers von 1938 lautet so:

> Der Grundvorgang der Neuzeit ist die Eroberung der Welt als Bild. Das Wort Bild bedeutet jetzt: das Gebild des vorstellenden Herstellens. In diesem kämpft der Mensch um die Stellung, in der er dasjenige Seiende sein kann, das allem Seienden das Maß gibt und die Richtschnur zieht.[17]

Bei Heidegger sind nicht nur die paronomastischen Wortspiele (vorstellen, bestellen, herstellen, ausstellen usw.) vorgebildet, die Jelinek natürlich aufnimmt; er liefert auch die Fundamentalkritik der neuzeitlichen Subjektwerdung, die sich die Welt durch das Bild zuhanden macht, sie berechnet, sich zur Verfügung stellt und in diesem Sinn „herstellt".

Bei Baudrillard und Virilio wird die „Herstellung" der Welt durch Bilder dann auf deren mediale Vermittlung gewendet. Die Hypothesen zur Veränderung von Wahrnehmung und Ver-Bild-ung von Realität entwickelten beide ausgehend von der Medialisierung des Kriegs. Im Krieg kommt es, nach Virilio, nur mehr zur Niederlage der Fakten: Das Geschehen, weil omnipräsent, werde entwirklicht, es erfolgte eine „Fusion des *Objekts mit seinem ihm entsprechenden Bild*".[18] Die Flüchtigkeit und Geschwindigkeit der austauschbaren elektronischen Bilder lasse die ‚Wirklichkeit' nicht mehr passieren, das Ergebnis sei die ‚Virtualisierung' der nur mehr im Bild befindlichen Phänomene, die radikale Entwirklichung der Welt. Vor allem *Bambiland* (2003), Jelineks Text zum Irakkrieg, scheint diesen Hypothesen zu folgen:

> Hier, das Bild, es erscheint und leuchtet hell, wir haben es im Kasten, wir haben was auf dem Kasten, ich habe das gemacht. Sein und Schein. Schauen Sie! Das alles ergibt kein Sein an sich, das ergibt überhaupt kein Sein mehr, was aber gleich ist dem Sein. Sein und Nichtsein fallen übereinander her und werden eins. Es ist unentschieden ausgegangen zwischen Sein und Schein. Beide gleich stark. Gut so. Es gibt eh kein Kriterium für Realität, sage ich einmal so. Es ist alles wahr, was Sie sehen, aber es ist nicht richtig.[19]

---

17 Martin Heidegger: Die Zeit des Weltbildes. In: ders.: Holzwege. Frankfurt a.M. 1977 (Gesamtausgabe. Bd. I,5), S. 75–113, S. 75–113, hier S. 94.
18 Paul Virilio: Krieg und Fernsehen [1991; übers. v. Bernd Wilczek]. München/Wien 1993 (Edition Akzente), S. 133f. (Hervorhebung im Original).
19 Elfriede Jelinek: Bambiland. http://www.elfriedejelinek.com/ (letzter Zugriff: 17. Juni 2017).

Gerade durch die mediale Öffnung der Welt schließen sich die Öffnungen zur Realität. 1998 schrieb Virilio:

> Der Computerbildschirm wird zum letzten Fenster. Allerdings handelt es sich hierbei um ein „Fenster", dessen Funktion weniger darin besteht, Daten zu empfangen, als vielmehr darin, den Horizont der Globalisierung, d.h. den Raum ihrer beschleunigten Visualisierung wahrzunehmen.[20]

Jelineks Text-Ich stilisiert sich dementsprechend gerne als eines am ‚Fenster', am ‚Gerät', am ‚Schirm'; in *Appendix* kommt dazu noch das homonymische Wortspiel:

> Diese Menschen sind über die Ufer getreten, sie sind da, sie sind da, sie sind fremd, und sie sind dazwischen, nein, das Dazwischen ist der Bildschirm, dort schaue ich sie mir an, auf dem großen oder dem kleinen Schirm, sich selber zu behüten ist besser, als Freunde zu treffen. Der Schirm, gestern beim Gewitter hätten wir ihn brauchen können, hat sich dazwischengeschoben, hat nicht gefragt, ich kann nichts dafür. (A)

Unternimmt man den – gefährlichen – Kurzschluss zwischen Text-Ich und realer Autorin, so schiebt sich der ‚Schirm' auch vor deren Person: Elfriede Jelinek erscheint seit Jahren, spätestens seit der Verleihung des Nobelpreises, als eine Meisterin der Selbst-Virtualisierung. Zur Preisverleihung, aber auch zu anderen Anlässen, ließ sie sich durch eigene Videobotschaften vertreten. Der Rückzug aus der Öffentlichkeit ist motiviert durch den Wunsch, nicht als Schriftstellerin ‚zum Angreifen' aufzutreten, was wohl auch das Bedürfnis signalisiert, nicht ständig – durch Kritiken oder Postings – im übertragenen Sinn ‚angegriffen' zu werden. Ihre Darstellung auf der Bühne als Puppe oder Maske hat Jelinek jeweils durchaus zustimmend aufgenommen, offenbar weil diese Inszenierungen der Autorin signalisieren, dass ihr ‚Bild' ohnehin immer nur als ein von den Medien erstelltes, also gleichsam verlarvtes, zu haben ist; zwischen ihrer realen Person und ihrem Image besteht eine Kluft, die durch vermeintliche Authentizität nie mehr zu schließen wäre (und der eindrücklichste Beleg dafür ist das legendäre Interview mit André Müller,[21] der sich bestens darauf verstand, seine Gesprächspartner als ‚echte' Menschen zu inszenieren). Dass es aus dieser Aporie der medialen Selbstdarstellung eben keinen Rückweg gibt, illustriert die ironische erste Person vieler Texte, die mit dem Ich-Sagen gleichsam einen Holzweg zur biographischen Persönlichkeit vorschlägt.

---

20 Paul Virilio: Information und Apokalypse. Die Strategie der Täuschung [1998 und 1999; übers. v. Bernd Wilczek]. München; Wien 2000 (Edition Akzente), S. 22.
21 Elfriede Jelinek: Ich lebe nicht. André Müller spricht mit der Schriftstellerin Elfriede Jelinek. In: DIE ZEIT v. 22.6.1990.

5 Simulation

Von diesem medialen Amalgam von ‚echt' und ‚artifiziell' ist auch in *Appendix* die Rede; das ‚Gerät' steht in der Tat jenseits von Wahr und Falsch. Die Alternative zur Berichterstattung über die Flüchtlinge ist eine Show, „wo Menschen sich zeigen, die wirklich vorzeigbar sind und sogar echt":

> Ist er nicht eindringlich, der gelernte Kummer der Sängerin in dieser Show?, der dürfte ruhig eindringen, wenn er persönlich käme, er ist ein Liebeskummer. Das Leben ist so schwer, singt sie, atemlos, aber sie hat noch genug Luft, zum Glück, Luft haben sie alle, was für ein Leiden in Liedern, es tobt aus dem Gerät, der Schwall schwappt heraus [...] (A)

Die Wirkung der Emotion ist abhängig von ihrer Inszenierung. Das nun wendet sich gegen die anderen ‚Eindringlinge', „denn auch diese Leute, die hier lagern, hoffentlich nur vorübergehend, bis sie wieder gehen, werden daran gemessen, wie echt sie das Klagen rüberbringen" (A). Von hier aus wird aber ein theoretisches Dilemma sichtbar. Bei Baudrillard ist Simulation ein Begriff für die Selbstbezüglichkeit der medialen Zeichen, für die „Liquidierung aller Referentiale",[22] also als ‚Verflüssigung' oder ‚Auflösung' der Wirklichkeit. Trotzdem suggeriert der Virtualitätsdiskurs mitunter, das Universum der Bilder und die Realität verhielten sich wie Parallelwelten, die durch eine undurchdringliche Wand – oder, um im Bildfeld des *Appendix* zu bleiben, durch einen unübersteigbaren Zaun – voneinander geschieden sind. Um das Verhältnis von Simulation und ‚Ereignis' widerspruchsfrei zu denken, müssten sie aber tatsächlich ‚verschmolzen' erscheinen. Damit wird in der Tat ein ‚blinder Fleck' des Diskurses bezeichnet, eine Sehschwäche, die darauf zurückgeht, dass die eigene Perspektive totalisiert wird. Als Virilio den bevorstehenden „BILDERKRACH" beschwor, die universelle Konkurrenz um den visuellen Markt, nämlich 1998,[23] hatten gerade einmal 5 % der Weltbevölkerung Zugang zum Netz, also Aussicht aus dem von ihm beschriebenen einzig verbleibenden Fenster zur Wirklichkeit. Man mag das als prophetische Fähigkeit würdigen – aber auch noch im Jahr 2016 war mehr als die Hälfte der Menschheit, nämlich 54,5 %, ohne Internetanschluss.[24] Der Diskurs von der Omnipräsenz der Bilder folgt paradoxerweise einem auf die Sicht der Industrie-

---

[22] Jean Baudrillard: Agonie des Realen. Übers. v. Lothar Kuzawa und Volker Schaefer. Berlin 1978, S. 9.
[23] Baudrillard: Information und Apokalypse, S. 101 (Versalien i.O.).
[24] Vgl. dts: 47 Prozent der Weltbevölkerung sind online. http://www.report-k.de/Wirtschaftsnachrichten/Digitalisierung/47-Prozent-der-Weltbevoelkerung-sind-online-64593 (letzter Zugriff: 17. Juni 2017).

nationen eingeschränkten Blick. Die Kritik an der totalen Optisierung der Welt folgte einer westlichen Optik. Vehement gegen diese Perspektive Stellung bezogen hat beispielsweise Susan Sontag:

> Dabei ist die These von der Wirklichkeit, die zum Spektakel geworden ist, auf atemberaubende Weise provinziell. Sie universalisiert die Sehgewohnheiten einer kleinen, gebildeten Gruppe von Menschen, die im reichen Teil der Welt leben, wo man die Nachrichten in Unterhaltung verwandelt hat [...]. Sie nimmt an, daß jeder Mensch Zuschauer ist, und suggeriert – absurderweise und völlig unseriös –, daß es wirkliches Leiden auf der Welt gar nicht gibt.[25]

Gegenüber einem Tsunami-Opfer ist die Rede vom Ertrinken in der Bilderflut der Zynismus, den sie zu bekämpfen vorgibt. Zugespitzt ließe sich also sagen: Während die eine Hälfte der Menschheit Opfer von Flut und Dürre, Armut, Krankheit, Krieg und Flucht war, entwickelte die andere, die Erste Welt, eine Theoriebildung, die auf deren Entrealisierung hinauslief. Der Diskurs über die Bilder-‚Flut' imitiert das, wogegen er sich wendet, indem er – im rhetorischen Bild – ja ebenfalls die Realität mit der Trope fusioniert.

Bei Jelinek wird allerdings dieses epistemologische Problem aufgehoben, indem sie es mit den öffentlichen Diskursen zur ‚Flüchtlingsfrage' kurzschließt. Der unfreiwillige Zynismus der Theorie wird verlinkt mit dem intentionalen der xenophoben Rede. Der Begriff der Simulation wird enttheoretisiert und an das kollektive Vorurteil über die Flüchtlinge selbst zurückgekoppelt: „weil die so oft lügen, sie sind nicht die, die sie sind" (A). Oder: „So viele falsche Syrer auf einem Fleck hat kein sterbliches Auge je gesehen. Es ist auch egal, die lügt sicher, die Frau, ja, der Mann dort auch, die lügen ja alle" (A). Flüchtlinge erscheinen nicht mehr als Simulierte, sondern als Simulanten; in Interviews hatte etwa der FPÖ-Chef im Lauf des Jahres 2015 immer wieder betont, ein großer Teil – im Juni sprach er von „[ü]ber 80 Prozent"[26] – seinen gar keine Kriegsflüchtlinge, sondern Wirtschaftsmigranten. Unterstellt wird also, dass sie ihren Status simulieren; damit werden sie auf politische Weise als Asylanten ‚entwirklicht'. Von dem Diktum, dass die Bilder lügen, wurde übergegangen zu der Behauptung, dass die Abgebildeten Lügner seien – damit wurde dem Simulationsdiskurs eine ungemein menschenverachtende Pointe aufgesetzt.

---

25 Susan Sontag: Das Leiden anderer betrachten [2003; übers. v. Reinhard Kaiser]. Frankfurt a. M. ²2008 (Fischer-Taschenbuch 16480), S. 128 f.
26 Conny Bischofberger: „Man wird uns nicht mehr ausgrenzen können". Strache im Interview. In: Kronen Zeitung v. 6.6.2015.

6 Ikonoklasmus

Zu den Aporien des medienkritischen Diskurses gehört außerdem folgender Umstand: Kommt ein Ereignis in der medialen Berichterstattung vor, wird ihm die Realität genommen, kommt es aber nicht vor, erst recht. In diametralem Gegensatz zur Simulationstheorie heißt es bei Susan Sontag: „Ein Krieg wird ‚real', wenn es von ihm Fotos gibt".[27] Bis heute diskutiert wird etwa das ‚Versagen' der Medien hinsichtlich des Genozids in Ruanda 1994; weil die Berichte verspätet erschienen und der Völkermord anfänglich als Stammeskrieg fehlinterpretiert wurde, nahm die Weltöffentlichkeit von der Katastrophe erst dann so recht Notiz, als die umliegenden Staaten mit der Massenflucht aus dem Land nicht mehr fertig wurden.[28]

Wird aber von Opfern berichtet, stellt sich ein neuer Widerspruch ein: Im sicheren Gefühl, dass ihre Darstellung im Bild sie noch einmal zum Objekt degradiert, bestehen diverse Ethikkommissionen darauf, dass die Abbildung von den Gesichtern Getöteter oder Verunfallter, besonders dann, wenn es sich um Kinder handelt, zu unterbleiben habe. Dieses Bild-Tabu bzw. Bilderverbot rechnet also offenbar sehr wohl damit, dass eine Darstellung eines Opfers ‚real' werden und seinen Leiden – oder denen der Hinterbliebenen – noch ein weiteres hinzufügen könnte. Das aber steht wiederum im Gegensatz zur Auffassung, dass gerade schockierende Bilder nun doch die menschliche Empathie in Gang setzten.

Wie erwähnt, war dem Erscheinen von Jelineks *Appendix* Anfang September 2015 die mediale Verbreitung des Fotos von dem ertrunkenen syrischen Kind Aylan Kurdi am Strand von Bodrum vorausgegangen. In Jelineks Text wird lapidar darauf Bezug genommen:

> Das Kind ist tot. [...] Es ist keine Zeit, um am kalten Gestade zu verweilen. Das Foto ist gemacht, es wird der Welt gezeigt und aus. Grade nur einer, ein kleiner Bub. Was ist das schon. (A)

Die Passage enthält ein entstelltes Zitat aus Hölderlins Ode *An die Deutschen* (um 1800):

---

[27] Sontag, S. 121. – Baudrillards Thesen werden bei Sontag sehr spöttisch kommentiert: Bei der Annahme, Bilder vermittelten lediglich „simulierte Realitäten", handle es sich offensichtlich um eine „französische Spezialität" (S. 127).
[28] Vgl. Allan Thompson (Hg.): The Media and the Rwanda Genocide. With a Statement by Kofi Annan. London u. a. 2007.

> Wenn die Seele dir auch über die eigne Zeit
>   Sich die sehnende schwingt, trauernd verweilest du
>   Dann am kalten Gestade,
>   Bei den Deinen und kennst sie nie[...][29]

– eine Strophe, die auch am Ende von Heideggers Aufsatz *Die Zeit des Weltbildes* zitiert wird;[30] damit ist im Hintergrund der Stelle der Kontext der Bilderdiskussion aufgerufen. Tatsächlich hatte die Veröffentlichung des Fotos eine heftige Debatte ausgelöst, bei der sich die beiden Grundpositionen aller Bilderstreite abzeichneten – eine ikonodule und eine ikonoklastische. Sowohl der Kunsthistoriker Felix Hoffmann[31] als auch der Medienethiker Alexander Filipovic[32] nannten die Aufnahme in der Tat eine ‚Ikone', wobei sich der kanonische Charakter eines Bildes gerade daran bemesse, wieviel Mitleid es zu erregen imstande sei. Demgegenüber stand die Auffassung, das Foto sei ein obszönes Dokument eines Voyeurismus, der sich noch am Tod eines Kindes begeile; man nannte es „snuff photo for progressives" und „dead-child porn"[33]. Auch die spätere Wirkungsgeschichte des Fotos kann diesen Gegensatz nicht entschärfen: Zwar hatte es messbare Resultate insofern, als die Spendenbeiträge für internationale Hilfsorganisationen nach seinem Erscheinen enorm angestiegen sind, was für die affektive Macht der Bilder (über bestimmte Individuen) spricht; kollektiv und vor allem politisch wurde diese Wirkung bekanntlich nicht.[34] Mit dem späten Baudrillard – dessen Polemik insofern ikonoklastische Züge trägt, als er das Bild „diabolisch" nennt – ließe sich gegen die Naivität des Bilderglaubens protestieren:

---

29 Friedrich Hölderlin: An die Deutschen. In: ders.: Oden II. Hg. v. Dietrich Eberhard Sattler und Michael Knaupp. Frankfurt a. M. 1984 (Sämtliche Werke. Frankfurter Ausgabe. Bd. 5), S. 534.
30 Heidegger, S. 96.
31 Sertan Sanderson: Die Macht der Bilder. Warum das Foto von Aylan Kurdi Geschichte schreiben wird (8.9.2015). http://www.dw.com/de/die-macht-der-bilder-warum-das-foto-von-aylan-kurdi-geschichte-schreiben-wird/a-18696614 (letzter Zugriff: 17. Juni 2017).
32 Peter Maxwill: „Solche Bilder brennen sich in die Netzhaut ein" [Interview mit Alexander Filipovic] (3.9.2015). http://www.spiegel.de/kultur/gesellschaft/medienethiker-alexander-filipovic-foto-ist-kaum-auszuhalten-a-1051262.html (letzter Zugriff: 17. Juni 2017).
33 Brendan O'Neill: Sharing a photo of a dead Syrian child isn't compassionate, it's narcissistic (3.9.2015). https://blogs.spectator.co.uk/2015/09/sharing-a-photo-of-the-dead-syrian-child-isnt-compassionate-its-narcissistic/ (letzter Zugriff: 17. Juni 2017).
34 Vgl. Markus C. Schulte von Drach: Die vergängliche Macht der furchtbaren Bilder (17.1.2017). http://www.sueddeutsche.de/politik/aylan-kurdi-die-vergaengliche-macht-der-furchtbaren-bilder-1.3331828 (letzter Zugriff: 17. Juni 2017).

[...] wir erheben noch immer den Anspruch, eine gute, d. h. eine moralische, sinnvolle, eine pädagogische und informationelle Verwendungsmöglichkeit des Bildes zu finden, ohne zu sehen, daß das Bild *gegen diesen ‚richtigen Gebrauch' gleichsam revoltiert*, daß es weder Sinn noch gar den richtigen Sinn transportiert, sondern im Gegenteil eine Implosion, eine Auslöschung des Sinns (des Ereignisses, der Geschichte, des Gedächtnisses etc.) bewirkt.[35]

Der Bilderstreit hatte dann selbst nochmals ein satirisches Nachspiel, einen ‚Appendix', in der ikonoklastischen Empörung über die in *Charlie Hebdo* veröffentlichten Karikaturen zum Tod Aylan Kurdis. Laurent Sourisseau, der Zeichner, hatte den Anschlag auf die Redaktion am 7. Januar 2015 überlebt – den Anlass für Jelineks im April 2016 an den Münchner Kammerspielen uraufgeführten Text *Wut* –, wurde dann aber wegen der vermeintlichen Menschenverachtung seiner Darstellungen vehement attackiert.[36] Auch hier ereignete sich der Boteneffekt: Der Zynismus, der hinter den Bildern steckt und auf den Sourisseaus Zeichnungen zielten, wurde ihm selbst angelastet.

Überflüssig zu sagen, dass Jelineks Text *nicht* mit dem Foto des toten Aylan Kurdi illustriert ist. Andererseits aber sind in den Text tatsächlich sechs Fotos und sogar ein Video integriert. Es sind Aufnahmen von der Massenwanderung, dem ungarischen Grenzzaun oder den unerträglichen Zuständen im ungarischen Auffanglager Röszke. Hier scheint denn doch die Vorstellung eine Rolle zu spielen, dass die Anschauung vermittelt, wofür die Begriffe fehlen: „Und das zu Sagende wird unsagbar, also ich kann es nicht sagen, ich sollte es können, aber ich kann nicht" (A). Aber gerade den Affektwiderspruch in der Bildwirkung – Mitgefühl versus Abstumpfung – trägt Jelineks Textmontage aus.

7 Wir werden ja sehn

Eine Strategie dabei ist das mehrfach besprochene shifting von Erzähl- bzw. Sprecherpositionen;[37] in Jelineks Texten gehen die grammatikalischen Personen ineinander über, ‚ich' morpht ins ‚wir' oder in die dritte Person, oder aber das Plural-‚sie' wird unvermerkt zum Anredepronomen ‚Sie'. Lässt die schriftliche

---

35 Baudrillard: Jenseits von Wahr und Falsch, S. 266 (Hervorhebung im Original).
36 Joachim Huber: „Charlie Hebdo" mit Aylan-Karikatur. Zynisch oder notwendig? (15.9.2015). http://www.tagesspiegel.de/medien/zynisch-oder-notwendig-charlie-hebdo-mit-aylan-karikatur/12323052.html (letzter Zugriff: 17. Juni 2017).
37 Vgl. z. B. Ian W. Wilson: Greeting the Holocaust's Dead? Narrative Strategies and the Undead in Elfriede Jelinek's „Die Kinder der Toten". In: Modern Austrian Literature 39 (2006), H. 3/4, S. 27–55.

Form etwa noch eine Unterscheidung zwischen dem groß- und dem kleingeschriebenen „sie" zu, so verschwindet die Differenz beim gelesenen oder aufgeführten Text. Was die *Schutzbefohlenen* betrifft, so hat zumindest die Burgtheaterinszenierung der Versuchung widerstanden, die Stimme der Ansässigen und die der Flüchtlinge zu trennen und sie an verschiedene Darsteller zu verteilen. Im *Appendix* zeigt sich die grammatikalische Fluktuation gleich zu Beginn: „Sie kämpfen um ihre Stellung, das ist keine Stellung, so wie Sie sich das vorstellen, das ist einfach, wie sie sind" (A). Auch das Anredepronomen kann verschiedene Adressaten haben, Inwohner, Fremde und zugleich die Lesenden oder Zuschauenden. Damit verwandeln sich konstative Äußerungen in eine Anrede, das Objekt des Diskurses wird zum Angesprochenen. Was der Text selbst dementiert – „ansprechend finde ich sie schon gar nicht, ich wüßte ja nicht, in welcher Sprache" (A) –, stellt er durch seine Sprechweise immer wieder her. Textsubjekt und -objekt werden damit hybride: Die Trennung von Eigenem und Fremden wird im Sprachduktus aufgehoben. Bei aller Ratlosigkeitsrhetorik des sprechenden Ich gibt diese Rede-Technik einen Vorschein von Dialogizität und schließt den Abstand zwischen Fremden und Eigenem.

Das entscheidende shifting erfolgt in der Schlusspassage des *Appendix*. Da haben die Schutzbefohlenen nämlich selbst eine Stimme und das letzte Wort. Das kollektive ‚wir' adressiert nun die Einheimischen – und die Zuschauer: „Wir treten vor die Bewohner dieses Landes". Das Pathos dieses Auftritts läuft aus in eine kolloquiale Phrase:

> Wenn wir in den Tod hinausgerissen werden, können Sie es nicht mehr beeinflussen. Dazu sind Sie zu beschränkt, ja, und da ist schon wieder so ein Schranken. Wir steigen oben drüber oder kriechen unten durch, und weiter gehts, das Hinausgehen über den Schranken, schon haben wir ihn hinter uns, und die Leere endigt, oder eine neue beginnt. Wir werden ja sehn. (A)

Der saloppe Ausdruck – „wir werden ja sehn" – ist aber durch die Kontextualisierungen des ‚Sehens' eingerückt in die bildtheoretischen Zusammenhänge des Textes. Das ‚wir' der Flüchtlinge beansprucht nicht nur das mögliche Futur einer sicheren Ankunft, sondern auch die Stelle dessen, der sieht, also die Position des privilegierten Zuschauers. Der ‚Andere', so Susan Sontag, galt ja immer nur als „jemand, den man sehen kann, nicht als jemand, der (wie wir) selbst sieht".[38] Die da sehen werden, treten aus dem Status der Abgebildeten heraus; ihre ‚Virtualisierung' endet dort, wo sie als ‚Sehende' selbst nicht mehr Objekte eines realen Untergangs in der ‚Flut' oder einer Abbildung durch mediale ‚Bilderfluten' darstellen.

---

38 Sontag, S. 86.

Seit jeher arbeiten sich Jelineks Texte an postmodernen Paradoxa ab: Wenn Gender, oder sogar das anatomische Geschlecht, ein Effekt kultureller Zuschreibungen ist, wie Partei nehmen für die Opfer realer sexueller Übergriffe (so in *Lust* oder *Gier*)? Wenn die Totalität des Marktes alle Lehren zur Klassenideologie überholt, wie noch auf der Seite der Ausgebeuteten stehen (so z. B. in *Die Kontrakte des Kaufmanns*)? Wenn jedes Bild sein Sujet virtualisiert, wie noch umgehen mit den Ikonen des Flüchtlings (so in den *Schutzbefohlenen*)? Jelineks Texte suchen hier Auswege in ihrer Sprachlichkeit. *Appendix* besteht auf der Analyse öffentlicher Rede und kollektiver Bildlichkeit. Und er wendet die fäkale Topik gegen die Analität der xenophoben Rede. Jelineks Texte positionieren sich nicht im Jenseits moralischer Erhabenheit, sie reflektieren, im Gegenteil, kollektive Neurosen. Mit ihrer Unnachgiebigkeit zeigen sie, was Literatur kann: Gerade als Fiktion setzt sie sich der Virtualisierung durch Bilder entgegen. Indem sie das Fremde zu Wort kommen lässt, realisiert sie das Denken des Anderen.

Literaturverzeichnis

Barthes, Roland: S/Z [1970; übers. v. Jürgen Hoch]. Frankfurt a. M. 1976.
Baudrillard, Jean: Agonie des Realen. Übers. v. Lothar Kuzawa und Volker Schaefer. Berlin 1978.
Baudrillard, Jean: Jenseits von Wahr und Falsch, oder Die Hinterlist des Bildes. In: Hans Matthäus Bachmayer, Otto van de Loo und Florian Rötzer (Hg.): Bildwelten – Denkbilder. München 1986 (Texte zur Kunst. Bd. 2), S. 265–268.
Bischofberger, Conny: „Man wird uns nicht mehr ausgrenzen können". Strache im Interview. In: Kronen Zeitung v. 6. 6. 2015.
Böhmisch, Susanne: Jelinek'sche Spiele mit dem Abjekten. In: Françoise Rétif und Johann Sonnleitner (Hg.): Elfriede Jelinek. Sprache, Geschlecht und Herrschaft. Würzburg 2008 (Saarbrücker Beiträge zur vergleichenden Literatur- und Kulturwissenschaft. Bd. 35), S. 33–45.
Canetti, Elias: Masse und Macht [1960]. München 1994 (Gesammelte Werke. Bd. 3).
dts: 47 Prozent der Weltbevölkerung sind online (16. 9. 2016). (http://www.report-k.de/Wirtschaftsnachrichten/Digitalisierung/47-Prozent-der-Weltbevoelkerung-sind-online-64593) (letzter Zugriff: 17. Juni 2017).
Freud, Sigmund: Drei Abhandlungen zur Sexualtheorie [1905]. In: ders.: Sexualleben. Frankfurt a. M. [8]1997 (Studienausgabe. Bd. V), S. 37–145.
Günther, Frank: Unser Shakespeare. Einblicke in Shakespeares fremd-verwandte Zeiten. München 2014.
Heidegger, Martin: Die Zeit des Weltbildes [1938]. In: ders.: Holzwege. Frankfurt a. M. 1977 (Gesamtausgabe. Bd. I,5), S. 75–113.
Herzog, Rudolf: Wieland der Schmied. Roman [1924]. Berlin: Vier Falken Verlag [~ 1943].
Hölderlin, Friedrich: Oden II. Hg. v. Dietrich Eberhard Sattler u. Michael Knaupp. Frankfurt a. M. 1984 (Sämtliche Werke / Frankfurter Ausgabe. Bd. 5).

Hofmann, Konstantin: Das Ei des Hoëcker. Komiker zur Flüchtlingsdebatte (30.3.2016). (http://www.faz.net/aktuell/gesellschaft/menschen/bernhard-hoecker-zur-fluechtlingskrise-wird-internet-hit-14152344.html) (letzter Zugriff: 17. Juni 2017).

Huber, Joachim: „Charlie Hebdo" mit Aylan-Karikatur. Zynisch oder notwendig? (15.9.2015). (http://www.tagesspiegel.de/medien/zynisch-oder-notwendig-charlie-hebdo-mit-aylan-karikatur/12323052.html) (letzter Zugriff: 17. Juni 2017).

Janke, Pia (Hg.): Die Nestbeschmutzerin. Jelinek & Österreich. Salzburg/Wien 2002.

Jelinek, Elfriede: Ich lebe nicht. André Müller spricht mit der Schriftstellerin Elfriede Jelinek. In: DIE ZEIT v. 22.6.1990.

Jelinek, Elfriede: Bambiland (2.4.2003). http://www.elfriedejelinek.com/ (letzter Zugriff: 17. Juni 2017).

Jelinek, Elfriede: Die Flut (7.1.2005). (https://www.elfriedejelinek.com/fflut.htm) (letzter Zugriff: 17. Juni 2017).

Jelinek, Elfriede: Appendix (18.9.2015). (http://www.elfriedejelinek.com/fsbappendix.htm) (letzter Zugriff: 17. Juni 2017).

Jelinek, Elfriede: Die Schutzbefohlenen (14.6.2013 – 29.9.2015). (https://www.elfriedejelinek.com/fschutzbefohlene.htm) (letzter Zugriff: 17. Juni 2017).

Maxwill, Peter: „Solche Bilder brennen sich in die Netzhaut ein" [Interview mit Alexander Filipovic] (3.9.2015). (http://www.spiegel.de/kultur/gesellschaft/medienethiker-alexander-filipovic-foto-ist-kaum-auszuhalten-a-1051262.html) (letzter Zugriff: 17. Juni 2017).

O'Neill, Brendan: Sharing a photo of a dead Syrian child isn't compassionate, it's narcissistic (3.9.2015). https://blogs.spectator.co.uk/2015/09/sharing-a-photo-of-the-dead-syrian-child-isnt-compassionate-its-narcissistic/ (letzter Zugriff: 17. Juni 2017).

Sanderson, Sertan: Die Macht der Bilder. Warum das Foto von Aylan Kurdi Geschichte schreiben wird (8.9.2015). http://www.dw.com/de/die-macht-der-bilder-warum-das-foto-von-aylan-kurdi-geschichte-schreiben-wird/a-18696614 (letzter Zugriff: 17. Juni 2017).

Schulte von Drach, Markus C.: Die vergängliche Macht der furchtbaren Bilder (17.1.2017). http://www.sueddeutsche.de/politik/aylan-kurdi-die-vergaengliche-macht-der-furchtbaren-bilder-1.3331828 (letzter Zugriff: 17. Juni 2017).

Sontag, Susan: Das Leiden anderer betrachten [2003; übers. v. Reinhard Kaiser]. Frankfurt a. M. ²2008 (Fischer-Taschenbuch 16480).

Theweleit, Klaus: Männerphantasien. Bd. 1: Frauen, Fluten, Körper, Geschichte. Frankfurt a. M. 1977.

Thompson, Allan (Hg.): The Media and the Rwanda Genocide. With a Statement by Kofi Annan. London u. a. 2007.

Virilio, Paul: Information und Apokalypse. Die Strategie der Täuschung [1998 u. 1999; übers. v. Bernd Wilczek]. München/Wien 2000 (Edition Akzente).

Virilio, Paul: Krieg und Fernsehen [1991; übers. v. Bernd Wilczek]. München; Wien 1993 (Edition Akzente).

Wilson, Ian W.: Greeting the Holocaust's Dead? Narrative Strategies and the Undead in Elfriede Jelinek's „Die Kinder der Toten". In: Modern Austrian Literature 39 (2006), H. 3/4, S. 27–55.

Simon Aeberhard
Diskurskonkurs. Mit dem Theater gegen das Theater für ein anderes Theater (*Bambiland*)

„Wie ist es möglich, Theater ausschließlich mit Texten aufzustören?" fragt die Bochumer Theaterwissenschaftlerin Ulrike Haß – mitnichten rhetorisch – im 2013 erschienenen *Jelinek-Handbuch* unter dem Lemma *Theaterästhetik*. Das Theater alleine mit ihren „Texten für das Theater"[1] aufgestört zu haben (um eine diplomatische Formulierung aus *Macht nichts* aufzugreifen), scheint nämlich eine der genuinen Leistungen von Elfriede Jelineks singulärer Theatertextschreibweise zu sein, wie nach vier Jahrzehnten unentwegter Produktion zwischenresümiert werden kann. Als erstaunlich und bestaunenswert mag diese Jelinek'sche Großtat vor dem Hintergrund erscheinen, dass das vorherrschende, gleichermaßen theaterpraktische und -wissenschaftliche Paradigma des Postdramatischen im selben Zeitraum eine programmatische Abwertung der (,dramatischen') Textvorlage zugunsten des performativen Ereignischarakters von Theateraufführungen vorgenommen hat. Dennoch – oder gerade *weil* sie diese Entwicklung wesentlich mitangestoßen, mitgestaltet und mitgetragen haben – sind Elfriede Jelineks kontinuierlich neu-erscheinende Theatertexte heute weniger denn je von den Spielplänen der großen und kleinen Häuser nicht nur im deutschen Sprachraum wegzudenken. Haß fragt deshalb im Modus ungläubiger Bewunderung weiter:

> Wie ist es möglich, eine gesellschaftlich derart marginalisierte, vom Theaterapparat unbegriffene, vom Diskurs der Postdramatik belächelte und tendenziell für überflüssig gehaltene Position wie die der Autorschaft für das Theater in eine Quelle der Subversion dieses Theaters zu verwandeln? Wie ist dies möglich angesichts der Tatsache, dass AutorInnen ihre jeweiligen Herausforderungen des Theaters häufig genug als RegisseurInnen, HausautorInnen oder DramaturgInnen durchsetzten, während es bei Elfriede Jelinek von Anfang an nur das Schreiben gab?[2]

In der plakativen Gegenüberstellung von Theater (von dem hier mit der Bestimmtheit des definiten Artikels die Rede ist) auf der einen Seite und ,bloß' Text auf der anderen, erscheint die Position literarischer Autorschaft eine denkbar unwahrscheinliche, um theaterästhetische Ansprüche durchzusetzen. Akteure,

---
[1] Elfriede Jelinek: Nachbemerkung. In: dies.: Macht nichts. Eine kleine Trilogie des Todes. Reinbek bei Hamburg 1999, S. 85–90, hier S. 85.
[2] Ulrike Haß: Theaterästhetik. In: Pia Janke (Hg.): Jelinek-Handbuch. Stuttgart/Weimar 2013, S. 62–68, hier S. 62.

die sich als Autorinnen und Autoren begreifen und sich wie Jelinek zunehmend alleine auf das Bereitstellen von literarischen Textvorlagen kaprizieren, sehen sich einem mächtigen Feld gegenüber, welches ‚das' Theater nicht nur als Institution, Apparat und Betrieb umfasst, sondern auch als konkreten gesellschaftlichen Ort sowie als allgemeine kulturelle Praxis, als Kunst-, Vermittlungs- und Wissensform eigenen Rechts, in welcher sich politische, soziale, ökonomische, institutionelle, kulturelle, künstlerische und persönliche Interessen vielgestaltig mischen und vielfach überkreuzen. Wenn man wie Ulrike Haß fragt, erscheinen das Schreiben und der Text geradezu als *das* (faszinierend) *Andere* eines solchen betriebsamen und welthaltigen Theaters.

In der gegenseitig entfremdeten Alterität von literarischer Textvorlage und performativer Aufführung manifestiert sich die in diesem Zusammenhang bereits notorisch zu konstatierende medienhistorische Entwicklung,[3] an deren Ende die etablierte Arbeitsteilung des Literaturtheaters endgültig obsolet erscheint. Die bürgerliche Dramenform, deren Modell wohl Hegel mit der einschlägigen Konversion vom „Poetischen" in seine „äußere[ ] dramatische[ ] Exekution" letztgültig formuliert hat,[4] erweist sich schon kurz nach ihrer klassischen Blüte als fragil: Die Kluft erscheint im Wesentlichen entlang der Sollbruchstelle, die schon im doppelköpfigen Begriff des *Literatur-Theaters* offenbar wird. Szondi konstatiert die Krise des Dramas in der anbrechenden Moderne mehr oder weniger entlang dieses sich abzeichnenden Risses,[5] die historischen Avantgarden (übrigens aber auch die Institutionalisierung einer Theaterwissenschaft) treiben im zwanzigsten Jahrhundert die ontologische Differenz von statischer Textur und ereignishafter Performance in immer neue Extreme, bevor die Neuen Medien zur Jahrtausendwende die grundsätzliche Inkonvertibilität von Literatur in Theater unwiderruflich haben sinnfällig werden lassen (was, zumal im deutschen Sprachraum, unter dem Schlagwort der ‚Postdramatik' diskursiv bewältigt wird)[6].

Das Verhältnis von literarischer Textproduktion und inszenatorischer Aufführung ist also – hauptsächlich durch die Theaterpraxis, aber auch durch die sie begleitende wissenschaftliche und theoretische Reflexion – unter durchaus erklärlichen Druck geraten und konfliktträchtig geworden, jedenfalls ist es zu recht nicht mehr und schon gar nicht zweifelsfrei eines der einfachen, äußeren und praktischen ‚Umsetzung', der gut Hegel'schen „Exekution". Nicht nur für Jelineks

---

[3] Vgl. dazu ausführlicher und systematischer Patrick Primavesi: Theater Text. In: Pia Janke und Teresa Kovacs (Hg.): „Postdramatik". Reflexion und Revision. Wien 2015, S. 147–157.
[4] Vgl. Georg Wilhelm Friedrich Hegel: Vorlesungen über die Ästhetik III. In: ders.: Werke, Bd. 15. Hg. vom Hegel-Institut Berlin. Berlin 2000, S. 505.
[5] Vgl. Peter Szondi: Theorie des modernen Dramas. Frankfurt a. M. 1963, S. 74 ff.
[6] Vgl. Hans-Thies Lehmann: Postdramatisches Theater. Frankfurt a. M. 1999.

‚Texte für das Theater', aber da in besonders auffälligem Maße, bedarf dieses Verhältnis einer weiteren Klärung, weil Jelinek (als einstige Theaterwissenschaftsstudentin) ‚das' Theater immer wieder und immer wieder neu ins Zentrum ihres literarischen Œuvres stellt, das Verhältnis ihrer Texte zu ebendiesem Theater, seinen Institutionen und Akteuren, nicht nur explizit kommentiert und exzessiv reflektiert, vor allem aber durch die „Stücke" selbst artikuliert.

Wie es diesen Texten gelingen konnte, theaterästhetische Paradigmen zu prägen, ist dabei erst in Ansätzen aufgearbeitet. Ulrike Haß fasst den Forschungsstand im *Jelinek-Handbuch* konzise zusammen: Neben Jelineks dynamisch-dekonstruktiver Sprachkonzeption und der ihr zugrundeliegenden Politik der „An-Sprache" sei es vor allem ihre „eigenständige und avancierte theaterästhetische Forschung", welche „in Auseinandersetzung mit dem Theater" dazu geeignet sei, das Theater auf eine neuartige und ungewöhnliche Weise zu involvieren. „Es lassen sich verschiedene Schwerpunkte erkennen", schreibt Haß zu Jelineks expliziten und impliziten Überlegungen zum Theater, die sich – wenig überraschend – gerade an der Kluft zwischen diskursiver Textualität und theatralem Ereignis manifestieren, „die sich jedoch nicht in das Schema eines fortschreitenden Erkenntnisgewinns pressen" ließen, so Haß:

> Vielmehr entwickeln sie sich vor dem Hintergrund, dass die vielfältigen Bezüge zwischen Text, Figur und Körper, zwischen Sprache und Sprechen, Sichtbarem und Hörbarem im Theater in einer komplexen Struktur zueinander geordnet vorliegen, sodass sich kein Teilchen herauslösen lässt, ohne andere Elemente zu berühren, zu verstellen oder zu öffnen.[7]

Haß widmet sich in ihrem Handbucheintrag dann nacheinander einigen dieser Elemente und beschreibt auf der Grundlage der Forschung deren theaterästhetische Wirkung. Eine summative und endgültige Antwort auf die Frage, wie es Jelinek denn möglich ist, ‚das' Theater ausschließlich mit Texten aufzustören, liegt darin vermutlich nicht.

Was mir in der umfangreichen und kaum mehr überblickbaren Forschungslandschaft, die sich um Jelineks Theaterästhetik und ihre vielgestaltigen Text/Theater-Verhältnisse versammelt hat, erst in Ansätzen reflektiert erscheint, ist die Tatsache, dass sich nicht nur das Theater als gesellschaftlich-politisches Diskursorgan, als kulturwirtschaftlicher Apparat und als ästhetisches Medium weiterentwickelt hat, sondern auch dessen ‚andere' Seite:[8] Das Schreiben, die Schrift

---

7 Haß: „Theaterästhetik", S. 62.
8 Eine Ausnahme bildet Anne Fleig: Texttheatralität und dramatische Form. Plädoyer für eine historische Perspektivierung von Text und Aufführung bei Elfriede Jelinek. In: Pia Janke und Teresa Kovacs (Hg.): „Postdramatik" – Reflexion und Revision. Wien 2015, S. 283–294, die auf

und der Text sind durch die historische Zäsur Neuer Medien ebenfalls andere geworden als noch zu Zeiten des klassischen Literaturtheaters, was gerade bei Elfriede Jelinek – die ja, wie Ulrike Haß zurecht insistiert, immer schon ‚nur' diesen Kanal bedient hat – deutlichen und dabei stets reflektierten Ausdruck findet. So haben sich die produktionsmedialen Bedingungen des Schreibens, aber auch die kommunikativen Strategien theatraler Schriftlichkeit und die verbreitungsmedialen Strukturen dessen, was als „Theatertext" zirkuliert, in den letzten Jahrzehnten radikal verändert. Elfriede Jelinek bedient die neuen Möglichkeiten des nichtlinearen, elektronischen und digitalen Schreibens (sie verlässt dabei ein Stück weit die Position literarischer Autorschaft, wie sie oben als arbeitsteiliges Gegenüber zum Inszenierungsbetrieb skizziert wurde) und nutzt sie, so meine These, gezielt zur Exploration neuer Artikulationsmöglichkeiten ihres anti-theatralen Impulses.

„Ich will kein Theater", hatte bekanntlich Jelineks trotziges Bekenntnis zum Theater in einer Nummer von *Theater heute* 1989 gelautet: „Ich will ein anderes Theater."[9] Dieser (übrigens ideologiekritisch induzierten und durchaus theoretisch begründeten)[10] Ambivalenz gegenüber gewissen Formen und Formaten der betrieblichen, institutionellen und massenmedialen Theatralität bleibt sie, so ist mein Eindruck, durch alle Schaffensperioden treu. Der „nicht mehr dramatische Theatertext"[11] und Jelineks sich entwickelnde, zunehmend verflüssigte Schreibweise wirkt, so möchte ich zeigen, als ein Gegengift zur Ideologie der eingespielten Mechanismen des Theaterbetriebs, der alten Semantiken der öffentlichen Institution Theater und der ästhetischen Implikationen des Dramas als Darstellungs- und Öffentlichkeitsmedium.

Anders als Haß begreife ich die textuelle Entwicklung der Theaterästhetik Jelineks daher als einen durchaus erkenntnisgeleiteten und problemorientierten Fortschrittsprozess, eine zielgerichtete Radikalisierung statuarischer Textualität und eine systematische Befragung des Mediums und der Praktiken des Theaters. Diese Entwicklung findet nicht in einem beidseitigen Austausch mit dem Theater

---

S. 291 anregt, „die Spannung von Text und Theater noch einmal grundsätzlich zu thematisieren und auf der Textualität zu insistieren".

9 Elfriede Jelinek und Anke Roeder: Ich will kein Theater. Ich will ein anderes Theater. Gespräch mit Elfriede Jelinek. In: Anke Roeder (Hg.): Autorinnen: Herausforderungen an das Theater. Frankfurt a. M. 1989, S. 141–157, hier S. 153.
10 Vgl. Sandro Zanetti: Sagen, was sonst kein Mensch sagt. Elfriede Jelineks Theater der verweigerten Komplizenschaft. In: Inge Arteel und Heidy Margrit Müller (Hg.): Elfriede Jelinek. Stücke für oder gegen das Theater? Brüssel 2008, S. 183–192.
11 Gerda Poschmann: Der nicht mehr dramatische Theatertext. Aktuelle Bühnenstücke und ihre dramaturgische Analyse. Tübingen 1997, S. 253.

statt, sondern im Modus einer ein-, nämlich textseitigen, zum Teil recht konfrontativen Polemik, die Jelinek in ihren ‚Texten für das Theater' mit dem Theater gegen das Theater austrägt. Was resultiert, ist entsprechend eine Ästhetik der konfrontativen Herausforderung, der Überforderung eingespielter Bühnenpraktiken, der es in der Folge auf die Spur zu kommen gilt.

1 Bambiland

Anhand des 2003 zunächst auf ihrer Homepage, dann auszugsweise in *Theater heute* publizierten, im selben Jahr von Christoph Schlingensief uraufgeführten und ein Jahr später (zusammen mit *Babel*) in Buchform erschienenen Theatertextes *Bambiland* möchte ich die produktionsästhetischen Implikationen von Jelineks neuer Theatertextschreibweise aus drei Perspektiven beleuchten: Ich möchte, erstens, *sprachpragmatisch* nochmals nach dem impliziten Sprechersubjekt in Jelineks Stücktexten fragen, nach der schriftlichen Ontologie der nicht mehr dramatischen Person. Ich möchte in einem zweiten Schritt nach den *rhetorischen* Manövern fragen, mit denen Jelinek ihre Texte versieht: „Paronomanie" dient mir hier als ein Schlagwort, das – übrigens Jelinek selbst zugeschrieben[12] – die Taktik des Verleimens von massenmedialen Diskursfetzen ebenso wie die buchstäblich inflationäre Sprachökonomie von Jelineks Theatertexten am sinnfälligsten beschreibt. Drittens möchte ich in *gattungspoetologischer* Hinsicht nach Jelineks implizitem, radikal textuellen Konzept von Theatralität fragen. In steter Auseinandersetzung mit der Werk- und Erforschungsgeschichte soll durch diese dreidimensionale Befragung ihrer konzeptionellen Textherstellungsverfahren Jelineks provokante und polemische Poetik in den Fokus kommen, die offenbar im Alleingang imstande ist, nicht nur eingespielte Theaterpraktiken, sondern auch tradierte Vorstellungen von Theater subversiv auf den Prüfstand zu stellen.

Besonders symptomatisch erscheint *Bambiland* dabei in zweierlei Hinsicht: Jelineks Stück zum Irakkrieg, ihr „Maschinengewehrtext gegen Maschinengewehre",[13] markiert einerseits einen paradigmatischen Extremfall, was die Geschwindigkeit der Reaktivität von Jelineks Textproduktionsprozess angeht: Mit – mehr oder weniger direkten – Zitaten aus der medialen Berichterstattung reagiert

---

12 Vgl. Klaus Kastberger: Die Haut der neuen Medien. Vier Thesen zu Elfriede Jelinek. In: Thomas Eder und Juliane Vogel (Hg.): Lob der Oberfläche. Zum Werk von Elfriede Jelinek. München 2010, S. 117–130. Dem Aufsatz ist ein Motto vorangestellt, das aus einer E-Mail von Jelinek vom 3. November 2006 zitiert: „Bei mir ist es schon Paronomanie, nicht Paronomasie."
13 Christoph Schlingensief: Unnobles Dynamit. Elfriede Jelinek [Vorwort]. In: Elfriede Jelinek: Bambiland. Babel. Zwei Theatertexte. Reinbek bei Hamburg 2004, S. 7–12, hier S. 9.

dieser Text auf den sogenannten Zweiten Irakkrieg der ‚Koalition der Willigen', bestehend aus Streitkräften der USA und Großbritanniens, gegen den Golfstaat. Und dies bemerkenswert rasch: Am frühen Morgen des 20. März 2003 wurde der Irak angegriffen, am 2. April 2003, knappe zwei Wochen später, steht eine erste Version von *Bambiland* auf der Homepage der Autorin (also noch bevor Bagdad am 9. April von amerikanischen Truppen eingenommen wird und noch weit bevor George W. Bush den Krieg Ende April für beendet erklärt), wo er, nach zwei Updates, seit einiger Zeit wieder einsehbar ist.[14]

Bambiland ist aber – zum anderen – auch deswegen ein symptomatischer Theatertext, weil die (im Rahmen der Jelinek-Forschung bemerkenswerterweise durchaus berühmte) ‚Uraufführung', euphemistisch ausgedrückt, „kaum Originaltexte" verwendete.[15] Christoph Schlingensief, der die Inszenierung auf Wunsch und Empfehlung von Jelinek im Dezember 2003 am Wiener Burgtheater veranstaltet hatte, gab den Zeitungen zu Protokoll, dass Jelineks Text eher hinderlich bei der Umsetzung gewesen sei: „Genau genommen bräuchte man dafür nicht unbedingt Elfriede Jelinek, da genügte auch die Suchmaschine Google, rhythmisch gemixt."[16] Anlässlich des nahenden Todes von Schlingensief im Jahr 2010 reflektierte Jelinek das gemeinsame Projekt und die Arbeitsweise des Regisseurs in beachtenswerten Worten:

> Ich sah und sehe Christoph ja als Bildenden Künstler, seine Theaterarbeit ist immer mehr in diese Richtung gegangen, in Richtung von etwas Prozessualem, das im Fortgang etwas entstehen läßt, das sich zwar immer auf dem Theater realisieren ließ, aber Theater nicht war, sondern etwas anderes. Da ich mich ihm aber nicht nähern, sondern ihm nur Textteile wie Sterntaler hinschmeißen kann, weiß ich nicht genau, was dieses Andere ist. Was ich weiß, ist, daß er meine Texte direkt nicht gebraucht hat, nicht einmal in der *Bambiland*-Uraufführung. Er hätte dasselbe Stück auch ohne einen einzigen Satz von mir, mit ganz anderen Sätzen, egal von wem, genauso realisiert. Davon bin ich überzeugt.[17]

---

14 Elfriede Jelinek: Bambiland.http://www.elfriedejelinek.com (letzter Zugriff: 28. August 2017). Die erweiternden Updates erfolgten, den Angaben der Homepage zufolge, am 5. April 2003 und am 5. Mai 2004.
15 Vgl. hierzu ausführlich Teresa Kovacs: „60 Sekunden im Krieg". Christoph Schlingensiefs Umgang mit den Bildern des Irakkriegs in Elfriede Jelineks *Bambiland*. In: Jelinek[Jahr]Buch 2011, S. 207–219, hier S. 208.
16 Michaela Knapp: Schlingensief: „Die Messer werden gewetzt". In: Format vom 28. November 2003, zit. nach Kovacs: „60 Sekunden Krieg", S. 208.
17 Elfriede Jelinek: Schlingensief. http://www.elfriedejelinek.com (letzter Zugriff: 28. August 2017). Etwas später heißt es im selben Text: „Ich mag, was meine Texte betrifft, mit dem Künstler Schlingensief nicht einverstanden sein, aber es ist keinesfalls so, daß wir einander mißverstehen. Wir verstehen einander, indem ich aus mir verschwinden muß, was ich allerdings schon vorher gewußt habe, verschwinden nicht, um anders wieder aufzutauchen, sondern um gar nicht mehr

Weil *Bambiland* also sowohl hinsichtlich seines Textproduktionsverfahrens als auch seiner inszenatorischen Übersetzbarkeit das oben artikulierte, neue Verhältnis zwischen Literatur und Bühne, die grundsätzliche, durch die Dazwischenkunft der Medien versinnbildlichte Andersheit von Text und Theater auf besonders akute Weise ausdrückt, widmet sich die folgende Argumentation nacheinander den pragmatischen, diskursiven und poetologischen Strukturen eines Textes, der in seiner performativen Umsetzung komplett verloren ging.

2 Sprachpragmatik

Ein Text (mündlich oder schriftlich) entfaltet über das rein akustische oder visuelle Äußerungsereignis hinausgehende Bedeutungen, Geltungen und Wirkungen, wenn er sich im soziopragmatischen Kontext eines Sprechakts verstehen lässt. Alles soziale Handeln mit Sprache, so lehrt es John L. Austin, lässt sich systematisch explizieren, indem eine gegebene primäre Äußerung in einen explizit performativen Sprechakt übersetzt wird.[18] Wichtigstes der von Austin identifizierten Charakteristika solcher performativer Sprechakte (Indikativ, Präsens, aktiv) ist die erste Person, die als sprachliches Zeichen bekanntlich nichts bedeutet, sondern indexikalisch auf das Sprechersubjekt zurückverweist, welches mit seinem Sprachhandeln sozial zu verhandelnde Ansprüche geltend macht. (Soweit, darin ist sich auch die an Austin anschließende Theoriekontroverse zwischen Derrida und Searle einig,[19] erscheint die basale Einsicht der Sprechakttheorie auch auf literarische Texte übertragbar, wo die sozialen Geltungen in einer fiktiven Welt ‚nur' simuliert sind, ‚nur' im Modus des Als-Ob und daher in

---

aufzutauchen, um eingegangen zu sein, nicht im Sinn von sterben, sondern im Sinn von Sich Auflösen."

18 Vgl. John L. Austin: How to Do Things with Words. The William James Lectures delivered at Harvard University in 1955. Second Edition. Hg. v. James Opie Urmson und Marina Sbisà. Cambridge 1975, S. 69 (Lecture VI). Sogar rein beschreibende Sätze wie „es regnet" lassen sich mit dieser Methode umformulieren: „Hiermit stelle ich fest, dass es regnet", um auf diese Weise die handlungslogischen Geltungsansprüche der vermeintlichen Feststellung deutlich zu machen. Diese Einsicht führt Austin dazu, die anfängliche Unterscheidung von performativen und konstativen Sprechakten zugunsten einer allgemeinen und generellen Theorie sprachlichen Handelns (mit Lokution, Illokution und Perlokution: Äußerungs-, Bedeutungs- und Wirkungsereignis) in einem zweiten Theoriestadium aufzugeben.

19 Vgl. Jacques Derrida: Limited Inc. a b c. Evanston 1988.

einem unterdefinierten Kontext vorgetragen werden, so dass gerade für die dramatische Gattung gilt: „In the play, the action rides on a train of illocutions".[20])

Wer im Text von Elfriede Jelineks *Bambiland* systematisch nach solchen expliziten Formulierungen von (fiktionalen) Geltungsansprüchen einer grammatisch ersten Person sucht (etwa, um die basale Sprechsituation zu rekonstruieren), wird, wie in anderen Jelinek-Theatertexten auch, reichlich fündig:

> Ich künd es euch. [...] Ich künd es euch. [...], was wollte ich sagen, egal, ...
> Also das muß ich doch wohl nicht eigens erwähnen. Ich könnte noch viel mehr [...] sagen, aber das hebe ich mir noch auf.
> Also ich sag, wies ist [...] wenn ich nur wüßte, wie. Eins weiß ich sicher...
> ..., die ich lieber nicht sage, [...], wenn ich es sage.
> ... denke ich mir einmal insgeheim, nein, ich denke es laut.[21]

Anhand dieser fünf relativ zufällig herausgegriffenen Beispiele lässt sich bereits an der Oberfläche von Jelineks Stücktext diagnostizieren, dass das mittels Deixis implizierte Sprachhandlungssubjekt auffällig mit seinen eigenen Äußerungen, seinen eigenen Sprechakten beschäftigt ist. Und zwar stehen nicht nur Akt und Modus des Aussagens (künden, erwähnen, sagen) selbst immer wieder im expliziten Zentrum, die Äußerung des Äußerns dementiert sich zudem ständig, oft noch im selben Syntagma selbst. Das Ich in Jelineks Theatertext widerspricht sich immerzu, überholt sich dynamisch und streicht sich performativ durch – und zwar bereits auf der nicht-thematischen Ebene des eigenen Sprechens, dessen, nicht *was*, sondern *dass* es nicht(s) sagt.

Öfter, aber durchaus nicht durchgängig artikuliert sich auch ein Wir, das in komplizierten (einmal inklusiven, einmal exklusiven) Wechselbestimmungen zu einem angesprochenen Sie, einer zweiten Person in der Höflichkeitsanrede, steht. Beide Formen des deiktischen, direkt auf die Sprechsituation referierenden Bezugs durch Pronomina verstärken die Sprachhandlungsqualität des Textes, seine pragmatische Dringlichkeit, und unterminieren gleichzeitig jede mögliche Sprechsituation: „Viel Platz hab ich nicht für Sie übriggelassen", meldet sich gegen Ende des Textes ein Ich: „meistens spreche ich selbst. Immer spreche ich selbst. Hier spreche ich. Sprechen Sie doch woanders!" (B 73) Wer soll sich vom derlei aggressiv verwendeten Sie angesprochen fühlen? Die Leser- und Theaterzuschauerschaft, die sich doch sehr viel regelmäßiger in einem Wir („wir im Westen"; B 16), nämlich der ‚Koalition von Kriegsmedienkonsumenten' wieder-

---

20 Richard Ohmann: Literature as Act. In: Seymour Chatman (Hg.): Approaches to Poetics. New York/London 1973, S. 81–107, hier S. 83.
21 Alle Texte aus Elfriede Jelinek: Bambiland. In: dies: Bambiland. Babel, S. 15–84, hier S. 21, 28, 34 f., 45 und 69. Der Stücktext wird in der Folge im Lauftext unter der Sigle B mit Seitenzahl zitiert.

erkannt,[22] in einem Wir allerdings, von dem das organisierende Ich („ich hab mich jetzt wieder verfranzt", B 36) an einer Stelle zugesteht, dass es den Überblick verloren hat, wer damit gemeint sei: „Und jetzt weiß ich doch nicht mehr, wer wir sagen darf und wer nicht." (B 29)

Auf diese Weise zeigen sich die sprachlichen Zeichen zur deiktischen Markierung einer Sprachhandlungsinstanz[23] schon an der Textoberfläche radikal und explizit verflüssigt. Es scheint, als wäre jede Zurechenbarkeit an ein stabiles Aussagezentrum verunmöglicht, als wäre jede Rückrechnung auf einen stabilen Redekontext nicht nur nicht vorhanden, sondern dezidiert verhindert. In diesem furiosen Dementi sprechaktlogischer Performativität und der daraus folgenden, fließenden Dezentrierung von Subjektivität spiegeln sich – das muss heute kaum noch erklärt werden – Schreibtechniken und -Strategien, wie sie die elektronische Textverarbeitung wesentlich ermöglicht und das Web wesentlich ausgebildet haben.

Doch was bedeutet die Null-Pragmatik, das Fehlen jeglicher, auch fiktiver Kontexte im Theater? – Die Wirkung von Jelineks unsprechbaren und unaussprechlichen Textblöcken, die (übrigens nicht nur hier) durch den Verlust einer kohärenten Aussageorigo gekennzeichnet sind, ist eine doppelte: Auf der einen Seite verliert die supponierte Rede jede Aufführungsdimension, unterläuft jede personale Verlautbarung und wird zu einem rein diskursiven Hör- oder Leseereignis – in einem Kleist-Wort: zu „Musik der Rede bloß"[24]. Auf der anderen Seite nutzt Jelinek diese schriftliche Textualität kalkuliert zur Unterschreitung eines souveränen und auktorialen Diskurses, zur paradoxen Durchstreichung ihrer Autorschaft.

---

22 Vgl. dazu auch Eva Kormann: Die Bühne als medialer Echo-Raum. Zu Elfriede Jelineks *Bambiland*. In: Franziska Schößler und Christine Bähr (Hg.): Ökonomie im Theater der Gegenwart. Ästhetik, Produktion, Institution. Bielefeld 2009, S. 343–356, hier S. 349. Zur Appellfunktion des Stücktextes vgl. auch Ulrike Haß: *Bambiland:* Mediale Historiographien. In: Jelinek[Jahr]Buch 2010, S. 241–255, hier S. 243.
23 Vgl. Karl Bühler: Sprachtheorie. Die Darstellungsfunktion der Sprache. Stuttgart ³1999, S. 102–140.
24 Kleists Penthesilea entrüstet sich mit diesem Wort darüber, dass ihr geliebter Achilles offenbar ihre Vereinbarung nicht verstanden hat: „Was ich ihm zugeflüstert, hat sein Ohr / Mit der Musik der Rede bloß getroffen?" Heinrich von Kleist: Penthesilea. Ein Trauerspiel. In: ders.: Sämtliche Werke Brandenburger Ausgabe. Bd. I/5, hg. von Roland Reuß, Peter Staengle und Ingeborg Harms. Basel/Frankfurt a. M. 1992, V. 2388f. Vgl. zu diesem theater(text)poetologischen Zusammenhang auch Simon Aeberhard: Theater am Nullpunkt. Penthesileas illokutionärer Selbstmord bei Kleist und Jelinek. Freiburg im Breisgau 2012.

Zunächst zum zweiten Punkt, zu Jelineks dekonstruktivem Vexierspiel mit ihrer Autorschaft,[25] das sie systematisch spätestens seit *Ein Sportstück* von 1998 betreibt, in dem (auch als Reaktion auf die Jelinek-Puppe bei Castorf oder die notorische Jelinek-Perücke bei Stemann) mit Figuren wie „Autorin" und „Elfi Elektra" textuelle Versatzstücke des Autobiographischen auftreten und theaterwirksam gerichtet werden: Symptomatisch ist diese sprachpragmatische Figur *im* Text für die Position einer Autorschaft außerhalb des Textes, die sich zunehmend selbst als diskursiver Effekt, als sekundäres semiologisches System, als Trivialmythos erkennt. Gab Jelinek in den 80er Jahren noch bereitwillig Auskunft über den politischen Anspruch ihres Werks (was der stark organisierenden Instanz in den Romanen und Stücken dieser Zeit entspricht), so begann sie bereits Anfang der 90er – selbst auch immer wieder von den medialen Gesetzen der Vervielfältigung und Verfälschung irritiert – Verwirrung zu stiften. Jelinek, die Kritikerin einer Kulturindustrie, wurde immer mehr selbst zum Produkt ebendieser Industrie; Jelinek, die distanzierte Beobachterin von Macht- und Gewaltideologien, wurde immer mehr zugleich zur Konsumentin ebendieser Ideologien und profitierte von ihnen. Sie verstand es immer besser, die Medien für ihre Medienkritik, das öffentliche Bild ihrer selbst produktiv und ironisch zu nutzen, entkam letztlich aber der identifizierenden und hypostasierenden Logik verselbstständigter Bilder nicht. Schließlich gehen diese Hypostasierungen des literarischen Kommunikationsverhältnisses, unter anderem auch in der Nichtmehrunterscheidung von Werk und Kommentar, als Beobachtungsverhältnis in die literarische Textproduktion ein.[26]

Bezeichnenderweise gibt es seit 2004, dem Jahr des Nobelpreises, kaum noch öffentliche Äußerungen der Autorin. Ihr vormals offensiv vorgetragenes politisches Engagement geht als Textschicht ganz ins Theaterwerk ein und vermischt sich dort mit Zitaten aus den kritisierten Medien. Etwa so:

> Wie immer will ich von den Verlierern reden und lande doch begeistert bei den Siegern, aber das will doch jeder, daher lenke ich verzweifelt in die andre Richtung, doch mein Lenkrad gehorcht mir nicht: in die andre Richtung! Wirds bald! Und nur diese Kurve muß ich noch nehmen, das muß ich schriftlich hinkriegen. [...] Und während ich noch nachdenk, kommt mir ein Sandsturm entgegen, also das kommt mir jetzt überhaupt nicht entgegen, wo ich doch genau in die andre Richtung will, zu den Verlierern, auf der Verliererstraße, die für

---

[25] Vgl. dazu systematisch Peter Clar: „Ich bleibe, aber weg." Dekonstruktionen der AutorInnenfigur(en) bei Elfriede Jelinek*. Bielefeld 2017.

[26] Vgl. hierzu konzise Uta Degner: Die Kinder der Quoten. Medienkritik und Selbstmedialisierung bei Elfriede Jelinek. In: Markus Joch, York-Gothart Mix und Norbert Christian Wolf (Hg.): Mediale Erregungen? Autonomie und Aufmerksamkeit im Literatur- und Kulturbetrieb der Gegenwart. Tübingen 2009, S. 153–168.

mich bereits asphaltiert worden ist, eigens für mich, damit ich ja keine andre Straße nehme. Haltaus, Moment mal, da stehn ja schon Hunderttausende und schreien Frieden Frieden. Also hier muß ich auch schnellstens wieder weg. Auch hier bin ich falsch, bin überall falsch. Macht auch nichts, wo sogar die Panzer sich öfter verwirren. (B 29)

Hinter diesem konfusen Ich steht symptomatischerweise eine Auktorialität, die sich in einem verwirrenden, aber instruktiven Selbstüberholungsgestus ständig – und zwar ihrerseits auktorial – dementiert und, wie es im Schlingensief-Essay heißt, ‚aus sich verschwinden muss'.

Was die zweite und damit zusammenhängende Perspektive des Entzugs jeglicher Aufführungsdimension von Rede angeht, ist auch diese in der Werkentwicklung Jelineks als sich steigernde Medienkritik schematisch angelegt, genauer: als eine Medienkritik des Theaters. Das hauptsächliche Medium von Jelineks Frühwerk in den 1970er Jahren ist unbestritten noch der Erzähltext. Wenn Elfriede Jelinek sich Hörspiel-Bearbeitungen ihrer Schreibprojekte nicht versperrt, sondern sie durchaus aktiv und innovativ befördert, so geschieht dies im Rahmen des politischen Programms der Mythendestruktion nach Roland Barthes, das als zentraler Schlüssel für die frühen Texte gelten kann,[27] wie es im Essay *Die endlose Unschuldigkeit*, 1970 erstmals abgedruckt, formuliert ist.[28] Auch Jelineks erster Theatertext – *Was geschah, nachdem Nora ihren Mann verlassen hatte oder Stützen der Gesellschaften* –, den Jelinek 1979 publizierte und der im selben Jahr uraufgeführt wurde, ist als ein Teil dieser (im weitesten Sinne) marxistischen Didaxe aufzufassen, insofern Jelinek da das Experiment eingeht, der Ibsen'schen Theater-‚Szene' mit theatralen Mitteln die vermeintliche Natürlichkeit und *endlose Unschuldigkeit* ein für alle Mal auszutreiben.

Während sich in der Folge teils monumentale Romane mit Theaterstücken ungefähr die Waage halten, sind die Werke der beiden Gattungen gleichermaßen als De(kon)struktionen von Trivialmythen gelesen worden, die Sprachschablonen eines ideologisch verblendeten Alltags überaffirmativ parodieren: Nehmen sich die Theatertexte diskursiv aufgeladenen Themen wie Österreich, männliche Herrschaftsphantasien, Nationalismus, Faschismus und Sport an, so spielen die Romane mit Psychoanalyse, Natur, Pornographie usw. als trivialmythisch ver-

---

27 Vgl. Marlies Janz: Elfriede Jelinek. Stuttgart/Weimar 1995.
28 Massenmedial verbreitete Klischees und Ideologeme werden in die Texte auf eine derart plakative Weise collagiert, dass das Lesen zu einer kritischen Einübung in das Durchschauen jenes „natürlichkeitsschleim[s]" wird, welcher „familienserien werbefilme illustriertenromae die quizspiele unterhaltungssendungen etc." überzieht und verklebt. (Elfriede Jelinek: Die endlose Unschuldigkeit. 1970 [Essay]. In: dies.: Die endlose Unschuldigkeit. Prosa – Hörspiel – Essay. München 1980, S. 49–82, hier S. 56.)

fassten Ideologemen. Was bei der Lektüre von Erzähltexten als übergangsfreies Hin- und Hergleiten zwischen Kritik und Kritisiertem wahrgenommen wird, wird im Theater als eine Differenz erfahrbar zwischen dem naiv vorgetragenen, bestätigend nachgespielten Trivialmythos und dem semiologisch sekundären Scheitern dieser Re-Inszenierung. Aus dem parodistischen Missglücken der implizit mitbehaupteten Natürlichkeit der Handlungs- und Rederollen gewinnen diese frühen Stücke ihr kritisches Potenzial, das darin besteht, die Künstlichkeit und diskursive Wirkmächtigkeit der ausgestellten Mytheme hervortreten zu lassen.

Erst um die Jahrtausendwende wendet sich Jelineks Schaffen mit größerer Entschiedenheit dem Theater zu: Abgesehen vom (allerdings monumentalen) „Privatroman" *Neid* im Rahmen des langjährigen Todsündenprojekts hat sie ab dem Jahr 2000 keinen literarischen Text mehr veröffentlicht, der im – gewissermaßen: offiziellen – Werkverzeichnis[29] *nicht* für das Theater geschrieben worden wäre. Macht man sich zusätzlich klar, wie viele von diesen Texten ab der Jahrtausendwende teilweise oder integral auf ihrer seit 1999 gepflegten Autorinnen-Homepage entstanden sind (so, wie gesagt, auch *Bambiland*) und dort erst- oder sogar einzigveröffentlicht wurden, ist erstaunlich, wie wenig systematisch die produktionsästhetischen Implikationen eines sich so entwickelnden Schreibens für das Theater bisher in der Forschung bedacht wurden. Doch wie genau ist Jelineks ‚Wende zum Theater' (wenn man so will) zu verstehen?

Flankiert wird Jelineks literarische Entwicklung zum Theater bekanntlich von Essays, in denen die generischen Veröffentlichungs- und Verwendungskontexte ihrer Literatur gezielt reflektiert werden – und dies mit durchaus programmatischem Charakter. Bereits 1983 folgt ein Essay, in welchem sie gezielt über die Möglichkeiten und Grenzen des Theaters als Medium nachdenkt. *Ich möchte seicht sein* forciert, mit quasi Thomas Bernhard'schem Furor, die systematische Austreibung des Schauspielers aus dem Schauspiel:

> Wie entfernen wir diese Schmutzflecken Schauspieler aus dem Theater, daß sie sich nicht mehr aus ihrer Frischhaltepackung über uns ergießen und uns erschüttern, ich meine überschütten können? Denn diese Leute sinds doch, die sich verkleiden und mit ihren Attributen behängen, die sich ein Doppelleben anmaßen. Diese Personen lassen sich vervielfältigen, ohne daß sie ein Risiko eingingen, denn sie gehen nicht verloren. Ja, sie spielen nicht einmal mit ihrem Sein herum! [...] Die Bühnenmenschen treten nicht auf, weil sie etwas sind, sondern weil das Nebensächliche an ihnen zu ihrer eigentlichen Identität wird. Ihr Herumfuchteln, ihre plumpen, verwaschenen Aussagen, von Uneinsichtigen in ihre Mäuler gestopft, ihre Lügen, nur daran kann man sie voneinander unterscheiden. [...] Die Schauspieler bedeuten sich selbst und werden durch sich definiert. Und ich sage: Weg mit ihnen!

---

29 Pia Janke u. a. (Hg.): Elfriede Jelinek: Werk und Rezeption. 2 Bde. Wien 2014.

Sie sind nicht echt. Echt sind nur wir! Wir sind das meiste, das es gibt, wenn wir schlank und schick in unsren eleganten Theaterkleidern hängen.[30]

Die ästhetische Illusionsmaschinerie Theater stellt aufgrund ihres medialen Dispositivs ein zentrales Problem, so könnte man Jelineks Einsatz zum Theater vielleicht paraphrasieren. Sie stellt, in der Formulierung Gerda Poschmanns, vor „[d]ie Schwierigkeit, [...] insbesondere den Schauspieler auf dem Theater anders denn als ikonisches Zeichen für einen Menschen einzusetzen."[31] Aufgrund der (nicht rückgängig zu machenden) „Doppelrahmung" des Mediums, welche aus dem Präsentierten Repräsentation, aus dem Vorgestellten Dargestelltes und aus ramschigem Bühnendekor eine fiktionale Welt werden lässt, werden die Verlautbarungs- und Verkörperungsinstanzen ständig mit vollgültigen, autonomen Subjekten verwechselt. Dies dient den von Jelinek kritisierten „Lügen", weil es die – stets ideologische – Basis der Konstitution von Subjektivität verschleiert: „Ich möchte nicht sehen, wie sich in Schauspielergesichtern eine falsche Einheit spiegelt: die des Lebens."[32]

Von Anfang an gerät also das Theater selbst in den Bereich des Mythischen; Darstellungsmedium, Bühne und Betrieb werden selbst als ein sekundäres semiotisches System angesehen, das – mit Jelinek – destruiert gehört, dessen materielle Basis exponiert und hervorgekehrt gehört. Und Jelinek tut dies von allem Anfang an: von innen, mittels Theater*text*.

So richtig es ist, dass diese textuelle Arbeit am Mythos Theater zuallererst die Figur betrifft und sich in Jelineks Theatertexten zunächst in der Destruktion der psychologisch kohärenten *dramatis persona* äußert, aus deren sterblichen Überresten sich später die „berühmten, mir inzwischen längst lästigen Sprachflächen" konstituiert haben,[33] wie es ein Topos in der Forschung geworden ist, so wichtig ist es, darauf zu insistieren, dass das erste und primäre Ziel von Jelineks ‚Theatermythendestruktion' *nicht* die Figur ist, sondern explizit deren theaterbetriebliche Erfüllungsgehilfen: die Schauspielerinnen und Schauspieler. Jelinek zielt in ihren Essays immer wieder explizit auf „Bühnenmenschen", welche handwerklich-habituell „die Illusion erzeug[en], es ständen Entitäten auf der Bühne, Ein-

---

30 Elfriede Jelinek: Ich möchte seicht sein [erweiterte Fassung von 1986]. In: Christa Gürtler (Hg.): Gegen den schönen Schein. Texte zu Elfriede Jelinek. Frankfurt a. M. 1990, S. 150–161, hier S. 158 f.
31 Poschmann: Der nicht mehr dramatische Theatertext, S. 253.
32 Jelinek: Ich möchte seicht sein, S. 150.
33 Elfriede Jelinek: Ulrike Maria Stuart. Königinnendrama. In: dies.: Das schweigende Mädchen. Ulrike Maria Stuart. Zwei Theaterstücke. Reinbek bei Hamburg 2015, S. 7–149, hier S. 9 [Vorrede]. Den Terminus der „Sprachfläche", wie er sich in der Forschung fortgesetzt hat, hatte Jelinek 1989 in einem Interview geprägt.

heiten ihres eigenen Orts, ihrer eigenen Zeit, ihrer eigenen Handlung",[34] wie Jelinek in einem Interview von 1989 formuliert. Und noch 2005, im Rahmen der Vorrede zu *Ulrike Maria Stuart*, gibt sie vor: „Es steht nicht der reine Mensch vor uns, sondern seine Absonderung und seine Absonderlichkeit, wie Gestank, der ihn umweht [...]. Und sogar der Dreck rutscht ab (und die DarstellerInnen an ihm)."[35]

Jelineks poetologische Einlassungen zum Theater entwerfen denn auch nicht die positive Herstellung einer neuen Gemeinschaft (etwa in erfahrbarer Ko-Präsenz der Leiber, wie sie das *Postdramatische Theater* vorsieht)[36], sondern sie zielt auf die Zerstörung alter Mediengewohnheiten, insbesondere zunächst auf die Desintegration der psychologischen Sinnklammer ‚Mensch', deren Ideologizität ihr nicht nur als Produkt, sondern v. a. auch als (Re)Produzent kaum auszutreiben ist. An der Stelle einer tendenziösen Lebensnähe und Natürlichkeit solle das Theater daher Artifizialität kultivieren, insbesondere die Artifizialität der theatralen Rolle und die Artifizialität der pseudo-souveränen Rede.[37] Jelinek schreibt folgerichtig, „[d]ie Schauspieler [nicht: die Figuren!] sollen sagen, was sonst kein Mensch sagt, denn es ist ja nicht Leben."[38]

Das Theatermedium selbst als einen Trivialmythos zu begreifen – als ein sekundäres semiotisches System, das falsche Natürlichkeiten herstellt und somit unterschwellig Ideologien perpetuiert –, das scheint mir die kritische Basis und der programmatische Einsatz dafür zu sein, den Theatertexten eine intelligible Verlautbarungsinstanz durch Techniken des performativen Selbstwiderspruchs zu entziehen. Exemplarisch lässt sich das anhand einer weiteren essayistischen Einlassung Jelineks illustrieren: Die „Nachbemerkung" zum Theatertextband *Macht nichts* von 1999 verschärft das Verhältnis zwischen Text und szenischer Aufführung gegenüber früheren Verlautbarungen gezielt: „Diese Texte sind für das Theater gedacht, aber nicht für eine Theateraufführung", schreibt Jelinek im Anschluss an ihre *Kleine Trilogie des Todes*. (Dass sich diese Nachbemerkung nicht nur auf die drei monologischen Dramolette des Bandes beziehen lässt, darauf deutet nicht nur die Vervielfältigung des einen Stücks (*Der Tod und das Mädchen*), das in den folgenden Jahren als *Prinzessinnendramen* in Serie geht, sondern auch vor allem der nächste, begründende Satz, der sich auf die ersten

---

34 Jelinek und Roeder: Ich will kein Theater, S. 153
35 Jelinek: Ulrike Maria Stuart, S. 9 [Vorrede].
36 Lehmann: Postdramatisches Theater, S. 163–165. Vgl. auch Brechtje Beuker: Theaterschlachten. Jelineks dramaturgisches Konzept und die Thematik der Gewalt am Beispiel von *Bambiland*. In: Modern Austrian Literature 39 (2006) H. 3, S. 57–71, hier S. 68.
37 Vgl. Zanetti: Sagen, was sonst kein Mensch sagt.
38 Jelinek: Ich möchte seicht sein, S. 157.

Einlassungen gegen die Schauspieler zurückbezieht: „Die Personen führen sich schon selber zur Genüge auf."[39])

Jelinek begreift Textualität und ihre Möglichkeiten demonstrativer Unzurechenbarkeit und Unzurechnungsfähigkeit also zunehmend als Gegengift zu einer ubiquitären – und falschen – Theatralität des Subjekts. An die Stelle der politischen Interventionen *im* Theater tritt eine lebhaft teilnehmende Beobachtung der Mechanismen und des ideologischen Untergrunds öffentlicher Kommunikation *anhand* des Theaters (letzteres inklusive). Mit der Zurückweisung einer Aufführung und dem Entzug aller Redekontexte depraviert Jelinek ihre Texte gewissermaßen auch noch ihrer minimalen Ereignisdimension als musikalische Partitur zur Verlautbarung und zieht sich ganz auf das Signifikantenspiel des schriftlichen Textes zurück. Die einzige Form von Performativität besteht demnach in der Eigenbewegung des, bei ihr ja so oft: intertextuellen Zeichens.

3 Rhetorik

Ist das erste Ziel von Jelineks praktischer Kritik der Theatermedialität der Schauspieler, dem, als materielle Basis eines falschen Spiels, der doppelte Bühnenboden entzogen wird, so betreibt sie in der Folge die Vertreibung der *Persona* aus dem Theater konsequent. Dem Schauspieler und der theatralen Figur gegenüber autonomisiert Jelinek konsequent die Sprache ihrer Texte, bis der subjektunabhängige, von keiner personalen Instanz mehr zu verlautbarende, selbsttätige Diskurs der Medien im Zentrum ihrer Ideologiekritik steht. 2004, ein gutes Jahr nach der Fertigstellung des *Bambiland*-Textes, gibt Jelinek zu Protokoll:

> Meine Stücke sind ja, mit Ausnahme der ersten, in denen ich das Genre noch geübt habe, im Grunde gar keine Theaterstücke im landläufigen Sinn. Sie sind Texte, die gesprochen werden sollen, und zwar von der erhöhten Sprecherposition auf der Bühne aus, mehr nicht.[40]

Theatertexte zu schreiben, ihnen aber alle szenische Aufführungsdimension zu entziehen, hängt mit einer spezifischen Konzeption von Sprache zusammen: Als Gegengift zur Theatralität funktionieren Jelineks Texte nur, insofern sie ein radikal nivellierendes, ein radikal integrierendes Schreiben pflegen, eine Schreibweise, die alle Schreibweisen eingliedert: ein Schreiben, welches „das Dauer-

---

39 Elfriede Jelinek: Nachbemerkung. In: dies.: Macht nichts. Eine kleine Trilogie des Todes. Reinbek bei Hamburg 1999, S. 85–90, hier S. 85.
40 Andreas Puff-Trojan: Vielleicht sind ja doch die Alpen schuld [Interview mit Elfriede Jelinek anlässlich der Verleihung des Nobelpreises]. In: Frankfurter Rundschau, 13. Oktober 2004.

gebrabbel einer nicht konkretisierbaren Sprecherinstanz aufzeichnet",⁴¹ ein Schreiben, welches die Auskünfte, Ergüsse und Kommentare aller Medien in einem elektronischen Hypertext, in einem wesentlich digitalen Text zu einem anfangs- und endlosen Brei zermanscht. In diesem Sinne wird bei Jelinek „die Bühne" zum „mediale[n] Echoraum":

> Wir erleben das Rauschen der öffentlichen, veröffentlichten Meinungen in einem eigenartig ortlosen Raum des Nach-Halls öffentlicher, veröffentlichter Stimmen, in einem Echo-Raum, der weder geortet noch verortet werden kann. Und dieser Echo-Raum ist der Spiel-Raum, ist der Schauplatz von *Bambiland*.⁴²

Doch welches sind die Stimmen, die in *Bambilands* ‚Echoraum' nachklingen? – Dem „Stücktext" ist eine kursiv gesetzte Bemerkung vorangestellt, die einigen Aufschluss gibt: In katachretischen Wendungen bedankt sich das Text-Ich bei Aischylos und den *Persern* („übersetzt von Oskar Werner"), spricht von einer „Prise Nietzsche" und gesteht: „Der Rest ist aber auch nicht von mir. Er ist von schlechten Eltern. Er ist von den Medien." (B 15)

Jelinek reagiert mit *Bambiland* auf die Berichterstattung des Irakkrieges, v. a. auf die nie dagewesene „technologisch-mediale Durchdringung des Krieges" und auf die „Vervielfachung seiner Schauplätze auf den Monitoren, den Kontrollbildschirmen und den Fernsehgeräten weltweit",⁴³ indem sie einschlägige Zitate zu einer Collage montiert, deren implizite Rhetorik karikierend abklopft und die eigene Rolle als Rezipientin und Protokollantin dieses gewaltigen und gewaltsamen Spektakels kritisch reflektiert. Das Resultat ist ein anfangs- und endloser „Wortwurm",⁴⁴ der entsteht, wenn Elfriede Jelinek mit „ihrem inneren Stammtisch" vor dem Fernseher sitzt, CNN schaut und in „Echtzeit" die Berichterstattung über den Krieg mitschreibt,⁴⁵ dramaturgisch, bis zum grotesken *Cumshot* des Diskursgottes zum Schluss des Textes, ohne jeden Höhepunkt.

Dieses Verfahren der kritischen Mitschrift und diskursiven Transkription ist für Jelinek nicht ungewöhnlich, und doch nimmt *Bambiland* diesbezüglich im Œuvre Jelineks insofern eine Sonderstellung ein, als die Ereignisse, die der Text beschreibt, die mediale Berichterstattung über diese Ereignisse, welche Jelinek in

---

41 Kormann: Die Bühne als medialer Echo-Raum, S. 348.
42 Kormann, S. 353.
43 Haß: *Bambiland*: Mediale Historiographien, S. 241.
44 Kormann: Die Bühne als medialer Echo-Raum, S. 349.
45 Vgl. Kormann: Die Bühne als medialer Echo-Raum, S. 350; Monika Szczepaniak: „Der Krieg findet ja nicht im Bild statt." Zu Elfriede Jelineks *Bambiland* und Dea Lohers *Land ohne Worte*. In: Carsten Gansel und Heinrich Kaulen (Hg.): Kriegsdiskurse in Literatur und Medien nach 1989. Göttingen 2011, S. 296–309, hier S. 300 und Haß: *Bambiland*: Mediale Historiographien, S. 242.

ihrem Text montiert, und die offenbar rauschhafte Herstellung des theatralen Metatextes selbst so eng getaktet sind, dass sich die Sekundärliteratur zum Schlagwort des „work in progress" hat verleiten lassen.[46] Das Verhältnis von Gegenstand, diskursivierten und mediatisierten Ansichtsschichten dieses Gegenstands und theatertextueller Verhandlung dieser beiden Größen wird in *Bambiland* in den systematischen Infarkt getrieben. Die überbordende Ökonomie des Theatertextes hat eine einzige Funktion: den einförmigen, totalen und autonomen Diskurs anschaulich in den Konkurs zu treiben.

Eine Gegenstimme zu diesem Einerlei, die sich durch ihren hohen Ton und ihre metrische Wohlstrukturiertheit an der Oberfläche immer wieder merklich vom restlichen Text abhebt, bildet Aischylos' Tragödie *Die Perser* (von Oskar Werner, der einen Schwerpunkt gerade auf die akribische Übersetzungsarbeit dieser Qualitäten legt, ins Deutsche übertragen)[47]. Dieser Text von 472 v.u.Z. schildert die Niederlage der Perser gegen die Griechen in der Seeschlacht von Salamis, die acht Jahre zuvor stattgefunden hatte, aus der Perspektive der Daheimgebliebenen, die am Hof gebannt und sorgenvoll auf Nachricht über den Ausgang des Krieges und das Schicksal ihres Königs Xerxes warten. Ein nicht näher spezifizierter „Bote" [ἄγγελος] bringt die furchtbare Kunde, schildert plastisch den Kriegsverlauf und bereitet so die schließliche Heimkehr des Verlierers Xerxes vor.[48] Auf dieser Ebene leuchtet durchaus ein, den Irak-Diskurs des *embedded journalism* mit dem konstitutiven Botenbericht des antiken Trauerspiels zu verbinden.[49]

Doch wie werden all diese Texte miteinander verwoben? – *Bambiland* beginnt mit dem Satz:

> Schon durchdringt, schon dringt hindurch die Sonne, erster Bote des Leids, zu dem Herrn, wie heißt er nur, jeder weiß, wie er heißt, schon durchdringt das Heer die Stadt, an Masse mächtig das Heer, doch nicht mächtig genug durch Hungernde, Durstende würgt sichs hindurch, das Heer, auch durch die auf dem Weg drohende Stadt voller Menschen, maßlos an Zahl, so bös ihre Taten, kleiner nicht ist, was sie duldet, die Stadt, anheimelnd im Grund, wie sie da liegt in der Wüste, die Einwohner von der Sonne längst zum Tonheer gebrannt. (B 15 f.)

---

46 Vgl. Bärbel Lücke: Zu *Bambiland* und *Babel*. Essay. In: Elfriede Jelinek: Bambiland. Babel, S. 229–270, hier S. 229.
47 Vgl. Aischylos: Tragödien und Fragmente. Hg. und übers. von Oskar Werner. München ²1969, S. 713–715.
48 Vgl. Aischylos: Perser. In: ders.: Tragödien und Fragmente, S. 257–327, hier S. 277.
49 Vgl. Haß: *Bambiland:* Mediale Historiographien, S. 242.

In metrisch auffällig gebundener Sprache setzt der Text in vorwärtstreibender Rhythmik ein, unterbricht sich aber bei erstbester Gelegenheit („wie heißt er nur"), fällt aus dem Takt, wiederholt und pastichiert das eben Gesagte („schon durchdringt das Heer die Stadt"), knüpft an nebensächliche Epitheta an („an Masse mächtig das Heer, doch nicht mächtig genug"), häuft weitere Einschübe und Umkehrungen auf, deren Bezug jedoch zunehmend undeutlich wird („maßlos an Zahl, so bös ihre Taten, kleiner nicht ist"), ohne zu einem kohärenten Syntagma zurückzufinden. Tatsächlich sind in diesem einen Nicht-Satz eine Reihe von Versen und Halbversen aus dem Beginn Aischylos' *Persern* bzw. Werners Übertragung anzitiert (bis zum ersten Auftritt des Boten),[50] doch der „[s]chmerzvoll klagender Sprache Klang"[51] der Tragödie führt zu keinem konkretisierbaren aktualisierenden Bezug, verhallt symptomatischerweise im Wesentlichen ungehört im ‚Echoraum' *Bambilands*.

Auf diese Weise wird auch Aischylos unterschieds- und unterscheidungslos dem Diskurs geopfert: Aus dem trochäischen Vierfüßer „Fern im Westen, wo der Herrscher Helios schwindend untergeht",[52] wird bei Jelinek der seichte, nur noch an seinen Archaismen halbwegs als Montage kenntliche Witz: „Ich bin so fern im Westen, wo der Herrscher Helios schwindelnd, ich meine schwindend untergeht, der ist doch noch nicht bei der Presse." (B 29) Die demonstrativ triviale Nivellierung von Prätexten macht auch vor dem Selbstzitat nicht Halt. In einer Passage, in der es um die auf amerikanischer Seite eingesetzten „Kampfdelfine" geht, die, mit Kameras ausgestattet, in irakischen Gewässern auf Minensuche geschickt wurden, taucht überraschend auch ein alter Bekannter aus Jelineks 1972 erschienenem *Jugendroman für die Infantilgesellschaft, Michael,* auf, so dass der Text kurzfristig und einmalig sogar in den (unreinen) Paarreim der TV-Kinderserie-Titelmelodie kippt:

> Flipper ist unser Freund,[53] lustig wirds immer, wenn er erscheint. Spaß will er machen, seine Tricks, er bringt uns Stunden des Glücks, und wenn er wieder mal eine Mine gefunden hat, dann sind unsere Mienen auch wieder froh, aua, hab ich schon mal ähnlich irgendwo gesagt, aber ich sag ja immer dasselbe... (B 32)

---

50 Vgl. etwa Aischylos: Perser, V. 65 f. („Schon hindurchdringt ja des Kronherrn jeder Stadt sturm-/drohendes Kriegsheer zu dem Nachbarn"), V. 254 („Weh mir, wie leidvoll, erster Bote sein des Leids"), V. 40 („Ungeheuer an Masse, unzählbar").
51 Aischylos: Perser, V. 636.
52 Aischylos, V. 232.
53 Vgl. Elfriede Jelinek: Michael. Ein Jugendbuch für die Infantilgesellschaft. Reinbek bei Hamburg [7]2004, S. 27.

Die Kalauer, welche sich aus dem frühen erzählerischen Verfahren der aggressiven Mimikry, der entlarvenden Nachahmung einer falschen Welt ableiten, bilden in diesen Theatertexten (mitunter auch gegen sich selbst gerichtet) Residuen minimaler Sinneffekte, die gleichzeitig als Verbindungsbrücken zwischen den aufgerufenen Texten dienen. Auf diese Weise inszeniert Jelinek – als Inseln im endlosen Mediendiskurs, mit der brutalen Direktheit des (George W. Bush-)Zitats, die keine subtile Nuancierung erlaubt – autoaggressiv Geschmacklosigkeiten, mit Lust am Grotesken und am unlauteren Gelächter, am Bild- und Stilbruch, an Homonymien, an frivolen *double entendres*, an absurden Zeugmata usw. Stets herrscht dabei das Prinzip der missverstandenen Nachbarschaft, einer unlauteren Metonymie, sei sie nun lexikalisch, phonetisch oder sachlich motiviert.

Die Paronomasie kann also, wie ich hier wiederum an fünf relativ zufällig ausgewählten Beispielen zeigen kann, mit Fug und Recht als die *Mastertrope* von Jelineks nicht-mehr-theatraler Theaterschreibweise gelten:

> Also da hört sich ja alles auf. Der Krieg aber nicht. Der kriegt nicht genug. Der kriegt den Hals nicht voll, der kriegt den Arsch jetzt voll. (B 31)

> Wir schreiten und schreiten, sogar über beider Erden Steilwand,[54] über Kontinente hinweg, über Inkontinente hinweg, autsch, über Kinder hinweg, über Greise hinweg, über Frauen weg, über Selbstgänger hinweg, über Gelähmte hinweg. (B 40 f.)

> So sehr kann ein guter geistiger Mensch verdorben werden, aber dieser ist nur verdorben, ohne je geistig gewesen zu sein. Aber herschauen muß er auf jeden Fall. Er muß sich das Heer anschauen, sonst fürchtet er sich nicht. (B 47)

> Was bleibt vom Heer? Ein Teil, an einer Ölquelle Glanz, nein, an einer Wasserquelle, egal, ein Teil verschmachtet durstend. Ein anderer Teil, von Atemnot erschöpft, schleppt sich weiter voran, bis eine Stadt, ich glaube Basra, die schon entblößt von Nahrung, ihn aufnimmt. Nur nützt es nichts. So sterben viele, viele dort vor Durst und Hunger, beides gibt es da vereint,[55] traulich vereint, treulich geführt, es ist ja immer so. Ein Teil stirbt hier, der andre dort. So viele Teile vom Menschen, und trotzdem ist nicht viel an ihm dran. Finde nicht. (B 57)

> Wir werden diese Stadt vielleicht gar nicht erobern müssen, wir werden sie vielleicht nur isolieren, es ist aber auch jedes andere Vergehen, ich meine Vorgehen möglich. Wir gehen jetzt anders vor. Nein, wir gehen jetzt nicht anders vor. (B 79)

---

54 Vgl. Aischylos: Perser, V. 128–131: „Alles Volk hoch zu Pferd und was stampfend zieht zu Fuß, / Schwärmte aus [...] /Und schritt von Fels zu Felsen überm Meer auf dem Joch, das nun eint / Beider Erden Steilwand".

55 Vgl. Aischylos, V. 484–490: „Was blieb vom Heer, verfiel in der Boioter Land / Dem Untergang. Ein Teil – an einer Quelle Glanz / Verschmachtet durstend; wir – von Atemnot erschöpft – / Wir schleppten uns hindurch bis ins Phokaierland, / Bis Doris weiter [...] / Und der Thessalier Städte nahmen uns, entblößt / Von Nahrung, auf. So starben viele, viele dort / Vor Durst und Hunger; beides gab es da vereint."

Diese schmerzhafte, weil alle Textlogik unterschreitende „Paronomanie", die so charakteristisch für Jelineks verflüssigte Schreibweise geworden ist, bildet insulare rhetorische Effekte in der Umgebung eines homogenen, endlosen und autonomen, selbsttätigen und subjektlosen Diskurses. Die Kalauer, die seichten und faulen Witze, dienen gleichzeitig auch als Gegenfigur zum Pathos des Dramas, zu seinem hohen Ton und zur Metrik antiker Verse, deren *figurae etymologicae* und Alliterationen durch paronomastische Sprachpolitik ausgehöhlt werden. Unmittelbare Sinneffekte sind nur noch in der Unterschreitung der Grenzen des guten Geschmacks möglich. Der erste Auftritt des Boten bei Aischylos und sein Zwiegespräch mit dem Chor – eigentlich eine anrührende Szene – geht, wie aus der direkten Gegenüberstellung ersichtlich wird, als gleichförmiges Spielmaterial in Jelineks homogenisierte Textwurst ein:

> Bote: [...] Weh mir, wie leidvoll, erster Bote sein des Leids!
> Gleichwohl tut's not, ganz zu enthüllen, was uns traf;
> Ihr Perser: ganz zugrundging der Barbaren Heer!
> Chor: Du lastend, lastendes Leid, immer neu
> Und qualvoll: weh, weh, beweinet, ihr Perser, solchen Kummers Kunde!
> Bote: Ja, alles ist dort draußen völlig abgetan [...][56]
>
> Weh mir, wie leidvoll, erster Bote sein des Leids! Und so weiter und so fort. Niemand hat so etwas Schreckliches je gesehen, deswegen sehe ich es jetzt nicht, und niemand andrer wird es auch nicht sehen und aus. Doch nein, halt! Eine ist da! Gleichwohl tuts not, ganz enthüllen, was uns und sie traf: die Presse! Ganz zugrunde geht der Barbaren Heer, und die Kamera erfaßt es. Wir fassen es nicht, doch die Kamera faßt es. [...] Also sag schon, wo ist sie, des Kummers Kunde? Des Konzerns Kunden? Ja, alles ist dort draußen völlig abgetan, na ja, noch nicht ganz, aber bald. Und wir sind jetzt Kunden. Wir alle Kunden. Was müssen wir künden, wo wir doch Kunden sind! (B 42f.)

Das Interesse, das hinter einem solchen, Fleischwolf-analogen Textherstellungsverfahren steckt, ist kaum ein ernsthaft erkenntniskritisch-diskursanalytisches,[57] sondern pure Medien- und Ideologiekritik in geballter Massivität. Die Klarheit der politischen Aussage weicht im Laufe der Entwicklung von Jelineks Theaterästhetik der Provokation und der Ironie (nicht etwa der Resignation), die Zielgerichtetheit der Thematik und der dazugehörigen Prätexte weicht der Beliebigkeit und der Ausuferung: Das Resultat sind riesige Textblöcke, die keinen Anfang und

---

[56] Aischylos, V. 254–260.
[57] Wenn passagenweise durch das Wörtlichnehmen technischer Begrifflichkeiten, etwa der Bezeichnung von taktischen Marschflugkörpern, von denen es in einer längeren Passage heißt: „wenn er fliegen kann, warum sollte er dann marschieren?" (B 43), durchaus in diese Richtung gehende Fragen auftauchen können.

kein Ende mehr kennen, die den Leser, Zuschauer und das Theater gleichermaßen heraus- und überfordern, irritieren und ausstoßen. Die inszenierte Beliebigkeit der Textproduktion bedeutet natürlich gerade nicht, dass die Werke von Jelinek in dieser Zeit unpolitisch geworden wären, im Gegenteil; es heißt aber, dass der politische Anspruch als eine von vielen Sinnschichten in die Wirkungslosigkeit des Diskurses eingegangen ist und nicht mehr Anstoß und Zentrum der Textgenese sein kann. Die subversive Politik der späteren Texte verdankt sich keinem externen Ziel, sondern der Komplexität der Schreibweise:

> Nichts ist umsonst. Nicht einmal der Tod. Der kostet das Leben. Und bitte, was kostet dieses Kind? Ehrlich, ich glaube, dem Kind ist das schon über, in jedem Krieg muß es herhalten, in jedem Krieg wird es hergehalten, in jedem Krieg wird es in die Kameras gehalten, nein, nicht immer dasselbe Kind, Idiot, jedesmal ein andres Kind, aber das Kind, das universelle Kind muß immer herhalten, damit wir ein Gefühl aus uns pressen können, denn wir sind eine extreme Natur und härter als Oliven, wenn man was aus uns herauspressen möchte. Spenden, das tun wir. Aber herauspressen lassen wir uns Gefühle nur von einem Kind, und zwar von diesem hier, von dem nicht mehr viel übrig ist. Das ganze Blut. (53 f.)

Es ist vor diesem Hintergrund nicht verwunderlich, dass sich Jelineks Schreiben zunehmend einer *écriture automatique* annähert,[58] um der vermeintlichen Tiefe strukturierter Äußerungen durch die Oberfläche unmotivierter Reihung zu entkommen. Roland Barthes entwickelt in seiner Balzac-Lektüre *S/Z* dafür den Terminus des ‚schreibbaren‘, späterhin auch des ‚pluralen Textes‘:

> Der schreibbare Text ist ständige Gegenwart, und kein konsequentes Sprechen (das ihn zwangsläufig in Vergangenheit verwandeln würde) kann sich ihm aufstülpen. Der schreibbare Text, das sind wir beim Schreiben, bevor das nicht endende Spiel der Welt (die Welt als Spiel) durch irgendein singuläres System (Ideologie, Gattung, Kritik) durchschritten, durchschnitten, durchkreuzt und gestaltet worden wäre, das sich dann auf die Pluralität der Zugänge, die Offenheit des Textgewebes, die Unendlichkeit der Sprachen niederschlägt. Das Schreibbare, das ist das Romaneske ohne den Roman, die Poesie ohne das Gedicht, der Essay ohne die Darlegung, das Schreiben ohne Stil, die Produktion ohne das Produkt, die Strukturierung ohne die Struktur[59]

– und der Theatertext ohne Theater, möchte man hinzufügen.

---

58 Vgl. Clar: „Ich bleibe, aber weg", S. 200.
59 Roland Barthes: S/Z [1970]. Aus dem Französischen von Jürgen Hoch. Frankfurt a. M. 1976, S. 9.

4 Gattungspoetologie

Aber inwiefern handelt es sich bei Jelineks anhaltender digitaler Textproduktion überhaupt noch um Theatertexte? *Bambiland*, zum Beispiel, ist nur und höchstens mittels paratextueller Marker als das Textsubstrat einer theatralen Aufführung zu erkennen. In der Buchform taucht auf dem Innentitel unter dem Namen der versammelten Texte die generische Bezeichnung „Zwei Theatertexte" auf. Auf Jelineks Homepage ist derselbe Text ebenfalls unter der Rubrik „Theatertexte" in deutscher und englischer Sprache abzurufen. Die Bezeichnung „Theatertext" lässt kalkuliert offen, ob es sich dabei um ‚Texte für das Theater' (das heißt, mit *Macht nichts:* gegen das Theater) handelt, oder um „Texte für eine Aufführung", wie Jelinek ja poetologisch unterschieden hatte. Die naheliegende Hypothese lautet: ersteres! – Texte für und gegen das Theater, *für* das Theater als gesellschaftlich-reflektierendes Diskursorgan, *gegen* das Theater als betriebliche Maschinerie.

Dementsprechend ist *Bambiland* keinen Sprechrollen zugeordnet, sondern ‚bloßer' Text. Das wesentliche formale Merkmal aller bisher bekannten theatralen Ästhetiken, insofern Theatralität die körperliche Darbietung mindestens eines Akteurs in Bezug auf eine Zuschauerschaft meint, fehlt hier. In diesem „Theatertext" ist keine definite Verlautbarungs-, geschweige denn eine Handlungsinstanz vorgesehen. Andererseits ist der Theatertext mit einer kursivierten (auf der Homepage zusätzlich eingeklammerten) Einführung versehen, deren ersten Abschnitt man nur mit viel gutem Willen als eine Anweisung zur Aufführung verstehen kann. „Ich weiß nicht ich weiß nicht", meldet sich da eine Stimme zu Wort:

> Setzen sie sich so abgebundene Strumpfkalotten auf die Köpfe, wie mein Papa sie immer zu seinen alten Arbeitsmänteln am Bau von unserem Einfamilienhäuschen getragen hat. Etwas Häßlicheres habe ich nie gesehen. Ich weiß nicht, welche Strafe für welche Schuld Sie bekommen sollen, daß sie so etwas Häßliches aufsetzen müssen. Strumpf abschneiden, oben zubinden, daß so eine Art Bommel übrigbleibt, und dann auf den Kopf setzen. Das ist alles. (B 15; i.O. kursiv)

Abgesehen von diesen etwas kraus vorgetragenen, an ein unspezifisches Sie adressierten Direktiven zur Kostümierung eines durch Kursivschrift als Meta- oder Nebentext ausgezeichneten Diskurses gibt es keine Markierungen, die den Text als das Substrat einer theatralen Inszenierung ausweisen würden. Wie auch immer dieser ‚Nebentext' zu verstehen ist, das raunende Ich, das sich da zu Wort meldet und sich an seinen Vater erinnert, verstößt in jedem Fall gegen die vom Literaturtheater etablierte Gattungskonvention, durch Haupt- und Nebentext zwei „ontologische Schichten" voneinander zu differenzieren: die dramatische Situation und die von den Figuren geäußerten Meinungen über die dramatische Situation.⁶⁰ Vielmehr ist *Bambiland*, so möchte ich vorschlagen, als eine Selbstbehauptung der Theater*text*medialität gegenüber dem Schauereignis der Inszenierung zu verstehen. Abgesehen von diesem – minimalen und mehrdeutigen – Paratext gibt es nämlich keine Anhaltspunkte dafür, dass der Schrifttext, der die nächsten 70 Seiten des Buches nur durch wenige Abschnitte gegliedert füllt, in irgendeiner Form theatral organisiert wäre.

Inwiefern aber ist die massive Textualität ihrer ‚Texte für das Theater' dazu geeignet, Jelineks Theater- und, *a fortiori*, Medienkritik Vorschub zu leisten? – Im Essay *In Mediengewittern*, der in unmittelbarer zeitlicher Nachbarschaft zur *Bambiland*-Produktion entstanden ist, heißt es:

> Zuhause stellt einem der Fernseher vor, was ist bzw. was der Fernseher dafür hält. Er hat ja seine Erdherrschaft angetreten, um uns das ununterbrochen zu sagen. [...] Die Macht erklärt sich dort, und zwar immer selbst, sie duldet nicht, daß sie ein andrer erklärt, und indem sie sich erklärt, bewundert sie sich selbst, und was ist dieser Selbstzweck? Daß wir uns mit ihr abfinden, denn der Fernseher erklärt sie uns als etwas Unabweisliches und Unabwendbares. Die Geschichte nimmt ihren Gang, und dieser Gang mündet im Fernsehzimmerchen, das eben: sehr klein ist. So einen langen Gang hätte man nicht machen müssen, um zu wissen, wie die Macht sich selbst definiert.⁶¹

Jelinek spricht mit der Bestimmtheit des definiten Artikels von *der* Macht und erkennt ihr ein totalitäres Regime zu. Handlungslogisch und abbildend wäre dieser Macht nicht beizukommen, greift sie doch bereits in die Konstitution aller betrieblichen Akteure ein. An der Stelle der *Darstellung* ist in den Texten Jelineks Diskurs in Autonomie inszeniert, ‚reine', totalitäre Sprache ohne Kontext, losgelöst von den primären Umfeldern ihrer Verwendung, denn: „Es ist alles eins". „Aber das Theater. Genau weiß ich es ja auch nicht, aber dort versuche ich, den Ausblick auf diese Macht, die uns beherrscht, wie soll ich sagen: herauszulösen."⁶²

Darin liegt das negative Potenzial des Theaters, welches Jelinek in ihren Texten auszuschöpfen sucht: Texte für das Theater, aber mit dem Theater auch gegen das Theater und jedenfalls nicht für eine ‚Aufführung' zu schreiben, hat präzise den Sinn, die subjektkonstituierende Macht des Diskurses im folgenlosen Wortgebrauch als abwesende erfahrbar zu machen: Die Abwesenheit von Per-

---

60 Vgl. Roman Ingarden: Das literarische Kunstwerk. Mit einem Anhang: von den Funktionen der Sprache im Theaterschauspiel. Tübingen ³1965.
61 Elfriede Jelinek: In Mediengewittern. (letzter Zugriff: 28. August 2017). Datiert ist der Essay auf den 28. April 2003.
62 Jelinek: In Mediengewittern.

formativität macht die strukturelle Gewalt der Subjektformation erst fass- und erfahrbar. Erfahrbar nicht als dar- oder vorgestellte, sondern als diejenige „graue, grauenhafte Anwesenheit"[63], welche aus den Sprechereignissen Sprechakte macht und aus Zeichenverwendungen Personen, Situationen und Kontexte – ‚Szenen' – evoziert. Statt einer „Aufführung", welche diese pragmatischen Zeichenverwendungen unproblematisch in Subjekte-in-Situationen umwandeln würde, entzieht Jelineks schriftliches Texttheater genau diesen Schritt. Es koppelt den Ort der Rede vom Ort der Handlung ab, schickt gewissermaßen nur noch Boten auf die Web- oder Buchseitenbühne, welche keine personalen Vehikel ihrer Botschaft mehr sind, sondern nur noch deren Effekt. Hierin liegt, so die hier vertretene These, denn auch der Sinn darin, unermüdlich ‚Texte für das Theater' gegen das Theater zu schreiben: Denn in den (nunmehr: negativen) Blick rücken damit diejenigen vorsubjektiven, gesellschaftskonstitutiven Machtprozesse, welche uns als autonome Subjekte mit eigener Agenda erscheinen lassen. In der Nullperformativität, welche Jelineks Texte entfalten (sofern sie nicht von einem eifrigen Regisseur in Situationen rückübersetzt werden, die dann die Rezeption wiederum unter Inkaufnahme präsenzmetaphysischer Volten notorisch als Aufwertung des Theaterkörpers deuten kann), liegt ein Verweis auf Text und Schrift – nicht als Utopien der Gewaltfreiheit, sondern im Gegenteil als Manifestationen ‚der' Macht: Einer Macht, die noch nicht die Form einer Gewalttat angenommen hat, die, kondensiert zum Protokoll, nicht illusionistisch, nicht medial überformt, nicht in die Nachträglichkeit einer Re-Präsentation überführt ist. Hierin liegt die tiefere Logik von Jelineks zunehmendem Theaterschaffen: in der ‚diskurskonkursiten' und radikal textuell-schriftlichen Unterschreitung aller Subjektivität.

Literaturverzeichnis

Aeberhard, Simon: Theater am Nullpunkt. Penthesileas illokutionärer Selbstmord bei Kleist und Jelinek. Freiburg im Breisgau 2012.
Aischylos: Tragödien und Fragmente. Hg. und übers. von Oskar Werner. München ²1969, S. 713–715.
Aischylos: Perser. In: ders.: Tragödien und Fragmente, S. 257–327.
Austin, John L.: How to Do Things with Words. The William James Lectures delivered at Harvard University in 1955. Second Edition, hg. von James Opie Urmson und Marina Sbisà. Cambridge 1975.
Barthes, Roland: S/Z [1970]. Aus dem Französischen von Jürgen Hoch. Frankfurt a. M. 1976.

---

63 Jelinek: In Mediengewittern.

Beuker, Brechtje: Theaterschlachten. Jelineks dramaturgisches Konzept und die Thematik der Gewalt am Beispiel von *Bambiland*. In: Modern Austrian Literature 39 (2006) H. 3, S. 57–71.
Bühler, Karl: Sprachtheorie. Die Darstellungsfunktion der Sprache. Stuttgart ³1999, S. 102–140.
Clar, Peter: „Ich bleibe, aber weg." Dekonstruktionen der AutorInnenfigur(en) bei Elfriede Jelinek*. Bielefeld 2017.
Degner, Uta: Die Kinder der Quoten. Medienkritik und Selbstmedialisierung bei Elfriede Jelinek. In: Markus Joch, York-Gothart Mix und Norbert Christian Wolf (Hg.): Mediale Erregungen? Autonomie und Aufmerksamkeit im Literatur- und Kulturbetrieb der Gegenwart. Tübingen 2009, S. 153–168.
Derrida, Jacques: Limited Inc. a b c. Evanston 1988.
Fleig, Anne: Texttheatralität und dramatische Form. Plädoyer für eine historische Perspektivierung von Text und Aufführung bei Elfriede Jelinek. In: Pia Janke und Teresa Kovacs (Hg.): „Postdramatik". Reflexion und Revision. Wien 2015, S. 283–294.
Haß, Ulrike: *Bambiland:* Mediale Historiographien. In: Jelinek[Jahr]Buch 2010, S. 241–255.
Haß, Ulrike: Theaterästhetik. In: Pia Janke (Hg.): Jelinek-Handbuch. Stuttgart/Weimar 2013, S. 62–68.
Hegel, Georg Wilhelm Friedrich: Vorlesungen über die Ästhetik III. In: ders.: Werke, Bd. 15, hg. vom Hegel-Institut Berlin. Berlin 2000.
Ingarden, Roman: Das literarische Kunstwerk. Mit einem Anhang: von den Funktionen der Sprache im Theaterschauspiel. Tübingen ³1965.
Janke, Pia u. a. (Hg.): Elfriede Jelinek: Werk und Rezeption. 2 Bde. Wien 2014.
Janz, Marlies: Elfriede Jelinek. Stuttgart, Weimar 1995.
Jelinek, Elfriede: Die endlose Unschuldigkeit. 1970 [Essay]. In: dies.: Die endlose Unschuldigkeit. Prosa – Hörspiel – Essay. München 1980, S. 49–82.
Jelinek, Elfriede und Roeder, Anke: Ich will kein Theater. Ich will ein anderes Theater. Gespräch mit Elfriede Jelinek. In: Anke Roeder (Hg.): Autorinnen: Herausforderungen an das Theater. Frankfurt a. M. 1989, S. 141–157.
Jelinek, Elfriede: Ich möchte seicht sein [erweiterte Fassung von 1986]. In: Christa Gürtler (Hg.): Gegen den schönen Schein. Texte zu Elfriede Jelinek. Frankfurt a. M. 1990, S. 150–161.
Jelinek, Elfriede: Nachbemerkung. In: dies.: Macht nichts. Eine kleine Trilogie des Todes. Reinbek bei Hamburg 1999, S. 85–90.
Jelinek, Elfriede: In Mediengewittern. http://www.elfriedejelinek.com (letzter Zugriff: 28. August 2017).
Jelinek, Elfriede: Bambiland, In: dies: Bambiland. Babel. Zwei Theatertexte. Reinbek bei Hamburg 2004, S. 15–84.
Jelinek, Elfriede: Bambiland. http://www.elfriedejelinek.com (letzter Zugriff: 28. August 2017).
Jelinek, Elfriede: Michael. Ein Jugendbuch für die Infantilgesellschaft. Reinbek bei Hamburg ⁷2004.
Jelinek, Elfriede: Ulrike Maria Stuart. Königinnendrama. In: dies.: Das schweigende Mädchen. Ulrike Maria Stuart. Zwei Theaterstücke. Reinbek bei Hamburg 2015, S. 7–149.
Jelinek, Elfriede: Schlingensief. http://www.elfriedejelinek.com (letzter Zugriff: 28. August 2017).

Kastberger, Klaus: Die Haut der neuen Medien. Vier Thesen zu Elfriede Jelinek. In: Thomas Eder und Juliane Vogel (Hg.): Lob der Oberfläche. Zum Werk von Elfriede Jelinek. München 2010, S. 117–130.

Kleist, Heinrich von: Penthesilea. Ein Trauerspiel. In: ders.: Sämtliche Werke Brandenburger Ausgabe. Bd. I/5, hg. von Roland Reuß, Peter Staengle und Ingeborg Harms. Basel/Frankfurt a. M. 1992, V. 2388 f.

Knapp, Michaela: Schlingensief: „Die Messer werden gewetzt". In: Format vom 28. November 2003.

Kormann, Eva: Die Bühne als medialer Echo-Raum. Zu Elfriede Jelineks *Bambiland*. In: Franziska Schößler und Christine Bähr (Hg.): Ökonomie im Theater der Gegenwart. Ästhetik, Produktion, Institution. Bielefeld 2009, S. 343–356.

Kovacs, Teresa: „60 Sekunden im Krieg". Christoph Schlingensiefs Umgang mit den Bildern des Irakkriegs in Elfriede Jelineks *Bambiland*. In: Jelinek[Jahr]Buch 2011, S. 207–219.

Lehmann, Hans-Thies: Postdramatisches Theater. Frankfurt a. M. 1999.

Lücke, Bärbel: Zu *Bambiland* und *Babel*. Essay. In: Elfriede Jelinek: Bambiland. Babel. Zwei Theatertexte, S. 229–270.

Ohmann, Richard: Literature as Act. In: Seymour Chatman (Hg.): Approaches to Poetics. New York/London 1973, S. 81–107.

Poschmann, Gerda: Der nicht mehr dramatische Theatertext. Aktuelle Bühnenstücke und ihre dramaturgische Analyse. Tübingen 1997.

Primavesi, Patrick: Theater Text. In: Pia Janke und Teresa Kovacs (Hg.): „Postdramatik". Reflexion und Revision. Wien 2015, S. 147–157.

Puff-Trojan, Andreas: Vielleicht sind ja doch die Alpen schuld [Interview mit Elfriede Jelinek anlässlich der Verleihung des Nobelpreises]. In: Frankfurter Rundschau, 13. Oktober 2004.

Schlingensief, Christoph: Unnobles Dynamit. Elfriede Jelinek [Vorwort]. In: Elfriede Jelinek: Bambiland. Babel. Zwei Theatertexte. Reinbek bei Hamburg 2004, S. 7–12.

Szczepaniak, Monika: „Der Krieg findet ja nicht im Bild statt." Zu Elfriede Jelineks *Bambiland* und Dea Lohers *Land ohne Worte*. In: Carsten Gansel und Heinrich Kaulen (Hg.): Kriegsdiskurse in Literatur und Medien nach 1989. Göttingen 2011, S. 296–309.

Szondi, Peter: Theorie des modernen Dramas. Frankfurt a. M. 1963.

Zanetti, Sandro: Sagen, was sonst kein Mensch sagt. Elfriede Jelineks Theater der verweigerten Komplizenschaft. In: Inge Arteel und Heidy Margrit Müller (Hg.): Elfriede Jelinek. Stücke für oder gegen das Theater? Brüssel 2008, S. 183–192.

Christa Gürtler
Elfriede Jelineks *Wut*. Zwischen Sprech-Wut und Katharsis

„Ja, ich bin leider fast immer wütend."
Elfriede Jelinek

Als engagierte Autorin mischt sich Elfriede Jelinek häufig in gesellschaftspolitische Debatten ein, unterstützt Initiativen, unterzeichnet Petitionen, publiziert kritische Texte auf ihrer Homepage oder in diversen Printmedien und erntet damit nicht selten angriffige mediale Kommentare. Häufig reagiert sie in ihren neueren postdramatischen Theatertexten auf politische Ereignisse oder leistet mit ihren literarischen Texten Informationsarbeit, wenn sie beispielsweise im Fall der NSU-Prozesse die fehlende mediale Wahrnehmung im Stück *Das schweigende Mädchen* reflektiert. Der Text *Wut* mit dem ironischen Untertitel *(kleines Epos. Geh bitte, Elfi, hast dus nicht etwas kleiner?)*[1] ist nach den Anschlägen von Paris im Jänner 2015 zunächst auf Redaktionsmitglieder des Satiremagazins Charlie Hebdo und in den folgenden Tagen auf Polizist*innen und Kund*innen eines jüdischen Supermarkts entstanden, bei denen 17 Menschen starben und zahlreiche weitere Personen verletzt wurden. Schließlich wurden die Kouachi Brüder und Amedy Coulibaly erschossen, alle drei bekannten sich zum IS, geboren waren sie in der Pariser Banlieu. Bei einem weiteren Anschlag im November 2015 auf das Kulturzentrum Bataclan und Cafés und Restaurants in der Umgebung wurden 130 Personen getötet und viele schwer verletzt. Daraufhin entsteht als Nachtrag zu *Wut* der Text *Ich, ja echt! Ich,* der am 17. Juli 2016 auf Jelineks Homepage veröffentlicht und unter dem Titel *Bataclan (Zusatz Juni 2016)* in die Buchausgabe aufgenommen wird.

Im Folgenden wird Elfriede Jelineks postdramatische Poetik der offenen Vielstimmigkeit am Beispiel des Textes und der Uraufführung von *Wut* in Bezug auf ihr polemisches und provokatives Potenzial untersucht.

---

1 Erstveröffentlichung Elfriede Jelinek: Wut (kleines Epos. Geh bitte, Elfi, hast dus nicht etwas kleiner?). In: Theater heute 6/2016. Beilage; dies.: Die Schutzbefohlenen. Wut. Unseres. Reinbek bei Hamburg 2018, S. 227–398. Zusatz Juni 2016 Bataclan, S. 399–405.

https://doi.org/10.1515/9783110742435-005

1 Wütende Autorschaft

In einem Gespräch, das Elfriede Jelinek mit drei Schauspielerinnen der Münchner Kammerspiele führte, wo am 16. April 2016 unter der Regie von Nicolas Stemann die Uraufführung von *Wut* stattfand, bekennt sie:

> Ja, ich bin leider fast immer wütend. Und das ist nicht immer zielführend, eigentlich nie. Nicht Liebe macht blind, das macht schon die Wut, und das ist ja auch eins der Themen, die das Stück behandelt. Wut und Zorn. Zorn ist eine zielgerichtete Leidenschaft (der Zorn des Achill!), Wut ist etwas, das einen überschwemmt, und gegen das man sich nicht wehren kann, eigentlich unproduktiv. Für mich ist sie vielleicht ein diffuser Raketenantrieb (letztlich paradox), um überhaupt zu schreiben, also eine Art gesellschaftlicher Frustration in die Aggressivität des Schreibakts umzuwandeln. Aber natürlich spielt auch der Zorn seine Rolle, sonst würde ich ja nur sinnlos um mich schlagen.[2]

In diesem Gespräch differenziert Elfriede Jelinek zwischen Wut und Zorn und übernimmt dabei die gängige Unterscheidung zwischen der affektiven, unkontrollierten „sinnlosen" Wut und dem „zielgerichteten" Zorn, einer der sieben Todsünden. Mit dem Hinweis auf den „Zorn des Achill" verweist sie auf eine Reverenz, die auch im Text zitiert wird, auf Homers *Ilias*.[3]

2 Wut und Wahnsinn des Herakles

Für *Wut* wird aber ein weiterer Intertext zentral: die Tragödie *Der Wahnsinn des Herakles* von Euripides[4], auf den die Autorin schon in *Die Kontrakte des Kaufmanns* rekurriert, und in dem es nicht um kontrollierten Zorn, sondern um blinde, maßlose Wut geht.[5] In der Tragödie des Euripides wird der Held Herakles zum Mörder seiner Frau und seiner drei Kinder. Seine Mutter ist Alkmene, sein Stiefvater ihr Ehemann Amphitryon, sein eigentlicher Vater Zeus, weshalb seine Frau

---

2 Warum Wut? Die Schauspielerinnen Zeynep Bozbay, Annette Paulmann und Julia Rieder im Gespräch mit Elfriede Jelinek. In: Programmheft der Münchner Kammerspiele. München 2016, S. 16–21, S. 17.
3 Vgl. „Sing den Zorn, meinen wirst Du nicht damit erregen!" In: Jelinek: Wut, S. 230.
4 Euripides: Der Wahnsinn des Herakles. In: Euripides: Sämtliche Tragödien und Fragmente. Band 3. Übers. v. Ernst Buschor. Hg. v. Gustav Adolf Seeck. München 1972.
5 Bezüge zu Elementen der griechischen Tragödie wie Chor, Klage, Botenbericht, Rede und Gegenstrophe finden sich in allen neueren Theatertexten Jelineks, die damit den Bogen zu den Ursprüngen abendländischer Dramatik schlägt. Vgl. hierzu auch den Beitrag von Silke Felber in diesem Band.

Hera den hervorragenden außerehelichen Sohn hasst. Gemeinsam treffen Zeus und Hera ein Abkommen: Wenn Herakles zwölf schwierige Aufgaben lösen kann, wird er sein Reich zurückbekommen und unsterblich werden. Nachdem er die letzte Aufgabe gelöst hat, kehrt er sogar aus der Unterwelt zurück und kommt gerade noch rechtzeitig zu seiner Familie zurück, die aus Machtgründen von Lykos getötet werden soll. Herakles rettet seine Familie und tötet die Gewalttäter. Das ruft Hera auf den Plan, die Lyssa, die Göttin des Wahnsinns, schickt. In der Tragödie erzählen Amphitryon und ein Diener von den Taten, die Herakles im Wahnsinn, der Mania, der Psychose begeht: Er tötet seine drei Kinder und seine Frau, weil er sie für die Familie seines Feindes Eurystheus hält. Er negiert alle Argumente und Beweise – er ist blind vor Wut. Bevor er jedoch seinen Adoptivvater tötet, wirft Pallas Athene aus Mitleid einen Stein auf Herakles, der bewusstlos umfällt und als er wieder aufwacht, keine Erinnerung an das Geschehen hat.[6] Er denkt zunächst an Selbstmord, nimmt dann aber Abschied von der Familie und beschließt sein Leid zu ertragen. Ob die Wahnsinnstat von Herakles, die jene von Lyros imitiert, mit seinen gewaltsamen Heldentaten in der Vergangenheit zusammenhängt, bleibt offen, zeigt aber, dass die Differenzierung von Täter und Opfer nicht möglich ist. Herakles – so Elfriede Jelinek – hätte die Morde, die „im weitesten Sinne Selbstmorde sind" nie vollbracht. Sie wurden ihm von einer Göttin verhängt.[7] Aber auch er zeigt im Wahnsinn Phänomene, wie sie auch andere Täter zeigen, etwa das von Klaus Theweleit analysierte Lachen der Täter.[8]

Weit über den unmittelbaren Anlassfall hinaus widmet sich Elfriede Jelinek in ihrem Text dem komplexen Thema Wut und der Verbindung von Wut und Gewalt als ein geschichtlich rekurrentes und zugleich vielschichtiges Phänomen, von der griechischen Antike bis zur unmittelbaren Gegenwart, von der Raserei bis zum Wahnsinn, von der Leidenschaft bis zur Zerstörung. Ununterscheidbar hören wir u. a. die Stimmen deutscher Wutbürger, islamistischer Terroristen, antiker Helden, Mörderinnen aus Ruanda, Pegida- und AfD-Anhänger*innen – manchmal wechseln die Wir-Stimmen von einer Gruppe zu einer anderen in einem Satz. Eine ganz besonders wichtige Rolle spielt die Auseinandersetzung mit dem Thema der Religion als Mittel der Instrumentalisierung von Wut und Gewalt,[9] wobei die

---

6 Vgl. dazu Andreas Marneros: Irrsal! Wirrsal! Wahnsinn! Persönlichkeit, Psychose und psychische Konflikte in Tragödien und Mythen. Stuttgart 2013, S. 77–89. Den Titel führt Jelinek im Literaturverzeichnis an.
7 Vgl. Warum Wut, S. 20.
8 Klaus Theweleit: Das Lachen der Täter: Breivik u. a. Psychogramm der Tötungslust. Wien 2015.
9 Vgl. Eine „Theaterverweigerungsmaschine aus dem Geiste Wittgensteins". Matthias Lilienthal im Gespräch mit Christian Schenkermayr. In: Pia Janke und Konstanze Fladischer (Hg.): Jelinek[Jahr]Buch. Elfriede Jelinek-Forschungszentrum 2016–2017. Wien 2017, S. 59–65, hier S. 60.

Provokation Jelineks darin besteht, sprachliche Gemeinsamkeiten zu brisanten Fragen wie Macht und Gewalt zwischen Judentum, Christentum und Islam auszuloten. Literaturhinweise am Ende des Textes verweisen auf weitere Quellen, u. a. von Sigmund Freud, Martin Heidegger, Milo Rau, Klaus Theweleit, die Psalmen Davids.

Die Besonderheit des Textes konstituiert sich nicht zuletzt darin, wie sich die Autorinnenstimme selbst als Teil dieser Welt präsentiert. Wie im oben zitierten Gespräch angesprochen, ist Wut für Jelineks Autorschaft ein zentraler Motor und wird in der Aggression des Schreibakts als poetische Wut, als furor poeticus, produktiv. Schon in einem frühen Text zum Theater, Jelineks Absage an das bürgerliche Repräsentationstheater, heißt es: „Ich schlage sozusagen mit der Axt drein, damit kein Gras mehr wächst, wo meine Figuren hingetreten sind."[10] Auch in *Wut* mischt sich immer wieder eine wütende Ich-Stimme ein, die zwischen Erzählstimme und Autorinnenstimme changiert. Sie bezieht keine eindeutige Position, beklagt aber selbstironisch ihren Furor, den sie mit jenem von Herakles[11] vergleicht:

> Ich habe dauernd Schaum vorm Mund vor Wut, das sollte ich aber nicht, ich werfe meine Wut mir voraus, das sollte ich aber nicht, denn die Abseitigkeit des Denkens bedeutet Fernbleiben vom Heutigen, und was soll ich sonst sagen, worüber soll ich sonst etwas sagen? Was gestern war, habe ich schon vergessen. Ich beginne jetzt zu rasen, es steigt in mir hoch, ich spürs schon, ich habe keine Stimme, die wurde mir bei der letzten Wallfahrt, nein, Wahlfreiheit abgenommen, aber ich habe eine Art Kocher, einen Herd, der mich erhitzt, der mich auflädt, meine Ohren werden gleich ganz rot sein, ist das jetzt bereits menis?, wie man umgangssprachlich auf Griechisch so sagt; ist das der Zorn des Hercules Furens? [...] Ich bin betäubt vor Grauen, daß ich nicht aufhören kann. Ich weiß nicht, wo ich bin, und frage daher: Wo bin ich?[12]

Wut und Orientierungslosigkeit werden hier in ein enges Naheverhältnis gerückt; die Wut macht blind; die Autorin und das von ihr inszenierte – oder eher nur dokumentierte? – Chaos wütender Stimmen stehen in prekärer Verbindung und affizieren in ihrer Blindheit letztlich auch Zuseher*innen und Leser*innen, die sich im Laufe der Rezeption wohl öfter die Frage stellen „Wo bin ich?" Die Autorinnenstimme, wie sie auch in vielen anderen Texten Jelineks auftaucht, gesellt sich damit „zu den Wütenden ins Abseits"; sie reduziert diese nicht auf ein ‚an-

---

[10] Elfriede Jelinek: „Ich schlage sozusagen mit der Axt drein". In: TheaterZeitSchrift 7 (1984), S. 14–16.
[11] Jelinek zitiert im Text *Hercules Furens,* die lateinische Tragödienfassung von Seneca.
[12] Jelinek: Wut, S. 320.

deres' „kulturelles Symbolisches", an dem sie nicht teilnimmt.[13] Diese zumindest *prima vista* fehlende Distanzierung ist ein zentrales Insignium von Jelineks Autorschaft und birgt ein immenses Provokationspotential, wie im Folgenden noch deutlich werden soll: sie ist nämlich Ausweis eines unbequemen Naheverhältnisses zu den vermeintlich Anderen.[14]

3 Konfrontationspoetik

Zentral hierfür ist Jelineks Ästhetik der Polemik, welche die etymologische Grundbedeutung von Polemik als griechisch *polemos*, d.h. Krieg, kongenial umsetzt: In ihren neueren Theatertexten, so auch in *Wut*, prallen vermeintliche Gegensätze aufeinander, und zwar nicht nur inhaltlich, sondern auch formal: Pegida und Charlie Hebdo aufeinander zu beziehen, so betont schon Matthias Lilienthal, ist „eine polemische Behauptung und Setzung".[15] Ein Effekt dieser Konfrontationen ist der Aufweis bestürzender Parallelen: Jede Religion, jede Kultur ist mörderisch und gewalttätig. Zugleich aber wird ihnen in der Unterschiede tilgenden Konfrontation von ‚Hohem' und ‚Niederem' ihre höhere Dignität in Abrede gestellt. Dies erreicht Jelinek vor allem durch formale Kollisionen: Kalauer, Gebet und hoher Ton stürzen ineinander, so schon im Untertitel des Stücks: Der hohe Ton des Epos, der Diminutiv Elfi, die doppelte Verkleinerung „kleines Epos, kleiner haben". Man kann sich fragen: Was macht das Epos auf dem Theater? Das Spiel mit dem Pathos, aus dem der Witz entsteht, generiert der Titel schon durch die Kombination von Epos und der inkludierten Gegenrede. Dabei verknüpft Jelinek die ‚hohe' Tradition des griechischen Epos und – wenn wir bei der Theater-Tradition bleiben – die ‚niedere' Komik des Wiener Volkstheaters eines Johann Nestroy. Nicht nur in der literarischen Tradition pflegen die Österreicher*innen eine besondere Vorliebe für Diminutive. Roland Koberg und Verena Mayer haben Jelineks literarische Verfahren treffend in der austriazistischen Tradition des „Schmähführens", der „Wiener Kulturtechnik des Sich-Unangreifbar-Machens" verortet:

> Verachtung drückt sich in Komplimenten aus, Angriffe werden durch Selbsterniedrigung unterlaufen. Worüber man selbst redet, darüber müssen die anderen schweigen. Schmäh-

---

13 Vgl. Nicolai Busch: Kein Raum für Verhandlung. Elfriede Jelineks Theatertext *Wut*. In: Monika Szczepaniak, Agnieszka Jezierska und Pia Janke (Hg.): Jelineks Räume. Wien 2017, S. 151–164, hier S. 161. Der Autor bezieht sich dabei auch auf den Titel von Jelineks Nobelpreisrede *Im Abseits*.
14 Vgl. hierzu auch den Beitrag von Konstanze Fliedl im vorliegenden Band.
15 Lilienthal, S. 60.

führen bedeutet Autoritätsgewinn durch Witz und Zeitgewinn durch Lavieren. Worauf die Gedanken hinauslaufen und ob sie überhaupt auf etwas hinauslaufen, ist unwichtig, es geht darum, dass ‚der Schmäh rennt', wie es in Wien so schön heißt. Der Schmäh ist der Wiener Walzer der Sprache, sein Sinn ist es, sich möglichst elegant um sich selbst zu drehen."[16]

Elfriede Jelinek beherrscht die sprachlichen Traditionen des Wiener Volkstheaters ebenso wie die Sprachkritik von Karl Kraus oder Ludwig Wittgenstein. Die Technik der „babylonischen Praxis"[17] macht es ihr möglich, mehrere Sprachebenen palimpsestisch ineinander und übereinander zu schieben. Das Provokationspotential des Textes besteht damit zum einen darin, das ‚hohe' Pathos der dargestellten Ideologien zu konterkarieren; wichtiger für die folgenden Ausführungen wird aber noch ein anderer Effekt sein: nämlich die Etablierung eines unbequemen Naheverhältnisses von scheinbar fernen Gesellschaften zu unserer eigenen Gegenwart, wie es in der Konfrontation der antiken Tragödie mit der aktuellen Zeitgeschichte exponiert wird. Nicht Mimesis, also Nachahmung der Attentate im Medium der Sprache ist Elfriede Jelineks Interesse, sondern die polemische Bloßstellung ideologischen Sprechens.

4 Vaterlosigkeit und Bildverbot

Jelineks besonderes Interesse am Stoff der Tragödie gilt dem Aspekt des fehlenden Vaters und der Gewalt – hier sieht sie einen Zusammenhang zum zeitgenössischen Terrorismus. Als Konstante in *Wut* wird wiederholt die Beziehung von Vater und Sohn thematisiert und mit dem Verhältnis des Menschen zu Gott verknüpft. Vaterlose Söhne suchen nach einer ordnungsgebenden Instanz und finden sie in einer vermeintlich höheren Instanz oder Ideologie. Tatsächlich sind viele der fundamentalistischen Täter des IS, aber z. B. auch Anders Behring Breivik, ohne Väter aufgewachsen.[18]

> Anspruch auf einen Vater hat jeder, doch nicht jeder hat auch einen. [...] Er kann das alles aber selbstverständlich auch an eine Instanz delegieren, welche die Unerbittlichkeit des Gesetzes bestärken soll, das wird oft und gern getan, denken Sie nur an Ödipus, was bitte hätte der ohne ein Gesetz alles machen können! [...]

---

16 Verena Mayer und Roland Koberg: Elfriede Jelinek. Ein Porträt. Reinbek bei Hamburg 2007, S. 259.
17 Juliane Vogel: Intertextualität. In: Pia Janke (Hg.): Jelinek-Handbuch. Stuttgart/Weimar 2013, S. 47–55, hier S. 51.
18 Vgl. Theweleit.

> Die Christen und die Juden tragen das Gesicht unseres Vaters, was ihnen nicht zusteht. [...] Wir haben einen Vater ganz ohne Gesicht, also kann es jeder sein. [...]
>
> So, Sie werden gleich getötet, müssen getötet werden, anders werden wir Ihrer nicht Herr, und einer muß diese Lücke füllen. Kein Vater – also wir haben keinen. [...] Da ist ein Loch, wo eigentlich der Vater sein sollte. Vater unser, der du bist. Unser Vater wäre wie Herakles gewesen, gern sogar Herakles selbst: durch nichts aufzuhalten.[19]

Elfriede Jelinek bezieht sich auf psychoanalytische Theorien, die die Lösung der ödipalen Problematik durch die Einsetzung des Inzesttabus und das Verbot des Vatermordes gelöst sehen. Freuds Religionstheorie baut auf der Parallele zwischen Gott und Vater auf, doch Allah ist kein Vater, auch kein symbolischer Vater, denn er hat kein Gesicht. „Mit dem Islam ist es nicht mehr möglich" –, so Slavoj Žižek in seinem Essay *Blasphemische Gedanken. Islam und Moderne* – „eine Gemeinschaft nach Art von *Totem und Tabu* zu begründen, durch die Ermordung des Vaters und die anschließende Schuld, die die Brüder zusammenbringt – daher rührt die unerwartete Aktualität des Islam."[20] Žižek führt weiter aus, dass das hierarchische Verhältnis der Geschlechter zur Voraussetzung der Religion gehört und zu hinterfragen wäre, ob der Schleier nicht deshalb ein Skandal ist, weil es nicht so sehr um den verborgenen Körper, sondern vielmehr um die Nichtexistenz des Weiblichen geht.[21] Den muslimischen Fundamentalisten fehle die Überzeugung der eigenen Überlegenheit. Ihr Glaube müsse sehr anfällig sein, wenn er sich von einer satirischen Karikatur bedroht fühle.[22]

Die Täter versuchen dieser Lesart zufolge im Töten ihre fragmentierte Identität wiederherzustellen. Dass aber dem Bildverbot des Islam paradoxerweise die virtuelle Speicherung und Übertragung der Tötungen zur Seite steht, ermöglicht erst den ideologischen Erfolg der Anschläge und zeigt, dass der Terror nur als medial und digital vermittelter Terror funktioniert. Das ‚westliche' Internet und seine sogenannten Social-Media-Kanäle sind für den islamistischen Terror ebenso wichtig wie für den rechtspopulistischen Fundamentalismus.

5 Katharsis?

Die texuelle Faktur der Jelinek'schen Texte hat zu unterschiedlichen Einschätzungen bezüglich der Möglichkeiten von Katharsis geführt; auch Jelinek selbst

---

19 Jelinek: Wut, S. 336–339.
20 Slavoj Žižek: Blasphemische Gedanken. Islam und Moderne. Berlin 2015, S. 37.
21 Žižek, S. 60.
22 Žižek, S. 14.

attestiert ihrem wutgenerierten „manische[n] Sprechen"²³ nur eine sehr begrenzte Effektivität. In einem Text mit dem vielsagenden Titel *Sprech-Wut (ein Vorhaben)*, der während ihrer Arbeit am ‚Sekundärdrama' *Ulrike Maria Stuart* entsteht, schreibt Jelinek, dass sie an den Dramen Schillers, insbesondere an *Maria Stuart*, die Sprech-Wut der Personen interessiere: „Ich will ihnen sofort meine eigene Wut dazulegen, es ist ja, als warten sie nur darauf, immer noch mehr Wut aufzusaugen."²⁴ Doch sei all dieses Reden letztlich „umsonst":

> Es wird geredet und geredet in meinen Theater-Vorstellungen. Es wird nichts als geredet, und die Redenden warten sofort, kaum haben sie ausgesprochen (nicht: sich ausgesprochen), darauf, daß noch mehr Rede ankommt, die sie gleich weitergeben können. Was sollte auch sonst kommen? Sie haben ja nichts zu erwarten. Sie bestehen ja nur aus Sprechen, diese Menschenblasen. [...] Sie reden aber auch um ihr Schweigen, diese Figuren, sie schweigen nur selten. Daher sind sie lebende Tote. Sie haben umsonst um ihr Leben geredet. Das Reden ist umsonst wie das Schweigen. Es ist egal."²⁵

Benjamin von Blomberg, der Dramaturg der Uraufführung von *Wut*, sieht in Jelineks Text produktive Wirkungsmöglichkeiten für das zeitgenössische Theater:

> Vergegenwärtigt sei der offenkundige Umstand: Elfriede Jelineks ‚Wut' ist Nachbildung. Ist Sprachwut und nicht Wiederholung eines Attentats. Sie stiftet symbolische Akte, ein Als ob, Sublimierung. Beabsichtigter Effekt ihres verbalen Amoklaufs dürfte Katharsis sein. Bei aller Schockstarre: Jelinek dokumentiert, Theater könnte das können.²⁶

Für den Regisseur Nicolas Stemann hingegen geht es vielmehr darum, das „Unfassbare dieser Taten" herauszustellen, „das völlig Absurde". Es gehe „[u]m das Abstruse der Religion, die als Ausrede hierfür herangezogen wird. Um die zerstörerische Dynamik der Wut."²⁷ Er halte wenig von einem Theater, das Wut und Aggression produziert und bemühe sich um „Sublimierung, Ausleben im Spiel. Die zerstörerischen Triebe zu einer Kraftquelle zu machen, zu einem Ort der Erkenntnis. Das kann im Theater tatsächlich funktionieren. Darum geht es."²⁸

---

23 Elfriede Jelinek: Sprech-Wut (ein Vorhaben). In: Literaturen special 1–2/2005, S. 12–15, hier S. 12.
24 Jelinek: Sprech-Wut, S. 12.
25 Jelinek: Sprech-Wut, S. 15.
26 Benjamin von Blomberg: Zu diesem Heft. In: Programmheft der Münchner Kammerspiele, S. 5.
27 Nicolas Stemann und Benjamin von Blomberg: Eine Portion Vernunft bitte! Nicolas Stemann und Benjamin von Blomberg im Gespräch. In: Programmheft der Münchner Kammerspiele, S. 6–15, S. 11.
28 Stemann und Blomberg, S. 15.

Kann der „verbale[ ] Amoklauf[ ]" den Theaterbesucher*innen tatsächlich einen Effekt der Katharsis durch Mitleid und Furcht, Rührung und Schrecken ermöglichen, wenn es im Drama gar keine Mimesis und geschlossene Handlung mehr gibt?[29] Wie ist ein Begriff aus der aristotelischen Tragödientheorie im 21. Jahrhundert zu interpretieren? Und gibt es überhaupt noch Zuschauer, die dafür empfänglich sind?[30] Bereits bei Aristoteles ist der Schauder (*eleos*) eng an die Identifikation des Zuschauers mit der dramatischen Figur geknüpft. Aber wenn es keine identifizierbaren Bühnenfiguren mehr gibt, wie kann sich diese dann einstellen?[31] In Jelineks Vorrede zu *Ulrike Maria Stuart* heißt es über die von ihr selbst so genannten „Textflächen": „die berühmten, mir inzwischen längst lästigen Sprachflächen [sind] Produkte von Ideologie. Das muß also so inszeniert werden, daß die Figuren quasi neben sich selbst herlaufen, daß eine Differenz erzeugt wird, und zwar von ihnen selbst."[32] Da Elfriede Jelineks Sprach-Theater mithin gegen jede Identifikation gerichtet ist, kann der Begriff Katharsis wohl nur als modifizierter Begriff ins Spiel gebracht werden.

Teresa Kovacs hat in ihrer Arbeit die Wirksamkeit von Elfriede Jelineks Dramen mit dem auch für *Wut* sehr geeigneten Begriff der ‚Störung' beschrieben. Für sie ist mit „Störung eine sehr intensive und nachhaltige Irritation gemeint, die über andere Formen des Aufmerksam-Machens – wie etwa den Schock – hinausgeht und die ein langfristiges Einwirken auf bestehende Systeme und Modelle meint."[33] Konstitutiv hierfür ist nun gerade, so meine ich, die eminente Offenheit der Jelinek'schen postdramatischen Texte. Sowohl die Sprecher*innen sind unbestimmt, ebenso Raum, Zeit, Örtlichkeit und Sprechsituation. Juliane Vogel bezeichnet Elfriede Jelineks „intertextuelle Praxis als eine babylonische Praxis [...],

---

29 Vgl. Theo Girshausen: Katharsis. In: Erika Fischer-Lichte, Doris Kolesch und Matthias Warstat (Hg.): Metzler Lexikon Theatertheorie. Stuttgart ²2014, S. 174–181.
30 Matthias Warstat: Katharsis heute: Gegenwartstheater und emotionaler Stil. In: Martin Vöhler und Dirck Linck (Hg.): Grenzen der Katharsis in den modernen Künsten. Transformationen des aristotelischen Modells seit Bernays, Nietzsche und Freud. Berlin 2009, S. 349–365, hier S. 352.
31 Matthias Warstat zum Beispiel argumentiert, dass kathartische Momente durch eine Verlängerung der performativen Probensituation in die Aufführung hinein ermöglicht werden könnten, indem sich die Zuschauer*innen in die*den Schauspieler*in statt in eine dramatische Figur versetzen. Vgl. Warstat, S. 352.
32 Elfriede Jelinek: Das schweigende Mädchen. Ulrike Maria Stuart. Zwei Theaterstücke. Hamburg 2015, S. 9 f. Vgl. auch Elfriede Jelinek: Textflächen. http://www.elfriedejelinek.com (letzter Zugriff: 13. Dezember 2020). Die Exponierung von Ideologie ist eine Konstante in Jelineks Schaffen; vgl. hierzu bereits Christa Gürtler (Hg.): Gegen den schönen Schein: Texte zu Elfriede Jelinek. Frankfurt a. M. 1990.
33 Teresa Kovacs: Drama als Störung. Elfriede Jelineks Konzept des Sekundärdramas. Bielefeld 2016, S. 22.

die in teils bewusstem, teils unbewusstem Verzicht auf auktoriale Subjektivität das ‚Dunkel der vielen Stimmen' zur Sprache bringt." In der undurchdringlichen und unbeherrschten „Stimmenvielfalt" verliert sich „die Stimme der Autorin" ebenso „wie die Fiktion souveräner und präsentischer Autorschaft." Diese Stimmenvielfalt stellt eine nicht mehr unterscheidbare Verknüpfung von eigenen und fremden Textelementen her und macht Text- und Werkgrenzen durchlässig.[34] Mit ihrer ‚babylonischen Praxis' verabschiedet Jelinek jegliche Sinngebung und Ordnungsfunktion; gerade durch diese ‚Leerstellen' jedoch aktivieren die Texte Sinngebungsversuche auf Seiten der Rezipient*innen.[35] Gerade die ungeordnete ‚Blindheit', die reale Effektlosigkeit von (fiktionaler) Rede wird zur Chance, denn sie schafft einen Freiraum, der für die Rezipient*innen zündend werden kann. Mit ihren Leser*innen und Theaterbesucher*innen teilt Jelinek die Ratlosigkeit und spiegelt sie über die ästhetische Gestaltung zurück, ermutigt zum Nachdenken und Weiterdenken. Paradigmatisch zeigt sich das an den Inszenierungen und den darin zum Ausdruck kommenden, ganz unterschiedlichen Auffassungen über den Charakter ihrer Stücke, wie sie oben schon anklangen.

Jelineks auf den ersten Blick paradox erscheinender Erfolg – sie ist die meistgespielte und erfolgreichste deutschsprachige Gegenwartsdramatikerin und das nicht erst seit der Verleihung des Nobelpreises 2004 – scheint gerade in dieser Offenheit zu gründen. Weil jede Realisierung nur Textfragmente zur Aufführung bringen kann und erst in der konkreten Inszenierung die Regie den Text auswählt und auf Figuren verteilt, kann das Theaterstück auch völlig gegen die präsupponierte Intention der Autorin aufgeführt werden. Deshalb wird die Aufführung zum einzigartigen Erlebnis, weil je nach Inszenierung ganz verschiedene Stücke gespielt werden:

> Figuren treten auf, ich habe sie mir nicht ausgedacht, bei mir muß immer ein andrer sie erschaffen, ein Regisseur, eine Regisseurin, ich gebe nur mein Chaos her, meine beliebigen Erfindungen, ziemlich ungeordnet, nicht einmal Wichtiges wird vom Unwichtigen getrennt, ein ordentliches Chaos hat das nun mal an sich, [...] Das Theater zerteilt das Chaos, indem es das Ungeordnete irgendwelchen Personen zuteilt. Meine Vorstellung von Ordnung schaut sowieso anders aus. [...] Es klafft auf, das Chaos, und spuckt etwas aus, aber Menschen sind es nie. Es ist Sprechen und aus.[36]

---

[34] Vogel, S. 50f.
[35] Zur Theoretisierung dieses Zusammenhangs vgl. Umberto Eco: Das offene Kunstwerk. Frankfurt a. M. ⁹2002.
[36] Elfriede Jelinek: Es ist Sprechen und aus. http://www.elfriedejelinek.com (letzter Zugriff: 10. November 2020).

Was Jelineks Texte als Sprechtexte markiert ist das Tempus, in der Regel nämlich Präsens und Perfekt. Ein Dialog ist zwischen den Figuren unmöglich, die Figuren sprechen vor sich hin und nebeneinander her. Die Prosatextflächen generieren Monologe, die verschiedene Schauspieler*innen sprechen können, sie sprechen nicht miteinander, sondern widersprechen sich häufig.

Ein ständiger performativer Dialog findet dagegen im Theaterraum statt, nämlich zwischen den Schauspieler*innen und dem Publikum, das wiederholt angesprochen wird im chorischen Chaos der vielen Ich-Stimmen, nicht zuletzt durch die Autorinnen-Stimme. Die Sprech-Wut wird im Theater zur An-Sprache und An-Klage. Es ist deshalb nur konsequent, wenn Regisseur*innen in der Umsetzung auch das Publikum aktiv mit einbeziehen, wie beispielsweise im Rahmen der Uraufführung von *Wut*. Drei Zuschauer*innen werden dort in einer Art Geiselnahme auf die Hinterbühne entführt.[37] In dieser direkten Miteinbeziehung ereignen sich dann doch immer wieder Momente der Partizipation, die Effekte der Katharsis befördern kann, also eine auch emotionale Involvierung, nicht zuletzt durch ein Element der Verunsicherung, der Irritation von Selbstgewissheit.

6 WUT (kleines Epos. Geh bitte, Elfi, hast dus nicht etwas kleiner?)

So, jetzt werfe ich den Stein, darauf habe ich mich so lange schon gefreut, ich darf das, ich darf ein politisches Drama schreiben, auch wenn es nicht dramatisch ist, auch wenn Sie weder Politik, na, die vielleicht schon, aber definitiv kein Drama hier finden werden, ich sollte das Innere der Figuren beschreiben, warum sie das gemacht haben, nicht wahr, warum und wie viele, dort wasche ich nicht meine, sondern Ihre Hände und stelle mir vor, daß ich die Stadt von einem Stier, nein, besser noch von all den Schauerböcken, meinetwegen auch vom Bären, mit dem es derzeit aber nicht besonders aufwärtsgeht, oder?, befreit habe, die sie bevölkern und bewölken, was bin ich schon dagegen, ein Nichts! Und die Gefilde meines Wirkens habe ich mir alle selber zugeteilt, ich sage wir, aber ich bin es nicht, ich bin die alle nicht, ich bin auch die Flüchtlinge nicht, die da sprechen, wie könnte ich denn ein Flüchtling sein, wo ich doch nicht mal ins Kino oder ins Theater oder in ein nettes Restaurant flüchten kann!, wie kann ich mich in diese Leute hineinversetzen, in diese Mörder? Ich kann es nicht und tue es nicht. Ihr Inneres verstehe ich nicht, ihr Äußeres sehe ich nicht, obwohl es oft im Fernsehn war und ich nur sehe, was dort stattfindet. Das Äußerste kann das Innerste sein, aber das Innerste sieht man eben nicht, ich habe das schon öfter irgendwo erwähnt, glaube ich. Sie wollen das Innerste der Menschen von mir, aber wie soll ich das kennen? Sie wollen richtige Menschen von mir? Dann müssen Sie sich an jemand anderen wenden! Ich bin si-

---

37 Vgl. Lilienthal, S. 60 f. Lilienthal spricht über den für ihn wichtigen Teil der Inszenierung, dass nämlich die Stürmung des Musical Theaters in Moskau zum Bühnenbild-Grundgedanken gemacht und drei Zuschauer auf die Hinterbühne entführt wurden.

cher, daß Sie das von mir schon öfter gehört haben. Alles haben Sie sich von mir schon anhören müssen. Es hat aber nicht weh getan, oder? Also Ihnen würde ich zuallerletzt weh tun wollen!" [38]

Elfriede Jelinek reflektiert nicht nur in ihren Essays ihre Theorie des postdramatischen Theaters, sondern auch in ihren ‚Textflächen'. Interventionen wie die zitierte Passage finden sich häufig, in den vergangenen Jahren beklagt sie immer öfter die Wirkungslosigkeit der Institution Theater. Die Passage beginnt aggressiv, „jetzt werfe ich den Stein", die Ich-Stimme grenzt sich vom klassischen Drama ab und spricht sich gegen die psychologische Gestaltung von Figuren aus. Ihr bleibe sowohl das Innere der Figuren fremd als auch das Äußere, weil sie ja die Wirklichkeit nur medial vermittelt wahrnehme. Diese Perspektive teilt ‚die Autorin' mit den Theaterbesuchern. Die Ich-Stimme schwankt zwischen Selbstvergewisserung – „die Gefilde meines Wirkens habe ich mir alle selber zugeteilt" – und dem Bekenntnis, „was bin ich schon dagegen, ein Nichts". Selbstironisch endet der Absatz in der Ansage „Also Ihnen würde ich zuallerletzt weh tun wollen!"

Der Satz „[s]o, jetzt werfe ich den Stein, darauf habe ich mich so lange schon gefreut, ich darf das" verweist auf den wichtigsten Referenztext von *Wut*, auf *Der Wahnsinn des Herakles:* Er bezieht sich auf die Tat von Pallas Athene, die eine der Gewalt gerade entgegengesetzte Motivation aufweist: ihr Steinwurf unterbricht den Wut-Exzess von Herakles.[39] Eine solche ‚unterbrechende' Intention kann auch Jelineks Texten unterstellt werden: Ihr unablässiges Sprechen verunmöglicht eine klare Positionierung, erschöpft in der Überforderung und produziert nicht zuletzt Komik als Kehrseite dieser spezifisch Jelinek'schen Art von Katharsis.

Die Inszenierung von Nicolas Stemann setzt dies kongenial um: das islamistische Bilderverbot kontert seine Inszenierung mit einer Bilderfülle. Zentrale Objekte auf der Bühne sind Medien, Telefon, Video, Tablet, Smart-Phone etc. Es wird geredet und geredet über griechische Götter, über den christlichen Gott, über Allah und den Propheten, von dem man sich kein Bild machen darf, weshalb die Mohammed-Karikaturen in Europa Stein des Anstoßes wurden. Lustvoll und trashig macht sich Stemann über alle Götter lustig. Eine „Kammerparty" mit allen Gottheiten erregte die größte Aufmerksamkeit, es treten auf Jesus am Kreuz und

---

38 Jelinek: Wut, S. 354.
39 Silke Felber bezieht sich in ihrer Analyse von *Wut* auf eine Lesart René Girards, der als Schlüsselmoment dieser Tragödie die Krise des Opferkults sieht. Die Heldentaten erweisen sich als so gewalttätig, dass das Opfer sie nicht mehr sühnen kann. Die Absage an das Opfer entfacht weitere Gewaltexzesse, die sich im Prinzip der Klage widerspiegeln. Vgl. Silke Felber: Im Namen des Vaters. Herakles' Erbe und Elfriede Jelineks *Wut*. In: Pia Janke und Konstanze Fladischer (Hg.): Jelinek[Jahr]Buch. Elfriede Jelinek-Forschungszentrum 2016–2017. Wien 2017, S. 43–58, hier S. 48 f.

Karikaturen von Buddha, Ganesha, Zeus, ein Weihnachtsmann und das Spaghettimonster. Zur Sprache kommen die terroristischen Diskurse ebenso wie die abendländischen Gewaltdiskurse, ununterscheidbar ist, ob der Kolonialismus in Form seines Erbes die heutige Misere grundiert – Text und Inszenierung verweigern eindeutige Antworten.[40] Sieben Schauspieler*innen sprechen und spielen Szenen aus dem Text, der Abend dauert rund dreieinhalb Stunden, der Regisseur steht auf der Bühne, kommentiert immer wieder und gibt bekannt, auf welcher Seite des Textes man sich gerade befindet. Nur ein Bruchteil des Textes wird gesprochen.

Chaos und Bilderfülle werden als Provokation erlebt, verstören nach wie vor die Erwartungshaltung an das Theater.[41] Katja Kullmann erkennt gerade in dieser Verweigerung einer kathartischen ‚Reinigung' das nachhaltige, nachhallende Provokationspotential von *Wut*: „Eben dafür ist Elfriede Jelinek zu verehren: Statt sich eine elfenbeintürmelnde Großdiagnose auszuschwitzen, lässt sie souverän dem Hier und Heute den Vorrang und fügt das Gehörte und Gesehene, noch während es geschieht, zu einem Wahnsinnstext zusammen, der einen exakt so beunruhigt in den späten Abend entlässt, wie es die Gegenwart erfordert."[42]

Literaturverzeichnis

Blomberg, Benjamin von: Zu diesem Heft. In: Programmheft der Münchner Kammerspiele. München 2016, S. 5.

Busch, Nicolai: Kein Raum für Verhandlung. Elfriede Jelineks Theatertext *Wut*. In: Monika Szczepaniak, Agnieszka Jezierska und Pia Janke (Hg.): Jelineks Räume. Wien 2017, S. 151–164.

Eco, Umberto: Das offene Kunstwerk. Frankfurt a. M. 2002.

Euripides: Der Wahnsinn des Herakles. In: Euripides: Sämtliche Tragödien und Fragmente. Band 3. Übersetzt von Ernst Buschor. Hg. v. Gustav Adolf Seeck. München 1972.

---

40 Vgl. Milo Rau: Je suis Charlie, also bin ich. In: Tagesanzeiger, 16. Januar 2015. Für Rau ist die Reaktion auf den Anschlag „zynischer Humanismus": „Man bombardiert die muslimische Welt mit Drohnen, und gleichzeitig ist man schockiert, wenn in Paris siebzehn Menschen sterben. Der Kolonialismus, von dem Coulibaly im Video spricht, ist eine Realität. [...] Die Attentate] wurzeln in der Biografie der Täter, aber auch in den Widersprüchen des Westens."

41 Die meisten Kritiker*innen reagieren eher ablehnend. Eine Übersicht über die Kritiken dieser Inszenierung findet sich unter https://www.nachtkritik.de/index.php?option=com_content&view=article&id=12414:wut-nicolas-stemanns-erste-jelinek-urauffuehrung-an-den-muenchner-kammerspielen-geizt-nicht-mit-ideen-und-schauspielereinsatz-bleibt-aber-von-bescheidenem-erkenntnisgewinn&catid=99:muenchner-kammerspiele&Itemid=100190 (letzter Zugriff: 30. Juni 2020).

42 Katja Kullmann: Der volle Furor in Echtzeit. In: Der Freitag 17/2016.

Felber, Silke: Im Namen des Vaters. Herakles' Erbe und Elfriede Jelineks *Wut*. In: Pia Janke und Konstanze Fladischer (Hg.): Jelinek[Jahr]Buch. Elfriede Jelinek-Forschungszentrum 2016–2017. Wien 2017, S. 43–58.
Girshausen, Theo: Katharsis. In: Erika Fischer-Lichte, Doris Kolesch und Matthias Warstat (Hg.): Metzler Lexikon Theatertheorie. Stuttgart 2014, S. 174–181.
Gürtler, Christa (Hg.): Gegen den schönen Schein: Texte zu Elfriede Jelinek. Frankfurt a. M. 1990.
Jelinek, Elfriede: Wut (kleines Epos. Geh bitte, Elfi, hast dus nicht etwas kleiner?). In: Theater heute 6/2016, Beilage.
Jelinek, Elfriede: „Ich schlage sozusagen mit der Axt drein". In: TheaterZeitSchrift 7 (1984), S. 14–16.
Jelinek, Elfriede: Sprech-Wut (ein Vorhaben). In: Literaturen special 1–2 (2005), S. 12–15.
Jelinek, Elfriede: Es ist Sprechen und aus. http://www.elfriedejelinek.com (letzter Zugriff: 10. November 2020).
Jelinek, Elfriede: Textflächen. http://www.elfriedejelinek.com (letzter Zugriff: 10. November 2020).
Jelinek, Elfriede: Das schweigende Mädchen. Ulrike Maria Stuart. Zwei Theaterstücke. Hamburg 2015.
Jelinek, Elfriede: Die Schutzbefohlenen. Wut. Unseres. Reinbek bei Hamburg 2018.
Kovacs, Teresa: Drama als Störung. Elfriede Jelineks Konzept des Sekundärdramas. Bielefeld 2016.
Kullmann, Katja: Der volle Furor in Echtzeit. In: Der Freitag 17/2016.
Lilienthal, Matthias: Eine „Theaterverweigerungsmaschine aus dem Geiste Wittgensteins". Matthias Lilienthal im Gespräch mit Christian Schenkermayr. In: Pia Janke und Konstanze Fladischer (Hg.): Jelinek[Jahr]Buch. Elfriede Jelinek-Forschungszentrum 2016–2017. Wien 2017, S. 59–65.
Marneros, Andreas: Irrsal! Wirrsal! Wahnsinn! Persönlichkeit, Psychose und psychische Konflikte in Tragödien und Mythen. Stuttgart 2013, S. 77–89.
Mayer Verena und Koberg, Roland: Elfriede Jelinek. Ein Porträt. Reinbek bei Hamburg 2007, S. 259.
N.N.: Wut – Nicolas Stemanns erste Jelinek-Uraufführung an den Münchner Kammerspielen. https://www.nachtkritik.de/index.php?option=com_content&view=article&id=12414:wut-nicolas-stemanns-erste-jelinek-urauffuehrung-an-den-muenchner-kammerspielen-geizt-nicht-mit-ideen-und-schauspielereinsatz-bleibt-aber-von-bescheidenem-erkenntnisgewinn&catid=99:muenchner-kammerspiele&Itemid=100190 (letzter Zugriff: 30. Juni 2020).
Rau, Milo: Je suis Charlie, also bin ich. In: Tagesanzeiger, 16. Januar 2015.
Stemann, Nicolas und Blomberg, Benjamin von: Eine Portion Vernunft bitte! Nicolas Stemann und Benjamin von Blomberg im Gespräch. In: Programmheft der Münchner Kammerspiele. München 2016, S. 6–15.
Theweleit, Klaus: Das Lachen der Täter: Breivik u. a. Psychogramm der Tötungslust. Wien 2015.
Vogel, Juliane: Intertextualität. In: Pia Janke (Hg.): Jelinek-Handbuch. Stuttgart/Weimar 2013, S. 47–55.
Warstat, Matthias: Katharsis heute: Gegenwartstheater und emotionaler Stil. In: Martin Vöhler und Dirck Linck (Hg.): Grenzen der Katharsis in den modernen Künsten. Transformationen des aristotelischen Modells seit Bernays, Nietzsche und Freud. Berlin 2009, S. 349–365.

Warum Wut? Die Schauspielerinnen Zeynep Bozbay, Annette Paulmann und Julia Rieder im
 Gespräch mit Elfriede Jelinek. In: Programmheft der Münchner Kammerspiele. München
 2016, S. 16–21.
Žižek, Slavoj: Blasphemische Gedanken. Islam und Moderne. Berlin 2015.

II **Angreifende Autorschaft**

Anne Fleig
Das Drama der Autorin. Elfriede Jelineks essayistische Positionierungen zum Theater

„Ich will kein Theater, ich will ein anderes Theater"[1] – Jelineks bekannte, programmatische Ansage aus dem Jahr 1989 hat ihre Gültigkeit bis heute nicht verloren. Zwar hat sich das bürgerliche Sprech- und Illusionstheater mit der Durchsetzung des postdramatischen Theaters seit den neunziger Jahren grundlegend geändert, doch hat sich Jelinek als Autorin auch immer wieder neu zu ihm positioniert. Ihr künstlerisches Schaffen hat den theaterhistorischen Prozess auf vielfache Weise befördert und ihn gleichwohl kritisch kommentiert. Keine andere Autorin hat die Institution Theater so stark beeindruckt und verstört[2], herausgefordert, provoziert und verändert.

Jelineks Stellungnahmen und Positionierungen zum Theater manifestieren sich nicht nur in ihren dramatischen Texten, sie sind vor allem Teil ihres umfangreichen essayistischen Werks, das aktuell rund 800 Texte umfasst.[3] Jelinek hat ihr literarisches Schaffen und insbesondere ihre Arbeiten für das Theater kontinuierlich durch essayistische Texte begleitet. Die Essays können als Vorbereitung, Erprobung und Kommentar ihres Œuvres verstanden werden. Sie lassen sich davon nicht trennen, sondern sind auf spezifische Weise Teil davon: Es ist gerade die Mehrstimmigkeit von Jelineks Schreiben, die sowohl intertextuelle, gattungsüberschreitende Bezugnahmen als auch Abstand und Kritik ermöglicht. Jelineks Essays sind produktiv auf die Rezeption des eigenen Werks bezogen und schaffen eine spielerische Verbindung zwischen literarischem Text und öffentlichem Raum. Der Bezug auf die Rezeption korrespondiert mit der Reflexion der eigenen Autorschaft und mit der Herausbildung der Kunstfigur der ‚Autorin' Elfriede Jelinek, die ebenfalls zwischen Fiktion und Öffentlichkeit zu vermitteln scheint.

---

[1] So lautet die Überschrift des Interviews von Anke Roeder mit Elfriede Jelinek. In: Anke Roeder (Hg.): Autorinnen: Herausforderungen an das Theater. Frankfurt a.M. 1989, S. 141–157. Diese Überschrift kombiniert Zitate aus dem Interview; vgl. Roeder, S. 153 und S. 156, zitiert aber auch Jelineks Essay *Ich möchte seicht sein*.
[2] Teresa Kovacs spricht in ihrer Dissertation vom Drama als Störung. Vgl. Teresa Kovacs: Drama als Störung. Elfriede Jelineks Konzept des Sekundärdramas. Bielefeld 2016.
[3] Mündliche Auskunft von Pia Janke am Dahlem Humanities Center (Freie Universität Berlin) vom 20. Mai 2021. Zehn Jahre zuvor hat das Jelinek Forschungszentrum in Wien die Zahl der Essays noch auf gut 500 geschätzt. Vgl. Peter Clar: Einleitung: Elfriede Jelineks essayistische Texte. In: Jelinek[Jahr]Buch (2011), S. 69–77, hier S. 70.

https://doi.org/10.1515/9783110742435-006

Während die Forschung zu Jelineks Essays noch in den Anfängen steckt[4], ist das Thema der Autorschaft ebenso wie die Auseinandersetzung mit der Kunstfigur Elfriede Jelinek in den letzten Jahren vermehrt ins Blickfeld der Jelinek-Forschung gerückt.[5] Gründe hierfür sind zum einen die literaturwissenschaftliche Diskussion um die Rückkehr des Autors und die Kritik an der Postmoderne sowie die Revision des postdramatischen Theaters[6]; zum anderen Jelineks eigene Auseinandersetzung mit diesen Diskursen und deren Effekten in der Rezeption ihrer Texte, die insgesamt zu einer verstärkten Reflexion von Autorschaft in ihrem Werk geführt hat.[7]

Schon seit den 1990er Jahren lässt sich eine vermehrte Auseinandersetzung der Autorin mit Fragen der Rezeption beobachten, die sich nicht zuletzt auf die immer wieder neuen (Ur)aufführungen ihrer Theatertexte auf den großen deutschsprachigen Bühnen zurückführen lässt. Dies gilt für ihre essayistischen Texte ebenso wie für ihre Autorschafts-Inszenierung. Auch die Einrichtung ihrer Homepage 1996 hat zweifellos dazu beigetragen, fungiert sie doch selbst als Medium der Grenze zwischen Literatur und Öffentlichkeit. Sie markiert dadurch die auktoriale An- und Abwesenheit der Autorin, die der Mehrstimmigkeit ihres Schreibens zugrunde liegt. Bezogen auf die Essays unterstreicht die Homepage, dass sie Teil des Werks sind, indem sie dort offensichtlich neben anderen Texten der Autorin stehen. Über ihre Homepage macht Jelinek die Essays darüber hinaus der Forschung und der interessierten Öffentlichkeit zugänglich[8]; sie bildet damit einen weiteren Bestandteil von Jelineks Positionierungen im literarischen Feld.

Im Folgenden möchte ich anhand von Jelineks theatertheoretischen Essays der Frage nachgehen, wie Jelineks Inszenierung und Reflexion der eigenen Autorschaft mit ihren Positionierungen zum Theater zusammenhängt und wie sich

---

4 Die erste Monographie zu Jelineks essayistischem Werk hat Sarah Neelsen vorgelegt. Ihre Studie beruht auf über 300 Essays, die zwischen 1967 und 2010 erschienen sind. Sie leistet damit Grundlagenarbeit im doppelten Sinne, weil sie das Material erstmals systematisch erschließt und durch ihre umfangreiche Bestandsaufnahme überliefert. Vgl. Sarah Neelsen: Les Essais d'Elfriede Jelinek. Genre, relation, singularité. Paris 2016.

5 Vgl. Alexandra Tacke: ‚Sie nicht als Sie'. Die Nobelpreisträgerin Elfriede Jelinek spricht „Im Abseits". In: Christine Künzel und Jörg Schönert (Hg.): Autorinszenierungen. Autorschaft und literarisches Werk im Kontext der Medien. Würzburg 2007, S. 191–208; Peter Clar: Selbstpräsentation. In: Pia Janke (Hg.): Jelinek-Handbuch. Stuttgart/Weimar 2013, S. 21–26; Jeanine Tuschling-Langewand: Autorschaft und Medialität in Elfriede Jelineks Todsündenromanen Lust, Gier und Neid. Marburg 2016.

6 Vgl. Pia Janke und Teresa Kovacs (Hg.): „Postdramatik". Reflexion und Revision. Wien 2015, S. 283–294.

7 Zu diesem Zusammenhang vgl. auch Tuschling-Langewand, S. 19 f.

8 Vgl. Neelsen, S. 52.

diese verändern. Dem liegt die Annahme zugrunde, dass der Wandel des bürgerlichen Repräsentationstheaters zum postdramatischen Theater auch ihre Position als Autorin betrifft. Eine entsprechende Analyse von Jelineks Essays steht noch aus.[9]

Fragen der Autorschaft wurden bisher vornehmlich anhand Jelineks dramatischer Texte, gelegentlich auch an ihren Romanen untersucht. Dies ist umso erstaunlicher, als der Essay schon aufgrund seiner offenen Form Raum gibt für das wechselseitige Durchdringen von Produktion und Rezeption, Kunst und Wissenschaft, Autorinszenierung und auktorialer Selbstreflexion. Im Essay verbinden sich traditionell Subjektivität und Autorität.[10] Er erlaubt es, Kunstbetrachtung und Selbstautorisierung zu verbinden und daraus resultierende Veränderungen der ästhetischen Praxis zu reflektieren. Diese Wechselwirkung ermöglicht in Jelineks Essays genau jenen „Fluß von Stimmen und Gegenstimmen",[11] für den ihr 2004 der Literaturnobelpreis zuerkannt wurde. Auch hier fällt allerdings auf, dass ausgerechnet die Essays in der Begründung des Nobelpreis-Komitees ausgespart blieben.[12]

Das ‚Drama der Autorin' bezeichnet eine paradoxe Position, die sich im ausgehenden 18. Jahrhundert zu entwickeln beginnt und auf dem modernen Drama der Autorschaft basiert. Im literarischen Feld um 1800 zeigt sich nämlich deutlich, dass die Heraufkunft des modernen Autors mit der Entwicklung des literarischen Theaters und der Schauspielkunst unmittelbar zusammenhängt. So basiert das bürgerliche Illusionstheater, das Theater der Repräsentation, auf dem Primat des Textes, der an den Autor gebunden ist und dem der Schauspieler zum Ausdruck verhilft. Der Kunstanspruch des Theaters hängt also in erster Linie am

---

9 Susanne Böhmisch setzt sich zwar eindringlich mit dem Thema Autorschaft in „Textflächen" auseinander, stellt aber keinen Bezug zur Entwicklung des Theaters her. Vgl. Susanne Böhmisch: „L'écriture ne passe pas, elle non plus, l'auteur ne s'en va pas, il ne part pas, pas même au détachant". La figure de l'auteur(e) dans *Textflächen* d'Elfriede Jelinek. In: Delphine Klein und Aline Vennemann (Hg.): „Machen Sie was Sie wollen!" Autorität durchsetzen, absetzen und umsetzen. Deutsch- und französischsprachige Studien zum Werk Elfriede Jelineks. Wien 2017, S. 111–122.
10 Vgl. Renate Hof: Einleitung: *Genre* und *Gender* als Ordnungsmuster und Wahrnehmungsmodelle. In: dies. und Susanne Rohr (Hg.): Inszenierte Erfahrung. Gender und Genre in Tagebuch, Autobiographie, Essay. Tübingen 2008, S. 7–24, hier S. 15; zur essayistischen Textstruktur und zum Essayismus als Methode der ironisch-kritischen (Selbst)Kommentierung auch und gerade vor dem Hintergrund der öffentlichen Erwartungen an die eigene Autorschaft vgl. Mandy Dröscher-Teille: Autorinnen der Negativität. Essayistische Poetik der Schmerzen bei Ingeborg Bachmann – Marlene Streeruwitz – Elfriede Jelinek. Paderborn 2018, S. 5f.
11 Vgl. http://www.nobelprize.org/nobel_prizes/literature/laureates/2004/press-d.html (letzter Zugriff: 29. März 2017).
12 Vgl. Clar: Einleitung, S. 69.

dramatischen Text und erst in zweiter Linie an der Schauspielkunst (oder um es mit Friedrich Schiller zu sagen: „Dem Mimen flicht die Nachwelt keine Kränze"[13]); dennoch sind beide aufeinander angewiesen. Der Autor bringt den dramatischen Text hervor, bleibt aber – wie Peter Szondi argumentiert hat – selbst im Drama unsichtbar.[14] Körperlich sichtbar, hörbar und fühlbar wird der Text durch die Schauspieler*innen, überliefert wird der Name des Autors. Interessanterweise ist es gerade diese Konstellation, die erheblich dazu beigetragen hat, dass Dramatikerinnen aus dem Theaterbetrieb ausgegrenzt wurden, da ihnen die Position des Autors nicht zustand.[15]

Vor diesem Hintergrund kann Jelineks Werk auch als Sichtbarwerden der Autorin verstanden werden, welches sowohl die Form des Dramas als auch das etablierte Theater in Frage stellt. Dies gilt in besonderer Weise für ihre essayistischen Texte. Meine These lautet, dass Jelinek in ihren theatertheoretischen Essays ihre Autorschaft reflektiert und sich damit gleichzeitig zum Theater positioniert. In dieser Bewegung verschränken sich Produktion und Reflexion ihrer Texte. Damit vollziehen die Essays Jelineks Positionierung zum Theater zugleich in ihrer Form: Sie können als Versuche verstanden werden, die ausgehend vom Subjekt der Autorschaft, dem schreibenden Ich, das mehrstimmige Schreibverfahren der Autorin entwickeln und erproben. Der folgende Beitrag wird diese These anhand der drei Essays – *Ich möchte seicht sein*, *Sinn egal. Körper zwecklos.* sowie *Textflächen* – entfalten und mit einem kurzen Fazit enden.

---

13 Vgl. Friedrich Schiller: Prolog zu Wallensteins Lager. In: ders.: Werke und Briefe in zwölf Bänden. Bd. 4. Hg. von Frithjof Stock. Frankfurt a. M. 2000, S. 13–17, hier S. 14, V. 41.
14 Vgl. Peter Szondi: Theorie des modernen Dramas. In: ders.: Schriften, hrsg. von Jean Bollack u.a., Bd. 1, Neuausgabe Berlin 2011, S. 9–148. Vgl. dazu auch Anne Fleig: Texttheatralität und dramatische Form. Plädoyer für eine historische Perspektivierung von Text und Aufführung bei Elfriede Jelinek. In: Pia Janke und Teresa Kovacs (Hg.): „Postdramatik". Reflexion und Revision. Wien 2015, S. 283–294. Bezogen auf die literarische Entwicklung um 1800 ist Szondis Konzeption des modernen Dramas allerdings selbst zu hinterfragen. Gerade die Dramen der Klassiker können schon als kritische Auseinandersetzung mit dem bürgerlichen Illusionstheater verstanden werden. Ihre ‚großen' Dramen wie *Faust* und *Wallenstein* weisen bereits eine Vielzahl epischer Merkmale auf, die auf das moderne Drama der Autorschaft vorausweisen, nämlich das epische Drama. Diese Auseinandersetzung führt Jelinek mit ihren Texten für und über das Theater fort.
15 Zu den Publikationsbedingungen von Dramatikerinnen vgl. Anne Fleig: Handlungs-Spiel-Räume. Dramen von Autorinnen im Theater des ausgehenden 18. Jahrhundert. Würzburg 1999, bes. Teil I, S. 13–85.

1 *Ich möchte seicht sein* (1990)

Der Essay – 1983 in einer Kurzfassung in *Theater heute*, 1990 in der hier zugrunde gelegten Langfassung erschienen[16] – richtet sich programmatisch gegen das Theater der Einfühlung und der Repräsentation, d. h. gegen die „falsche Einheit" von Bild, Stimme und Geste (IMS S. 157), die der Dramentext stiftet und die die Schauspieler auf der Bühne zum Ausdruck bringen. Damit negiert er die klassische Repräsentationsfunktion der Bühne als Welt. Die Ausdruckskunst des Schauspielers kritisiert der Text als falsche Illusion, als ein immer fehlgehendes Zum-Leben-Erwecken, das auch der Schweiß der Schauspieler nicht bewahrheiten kann. Stattdessen soll er „Arbeit zeigen" (IMS S. 157). Mit Roland Barthes wird der Körper des Schauspielers als „gut gefetteter Muskel" (IMS S. 157) aus Sprache und Bewegung bezeichnet, deren eingeübtes Kräftespiel gestört werden soll, damit sich das Sprechen verselbständigen kann.

Auffällig an diesem Essay ist, dass der Angriff gegen das zu Beginn der 1980er Jahre noch fest etablierte Repräsentationstheater mit einer selbstbewussten, ja geradezu aggressiven Selbst-Setzung einhergeht. Schon der erste Satz beginnt wie der Titel mit einem sprechenden Ich, das sogleich eine doppelte Negation vollzieht: „Ich will nicht spielen und auch nicht anderen dabei zuschauen." (IMS S. 157) Einerseits wird hier das zentrale Bedingungsverhältnis von Theater – nämlich die Ko-Präsenz von Bühne und Publikum – hinterfragt, andererseits nimmt das Ich damit eine Perspektive ein, die noch in der Negation Bühne und Publikum aufeinander bezieht und gleichzeitig zu sich selbst, d. h. zum eigenen Sprechen, in ein Verhältnis setzt. Dieses Sprechen denkt in seiner Selbstreferentialität seine Voraus-Setzungen mit[17], zu denen die materiellen Bedingungen des Sprechens (Körper, Stimme) ebenso gehören wie die des Schreibens, das auf Mehrstimmigkeit und Intertextualität beruht, und damit die Differenz von Sprechen und Schreiben einschließt. Diese Differenz erlaubt es nach meinem Dafürhalten, das essayistische Ich und Jelinek als Autorin des Textes wechselseitig aufeinander bezogen zu denken, ohne sie in einem einfachen Sinne miteinander zu identifizieren.

---

16 Vgl. Elfriede Jelinek: Ich möchte seicht sein. In: Theater 1983 (= Jahrbuch der Zeitschrift Theater heute), S. 102. Ich zitiere den Essay im Folgenden unter der Sigle IMS mit Seitenzahlen im Text nach der Fassung in: Christa Gürtler (Hg.): Gegen den schönen Schein. Texte zu Elfriede Jelinek. Frankfurt a. M. 1990, S. 157–161. Zu weiteren Fassungen und Abdrucken des Textes vgl. Pia Janke: Werkverzeichnis Elfriede Jelinek. Wien 2004, S. 215 f.

17 Vgl. Alexandra Millner: Schreibtraditionen. In: Pia Janke (Hg.): Jelinek-Handbuch. Stuttgart/Weimar 2013, S. 36–40, hier S. 37.

Auffällig ist ferner, dass allein die ersten vier Sätze des Textes, von dem 1983 zunächst nur der erste Absatz erschien, mit ‚Ich' beginnen. Von dem gesamten *Theater heute*-Text beginnt sogar die Hälfte aller Sätze mit ‚Ich'. Diese starke Setzung erfolgt zu einem Zeitpunkt, an dem die Autorin erst mit zwei Stücken, nämlich *Was geschah, nachdem Nora ihren Mann verlassen hatte* und *Clara S.* in der Theater-Öffentlichkeit hervorgetreten ist. Hier macht eine bis dato weithin unbekannte Autorin mit einem programmatischen Frontalangriff auf sich aufmerksam – ein Angriff, der nicht nur dem etablierten Theater gilt, sondern das eigene Sprechen einbezieht. Diese markante, doppelte Setzung benennt vor allem, was sie *nicht* will: „Ich will kein Theater." (IMS S. 157) So bleibt der eigene Auftritt an die Geste der Zurückweisung gebunden; eine Geste, die auch die paradoxe Position der Dramenautorin reflektiert.

Wie der Fortgang des Textes deutlich macht, richtet sich diese Bewegung gegen den männlich dominierten Theaterbetrieb und den Regisseur als Schöpfer der Bühnenillusion und des falschen Lebens. Das sprechende Ich kann hier insofern als Autorin betrachtet werden, als es sich selbst an diesem Leben nicht beteiligen will. Der erste Satz: ‚ich will nicht spielen' erhält vor diesem Hintergrund nämlich auch die Bedeutung: Ich will in diesem Betrieb nicht mitspielen, nicht beteiligt sein, und gebe mich nicht mit der Rolle der Zuschauerin zufrieden. Diese Haltung bekräftigt den Ausschluss in der Negation: „Ich will kein Theater".

Dagegen lautet der erste Satz, der eine positive Aussage formuliert und insofern als Versuch der Bestimmung eines anderen Theaters zu verstehen ist: „Ich möchte seicht sein." (IMS S. 158) Er hat dem Essay auch den Titel gegeben. Mit der Seichtheit karikiert der Text sämtliche Vorstellungen, die sich traditionell mit dem Drama vielschichtiger Charaktere und menschlicher Größe verbinden. Er wendet sich zudem explizit gegen die Illusion der Tiefe des Bühnenraums. Stattdessen propagiert er eine Vorstellung von Flachheit, die nicht nur Mode und Weiblichkeit provokant miteinander verbindet, sondern das ‚andere' Theater als „Modeschau" bestimmt: „Modeschau deswegen, weil man die Kleider auch alleine vorschicken könnte. Weg mit den Menschen, die eine systematische Beziehung zu einer ersonnenen Figur herstellen könnten! Wie die Kleidung, hören Sie, die besitzt ja auch keine eigene Form, sie muss um den Menschen herum gegossen werden, der ihre Form IST." (IMS S. 158) Wie Uta Degner und Christa Gürtler festgestellt haben, zieht sich die Analogie von Text und Kleid „programmatisch durch Jelineks Werk".[18] Ihre metaphorische Verbindung im Bild der Modeschau bestimmt die

---

[18] Uta Degner und Christa Gürtler: Mode als ästhetische Praxis. Zur poetologischen Relevanz von Kleiderfragen bei Elfriede Gerstl und Elfriede Jelinek. In: Christa Gürtler und Eva Hausbacher (Hg.): Kleiderfragen. Mode und Kulturwissenschaft. Bielefeld 2015, S. 97–116, hier S. 108.

ästhetische Vorstellung der Flächigkeit, die auf den Film und die (populär)kulturelle Moderne verweist (vgl. IMS S. 161). Polemisch wird der Text dort, wo er vorschlägt, den Schauspielerkörper, der vorher schon als Muskel bezeichnet worden war, nun zum Fleisch zu machen: „Klopfen wir sie platt zu Zelluloid!" (IMS S. 160)

Mit der Verknüpfung von Theater und Film schließt Jelinek an Positionen der künstlerischen Avantgarde an. Indem sie dem Sprechen die medial produzierten Bilder gegenüberstellt, ergibt sich eine Bewegung wechselseitiger Reflexion und Durchdringung, die bezogen auf das Drama Autorisierung und Entautorisierung zugleich bedeutet. Im Ergebnis ist der Essay *Ich möchte seicht sein* eine Form der Sichtbarmachung von Autorschaft, aber zugleich eine Entmächtigung des klassischen Dramas.

An dieser doppelten Bewegung ist Jelinek auf vielfache Weise beteiligt. So hat Juliane Vogel schon früh auf den Zusammenhang zwischen dem Bild der Autorin in Interviews und dem Programm der Seichtheit hingewiesen.[19] Die mediale Selbstdarstellung als Kunstfigur Elfriede Jelinek, die die immer gleichen biographischen Versatzstücke in ein spannungsreiches Verhältnis zu ihrer visuellen Inszenierung rückt, reflektiert die wechselseitigen Bezüge zwischen Produktion und Rezeption, mit denen die Autorin zugleich auf das öffentliche Verlangen nach der ‚echten' Jelinek reagiert. So lässt sich gerade das kalkulierte Spiel mit dem Bild der Autorin als kritische Auseinandersetzung mit dem Problem weiblicher Autorschaft verstehen. Einzubeziehen ist hier schließlich die Form des Essays selbst, der aufgrund seiner autobiographischen Dimension dieses Echtheitsbegehren zu bedienen scheint, die Medien des Theaterbetriebs – wie die Zeitschrift *Theater heute* – dafür aber auch kritisiert. Vor allem führt er vor, wie die Autorin sich einerseits selbst durch Sprechen setzt, und zwar ein aggressives, angriffslustiges und polemisches Sprechen, sich andererseits aber hinter ein „Wir" der Zuseher und der Bilder zurückzieht: „Wir haben nicht die Freiheit, falsch zu sein. Die auf der Bühne aber schon, denn sie sind Ornamente unseres Lebens, beweglich, abnehmbar, von der Hand Gottes, des Regisseurs." (IMS S. 159) In dieser doppelten Struktur von Sprache und Bild, von „Ich" und „Wir", reflektiert der Text sowohl das schwierige Verhältnis von Produktion und Rezeption als auch die widersprüchliche Position der Autorin. Die Bilder der Seichtheit stammen nicht von ihr, sie gehen ihr vielmehr voraus. So gesehen gehören auch „Handtaschen" (IMS S. 158) und „Einkaufstüten" (IMS S. 159) zu den Voraus-Setzungen ihres Sprechens und Schreibens. Sie spielt mit diesen Accessoires und den dazugehö-

---

19 Vgl. Juliane Vogel: Oh Bildnis, Oh Schutz vor ihm. In: Christa Gürtler (Hg.): Gegen den schönen Schein. Texte zu Elfriede Jelinek. Frankfurt a. M. 1990, S. 142–156.

rigen Bildern, sie spielt nicht sich selbst. Sie spielt mit den Bildern, die sich andere von ihr machen, und die sie selbstbewusst in Szene setzt. Selbst-Setzung und Selbst-Entzug sind daher auf intrikate Weise miteinander verbunden.

Wie am Beispiel der flachgeklopften Schauspielerkörper besonders deutlich wird, bildet die Infragestellung eines eindeutigen, echten, mit sich selbst identischen Sprechens den Kern der essayistischen Argumentation. Diese Infragestellung betrifft auch die Position der Autorin, die darauf zielt, das sprechende ‚Ich' und die Autorin zu unterscheiden, obgleich das ‚Ich' auf sie verweist. Denn die Schauspieler, die Jelinek sich wünscht, sprechen zwar, aber sie sprechen nicht als sie selbst, sie sind Darsteller von Darstellern. Entsprechend figuriert das essayistische Ich die Darstellung der Autorin.

Aus dieser Differenz, die zugleich die eigene Reproduzierbarkeit ermöglicht, resultiert die Pluralisierung des Sprechens als Kern der Jelinekschen Theaterästhetik,[20] die sie in den folgenden Essays weiter entfaltet hat.[21] „Wer kann schon sagen, welche Figuren im Theater ein Sprechen vollziehen sollen? Ich lasse beliebig viele gegen einander antreten, aber wer ist wer? Ich kenne diese Leute ja nicht! Jeder kann ein anderer sein und von einem Dritten dargestellt werden, der mit einem Vierten identisch ist, ohne daß es jemandem auffiele." (IMS S. 158)

2 *Sinn egal. Körper zwecklos.* (1997)

Der Essay *Sinn egal. Körper zwecklos.* führt die Kritik am Theater in doppelter Hinsicht weiter: Zum einen rückt er das Sprechen der Schauspieler noch stärker ins Zentrum, zum anderen zeigt er, dass Jelinek ihr Verfahren der Mehrstimmigkeit hier – parallel zu ihren dramatischen Texten – erkennbar entwickelt hat. Deutlich wird, wie die Auflösung der Figurenrede an eine Multiplikation des Sprechens und an Verfahren der Intertextualität gebunden ist. Der Text erscheint Ende 1997 in einer deutsch-französischen Theaterschrift[22] und weist bereits durch

---

20 Diese Pluralisierung betrifft die auktoriale Positionierung und die Figurenrede. Vgl. auch Juliane Vogel: Intertextualität. In: Pia Janke (Hg.): Jelinek-Handbuch. Stuttgart/Weimar 2013, S. 47–55, hier S. 48.
21 Zur Sprache/zum Sprechen vgl. auch Jelineks Essays *Sprechwut* und *Es ist Sprechen und aus*: http://www.elfriedejelinek.com (letzter Zugriff: 4. April 2018).
22 Vgl. Elfriede Jelinek: Sinn egal. Körper zwecklos. In: Theaterschrift 11 (1997), S. 22–32. Ich zitiere den Essay im Folgenden unter der Sigle SE mit Seitenzahlen im Text. Zu weiteren Abdrucken des Textes vgl. Janke: Werkverzeichnis, S. 217 f.

die Sportmetaphorik starke Bezüge zu *Ein Sportstück* auf, das Anfang 1998, also nur wenig später, uraufgeführt wurde.²³

Der Essay beginnt mit einem Nebensatz, dessen unbestimmtes Subjekt auf die Schauspieler verweist. Sie werden damit von Anfang an durch die Satzstruktur zu einer Nebensache erklärt: „Daß sie auf einer Bühne auftreten, gefährdet nicht nur den einzelnen, sondern alle miteinander, in den Beziehungen, die sie zueinander herausgebildet haben." (SE S. 22) Das unbestimmte ‚sie' setzt die Schauspieler in den Plural und macht sie namenlos. Gleichzeitig betont die konsekutive Anordnung, dass ihr Auftreten nicht folgenlos ist, und zwar für „alle miteinander". Dieses Miteinander vielfältiger Beziehungen wird dadurch gefährdet, dass sich die Schauspieler durch ihren Auftritt auf der Bühne hervordrängen und sich eine Sprache anmaßen, die nicht ihre ist. Jelinek spricht hier vom „Mantel aus Sprache" (SE S. 24), der ihr Erscheinen betont und den die Schauspieler nicht hergeben wollen. Kurz darauf ist vom „Königsmantel" (SE S. 24) die Rede. Damit ruft sie ein männlich konnotiertes Kleidungsstück auf, das zugleich für die Kunst der Dichtung steht. Wie schon *Ich möchte seicht sein* setzt auch *Sinn egal* Sprache und Kleid in mehrfache Beziehung zueinander.²⁴ Er betont erneut die Dissoziation von Sprache und Figur und stellt darüber hinaus dem Drama der Könige, also der hohen Tragödie, das triviale und weiblich besetzte Feld der Modenschau gegenüber. Besonders hervorzuheben ist aber, dass an dieser Stelle – und zwar in Parenthese – zum vermutlich ersten Mal in Jelineks gesamtem Werk die Figur der Autorin genannt wird: „Auch wenn sie [gemeint sind wiederum die Schauspieler] gar nichts zu tun haben, verkörpern sie das Fortwährende, weil sie nicht aufhören können und [...] ihren Mantel aus Sprache, an dem dauernd einer zerrt, (egal wer, die Autorin nicht, die traut sich längst nicht mehr) nicht hergeben wollen." (SE S. 24)

Dieser Befund ist in verschiedener Hinsicht aufschlussreich: So setzt die Rede von der „Autorin" ein deutliches Signal, dass die Poetik der Mehrstimmigkeit an die auktoriale Selbstreflexion gebunden ist, die zwischen Ich-Instanz und Inszenierung der Autorschaft vermittelt.²⁵ Gleichzeitig nimmt der Essay auf Foucaults berühmt gewordene Rede „Was ist ein Autor?" Bezug, die mit der Frage

---

23 Die Uraufführung fand unter der Regie von Einar Schleef am 28. Januar 1998 am Wiener Burgtheater statt.
24 Zum Verhältnis von Drama und Mode sowie zum Kleid aus Sprache vgl. auch den Essay *Zu Brecht* aus demselben Jahr: http://www.elfriedejelinek.com (letzter Zugriff: 4. April 2018).
25 Die Figur der Autorin ist in ihrer eigenen textuellen Verfasstheit so gesehen nur ein weiteres Kleid aus Sprache.

„Wen kümmert's, wer spricht?" einsetzt.[26] Wenn es bei Jelinek heißt: „egal wer, die Autorin nicht", dann bestätigt sie einerseits Foucaults Konzeption von Autorschaft (egal *wer*) und weist sie zugleich qua Negation (die Autorin *nicht*) zurück. Die Bewegung von Bestätigung und Zurückweisung vollzieht Jelineks Essay zudem durch die Form der Parenthese, die nicht nur die Mehrstimmigkeit ihres Textes unterstreicht, sondern auch als Inszenierung auktorialer Setzungen gelesen werden kann.

Aufschlussreich ist diese Passage darüber hinaus, weil die Forschung – soweit ich sehe – bislang davon ausging, dass *Ein Sportstück* der erste Text ist, in dem die Figur der Autorin auftritt.[27] Mit der Figur der Autorin sind diejenigen Figuren oder Stimmen gemeint, die als „Autorin" benannt werden oder solche, die über ihr Schreiben sprechen und dabei als „Frau" figurieren. Bis dahin hatte Jelinek vor allem in den Nebentexten ihrer Texte für das Theater – besonders prominent in *Krankheit oder Moderne Frauen* (1987) – ihr Spiel mit der Autorinstanz getrieben. Während der Nebentext als angestammter Ort des Autors im literarischen Drama gelten kann, agieren in *Ein Sportstück* die Autorinstanz und die Autorinnen-Figuren in Haupt- und Nebentext. Diese Interaktion hat Jelinek in verschiedenen Theatertexten, beispielsweise in *Ulrike Maria Stuart*, fortgeführt.

Inwiefern die Figur der Autorin in anderen Essays vorkommt, müsste noch weiter untersucht werden. Mit Blick auf das Verhältnis von essayistischem und dramatischem Text wäre zudem genauer zu überlegen, inwiefern Mehrstimmigkeit – verstanden als Form auktorialer Selbstreflexion – dazu tendiert, Gattungsgrenzen aufzulösen. Der Befund aber, dass in *Sinn egal. Körper zwecklos*. „die Autorin" in Klammern erscheint, unterstreicht meine These, dass die theatertheoretischen Essays als Versuche zu verstehen sind, mit denen Jelinek Veränderungen innerhalb ihrer Konzeption von Autorschaft und ihrer Dramenästhetik erprobt.[28]

Dabei ist nicht zu übersehen, dass hier auf ein inzwischen bestehendes Bild ‚der' Autorin rekurriert wird, die als mutig, vielleicht sogar als aggressiv und polemisch gilt, während der Essay von einem Rückzug spricht: „[D]ie traut sich längst nicht mehr" (SE S. 24). Hier findet sich also – hervorgehoben durch die Parenthese – eine Radikalisierung der Setzung, die zugleich ihr Entzug ist. Das

---

26 Michel Foucault: Was ist ein Autor? In: ders.: Schriften zur Literatur. Frankfurt a. M. 1988, S. 7–31, hier S. 7.
27 Auch ich selbst habe dies in einem Artikel vertreten. Zum *Sportstück* vgl. ausführlicher Fleig: Texttheatralität; vgl. auch Tuschling-Langewand, S. 26.
28 In diesem Zusammenhang sei daran erinnert, dass Foucaults Frage „Wen kümmert's, wer spricht" auf Samuel Beckett zurück geht und auch von daher ein Zusammenhang zu dramatischem Schreiben besteht.

Bild der Autorin spielt außerdem für die Homepage eine Rolle, die nur wenig vorher installiert wird und auch als „Elfriedes Fotoalbum"[29] figuriert. Auch hier spielen Setzung und Entzug zusammen: Jelinek schafft damit das Muster schlechthin für die An- und Abwesenheit der Autorin, die sie in Essays und Reden (bis hin zur Nobelpreisrede) ebenso wie in verschiedenen Stücken variiert und wiederholt hat.

Der folgende Absatz hebt mit „Ich will aber" an und erläutert Jelineks Verfahren der Intertextualität anhand der textuellen Verfasstheit der Sprachkleider: „Ich will, daß die Sprache kein Kleid ist, sondern unter dem Kleid bleibt. Da ist, aber sich nicht vordrängt, nicht vorschaut unter dem Kleid. Höchstens, daß sie das Kleid verfertigt, das aber, wie eben bei jenem des Kaisers, wieder verschwindet, um Platz zu machen für ein anderes, neues." (SE S. 24)

Mit dem Bild des Kleiderwechsels werden die Schauspieler buchstäblich zu Sprachträgern, „denen noch Fetzen von Heidegger, Shakespeare, Kleist, egal wem, aus dem Mund hängen" (SE S. 24). Entsprechend sollen die Schauspieler nicht eine Botschaft übermitteln, sondern eine Botschaft sein, denn, so der zentrale Satz: „Die Schauspieler SIND das Sprechen, sie sprechen nicht." (SE S. 24)

Dieses Sprechen wird durch ein intertextuelles, mehrstimmiges Verfahren erzeugt, für das das essayistische Ich „meine lieben Zitate" (SE S. 26) herbeiruft. Damit lässt sich gegenüber dem Text *Ich möchte seicht sein*, der eine erste Andeutung mehrstimmigen Sprechens gegeben hatte, zweifelsfrei eine Entwicklung feststellen. In *Sinn egal* bilden Intertextualität und Mehrstimmigkeit als textuelle Verfahren, die auf ein anderes Theater zielen (vgl. SE S. 24), nicht nur den Gegenstand, sie werden zudem in der Form des Essays selbst sehr viel stärker reflektiert. Diese doppelte Bewegung ist nicht nur auf das Wechselspiel von Text und Theater, sondern auch auf die auktoriale Position der Autorin bezogen, deren ‚Ich' mehrstimmig erscheint.

Diese Mehrstimmigkeit resultiert zum einen aus dem vorsichtigen ersten Erscheinen ‚der' Autorin im Wechselspiel mit einem Ich, zum anderen aus Selbstzitaten und Bezügen wie z. B. auf *Ich möchte seicht sein* oder den bekannten Interview-Band von Anke Roeder *Autorinnen: Herausforderungen an das Theater*. In *Sinn egal* bezeichnet sich das essayistische Ich selbst als eine solche Herausforderung: „Ich bin die Herausforderung" (SE S. 26). Damit ist noch einmal Jelineks Einsatzpunkt als Autorin markiert, gleichzeitig aber das Schreiben für die Bühne, die Veränderung des Theaterbetriebes durch den Text hervorgehoben, die vor allem vom Schauspieler Änderungen verlangt. Ziel ist es, nicht Repräsentation, sondern Präsenz zu erzeugen, die ungesichert und gefährlich ist, von den

---

29 Vgl. www.elfriedejelinek.com (letzter Zugriff: 4. April 2018).

"Schriftzügen" (SE S. 32) der Autorin gesteuert, die den Schauspieler immer wieder entgleisen lassen (vgl. ebd.) – eine Formulierung, die ganz ähnlich ebenfalls in *Ein Sportstück* vorkommt und eindeutig die auktoriale Selbstautorisierung betont. Und so endet *Sinn egal* denn auch mit dem Verschwinden des Schauspielers, dem das essayistische Ich mit seiner Taschenlampe vergeblich hinterher leuchtet.

3 *Textflächen* (2013)

Während sich die ersten beiden Essays mit der Kritik am Theater der Repräsentation, der psychologisch plausiblen Figurendarstellung und der Illusion der Bühne als Welt auseinandergesetzt haben, erscheint der Essay *Textflächen* in einer theaterhistorisch und theoretisch deutlich veränderten Situation. Dieser Wandel ist auf vielfache Weise an die kontinuierliche Präsenz von Jelineks Stücken auf den großen deutschsprachigen Bühnen gebunden, die durch den Nobelpreis zusätzlich befördert wurde.

Auch dieser dritte Essay ist ein hervorragendes Beispiel für die Wechselwirkung von Produktion und Rezeption, denn er kritisiert die Verselbständigung des Begriffs der ‚Textflächen', der zum Schlagwort für das Schreiben, insbesondere das dramatische Schreiben, von Elfriede Jelinek geworden ist. Diese Kritik hatte die Autorin erstmals in der Vorrede zu ihrem Theatertext *Ulrike Maria Stuart* (2005) formuliert.

Darüber hinaus reagiert *Textflächen* auf die Durchsetzung des Postdramatischen Theaters im deutschsprachigen Raum. Wenn wir uns vergegenwärtigen, dass Jelinek 1983 die Schauspieler flach klopfen wollte, um gegen die Illusion der Tiefe vorzugehen, müssen wir gleichzeitig festhalten, dass sich 30 Jahre später eine Flächigkeit ausgebreitet hat, die nicht nur die Jelinekschen Sprach- oder Textflächen allzu umstandslos einbezieht, sondern auch den historischen Prozess und damit die programmatische Provokationskraft des Seichten zu nivellieren droht.[30] Dieses Theater will die Autorin daher erneut herausfordern.

Hervorzuheben ist ferner, dass auch in diesem Essay die Reflexion des Theaters mit der dezidierten Reflexion der eigenen Autorschaft einhergeht. Jelinek setzt sich in diesem Zusammenhang nicht nur mit dem eigenen Älterwerden auseinander, sondern insbesondere mit der Wirkung ihres Schreibens. Schon im

---

[30] Vgl. dazu Anne Fleig: Zitierte Autorität – Zur Reflexion von Autorschaft in *Rosamunde*, *Ulrike Maria Stuart* und den Sekundärdramen. In: Delphine Klein und Aline Vennemann (Hg.): „Machen Sie was Sie wollen!" Autorität durchsetzen, absetzen und umsetzen. Deutsch- und französischsprachige Studien zum Werk Elfriede Jelineks. Wien 2017, S. 148–157.

ersten Satz wird in beinah märchenhaftem Gestus von einer alten Nichtreisenden erzählt, die sich noch einmal ihre Textflächen wie Schneeschuhe anzieht. (Es handelt sich um eine biographische Anspielung darauf, dass Jelinek nicht mehr reist und nicht mehr auftritt.)

Das Subjekt des Satzes verweist auf die Autorin, die sich wenig später als ‚Ich' in den Satz einschaltet, die Erzählung durch Parenthese unterbricht und energisch die Urheberschaft für den Begriff Textflächen reklamiert. Der Schnee lässt an Jelineks ‚Wahlverwandten' Robert Walser denken, der im nächsten Satz namentlich genannt wird. Schon zu Beginn des Essays lässt sich also ein Wechsel von Darstellung und Sprechen feststellen, der – wie das Beispiel Robert Walser zeigt – durch die Auseinandersetzung mit literarischen Vorbildern und Traditionen hervorgebracht wird. Dieser Stimmenfluss macht von Anfang an die im Laufe des Textes mehrfach gestellte Frage: „Wer spricht?"[31] vernehmlich und reflektiert sie in seiner eigenen Form.

Die kritische Auseinandersetzung mit dem Begriff der Textflächen reagiert damit zudem auf die Diskussion über die Konzeption von Autorschaft, wie sie schon in *Sinn egal* anklang. Sowohl der Begriff der Textflächen als auch die Rede vom Tod des Autors werden dafür kritisiert, dass sie ihren kritischen Gehalt verloren haben und insbesondere im öffentlich-akademischen Raum zu bloßen Worthülsen geronnen sind. „Der Autor ist tot, aber manchmal glaubt er, er lebe noch. Es lebe nur hoch, wer den Preis kriegt! Kommen Sie und sprechen Sie dort hinein, wir brauchen Ihren Dank, diese Veranstaltung ist dafür da [...]. Aber tot ist er trotzdem, der Autor, dafür geachtet."[32]

Darüber hinaus gilt die Kritik in *Textflächen* der mangelnden Auseinandersetzung mit dem Geschlecht der Autorschaft. Es ist konstitutiv für das Konzept des modernen Autors und verweigert die Anerkennung von Schriftstellerinnen: „Ich aber, ich steh nur einfach so da, ich bestehe auf nichts, indem ich scheinbar auf, nein, nicht mich als Subjekt, ich bin ja keins, ich bin eine schreibende Frau, die kann ein Subjekt gar nicht sein (höhnisches Gelächter, gellender Hohn, das kennen wir schon!) meine Meinung bestehe?"

Jelinek bewegt sich – wie bereits ausgeführt – selbst in der Tradition der Autorschaftskritik, wie sie insbesondere Roland Barthes und Michel Foucault geübt haben, die in diesem Essay wiederholt zitiert werden. Sein intertextuelles Verfahren schließt Bezüge auf die eigenen Texte wie *Ich möchte seicht sein* ein. Mit dem Verfahren der Intertextualität, das der Essay vollzieht, hebt Jelinek die ei-

---

31 Vgl. www.elfriedejelinek.com (letzter Zugriff: 4. April 2018).
32 Elfriede Jelinek: Textflächen. www.elfriedejelinek.com (letzter Zugriff: 4. April 2018). Alle folgenden Zitate aus dem Essay nach der Homepage.

gene, mehrstimmige Autorschaft hervor. Gleichzeitig parodiert sie dieses Verfahren, wenn etwa von „Intertextizität" die Rede ist. Diese Parodie kann daher auch als Infragestellung des eigenen Verfahrens gedeutet werden, insofern der Eindruck entsteht, dass die Autorin in *Textflächen* dagegen anschreibt, hinter den eigenen Textflächen zu verschwinden. Doch geht sie gleichzeitig aus ihnen hervor, d. h. „aus dem Schutt dessen, was ich geschrieben habe". Dass sie ihre Texte als „Schutt" bezeichnet, kann in diesem Zusammenhang als selbstbewusste Behauptung der zerstörenden Kraft ihrer Spracharbeit verstanden werden. Darüber hinaus nimmt Jelinek verschiedene Vorurteile gegen ihr Schreiben aufs Korn, etwa die Annahme einer letztlich automatischen Verfertigung ihrer Texte. Damit zeigt dieser Essay in seinen vielen Facetten das Wechselspiel von Produktion und Rezeption, das insbesondere in der Reflexion der eigenen Autorschaft zum Tragen kommt.

* * *

Abschließend kann festgehalten werden, dass Jelineks theatertheoretische Essays durch eine Bewegung strukturiert sind, die zwei miteinander verschränkte Ebenen verbindet: Auf der Ebene der Produktion entsteht diese Bewegung in Auseinandersetzung mit der Materialität der Sprache und als Selbstreflexion von Schreiben und Sprechen. Auf der Ebene der Rezeption resultiert sie aus der Auseinandersetzung mit dem Bild der Autorin, die kein Autor ist. Auf dem Wechsel zwischen Sprech- und Beobachterposition basiert schließlich Jelineks eigenes Textverfahren, das in seiner Mehrstimmigkeit Rede und Gegenrede vereint. Dadurch wird die intertextuelle Poetik vielstimmigen Sprechens zum poetologischen Modell auktorialer Selbstreflexion, das die Essays hervorbringen und reflektieren. Inwiefern dieses Modell mit der Entwicklung von Jelineks Theatertexten korrespondiert, müsste noch weiter untersucht werden.

In jedem Fall beziehen die Essays sowohl durch ihren Gegenstand – die Kritik am bürgerlichen Sprech- und Illusionstheater –, als auch durch ihre Form Position zum Theater. Insofern sie das mehrstimmige Schreibverfahren der Autorin erproben, können sie als Herausforderung des Theaters verstanden werden, eine Herausforderung, die am einstimmigen Schauspielerkörper ansetzt. Ihre Offenheit erlaubt es darüber hinaus, die Veränderungen des Theaterbetriebs einzubeziehen und – Stichwort ‚Postdramatisches Theater' – wiederum zu kritisieren. Die Essays reflektieren damit nicht nur das moderne Drama der Autorschaft, sondern auch das postmoderne.

Literaturverzeichnis

Böhmisch, Susanne: „L'écriture ne passe pas, elle non plus, l'auteur ne s'en va pas, il ne part pas, pas même au détachant". La figure de l'auteur(e) dans *Textflächen* d'Elfriede Jelinek. In: Delphine Klein und Aline Vennemann (Hg.): „Machen Sie was Sie wollen!" Autorität durchsetzen, absetzen und umsetzen. Deutsch- und französischsprachige Studien zum Werk Elfriede Jelineks. Wien 2017, S. 111–122.

Clar, Peter: Einleitung: Elfriede Jelineks essayistische Texte. In: Jelinek[Jahr]Buch (2011), S. 69–77.

Clar, Peter: Selbstpräsentation. In: Pia Janke (Hg.): Jelinek-Handbuch. Stuttgart/Weimar 2013, S. 21–26.

Degner, Uta und Gürtler, Christa: Mode als ästhetische Praxis. Zur poetologischen Relevanz von Kleiderfragen bei Elfriede Gerstl und Elfriede Jelinek. In: Christa Gürtler und Eva Hausbacher (Hg.): Kleiderfragen. Mode und Kulturwissenschaft. Bielefeld 2015, S. 97–116.

Dröscher-Teille, Mandy: Autorinnen der Negativität. Essayistische Poetik der Schmerzen bei Ingeborg Bachmann – Marlene Streeruwitz – Elfriede Jelinek. Paderborn 2018.

Fleig, Anne: Handlungs-Spiel-Räume. Dramen von Autorinnen im Theater des ausgehenden 18. Jahrhundert. Würzburg 1999.

Fleig, Anne: Texttheatralität und dramatische Form. Plädoyer für eine historische Perspektivierung von Text und Aufführung bei Elfriede Jelinek. In: Pia Janke und Teresa Kovacs (Hg.): „Postdramatik". Reflexion und Revision. Wien 2015, S. 283–294.

Fleig, Anne: Zitierte Autorität – Zur Reflexion von Autorschaft in *Rosamunde, Ulrike Maria Stuart* und den Sekundärdramen. In: Delphine Klein und Aline Vennemann (Hg.): „Machen Sie was Sie wollen!" Autorität durchsetzen, absetzen und umsetzen. Deutsch- und französischsprachige Studien zum Werk Elfriede Jelineks. Wien 2017, S. 148–157.

Foucault, Michel: Was ist ein Autor? In: ders.: Schriften zur Literatur. Frankfurt a. M. 1988, S. 7–31.

Hof, Renate: Einleitung: *Genre* und *Gender* als Ordnungsmuster und Wahrnehmungsmodelle. In: dies. und Susanne Rohr (Hg.): Inszenierte Erfahrung. Gender und Genre in Tagebuch, Autobiographie, Essay. Tübingen 2008, S. 7–24.

Janke, Pia: Werkverzeichnis Elfriede Jelinek. Wien 2004.

Janke, Pia und Kovacs, Teresa (Hg.): „Postdramatik". Reflexion und Revision. Wien 2015.

Jelinek, Elfriede: Ich möchte seicht sein. In: Theater 1983 (= Jahrbuch der Zeitschrift Theater heute), S. 102. Erweiterte Fassung in: Christa Gürtler (Hg.): Gegen den schönen Schein. Texte zu Elfriede Jelinek. Frankfurt a. M. 1990, S. 157–161.

Jelinek, Elfriede: Sprechwut. http://www.elfriedejelinek.com (letzter Zugriff: 4. April 2018).

Jelinek, Elfriede: Es ist Sprechen und aus. http://www.elfriedejelinek.com (letzter Zugriff: 4. April 2018).

Jelinek, Elfriede: Sinn egal. Körper zwecklos. In: Theaterschrift 11 (1997), S. 22–32.

Jelinek, Elfriede: Zu Brecht. http://www.elfriedejelinek.com (letzter Zugriff: 4. April 2018).

Jelinek, Elfriede: Textflächen. www.elfriedejelinek.com (letzter Zugriff: 4. April 2018).

Kovacs, Teresa: Drama als Störung. Elfriede Jelineks Konzept des Sekundärdramas. Bielefeld 2016.

Millner, Alexandra: Schreibtraditionen. In: Pia Janke (Hg.): Jelinek-Handbuch. Stuttgart/Weimar 2013, S. 36–40.

Neelsen, Sarah: Les Essais d'Elfriede Jelinek. Genre, relation, singularité. Paris 2016.
N.N.: http://www.nobelprize.org/nobel_prizes/literature/laureates/2004/press-d.html (letzter Zugriff: 29. März 2017).
Roeder, Anke: „Ich will kein Theater. Ich will ein anderes Theater". Gespräch mit Elfriede Jelinek. In: dies. (Hg.): Autorinnen: Herausforderungen an das Theater. Frankfurt a.M. 1989, S. 141–157.
Schiller, Friedrich: Prolog zu Wallensteins Lager. In: ders.: Werke und Briefe in zwölf Bänden. Bd. 4. Hg. von Frithjof Stock. Frankfurt a.M. 2000, S. 13–17.
Szondi, Peter: Theorie des modernen Dramas. In: ders.: Schriften. Bd. 1. Hg. v. Jean Bollack u.a. Neuausgabe Berlin 2011, S. 9–148.
Tacke, Alexandra: ‚Sie nicht als Sie'. Die Nobelpreisträgerin Elfriede Jelinek spricht „Im Abseits". In: Christine Künzel und Jörg Schönert (Hg.): Autorinszenierungen. Autorschaft und literarisches Werk im Kontext der Medien. Würzburg 2007, S. 191–208.
Tuschling-Langewand, Jeanine: Autorschaft und Medialität in Elfriede Jelineks Todsündenromanen *Lust*, *Gier* und *Neid*. Marburg 2016.
Vogel, Juliane: Oh Bildnis, Oh Schutz vor ihm. In: Christa Gürtler (Hg.): Gegen den schönen Schein. Texte zu Elfriede Jelinek. Frankfurt a.M. 1990, S. 142–156.
Vogel, Juliane: Intertextualität. In: Pia Janke (Hg.): Jelinek-Handbuch, Stuttgart/Weimar 2013, S. 47–55.

Uta Degner
Die Klavierspielerin: Erika Kohut und der Wiener Aktionismus

Vergleicht man die letzte Szene von Elfriede Jelineks Roman *Die Klavierspielerin*[1] von 1983 mit der von Verena Stefans *Häutungen*, kann man sich des Eindrucks nicht erwehren, dass Erikas Selbstverletzung als ein bewusster Gegenentwurf zu Stefans positivem Schluss intendiert ist. Stefans zuvor in der ersten Person Singular gehaltener Erfahrungsbericht fiktionalisiert sich auf den letzten fünf Seiten und endet mit dem selbstbewussten Auftritt einer jungen Frau, die sich von gesellschaftlichen Erwartungen befreit hat:

> Cloe trägt flicken ihrer alten häute an sich herum. Sie ist bunt gescheckt und geht kichernd durch die strassen. im wechsel von licht und schatten schillern hier und da die hautverschiedenheiten auf. die sanfte kompromissbereite haut, die sei-doch-nicht-so-mimosenhaft-haut, die ich-strahle-ruhe-aus-haut, die sinnliche neugierige haut, die alles-erkennen-wollen-haut.
>
> Wer kann bunte haut lesen?
>
> Cloe bewegt die lippen. der mensch meines lebens bin ich. die leute drehen sich nach ihr um. dass heutzutage schon junge frauen selbstgespräche führen! [2]

Cloes „bunte haut", die selbstsicher präsentiert wird, steht für ein neues Selbstbewusstsein, das Aufsehen erregt („die leute drehen sich nach ihr um"). Der lachende Auftritt auf offener Straße wird zum Signum der Emanzipation und der erfolgreichen Selbstfindung eines authentischen Subjekts.

Die Parallelszene am Ende der *Klavierspielerin* zeigt die Differenzen zwischen den beiden ästhetischen Konzeptionen: Zwar präsentiert auch Erika sich selbstbewusst „[l]achend" (K 288) und bewegt einige Passanten dazu, sich nach ihr umzuwenden; im Gegensatz zu Cloes ‚jungem' ‚Kichern' allerdings ist ihr Lachen ein bitteres, ‚altes' ‚Höhnen'.[3] Erikas Stich in die Schulter demonstriert vollends ihr Verhaftetbleiben in alten Gewohnheiten. Die Emanzipation scheitert, allein die Demonstration ihrer Unmöglichkeit gelingt ihr.[4] Erika geht am Ende wieder

---

1 Vgl. Elfriede Jelinek: Die Klavierspielerin. Reinbek bei Hamburg 1986 [¹1983]. Im Folgenden zitiere ich aus dieser Ausgabe unter Angabe der Sigle K im Fließtext.
2 Verena Stefan: Häutungen. München ²⁰1984 [¹1975], S. 124.
3 Vgl. K 280.
4 Schon Inge Arteel betont, dass eine „Konfrontation der Werke von Jelinek mit der Theorie und Praxis des literarischen Feminismus auf eine ambivalente Haltung" trifft, „die darin besteht, daß

„nach Hause" (K 283), zu ihrer Mutter, die als „Inquisitor und Erschießungskommando in einer Person" (K 5) fungiert. Dennoch hat auch Erika – wie Cloe – am Ende des Romans einen ‚Auftritt', der bereits entsprechend angekündigt wird:

> Der Morgen könnte Erika anregen, einen Grund dafür zu suchen, wozu sie sich all die Jahre von allem abgeschlossen hat. Um eines Tages groß hervorzutreten aus den Mauern und alles zu übertreffen! Warum nicht jetzt. Heute. [...] Straßen wird Erika betreten, um alle zu verblüffen, dazu wird ihre Anwesenheit allein ausreichen. (K 279)

Der unüberhörbar ironische Ton sollte nicht dazu verleiten, das enthaltene Pathos eines ‚Auftritts' zu überlesen. Denn Erikas Darbietung erregt tatsächlich Aufmerksamkeit:

> Sie bietet einen ungewohnten Anblick, wie dazu gemacht, Menschen zu fliehen. Die Leute scheuen sich nicht zu starren. Sie machen im Umdrehen Bemerkungen. Sie schämen sich nicht ihrer Meinung über die Frau, sie sprechen sie aus. In ihrem unentschlossenen Halbminikleid wächst Erika zu voller Höhe empor, mit Jugend in scharfen Wettkampf tretend. Allerorten deutlich sichtbare Jugend verlacht die Frau Lehrerin offen. Die Jugend lacht über Erika bezüglich deren Äußerlichkeit. Erika lacht über die Jugend bezüglich deren Innerlichkeit ohne rechte Inhalte. Ein Männerauge signalisiert Erika, sie sollte nicht ein so kurzes Kleid tragen. So schöne Beine hat sie nun auch wieder nicht! Lachend schreitet die Frau herum, das Kleid paßt nicht zu ihren Beinen und die Beine passen nicht zum Kleid, wie auch der Moderatgeber sagen würde. Erika erhebt sich aus sich heraus und über andere. (K 280)

Erikas Mut zum Affront zeigt sich in ihrem selbstbewussten Lachen,[5] ja sie „höhnt lauthals zurück" (K 280), wo sie wahrnimmt, dass sie verspottet wird. Das ‚Herumschreiten' legt nahe, dass Erika ihren Aufsehen erregenden ‚Auftritt' bewusst

---

sie zwar subversiv, anarchisch und dissident wirken möchte, aber an ein emanzipatorisches Ziel dieser Subversivität kaum glaubt. Die Dekonstruktion ist das Endstadium; Lösungen, Alternativen, sogar Hoffnung werden nicht geboten." Inge Arteel: „Ich schlage sozusagen mit der Axt drein". Stilistische, wirkungsästhetische und thematische Betrachtungen zu Elfriede Jelineks Roman *Die Klavierspielerin*. Gent 1991 (Studia Germanica Gadensia. Bd. 27), S. 22.

5 Auf das Moment des Lachens als Durchkreuzung der katastrophischen Lesart des Endes weißt hin: Nicole Masanek: Männliches und weibliches Schreiben? Zur Konstruktion und Subversion in der Literatur. Würzburg 2005 (Epistemata. Reihe Literaturwissenschaft. Bd. 251), S. 148 f., wobei sie allerdings nicht zwischen dem Lachen der Studierendengruppe um Klemmer und Erikas Lachen unterscheidet, wodurch sie Erikas Lachen eine zu positive Bedeutung beimisst. Es hat nichts Befreiendes im emphatischen Sinne, wie Masanek behauptet (Masanek, S. 149). Erikas Lachen entspricht eher dem Lachen, das Barbara Stauß in *Krankheit oder Moderne Frauen* identifiziert: Es ist ein „schreckliche[s] Lachen", das auf einem „aggressiven Spiel mit Lachlust und Schrecken" fußt. Barbara Stauß: Schauriges Lachen. Komische Schreibweisen bei Christa Reinig, Irmtraud Morgner und Elfriede Jelinek. Sulzbach/Taunus 2009, S. 303 u. 298.

theatral gestaltet: „Erika geht über freie Plätze vor Museen. [...] Touristen gaffen zuerst auf die Kaiserin Maria Theresia, dann auf Erika, dann wieder auf die Kaiserin" (K 280). Der folgende Stich in die Schulter ist in der Reihe der Selbstverletzungen Erikas die erste, die im öffentlichen Raum stattfindet und ein Publikum hat: „Menschen blicken von der Schulter zum Gesicht empor. Einige wenden sich sogar um." (K 283)[6]

Im Gegensatz zu Cloe gelingt Erika keine Befreiung, es gelingt ihr aber etwas anderes: Wenn sich Erika auch sozial nicht von ihrer Mutter und ihren internalisierten Zwängen befreien kann, kommt sie am Ende des Romans doch dazu, ihr Leiden öffentlich darzustellen, realisiert durch ihre Selbstverletzung auf offener Straße in der letzten Szene des Romans.[7] Diese Szene wird damit lesbar als Allegorie der Kunstkonzeption des Romans und seiner Autorin: eine Kunst, die keine Emanzipation ermöglicht, aber familiär und gesellschaftlich erlittene Zwänge auf anstößige Weise zur Darstellung bringt. Der Roman leistet damit eine Offenlegung, ja Bloßlegung der ästhetischen Genealogie von Jelineks Schreiben.[8]

---

6 Vgl. im Gegensatz dazu die analeptisch erzählte Selbstverletzung: „SIE wird von keinem hellen Kreis angezogen. SIE sitzt allein in ihrem Zimmer, abgesondert von der Menge" (K 45).
7 Bei aller zurecht konstatierten Zirkularität des Romans lässt sich wahrnehmen, dass Erika im Laufe des erzählten Geschehens eine spürbare Entwicklung durchmacht, die man zunächst tentativ als Weg ‚von der Dunkelheit ans Licht' bezeichnen kann – freilich ohne jegliche heilsgeschichtliche Nebentöne. Der letzte Absatz des Romans spricht „von der immer kräftiger werdenden Sonne" (K 283), und auch kurz zuvor heißt es schon: „Erika Kohut steht da und sieht. Sie schaut zu. Es ist heller Tag, und Erika schaut zu." (K 282) Der scheinbar unmotivierte Zusatz „Es ist heller Tag" weist darauf hin, dass Erika bislang im Dunklen und unbemerkt von anderen zugeschaut hat: im dunklen Kinosaal, im Bretterverschlag der Peep-Show, in der dunklen Nacht der Praterauen: „Das Dunkel öffnet seine Pforten: Hereinspaziert!" (K 139); vgl. auch K 127: „Sie beobachtet dort, wo sie keiner je vermuten würde." Noch wenige Tage zuvor war in Hinblick auf das Aufgehen der Sonne davon die Rede, dass „sich der Tag durch unangenehme Helligkeit" ankündige (K 237).
8 Der Roman fand bislang vor allem ein psycho-soziales Interesse, obgleich Janz schon 1995 gezeigt hat, wie solche Deutungen ins Leere laufen, da sie bereits vom Text selbst parodiert werden. Vgl. Marlies Janz: Elfriede Jelinek. Stuttgart/Weimar 1995, S. 71–86; Renata Cornejo: Durch den Körper „sprechen". Der anerzogene Masochismus in „Die Klavierspielerin" von Elfriede Jelinek. In: Arnulf Knafl und Wendelin Schmidt-Dengler (Hg.): Unter Kanonverdacht. Beispielhaftes zur österreichischen Literatur im 20. Jahrhundert. Beiträge zur Jahrestagung der ehemaligen Werfel-StipendiatInnen unter dem Titel „Hauptwerke der österreichischen Literatur aus der Sicht der internationalen Literaturwissenschaft" am 28./29. 3. 2008 in Wien. Wien 2009, S. 121–131; Barbara Kosta: Muttertrauma. Anerzogener Masochismus. In: Helga Kraft und Elke Liebs (Hg.): Mütter – Töchter – Frauen. Weiblichkeitsbilder in der Literatur. Stuttgart/Weimar 1993, S. 243–265; Renata Cornejo: „Das Kind ist der Abgott seiner Mutter, welche dem Kind dafür nur geringe Gebühr abverlangt: sein Leben". Zum feministischen Postulat einer Ich-In-Beziehung in Jelineks Roman *Die Klavierspielerin*. In: Zagreber germanistische Beiträge 15 (2006), S. 157–179;

1 Das Tier in der Manege

Ein starker Wille zur Selbstinszenierung äußert sich bereits in Erikas vestimentärer Aufmachung gegen Ende des Romans, die einen markanten Unterschied zu ihrem bisherigen Erscheinungsbild darstellt, so dass „Leute, die sie schon längst kennen, sich über ihr verändertes Aussehen ernsthaft Gedanken machen" (K 204). Bislang kleidete sie sich unauffällig neutral: „Normalerweise hat Erika immer nur Rock und Pulli oder, im Sommer, Bluse an." (K 12) Obwohl sie ein ausgeprägtes Faible für schöne Kleider besitzt und, wie gleich in der ersten Szene deutlich wird, öfter in Boutiquen in der Innenstadt einkauft, schlummerten diese Kleider bislang im Verborgenen von Erikas Schrank und wurden nur „[i]n der Nacht, wenn alles schläft und nur Erika einsam wacht", als „Zeugen ihrer geheimen Wünsche" (K 12) aufgesucht. Nun aber, nach ihrer ersten intimen Begegnung mit Klemmer in der Schüler-Toilette, die bereits von Theatervergleichen begleitet wird,[9] und ihrer regiemäßigen Ankündigung, „daß sie ihm in Zukunft alles aufschreiben werde, was er mit ihr anfangen dürfe" (K 181), werden die Kleiderschätze plötzlich ausgeführt, ja förmlich aufgeführt. Erika kleidet sich nicht mehr nur, sie „verklei-de[t]" (K 202) sich „mit Ketten, mit Manschetten, mit Gürteln, mit Schnürungen, mit Stöckelpumps, mit Tüchlein, mit Gerüchen, mit abnehmbaren Pelzkragen, mit einem neuen klavierhinderlichen Plastikarmband." (K 203) Das Vokabular aus Theater und Zirkus – „Fundus", „Figurine", „Zirkuspferd" – hebt die Kunsthaftigkeit, die „Unnatur" (K 205) von Erikas Kostümierung hervor:

> Erika zäumt sich neuerdings wahrhaftig wie ein Zirkuspferd auf. Seit kurzem plündert die Frau ihre so lang unbenutzten Kleidervorräte [...]. Allerorten wird bestaunt und beachtet, wie sie des Guten zu viel tut und zu tief in den Schminknapf greift. Eine Metamorphose macht sie durch. Sie zieht nicht nur Kleider aus ihrem reichhaltigen Fundus an, sondern sie kauft auch

---

Annegret Mahler-Bungers: Der Trauer auf der Spur. Zu Elfriede Jelineks *Die Klavierspielerin*. In: Freiburger Literaturpsychologische Gespräche 7 (1988), S. 80–95; eine auf Lacan fußende Interpretation liefert Elizabeth Wright: Eine Ästhetik des Ekels. Elfriede Jelineks Roman *Die Klavierspielerin*. In: Elfriede Jelinek. Text + Kritik 117 (1999), H. 2, S. 83–91. Marlies Janz kommt 2003 zu einem ernüchternden Urteil über die existierende Forschung: „[F]ast zwanzig Jahres nach dem Erscheinen der *Klavierspielerin* gibt es außer einigen anregenden Skizzen keine Interpretation des Romans, die in einem komplexeren Sinn für sein Verständnis hilfreich wäre." Gerade die Beschäftigung mit den biographischen Bezügen habe sich dabei als Sackgasse erwiesen: „Jelineks Hinweise auf autobiographische Aspekte [...] der Romanfigur Erika Kohut [...] dürften für das Verständnis des Romans eher hinderlich gewesen sein und einer oft naiv identifikatorischen Lektüre Vorschub geleistet haben." Marlies Janz: Elfriede Jelinek: Die Klavierspielerin. In: Interpretationen. Romane des 20. Jahrhunderts. Bd. 3. Stuttgart 2003, S. 108–135, hier S. 108.

9 „[Ä]hnlich einer Bühnenkulisse" (K 174); „wie im Theater" (K 181).

noch die passenden Accessoires dazu, kiloweise, in Gestalt von Gürteln, Taschen, Schuhen, Handschuhen, Modeschmuck. [...] Erika stapft wie eine betrunkene Figurine einher, gestiefelt und gespornt, getarnt und geharnischt, geschmückt und verzückt. (K 204)

Erikas „Aufgeputzheiten" provozieren Walter Klemmer, der durch sie „in unvernünftigen Zorn" (K 203) gerät, und erregen „den unverhüllten Spott von Leuten, die Erika schon längst kennen" (K 204). Erika macht sich mit dieser Aufmachung, so heißt es zweimal, „lächerlich" (K 204). Mit Kafka – auf den noch zurückzukommen sein wird – könnte man ihr Erscheinungsbild in einen von dessen Zürauer Aphorismen kleiden: „Lächerlich hast Du Dich aufgeschirrt für diese Welt."[10] „Dieser Putz, dieser Firlefanz, den Klemmer als grob verunstaltend empfindet" (K 204) und über den auch Erikas Mutter schimpft (vgl. K 205), hat vorderhand den Zweck, „dem Schüler noch heftiger zu Gefallen zu sein" (K 204), aber zugleich noch einen anderen Effekt: Erika nämlich „ist gut und stramm eingewickelt." (K 204)

Damit etabliert sich ein Bezug zu Erikas masochistischer Brief-Phantasie, geht es dieser doch auch darum, „daß er sie mit Genuß so derart fest, stramm, gründlich, ausgiebig, kunstgerecht, grausam, qualvoll, raffiniert mit den Stricken [...] und auch den Lederriemen und sogar Ketten! [...] fesselt, ver- und zusammenschnürt und zusammenschnallt" (K 216). Erikas Kostümierung in „so sorgfältig aufgetragenen Schichten" (K 202), die „Hülsen, Häute, Hüllen, Deckel, welche die Tochter sich auferlegt" (K 205), haben damit dieselbe Anmutung wie Erikas Schnürphantasie: Sie zeigen ostentativ eine Frau in „Fesseln" (K 207).[11] Die „mütterliche[n] Bande[ ]" (K 8; 192) materialisieren sich im Brief zu masochistischen Fesselphantasien. Während sich „das Kind" in seinem Alltag „nur bewegen kann, als stecke es bis zum Hals in einem Sack", so dass es „über Vorrichtungen, niedrig gespannte Schnüre" fällt (K 82), und es von Erika heißt, „SIE ist mit den Stricken ihrer täglichen Pflichten verschnürt wie eine ägyptische Mumie" (K 83), soll Klemmer aus Erika „ein Paket" machen, „das vollkommen wehrlos" ist (K 222). Der Brief wird dominiert von Fesselungsphantasien:

> [B]inde mir bitte mit dem Gummischlauch, ich zeige dir schon wie, diesen Knebel so fest in den Mund als du nur kannst, damit ich ihn nicht mit der Zunge herausstoßen kann. Der Schlauch ist bereits vorbereitet! Wickle bitte auch meinen Kopf, damit mein Genuß sich steigert, fest in ein Kombinagehemd von mir ein und binde mir dieses so fest und kunstgerecht um mein Gesicht, daß es mir völlig unmöglich ist, es abzustreifen. Und lasse mich in

---

10 Franz Kafka: Aphorismen-Zettelkonvolut. In: ders.: Nachgelassene Schriften und Fragmente II. Hg. v. Jost Schillemeit. Frankfurt a. M. 2002, S. 113–140, hier S. 122.
11 Vgl. auch die Rede von „textilen Schichten" (K 203) und „[z]ehn Schichten übereinander, die Schutz gewähren" (K 205).

dieser Stellung stundenlang schmachten, daß ich währenddessen gar nichts unternehmen kann, ganz mit mir und in mir allein gelassen. (K 219)

Wenn Erika Klemmer dazu auffordert, sie so zuzurichten, dass sie „sich in seinen grausam süßen Fesseln gar nicht rühren kann" (K 217), so re-inszeniert sie in dem Brief also ‚nur', was sie in ihrem echten Leben erleidet: sie „möchte auf jeden Fall vollkommen bewegungsunfähig gemacht werden" (K 216), dass „sie so eingezwängt ist, daß sie sich nicht im geringsten bewegen kann" (K 228). Wie ihre „Frau Mama" „träumt" auch Erika „von neuen Foltermethoden" (K 12), und in beiden ist das gefolterte Objekt dasselbe, nämlich sie selbst.

Erikas Bezeichnung als „prachtvoll schabrackierte[s] Tier" (K 205) führt zurück zu dem letzten Absatz des ersten Romanteils, der in einer Art essayistischem Einschub die Metaphorik vom „Tier der Manege" entfaltet:

> Liebt das ehemalige Tier der Wildnis und jetzige Tier der Manege seinen Dompteur? Es kann möglich sein, doch es ist nicht obligat. Der eine bedarf des anderen dringend. Der eine braucht den anderen, um sich mithilfe von dessen Kunststücken im Scheinwerferlicht und zum Schinderassa der Musik aufzublasen wie ein Ochsenfrosch, das andere braucht den einen, um einen Fixpunkt im allgemeinen Chaos, das einen blendet, zu besitzen. Das Tier muß wissen, wo oben und unten ist, sonst steht es plötzlich auf dem Kopf. Ohne seinen Trainer wäre das Tier gezwungen, hilflos im freien Fall herabzusausen oder im Raum herumzudriften und ohne Ansehen des Gegenstands alles zu zerbeißen, zerkratzen und aufzuessen, was ihm über den Weg läuft. So aber ist immer einer da, der ihm sagt, ob etwas genießbar ist. Manchmal wird dem Tier das Genußmittel auch noch vorgekaut oder stückweise vorgelegt. Die oft zermürbende Nahrungssuche fällt vollends weg. Und mit ihr das Abenteuer im Dschungel. Denn dort weiß der Leopard noch, was gut für ihn ist, und nimmt es sich, ob Antilope oder weißen Jäger, der unvorsichtig war. Das Tier führt jetzt tagsüber ein Leben der Beschaulichkeit und besinnt sich auf seine Kunststücke, die es am Abend auszuführen hat. Es springt dann durch brennende Reifen, steigt auf Taburette, schließt Kiefer knackend um Hälse, ohne sie zu zerfetzen, macht Tanzschritte im Takt mit anderen Tieren oder allein, mit Tieren, denen es auf freier Wildbahn ohne Gegenverkehr an die Gurgel führe, oder vor denen es retirieren würde, wenn noch möglich. Das Tier trägt affige Verkleidungen auf Kopf oder Rücken. Man hat manche schon auf Pferden mit ledernen Schonbezügen reiten gesehen! Und sein Herr, der Dompteur, knallt mit der Peitsche! Er lobt oder straft, je nachdem. Je nachdem, wie das Tier es verdient hat. Aber der gefinkeltste Dompteur hat noch nicht die Idee gehabt, einen Leoparden oder eine Löwin mit einem Geigenkasten auf den Weg zu senden. Der Bär auf dem Fahrrad ist schon das Äußerste gewesen, was ein Mensch sich noch vorzustellen vermag. (K 110 f.)

Die Metaphorik zirkushaften Zwangs, bei dem die Rolle des dressierten Tiers durch die Erwähnung eines Musikinstruments am Ende eindeutig auf Erika gemünzt ist, wiederholt sich in Erikas Selbstzurschaustellung als Zirkuspferd in der späteren Passage: Die erfahrene Gewalt wird dort von Erika ostentativ affirmiert und mit einem Sinn fürs Übertriebene performativ ‚aufgeführt'. Bezeichnenderweise wird die am Anfang der obigen Passage gestellte Frage im Verlauf der Reflexion nicht beantwortet – es bleibt daher eine Ambivalenz darüber bestehen, mit wie viel innerer Affirmation sich das Tier mit seiner Rolle identifiziert oder inwiefern es innerlich revoltiert.

Erikas Brief ist bei allem Wiederholungszwang doch eine entscheidende Umwertung inhärent, denn sie übernimmt nun die Rolle des Dompteurs wie auch die des Tieres in der Manege. Was sie sonst passiv erleidet, entwirft sie im Brief aktiv und selbstbestimmt; was sie in ihrem echten Leben „beklagt" (K 82), wird hier zu etwas, das scheinbar „gut erfunden ist" (K 217). Ist Erika in ihrem Alltag eine passive Spielfigur ihrer Mutter, wird sie in ihrer neuen anstößigen Aufmachung und mehr noch im Brief selbst zur aktiven Regisseurin ihrer In-Ketten-Legung. Selbst Klemmer muss ihr mit etwas Abstand Anerkennung zu zollen:

> Nicht schlecht erstaunt ist Walter Klemmer über diese Frau, denn sie wagt, was andere bloß versprechen. Widerwillig beeindruckt ist er, nachdem er eine Atempause der Überlegung gemacht hat, von den Grenzen, gegen die sie sich lehnt, um sie etwas nach außen zu verschieben. Der Spielraum ihrer Lust wird sicher ausgeweitet. Klemmer ist beeindruckt. [...] Erika kennt ihre Umzäunung seit Jahren, die Mutter hat die Pflöcke eingeschlagen, doch sie gibt sich nicht damit zufrieden; sie reißt diese Pfähle wieder heraus und scheut sich nicht, neue mühselig einzuhämmern, anerkennt der Schüler Klemmer. Er ist stolz, daß der Versuch ausgerechnet mit ihm gemacht werden soll, darauf kommt er nach längerer Überlegung. (K 237)

Klemmer bringt in seiner Überlegung sehr präzise zum Ausdruck, worin die Quintessenz von Erikas Brief besteht: nämlich nicht nur darin, die von der Mutter eingeschlagenen Grenz-„Pfähle wieder heraus" zu schlagen, sondern zugleich „neue mühselig einzuhämmern". Nicht Befreiung ist Erikas Intention, sondern eine *Veräußerlichung*. Nicht die Aufhebung, sondern die Verschiebung der Grenzen konstituiert einen „Spielraum", den man wieder im theatralischen Sinne einer performativen Aufführung verstehen kann. Erika gleicht „einem Tier im Käfig" (K 233), das sich freiwillig zum Zirkustier aufschwingt, um dadurch die künstliche Unnatur seiner Existenz in renitenter Ostentation auszustellen. Symbol dieser Ermächtigung und gleichzeitigen Sichtbarmachung der Fesselung ist der „neue[ ] cowboyhafte[ ] Hut [...] mit einem Band und einem kleinen Schuber aus dem gleichnamigen Stoff wie der Hut, mittels dessen sie den Hut unter dem Kinn fixiert" (K 205). Mit Bändern fixiert und zugleich auf exaltierte Art inszeniert – dies ist die Doppelpoligkeit, die der Cowboyhut symbolisiert.

Sprechender Ausdruck dafür, dass Erika am Schluss des Romans der Rolle der fügsamen, braven Tochter entwachsen ist, ist das Kleid, das sie anzieht: Es ist sichtbar „vollständig veraltet", und sie ist aus ihm erkennbar ‚herausgewachsen': „Das Kleid ist zu eng und geht im Rücken nicht ganz zu. [...] Die Tochter steht an allen Ecken und Enden hervor." (K 279) Trotz Protests der Mutter – „in diesem Aufzug gehst du mir nicht" (K 279) – wird sie es anbehalten.[12] Das ostentative Nicht-mehr-Passen des Kleides zieht wie alle von Erikas neueren Outfits Blicke auf sich: „Erikas Ministerium des Äußeren trägt ein Kleid, nach dem sich mancher spöttisch umdreht" (K 279). Im letzten Absatz des Romans kommt der Erzähler nochmal auf das zu kleine Kleid zu sprechen:

> Erikas Rücken, an dem der Reißverschluß ein Stück offensteht, wird gewärmt. Der Rücken wird von der immer kräftiger werdenden Sonne leicht angewärmt. Erika geht und geht. Ihr Rücken wärmt sich durch Sonne auf. Blut sickert aus ihr heraus. Menschen blicken von der Schulter zum Gesicht empor. Einige wenden sich sogar um. Es sind nicht alle. Erika weiß die Richtung, in die sie gehen muß. Sie geht nach Hause. Sie geht und beschleunigt langsam ihren Schritt. (K 283)

Im Gegensatz zu den vielen zuvor aufgetragenen „textilen Schichten", von denen eine „immer verhornter und verwaschener als die nächste" ist (K 203), scheint Erika hier am Ende ungeschützt – dies umso mehr, als die Szene im Winter spielt,[13] Erika aber außer dem leichten Kleid nichts trägt. Das Bild des von der Sonne gewärmten Rückens entfaltet ein fast idyllisches Szenario, als übertrage die „immer kräftiger werdende[ ] Sonne" Energie auf Erika, die wirklich „beschleunigt". Auffällig ist auch der Wechsel von Passiv zu Aktiv: Wird der Rücken zu Beginn des Abschnitts passiv von der aktiven Sonne gewärmt, steht er kurz darauf selbst im Aktiv, und die Sonne ist zum Mittel geworden: er „wärmt sich durch Sonne auf". Ebenso Erika: „Erika geht und geht. [...] Erika weiß die Richtung, in die sie gehen muß. Sie geht nach Hause. Sie geht und beschleunigt langsam ihren Schritt." (K 283) Die anaphorischen Wiederholungen bekräftigen Erikas Subjektposition nachdrücklich, welche auch inhaltlich betont wird: „Erika weiß".[14] Diese Selbstsicherheit geht damit einher, dass Erika die Äußerungen ihrer Mutter nicht mehr hört: „Die Tochter hört es nicht" und „[s]ie hört der Mutter nicht zu", heißt es gleich zweimal, ja sie „hat die Mutter hinter sich zurückgelassen" (K 279): Das Perfekt-Tempus innerhalb des präsentischen Erzählens verleiht dem Halbsatz einen besonderen Nachdruck.

---

[12] Vgl. den Kontrast zum Anfang: „Die Mutter bestimmt darüber, wie Erika aus dem Haus geht." (K 11).
[13] Den Auslagen der Geschäfte nach zu urteilen spielt die Handlung im Februar: „Fröhliche Faschingsschlangen und Konfetti rieseln über die ersten Frühjahrsmodelle und die letzten Winterausverkäufe." (K 129).
[14] Vgl. den Kontrast zu dem kurz zuvor noch herrschenden Nichtwissen: „Die Tochter weiß noch nicht" (K 279); „Sie weiß es noch nicht" (K 281).

Erikas ‚Performance' in der letzten Szene des Romans sollte indes nicht als Befreiungsschlag glorifiziert werden; Erika ist „[s]chwächlich" (K 283), und gegenüber dem Wunsch, „[d]as Messer soll[e] ihr ins Herz fahren und sich dort drehen", kann die „harmlos[e]" Wunde an der Schulter als ‚Versagen'[15] gelten. Doch in all ihrer Gebrochenheit bleibt ihre Stich-Aktion eine dramatische Szene, der auch Erikas theatrale Grimasse entspricht: „Die Frau dreht den Hals sehr weit zur Seite und bleckt das Gebiß wie ein krankes Pferd." (K 283) Der Pferde-Vergleich nimmt hier am Schluss die Zirkuspferd-Metaphorik wieder auf. Dass Erikas Stich kein impulsiver emotionaler Ausbruch ist, macht der Text explizit: „[O]hne einen Aufschwung des Zorns, der Wut, der Leidenschaft sticht Erika Kohut sich in eine Stelle an ihrer Schulter" (K 283). Er ist auch nicht als Geste Klemmer gegenüber intendiert, denn dieser ist bereits mit seinen Kommilitonen im Gebäude verschwunden,[16] er wird nicht Zeuge von Erikas Tat. Erikas Stich gegen sich selbst scheint einer spontanen Intuition zu folgen; die Darstellung im Text jedoch bekommt einen dezidierten Inszenierungscharakter zugewiesen: Der Abschnitt wird gerahmt von einem Einleitungs- und Schlusssatz, die beide reflektiertes Licht von Fensterscheiben thematisieren: „Fenster blitzen im Licht." – „Eine Autoscheibe lodert auf." (K 283) Damit sind mögliche Zuschauer thematisiert, die aber gerade nicht personal sichtbar werden, sondern vielmehr in der Anonymität verbleiben, es sind keine Beteiligten, die eingreifen könnten oder wollten. Erikas Angeschautwerden auf ihrem Nachhauseweg findet auch im letzten Absatz des Romans, wie oben bereits zitiert, Erwähnung: „Menschen blicken von der Schulter zum Gesicht empor. Einige wenden sich sogar um." (K 283)

Auffallend ist die forciert literarische Stilisierung des Absatzes vor der Folie des Endes von Kafkas Romanfragment *Der Proceß*. Der Vorschlag von Uda Schestag, den Kafka-Bezug gendertheoretisch zu lesen – dass nämlich die Frau nicht einmal Opfer werden könne[17] – folgt zwar Jelineks eigener Aussage,[18] widerspricht jedoch, wie bereits Claudia Liebrand betont hat, dem Romankonzept, demzufolge „die Protagonistin *sowohl* als Täterin *als auch* als Opfer modelliert wird."[19] Eher ist an einen anderen Aspekt zu erinnern, den Jelinek in dem Inter-

---

15 „Der Rest der dazu nötigen Kraft versagt" (K 283).
16 Vgl. K 283: „Die jungen Leute sind gewiß für lange im Gebäude verschwunden."
17 Uda Schestag: Sprachspiel als Lebensform. Strukturuntersuchungen zur erzählenden Prosa Elfriede Jelineks. Bielefeld 1997, S. 190.
18 Neda Bei und Branka Wehowski: Die Klavierspielerin. Ein Gespräch mit Elfriede Jelinek. In: Die schwarze Botin 24 (1984), S. 3–9 und 40–46, hier S. 42.
19 Claudia Liebrand: Traditionsbezüge: Canetti, Kafka und Elfriede Jelineks Roman *Die Klavierspielerin*. In: Gegenwartsliteratur 5 (2006), S. 25–49, hier S. 43f. Liebrand zufolge bietet sich eine entgegengesetzte „Lektüreoption an, in der die – sich das Messer selbst in den Körper

view mit der *Schwarzen Botin* hervorhebt: Kafkas Mordszene sei ja, so die Autorin, „eine ganz große Zelebration".[20] Auch bei dem *Proceß*-Intertext scheint es Jelinek also auf den inszenatorischen Charakter anzukommen; Erika Kohuts Auftritten werde, so Jelinek, eine solche „große Zelebration" verweigert, bei ihr sei „alles so mickrig irgendwie".[21] Damit stehen sich aber nicht Inszeniertheit und Natürlichkeit, sondern zwei unterschiedliche Inszenierungsstile gegenüber: ein ‚pathetischer' Stil der großen Geste, wie ihn die beiden Herren im Gehrock, Josef K.s Mörder, demonstrieren, steht gegen einen ‚mickrig'-lächerlichen Stil, wie er von Erika Kohut praktiziert wird – und durch welchen sie in die Nähe von Josef K. rückt, der selbst „wie ein Hund"[22] stirbt mit dem Gefühl, versagt zu haben: „Vollständig konnte er sich nicht bewähren [...], die Verantwortung für diesen letzten Fehler trug der, der ihm den Rest der dazu nötigen Kraft versagt hatte."[23] Die Kafka-Referenzen der *Klavierspielerin* knüpfen daran an: Wenn am Ende Kafkas „große Zelebration" ein ins Lächerliche gehendes Make-Over bekommt, ist das verstehbar als Anschluss an Kafkas (Selbst-)Ironisierungen: In dem Maße, in dem sich in der letzten Szene von Jelineks Roman das Geschehen buchstäblich *literarisiert* – es bleibt offen, ob bereits in der Perspektive von Erika K., die sich hier selbst als literarische Figur wahrnehmen würde oder erst in der des Erzählers –, allegorisiert sich die Szene der Selbstverletzung als Darstellung einer schonungslosen, sich auch selbst dem kalten Blick und der ironisierenden Selbstverletzung unterziehenden Autorschaft; die fiktionale Autobiographie wird buchstäblich zur Autorbiographie: Die Geburt einer Autorschaft aus dem beschädigten Leben.

2 „Verwundungen als Kunstwerk": Erikas Wiener Aktionismus

Der Brief an Klemmer bildet einen wichtigen Zwischenschritt auf Erikas Weg der ‚Veräußerlichung', denn indem sie aufschreibt, was sie „ja nicht einmal laut auszusprechen" (K 218) wagt,[24] äußert sie ihre Qual zum ersten Mal einem Zweiten gegenüber. Ihr Brief ist dabei gleichzeitig mehr als seine Gattungsbestimmung

---

rammende – Protagonistin Erika Kohut gar jene kulturell ‚männlich' konnotierte Subjektposition, die Kafkas K. nicht zu usurpieren vermag, für sich reklamiert." (Liebrand, S. 44).
20 Bei und Wehowski, S. 42.
21 Bei und Wehowski, S. 45.
22 Franz Kafka: Der Proceß. Hg. v. Malcolm Pasley. Frankfurt a. M. 2002, S. 312.
23 Kafka: Der Proceß, S. 311 f.
24 Vgl. auch: „Erika erteilt sich keine Erlaubnis zu sprechen." (K 219).

impliziert, mit seinen Handlungsanweisungen gleicht er eher einem ausführlichen[25] Skript einer aktionistischen Performance, in der Erika die Rolle eines „Regisseur[s]" (K 223) einnimmt. Zwar wird Klemmer als Täter und Erika als seine „Sklavin" (K 220) konzipiert, aber er spielt dabei nur die von ihrer Inszenierung vorgegebene Rolle: „Tu es bitte, wann immer ich darauf Lust habe [...]. Überrasche mich eines Tages, den ich dir noch schriftlich angeben werde. [...] Ich werde jedesmal erklären, wie ich es haben möchte" (K 224 f.).[26] Als aktionistisches Projekt gelesen, zeigt Erikas Brief überaus starke Parallelen zum Wiener Aktionismus der 60er Jahre, der wiederholt mit Schnürungen und Bandagierungen gearbeitet hat; ja sogar schon Erikas Selbstverletzungen benutzen mit Rasierklinge, Nadeln und Wäscheklammern zentrale Utensilien desselben.[27]

Erikas ‚Wiener Spaziergang' am Ende bewegt sich nicht nur topographisch auf den Spuren des Wiener Aktionismus, welcher schon in dem Roman *Die Ausgesperrten* eine proleptische Erwähnung gefunden hatte:

> [B]ald gibt es sicherlich Künstler, die sich selbst Verletzungen zufügen, das werden dann die modernsten Künstler sein, die es gibt. Man geht zum Beispiel verletzt über die Straße und zeigt dem Herrn Polizeiinspektor diese starken Verwundungen als Kunstwerk vor, der versteht das nicht, und die Kluft zwischen ihm und dem Künstler, der zugleich sein eigenes Kunstwerk ist, steigt ins Unermeßliche, sie wird unüberschreitbar.[28]

Rainer Witkowskis visionäre Visualisierung ruft Günter Brus' spontan entstandene Aktion *Wiener Spaziergang* von 1965 auf: Am ganzen Körper weiß bemalt, mit einem vom Scheitel bis zur Sohle vertikal aufgetragenen, unsauber ausfransenden dicken schwarzen Strich stieg Brus im Juli 1965 im Rahmen einer Vernissage der Galerie *Junge Generation* am Wiener Heldenplatz aus einem Auto und ging „als gleichsam lebendes Bild durch Wiens Innenstadt, vorbei an etlichen historisch bedeutsamen Bauwerken", bis er von einem Polizisten gestoppt wurde.[29] Rainers Beschreibung der Aktion ist ganz offensichtlich nach einem der

---

25 „Klemmer bemerkt, daß der Brief noch ewig lang in diesem Tonfall weitergeht." (K 220).
26 „Sie gibt ihre Freiheit zwar auf, doch sie stellt eine Bedingung: Erika Kohut nützt ihre Liebe dazu aus, daß dieser Junge ihr Herr wird. Je mehr Gewalt er über sie erhalten wird, umso mehr wird er aber zu ihrem, Erikas willigem Geschöpf. [...] Er muß überzeugt sein: Diese Frau hat sich mir ganz in die Hand gegeben, und dabei geht *er* in Erikas Besitz." (K 208) Klemmer versteht diese intrikate Dialektik durchaus: „Hat er recht verstanden, daß er dadurch, daß er ihr Herr wird, niemals ihrer Herr werden kann?" (K 217).
27 Vgl. z. B. Peter Weibel unter Mitarbeit v. VALIE EXPORT (Hg.): Wien. Bildkompendium Wiener Aktionismus und Film. Frankfurt a. M. 1970.
28 Elfriede Jelinek: Die Ausgesperrten. Reinbek bei Hamburg 1980, S. 114.
29 Günter Brus 1989, zitiert nach: https://www.museum-joanneum.at/neue-galerie-graz/sammlung/sammlungsbereiche/bruseum/guenter-brus (letzter Zugriff: 5. Januar 2019).

zahlreichen Fotos erzählt, die Brus mit einem Polizisten zeigen. Zwar war er bei der Aktion nicht „verwundet", die vertikal verlaufende Farbspur hat aber – zumindest in dem bildlichen Dokumentarmaterial – stark die Anmutung einer Verwundung und tatsächlich hat sich Brus zur selben Zeit in Aktionen wie *Selbstverstümmelung* und *Zerreißprobe* auch wirklich verletzt. Während das Agieren im öffentlichen Raum heute eine vertraute künstlerische Strategie darstellt und ihr Provokationspotential verloren hat, sind Brus' Selbstverletzungen noch immer schockierend und verstörend. Als solche werden sie in den *Ausgesperrten* auch an späterer Stelle nochmals evoziert:

> Wiener Aktionisten werden in Bälde (man sieht es voraus) ihre Körper zerstören [...]. Wer zerstört sich schon freiwillig seinen Körper, den er nur einmal hat, fragt Hans. Ein Künstler, der sich vielleicht selbst verstümmeln wird, und das ist gut so. Ich will mich selbst auch oft in Stücke zerreißen und diese Stücke wegwerfen.[30]

Dass Rainer in der Lage ist, den Wiener Aktionismus ‚vorauszusehen', schreibt diesem eine bezwingende Logik zu, die Rainer selbst aus der eigenen biographischen Erfahrung herleitet: aus seinem Wunsch, sich „selbst auch oft in Stücke [zu] zerreißen". Wie sich bei Rainer dieses Verlangen aus der Erfahrung gesellschaftlichen Zwangs generiert, wird auch der Wiener Aktionismus mit seinen drastischen Gewaltdarstellungen immer wieder mit der repressiven gesellschaftlichen Atmosphäre im Wien der sechziger Jahre in Zusammenhang gebracht. Einschlägig für eine solche Lesart ist beispielsweise Peter Weibels Aufsatz *Von den Möglichkeiten einer nicht-affirmativen Kunst*, der 1973 in der *Edition Literaturproduzenten* im Verlag Jugend & Volk erschien – Jelinek könnte durch ihre Mitgliedschaft im Arbeitskreis österreichischer Literaturproduzenten[31] den Text durchaus zur Kenntnis genommen haben. Weibel entstammt dem engsten persönlichen Umfeld der Aktionisten, es ist daher anzunehmen, dass seine Darlegung in großer gedanklicher Nähe zu deren eigenem Kunstverständnis steht.[32] Weibel sieht den Wiener Aktionismus als ‚Sprengung des bürgerlichen Kunstbegriffs'[33] und als konsequente Radikalisierung der internationalen Avantgarde:

---

30 Jelinek: Die Ausgesperrten, S. 196.
31 Vgl. Marie-Thérèse Kerschbaumer: Für mich hat Lesen etwas mit Fließen zu tun. Gedanken zum Lesen und Schreiben von Literatur. Wien 1989 (Reihe Frauenforschung. Bd. 12), S. 9.
32 Gemeinsam mit Valie Export hat Weibel 1970 das „Bildkompendium Wiener Aktionismus und Film" herausgegeben.
33 Peter Weibel: Von den Möglichkeiten einer nicht-affirmativen Kunst. In: ders.: Kritik der Kunst. Kunst der Kritik. Es says & I say. Wien/München 1973 (edition literaturproduzenten), S. 35–50.

> [O]ppositionell zur tradierten Kunst und affirmativ zur Zivilisation, zwischen Kunst und Kommerz, wählt Pop Art den Schock, der die Versöhnung beherbergt, wählen F. Bacon, H. Bellmer, B. Conner, D. Higgins, H. E. Kalinowski, P. Manzoni, O. Mühl, G. Brus, H. Nitsch u. a. den Schock, der den Streit entläßt. [...] Denn wenn ich Terror vorfinde, kann ich nicht mit passiver Resistenz antworten, weil diese per Duldung die Affirmation des Terrors impliziert, sondern nur mit Terror repugnieren, der auf Beseitigung des Terrors zielt [...]. Auf Schock, der domestiziert und Unterdrückung erneuert, kann nur mit Schock ich erwidern, der Freiheit effektuiert.
>
> Die Parole Majakowskis, „der Schädel der Welt / muß heute / mit dem Schlagring gespalten werden" ist keine von gestern, zumal heute und hier in Wien, der Hof- und Hochburg der Restauration.[34]

Nicht zuletzt der Malschule des Wiener phantastischen Realismus – „Embourgeoisement surrealistischer trouvailles" – wirft Weibel vor, als „Vehikel gesteuerter Aggressionsbefriedigung [...] dieselbe gesellschaftliche Funktion" zu erfüllen wie die populären Protestsongs von Bob Dylan und anderen, „die anzuhören keinen Familienvater beim Mittagessen stört".[35] Der Wiener Aktionismus hingegen breche mit der Scheinhaftigkeit der Revolte, die „Materialaktionen intonieren eine Partitur des Bösen und der Destruktion [...], die verzweifelt versucht, die Brutalität des gesellschaftlichen Seins einzuholen und zu demonstrieren."[36] Insbesondere Günter Brus wird ihm zu einem Paradigma der Radikalisierung der Kunst:

> Nachdem menschliche Körper zu Pinseln geworden sind (Y. Klein), andere menschliche Körper die Bildfläche (Mühl), bleibt als letztmögliche Konsequenz, daß der Maler sein eigener Pinsel und seine eigene Bildfläche werde: er zersticht sich selbst oder bemalt sich zumindest selbst. [...] Totale Reduktion. Dies ist das echte „Endspiel" bürgerlich-traditioneller Kunst, und vielleicht ein anderes noch dazu.[37]

Im Herz der Brus'schen Aktion steht – zumindest in Weibels Verständnis – die Erfahrung der Welt im Modus der Repression:

> Mein Leib ist es, durch den die Repression der Welt ich erfahre. Wie jedoch der unhumane Blick des Anderen zum Objekt mich transformiert und mich negiert, so kann auch ich mit inhumanem Blick den Anderen zum Objekt transformieren und ihn verneinen, und durch ihn die Welt. Terror repliziere ich mit Terror. [...] Sein [=Brus'] Körper wird Schauplatz dieser wechselseitigen Transformationen: Er ist derjenige, der verneint wird, und gleichzeitig der Andere, den er verneint. Als Verstümmelter und als Verstümmelnder decouvriert er jeweils

---

34 Weibel: Von den Möglichkeiten einer nicht-affirmativen Kunst, S. 41 f.
35 Weibel: Von den Möglichkeiten einer nicht-affirmativen Kunst, S. 42.
36 Weibel: Von den Möglichkeiten einer nicht-affirmativen Kunst, S. 44.
37 Weibel: Von den Möglichkeiten einer nicht-affirmativen Kunst, S. 45 f.

durch den (eigenen = fremden) Körper die Verstümmelung der Welt und die Verstümmelung, die ihm und dem Anderen durch die Welt angetan wird. [...] Das Zerstückeln, Verstümmeln, Beschmutzen des menschlichen Körpers erhellt dadurch die moralische Dimension und Absicht von Mühl und Brus: Triumph über Verdinglichung und Repression. [...] Die Gewalt, die er sich antut, ist die Gewalt, die ihm angetan wird und der Welt, d. h. dem Anderen. Antagonistisch dem bekannten nazarenischen Akt [...], die Welt durch die eigene Opferung von ihrer Schuld befreien zu wollen, will Brus durch seine Opferung/ Selbstbemalung/ Selbstverstümmelung die Schuld der Welt unerbittlich & verbittert denunzieren.[38]

Nach Weibels Interpretation ist der aktionistische Akt also sowohl Ausdruck der erfahrenen Gewalt als auch zugleich ein „Triumph" über diese Erfahrung. Den „Schauplatz [...] wechselseitige[r] Transformationen", so ließe sich die These auf Jelineks *Die Klavierspielerin* umlegen, verkörpert auch Erika: In der paradox scheinenden Doppelung von „Verstümmelter" und „Verstümmelnde[ ]" agiert sie in ihrem Alltag „*auch* als Täter in Bezug auf die Herstellung jener ‚Zwangsmatrix' [...], in der sie dann gefangen" ist.[39] Sichtbar wird dies in ihrem sadistischen Umgang mit ihren Mitreisenden in der Tram (vgl. K 16 – 21), mit Musikschülern (vgl. K 168 – 171), mit Klemmer[40] und letztlich in der Wiederholung der erfahrenen Gewalt am eigenen Leib. Im Brief an Klemmer figuriert sie als Opfer der Folterungen und als ‚triumphierende' Regisseurin der Szenen zugleich. Dieser *double bind* ist bereits für den Aktionismus à la Brus konstitutiv und bedingt, dass er keine positive Utopie kennt, sondern nur die Idee einer *momentanen* ‚Befreiung' in der aktionistischen Demonstration. Als einen ‚unerbittlichen und verbitterten' Akt der Denunziation lässt sich vor allem Erikas letzte „Aktion" verstehen: Ihre öffentliche Selbstverletzung bleibt konstitutiv vieldeutig, und gerade in dieser Überdeterminiertheit steckt ihr verstörendes Potential, wie es auch schon Brus' „Gesten einer Revolte ohne Ziel und Hoffnung"[41] innewohnt: Sie setzt zum einen ihre heimlichen Selbstverletzungen fort, durch die sie die erfahrene mütterliche ‚Züchtigung' an sich selbst vollstreckt, insofern hat sie einen affirmativen Charakter; zugleich aber bekommt die öffentliche Zurschaustellung einen denunzierenden Charakter, indem sie die erfahrene seelische Verletzung ‚körperbildlich'

---

38 Weibel: Von den Möglichkeiten einer nicht-affirmativen Kunst, S. 46 f.
39 Liebrand, S. 45.
40 „Sie tut ihm mit Absicht weh" (K 181). Vgl. Jelineks Bemerkung, dass Erika bei Klemmer „den echten Sadismus hervor[holt], den er ja ursprünglich gar nicht hat, denn ursprünglich ist er ja ein ganz Harmloser [sic]". Bei und Wehowski, S. 43.
41 Weibel: Von den Möglichkeiten einer nicht-affirmativen Kunst, S. 47.

sichtbar macht. Im Vergleich zu den unbemerkt bleibenden, in Einsamkeit vollzogenen Selbstverletzungen wird ihr Leid nun vor Publikum artikuliert.[42]

Freilich hat Erika nicht das Bewusstsein, eine ‚Kunstaktion' zu performen und entscheidet sich erst spontan, das Messer gegen sich selbst zu richten – aber auch Brus hatte vorher keine genaue Vorstellung, was während des Spaziergangs zu geschehen hatte und das fehlende Bewußtsein vom ‚Kunst'-Charakter von Erikas Aktion verbürgt das gleichsam ‚organische' Entstehen ihrer Aktionskunst aus der persönlichen Erfahrung heraus. Im Gegensatz zu der von den Eltern ohne Kunstverstand aufoktroyierten musikalischen Kunstausübung, sind Erikas ‚Verkleidungen', ihr Brief und ihre Selbstverletzung genuin ihre eigenen ‚Werke'. Und sie sind mehr als spontane Ventile: Erikas ‚Auftritt' ist gemäß der oben zitierten Ankündigung ein von langer Hand geplantes Vorhaben und auch der Brief hat eine „jahrelange[ ]" Latenzzeit: „Was hier [d.i. im Brief] steht, ist die Frucht von Erikas jahrelangen Überlegungen." (K 228)

3 Jelineks Wiener Aktionismus: Die Kunst, sich ins eigene Fleisch zu schneiden

Diese Analogisierung von Wiener Aktionismus und Erikas ‚Aktionen' als Selbstreflexion von Jelineks Schreiben könnte als forciert gelten, wenn nicht der Text einige Hinweise darauf gäbe, dass Erika – selbst wohl noch unbewusst – den Weg einer avantgardistischen Künstlerschaft beginnt und er dabei auf Jelineks Autorschaftsgenealogie zurückgreift. Wenn es beim Aufgehen der Sonne am Morgen nach der Vergewaltigung durch Klemmer heißt „Rot wäscht es über die Fassaden" (K 278), erinnert der Text diskret an das Werk, mit dem Jelinek dem Aktionismus am nächsten gekommen ist: die unrealisiert gebliebene, gemeinsam mit Wilhelm Zobl und Aramis konzipierte Aktion *Rotwäsche* von 1969.[43] Bereits im Brief gibt es

---

42 Juliane Vogel: Cutting. Schnittmuster weiblicher Avantgarde. In: Thomas Eder und Klaus Kastberger (Hg.): Schluss mit dem Abendland. Der lange Atem der österreichischen Avantgarde. Wien 2000 (Profile. Bd. 5), S. 110–132, bezeichnet Erikas genitale Selbstverletzung (K 88–90) als „Szene [...], die als eine literarische Variation weiblichen Aktionismus zu lesen mehr als naheliegt". (Vogel, S. 128) – Dies gilt meines Erachtens noch nicht für das Geschehen selbst, da es unter Ausschluss von Publikum stattfindet, aber für seine literarische Darstellung: diese transponiert die Szene vor die Augen der Leser.
43 Typoskript abgedruckt in: Pia Janke (Hg.): Die Nestbeschmutzerin. Jelinek & Österreich. Salzburg/Wien 2002, S. 12–13. Vgl. dort, S. 12, auch den erläuternden Kommentar Jelineks von 1991: „Wäschestücke sollten in roter Farbe statt mit Waschmittel gewaschen werden, dazu Musik und Text aus unserer vielseitigen Werkstatt. Das Publikum würde dazu eingeschlossen werden

eine Stelle, die sich als *mise en abyme* lesen lässt, als Rekapitulation der literarischen Genealogie der Autorin:

> Ihm wird soeben vorgeschlagen, daß er für Erika eine Art Schürze aus festem schwarzem Plastik oder Nylon besorgen und Löcher hineinschneiden soll, durch die Man Blicke Auf Geschlechtsorgane Wirft. Klemmer fragt, woher eine solche Schürze hernehmen, wenn nicht stehlen oder basteln. Nur Guckkastenausschnitte bietet sie dem Mann also, das ist ihrer Weisheit letzter Schluß, höhnt der Mann. Hat sie auch dies vom Fernsehen entliehen, daß man nie das Ganze sieht, immer nur kleine Ausschnitte, jeder für sich aber eine ganz Welt? Den jeweiligen Ausschnitt liefert der Regisseur, den Rest liefert der Eigene Kopf. Erika haßt Menschen, die nicht denkend fernsehen. [...] Der Apparat liefert Vorgegebenes, der Kopf fertigt die äußeren Hülsen dazu. Er ändert beliebig Lebensumstände und spinnt Handlungen weiter oder anders. Er zerreißt Liebende und fügt zusammen, was der Serienschreiber getrennt wissen wollte. Der Kopf biegt um, wie er es haben will. (K 223f.)

Die „Schürze aus festem schwarzem Plastik" ist eine Anspielung auf Jelineks Debutroman *wir sind lockvögel baby!*, der in einem schwarzen Plastikschutzumschlag erschienen war; die Großschreibung des letzten Kolons im ersten Satz erweckt die Assoziation eines literarischen Titels. Das Hineinschneiden von Löchern lässt sich auf das in diesem Romanerstling integrierte Spiel mit dem Ausschneiden und Wechseln vorgestanzter Titelkärtchen beziehen. Der *lockvögel*-Roman erlaubt an mehreren Stellen in der Tat ‚den Blick auf Geschlechtsorgane', so z. B. in einer obszönen Szene im 61. Kapitel. Deren Gewalttätigkeit manifestiert sich selbst als „schneide[n]", allerdings weniger harmlos von Papier, bzw. Plastik, sondern eines Frauenkörpers. Der im Kontext als Digression aufzufassende, mit „Hat sie auch dies vom Fernsehen entliehen" beginnende Einschub ist eine Erzählerreflexion, die hier unvermittelt auf das Fernsehen zu sprechen kommt. Erika und ihre Mutter sind zwar Fernsehende,[44] doch überraschen die Ausführungen zu der Aktivität des „Eigene[n] Kopf[es]" (224) – wieder markiert durch Großschreibung –, der mit den „Ausschnitte[n]" (K 223) des Fernsehens verfährt wie mit gestalterischem Rohmaterial. Die letzten drei Sätze der zitierten Passage beschreiben recht präzise das Verfahren, das Jelineks zweitem Roman *Michael* zugrunde liegt, in welchem Figuren und Handlungsstränge aus Vorabendserien in Adaption des Cut-up-Verfahrens neu montiert und ‚umgebogen' werden. Erikas Briefphantasien werden demnach lesbar als Allegorisierung von Jelineks eigenen

---

und von uns zu allem, auch zu Gefängnis Entschlossenen mit Buttersäure traktiert. Wir selber hätten selbstverständlich Gasmasken getragen." Interessanterweise spricht Jelinek von mehreren [!] „ausgeklügelt gemeine[n] Aktionsstücke[n], die sich von denen der Wiener Aktionisten darin unterschieden, daß sie einen sehr präzisen politischen Zweck erfüllen sollten", nämlich: „die Menschen mit unserer Kunst [zu] terrorisieren [...], um sie aus ihrer Lethargie zu reißen."
44 Vgl. bereits die Bemerkung in K 7.

schriftstellerischen Anfängen. Wendelin Schmidt-Denglers stilsensible Lektüre unterstellt Jelineks Roman eine grundsätzliche Tendenz zur Allegorie, einen „Blick [...], der alles in allegorisches Zitat verwandelt".[45] Auch die letzte Szene, Erikas Selbstverletzung, lässt sich in diesem Sinne als Allegorie des Romanprojekts *Die Klavierspielerin* lesen: Erikas Mut, sich dem öffentlichen Blick auszusetzen, entspricht Elfriede Jelineks Mut, sich mit dem Roman gleichsam selbst unters Messer zu legen, sich zum Sezierobjekt ihrer Literatur zu machen. Sigrid Löffler hob dies schon 1983 in ihrer Besprechung des Romans hervor: „*Die Klavierspielerin* ist ein atemberaubend radikaler Text, der [...] seine Autorin [...] schonungslos preisgibt".[46] Die ungeschützte Selbstpreisgabe wird radikalisiert durch eine Erzählstimme, die Erika nicht empathisch, sondern mit denunzierender Distanz als eine pathologische Versehrte zeichnet und gänzlich auf Idealisierung verzichtet.[47] Die Erzählstimme unterwirft Erika genau demselben Blick, den diese auf ihre Umwelt hat und der auch auf Kafka zurückgeführt werden kann: eine „unbeteiligte[ ] Beobachtung am ‚falschen' Ort, nämlich da, wo Empathie erwartet werden könnte".[48] Während die Selbsterfahrungsliteratur – zumal die von weiblicher Seite – eine prononciert subjektive Perspektive wählt und Erzählstimme und Protagonist(in) in der ersten Person zusammenfallen lässt, wird uns Erika in Jelineks Roman in der dritten Person präsentiert und durchgehend einem kalten Blick ausgesetzt, der sie messerscharf seziert und kein gutes Haar an ihr lässt. Das paratextuell generierte Wissen, dass es sich bei Erika Kohut um eine literarische Fiktionalisierung von Elfriede Jelinek selbst handelt, die Autorin also gerade bei diesem Roman „entsetzlich involviert"[49] ist, eröffnet dem Leser den Blick auf die spezifische Leistung Jelineks: Dass es nämlich im Fall der Selbstdarstellung „besonders schwer ist, wenn man von sich selbst absehen soll. Man kann so leicht andere distanziert beschreiben, aber zu sich selbst den Abstand zu kriegen, daß man sich selbst ironisiert, das ist eben sehr schwierig."[50] Auch in dieser Hinsicht kann man den Schluss des Romans als *mise en abyme* des ästhetischen Verfahrens sehen: Erika macht sich nicht nur romanintern lächerlich,

---

45 Wendelin Schmidt-Dengler: Bruchlinien. Bd. 1. Vorlesungen zur österreichischen Literatur 1945 bis 1990. Salzburg/Wien 1995, S. 459.
46 Sigrid Löffler: Ohnmacht – ein Aphrodisiakum? In: Profil, 28.2.1983, S. 72–73, hier S. 73.
47 Dies z. B. im Gegensatz zu Robert Musils leicht idealisierender Selbstobjektivierung in der Figur des Ulrich im *Mann ohne Eigenschaften*. Vgl. Norbert Christian Wolf: Kakanien als Gesellschaftskonstruktion. Robert Musils Sozioanalyse des 20. Jahrhunderts. Wien/Köln u. a. 2011 (Literaturgeschichte in Studien und Quellen. Bd. 20), S. 1159f.
48 Winfried Menninghaus: Ekel. Theorie und Geschichte einer starken Empfindung. Frankfurt a. M. 1999, S. 440.
49 Bei und Wehowski, S. 5.
50 Bei und Wehowski, S. 5.

sie wird auch von der Erzählstimme lächerlich gemacht: Die Autorin richtet das Messer ihrer scharfen Sprache gegen sich selbst. Eine ‚biographische Lesart' in diesem Sinne wirkt nicht reduktionistisch, sondern verleiht dem Buch erst seine spezifische Sprengkraft: Die Gewalt, die sich Jelinek hier selbst antut, indem sie sich so unbarmherzig, „in einer Art extremer Erbärmlichkeit"[51] darstellt, gehören damit zum ästhetischen Einsatz des Textes und intensivieren dessen Negativität, aber auch seine ‚wahre' Intensität.

Mit der *Klavierspielerin* konzipiert Jelinek die avantgardistische Radikalität ihres Schreibens als *literarischen* Wiener Aktionismus; wie dieser versteht sich auch ihre Literatur als Reaktion auf den und künstlerischen Ausdruck des „gesellschaftlich sanktionierten" Sadismus,[52] den die Kunst nicht ‚erfindet', sondern in ihrem Medium zu allererst öffentlich inszeniert und damit sichtbar macht. Auch die begrenzte Reichweite der Kunst in Hinblick auf ihre wirklichkeitsverändernde Kraft ist am Ende des Romans Thema: „Die Welt steht, unverwundet, nicht still." (K 283) Damit einher geht die Notwendigkeit einer Neudefinition der Rolle des Künstlers, wie sie sich in den Aktionen von Brus und analog in Jelineks Literatur niederschlägt: Denn auch der Künstler, die Autorin, ist als Teil der Gesellschaft von der strukturellen Gewalt betroffen und nicht mehr in einem Schutzraum des ‚Außen' oder des Elfenbeinturms.

4 Formwille vs Authentizität

Diese Heteronomie schlägt sich zuletzt auch in der Sprache selbst nieder, die den Hauptunterschied zu anderen zeitgenössischen Texten autobiographischer Selbstvergewisserung markiert: Denn wo diese versuchen, die authentischen Wurzeln einer Individualität nicht zuletzt mithilfe einer Sprache freizulegen, die sich möglichst frei macht von den diagnostizierten gesellschaftlichen Überformungen,[53] korrespondiert Erikas „Zwang, sich zu verpacken"[54] bei Jelinek auf der stilistischen Ebene mit einem „starken Formwillen":[55]

---

51 Bei und Wehowski, S. 43.
52 Bei und Wehowski, S. 44.
53 Vgl. den kritischen Aufsatz von Jutta Kolkenbrock-Netz und Marianne Schuller, welche 1982 das „von Frauen häufig empathisch zum Ausdruck gebrachte Verlangen nach unverstellter Artikulation ihrer authentischen Erfahrungen" kritisieren und ihnen ästhetische Unreflektiertheit vorwerfen. Jutta Kolkenbrock-Netz und Marianne Schuller: Frau im Spiegel. Zum Verhältnis von autobiographischer Schreibweise und feministischer Praxis. In: Irmela von der Lühe (Hg.): Entwürfe von Frauen in der Literatur des 20. Jahrhunderts. Berlin 1982 (Literatur im historischen Prozess. N. F. Bd. 5), S. 154–174, hier S. 154.

Es ist kein direktes Herauskotzen. Das unterscheidet mich ja, weil ich eine sehr gearbeitete literarische oder eine sehr gearbeitete ästhetische Folie oder ein Raster drüberhalte. Und das war aber auch die Schwierigkeit. Es wäre sofort entsetzlich peinlich geworden. Auf diese Weise hätte ich vielleicht einen Bestseller geschrieben. Auf diese Weise ein Geständnisbuch geschrieben.[56]

Während Stefans Protagonistin ihre authentischen Häute präsentiert, ist es bei Erika künstliche „Unnatur" (K 205). Die Arrangements ihrer Outfits folgen einer hochelaborierten Kombinatorik: „Zehn Schichten übereinander", „[u]nd alle passen sie womöglich zusammen!" (K 205). Erikas sehr artifizieller, unkonventioneller Stil zeigt sich in der Abweichung vom Geschmack der Mutter: „Die Mutter spottet über eine geschmackvolle Zusammenstellung." (K 205) Schon hier wird der metaphorische Charakter dieser Textilien transparent, deren literarische Stofflichkeit in der Beschreibung der Cowboyhut-Spezifik der Buchwelt entliehen ist: „mit einem Band und einem kleinen Schuber aus dem gleichnamigen [!] Stoff" (K 205). Auch die Autorin der *Klavierspielerin* arbeitet mit vielen unterschiedlichen Stoffen, die in mehreren Schichten übereinandergelegt werden: so zum Beispiel „Plattenhüllenparaphrasen" und „viele Montagen [...] aus diesen einleitenden Worten zu den 11.00 h vormittags Philharmonischen Konzerten im Rundfunk", „eine Mittelstandssprache, die die Kultur vorm Zugriff des Proletariats schützen und gar niemand auf die Idee bringen soll, das gar für sich zu beanspruchen"[57] – aber auch Kafka-Zitate. Lässt sich dies zum einen als auch formales Statement verstehen, das die inhaltliche Absage an die Möglichkeit von Emanzipation stützt und von der erzählten Welt auf die performative Ebene der Komposition verlängert, zeigt es zum anderen die gänzlich entgegengesetzte Auffassung von Literatur: Die feministischen autobiographischen Projekte der siebziger Jahre versuchen, die Einzigartigkeit der Person durch eine Sprache freizulegen, die – reflektiert oder naiv – die gesellschaftlichen Bedingtheiten hinter sich zu lassen trachtet und radikal subjektiv-authentisch zu sein sucht. Verena Stefans *Häutungen* beginnen mit einer Sprachkritik: „Beim schreiben dieses buches [...] bin ich wort um wort und begriff um begriff an der vorhandenen sprache angeeckt" und konstatieren: „Die sprache versagt, sobald ich über neue erfahrungen berichten will."[58] Stefan versucht durch literarische Poetisierung die erlernten gesellschaftlichen Konventionen abzuwerfen, die titelgebenden Häu-

---

54 Bei und Wehowski, S. 40.
55 Bei und Wehowski, S. 6.
56 Bei und Wehowski, S. 6.
57 Bei und Wehowski, S. 6.
58 Stefan, S. 3.

tungen sind Erikas vestimentären Inszenierungen diametral entgegengesetzt. Diesem Willen zur Natürlichkeit setzt Jelinek Künstlichkeit entgegen. Erikas textile Schichten korrespondiert auf der Textebene eine „unerhört vielschichtige Sprache",[59] die zwar einen wiedererkennbaren Ton, aber keine authentische Stimme mehr hat. Alles ist „Konstruktion"[60] und „Unnatur" (K 205). Doch bleibt für diese Künstlichkeit die negative Erfahrung sozialer Realität konstitutiv. Wie Erikas unkonventioneller Kleidungsstil und mehr noch ihr Messer-Akt als Widerstand und zugleich als Demonstration sozialen Zwangs lesbar wird, ist auch Jelineks Schreiben aus einem solchen *double bind* gezeugt. Daraus gewinnt es – in Analogie zum Wiener Aktionismus – seine künstlerische Energie.

Literaturverzeichnis

Arteel, Inge: „Ich schlage sozusagen mit der Axt drein". Stilistische, wirkungsästhetische und thematische Betrachtungen zu Elfriede Jelineks Roman *Die Klavierspielerin*. Gent 1991 (Studia Germanica Gadensia. Bd. 27).
Bei, Neda und Wehowski, Branka: Die Klavierspielerin. Ein Gespräch mit Elfriede Jelinek. In: Die schwarze Botin 24 (1984), S. 3–9 und 40–46.
Cornejo, Renata: „Das Kind ist der Abgott seiner Mutter, welche dem Kind dafür nur geringe Gebühr abverlangt: sein Leben". Zum feministischen Postulat einer Ich-In-Beziehung in Jelineks Roman *Die Klavierspielerin*. In: Zagreber germanistische Beiträge 15 (2006), S. 157–179.
Cornejo, Renata: Durch den Körper „sprechen". Der anerzogene Masochismus in „Die Klavierspielerin" von Elfriede Jelinek. In: Arnulf Knafl und Wendelin Schmidt-Dengler (Hg.): Unter Kanonverdacht. Beispielhaftes zur österreichischen Literatur im 20. Jahrhundert. Beiträge zur Jahrestagung der ehemaligen Werfel-StipendiatInnen unter dem Titel „Hauptwerke der österreichischen Literatur aus der Sicht der internationalen Literaturwissenschaft" am 28./29.3.2008 in Wien. Wien 2009, S. 121–131.
Janke, Pia (Hg.): Die Nestbeschmutzerin. Jelinek & Österreich. Salzburg/Wien 2002.
Janz, Marlies: Elfriede Jelinek. Stuttgart/Weimar 1995, S. 71–86.
Janz, Marlies: Elfriede Jelinek: Die Klavierspielerin. In: Interpretationen. Romane des 20. Jahrhunderts. Bd. 3. Stuttgart 2003, S. 108–135.
Jelinek, Elfriede: Die Ausgesperrten. Reinbek bei Hamburg 1980.
Jelinek, Elfriede: Die Klavierspielerin. Reinbek bei Hamburg 1986 [¹1983].
Kosta, Barbara: Muttertrauma. Anerzogener Masochismus. In: Helga Kraft und Elke Liebs (Hg.): Mütter – Töchter – Frauen. Weiblichkeitsbilder in der Literatur. Stuttgart/Weimar 1993, S. 243–265.
Kafka, Franz: Aphorismen-Zettelkonvolut. In: ders.: Nachgelassene Schriften und Fragmente II. Hg. von Jost Schillemeit. Frankfurt a. M. 2002, S. 113–140.

---

59 Schmidt-Dengler, S. 458.
60 Bei und Wehowski, S. 45.

Kafka, Franz: Der Proceß. Hg. v. Malcolm Pasley. Frankfurt a. M. 2002.
Kerschbaumer, Marie-Thérèse: Für mich hat Lesen etwas mit Fließen zu tun. Gedanken zum Lesen und Schreiben von Literatur. Wien 1989 (Reihe Frauenforschung. Bd. 12).
Kolkenbrock-Netz, Jutta und Schuller, Marianne: Frau im Spiegel. Zum Verhältnis von autobiographischer Schreibweise und feministischer Praxis. In: Irmela von der Lühe (Hg.): Entwürfe von Frauen in der Literatur des 20. Jahrhunderts. Berlin 1982 (Literatur im historischen Prozess. N. F. Bd. 5), S. 154–174.
Liebrand, Claudia: Traditionsbezüge: Canetti, Kafka und Elfriede Jelineks Roman *Die Klavierspielerin*. In: Gegenwartsliteratur 5 (2006), S. 25–49.
Löffler, Sigrid: Ohnmacht – ein Aphrodisiakum? In: Profil, 28. 2. 1983, S. 72–73.
Mahler-Bungers, Annegret: Der Trauer auf der Spur. Zu Elfriede Jelineks *Die Klavierspielerin*. In: Freiburger Literaturpsychologische Gespräche 7 (1988), S. 80–95.
Masanek, Nicole: Männliches und weibliches Schreiben? Zur Konstruktion und Subversion in der Literatur. Würzburg 2005 (Epistemata. Reihe Literaturwissenschaft. Bd. 251).
Menninghaus, Winfried: Ekel. Theorie und Geschichte einer starken Empfindung. Frankfurt a. M. 1999.
Schestag, Uda: Sprachspiel als Lebensform. Strukturuntersuchungen zur erzählenden Prosa Elfriede Jelineks. Bielefeld 1997.
Schmidt-Dengler, Wendelin: Bruchlinien. Bd. 1. Vorlesungen zur österreichischen Literatur 1945 bis 1990. Salzburg/Wien 1995.
Stefan, Verena: Häutungen. München ^{20}1984 [^{1}1975].
Strauß, Barbara: Schauriges Lachen. Komische Schreibweisen bei Christa Reinig, Irmtraud Morgner und Elfriede Jelinek. Sulzbach/Taunus 2009, S. 303 u. 298.
Vogel, Juliane: Cutting. Schnittmuster weiblicher Avantgarde. In: Thomas Eder und Klaus Kastberger (Hg.) Schluss mit dem Abendland. Der lange Atem der österreichischen Avantgarde. Wien 2000 (Profile. Bd. 5), S. 110–132.
Weibel, Peter: Von den Möglichkeiten einer nicht-affirmativen Kunst. In: ders.: Kritik der Kunst. Kunst der Kritik. Es says & I say. Wien/München 1973 (edition literaturproduzenten).
Peter Weibel unter Mitarbeit v. VALIE EXPORT (Hg.): Wien. Bildkompendium Wiener Aktionismus und Film. Frankfurt a. M. 1970, S. 62.
Wolf, Norbert Christian: Kakanien als Gesellschaftskonstruktion. Robert Musils Sozioanalyse des 20. Jahrhunderts. Wien/Köln u. a 2011 (Literaturgeschichte in Studien und Quellen. Bd. 20).
Wright, Elisabeth: Eine Ästhetik des Ekels. Elfriede Jelineks Roman *Die Klavierspielerin*. In: Elfriede Jelinek. Text + Kritik 117 (1999), H.2, S. 83–91.

Norbert Christian Wolf
Lust im journalistischen Feld, Unlust an der Lektüre. Zur Funktion der Werkpolitik und Kritik an Jelineks Roman

Elfriede Jelineks Roman *Lust* wurde am 7. April 1989 ausgeliefert und bereits in den ersten dreieinhalb Monaten 75.000 Mal verkauft.[1] Andere Quellen sprechen von 42.000 Exemplaren in den ersten sechs Wochen.[2] Schon drei Wochen nach der Auslieferung berichtete das Branchenmagazin *Buchreport*, dass der „sehr unterschiedlich besprochene[ ]" Roman, „in dem Menschen nur als sich selbst entfremdete sexuelle Hochleistungsmaschinen ohne persönliches Gesicht dargestellt werden", „[a]us dem Stand auf Platz neun der aktuellen ‚Spiegel'-Bestsellerliste emporgeschnellt" sei.[3] Im September 1989 rangierte er dann mit 90.000 bis dahin abgesetzten Exemplaren auf Platz fünf dieser Liste.[4] Die Höhe der Erstauflage wird in dem von Pia Janke verantworteten Handbuch *Elfriede Jelinek: Werk und Rezeption* mit 109.550 verkauften Exemplaren beziffert (zum Vergleich: *Die Ausgesperrten*: 3.750, *Die Klavierspielerin*: 15.400, *Oh Wildnis, oh Schutz vor ihr*: 9.350), die der regulären Taschenbuchausgabe mit 173.250 Exemplaren (zum

---

1 Vgl. Daniela Castner: Die Quelle der Lust ist die Lust an sich selbst. Zur Aufnahme von Elfriede Jelineks Erfolgswerk. In: Der Standard, 20.7.1989, S. 12. – Für Hinweise danke ich Uta Degner, Harald Gschwandtner und Christa Gürtler.
2 Elfriede Jelinek: Machtverhältnisse! [Interview mit Gerald Grassl.] In: Volksstimme [Wien], 21.5.1989; vgl. Margarete Lamb-Faffelberger: Valie Export und Elfriede Jelinek im Spiegel der Presse. Zur Rezeption der feministischen Avantgarde Österreichs. New York u. a. 1992 (Austrian Culture. Bd. 7), S. 114. Dieselbe Zahl bestätigt Anja Meyer: Elfriede Jelinek in der Geschlechterpresse. *Die Klavierspielerin* und *Lust* im printmedialen Diskurs. Hildesheim u. a. 1994 (Germanistische Texte und Studien. Bd. 44), S. 119, unter Berufung auf eine schriftlich erteilte „Auskunft" durch „die Presseabteilung des Rowohltverlages in Reinbek".
3 N.N.: Elfriede Jelinek: Lust. Bestseller. In: Buchreport [Dortmund] 17, 27.4.1989, S. 32; vgl. ebd., S. 38, auch den Gesamtüberblick über die ersten 50 Plätze der damaligen Bestsellerliste, aus dem hervorgeht, dass *Lust* damals hinter Anna Wimschneiders *Herbstmilch*, Isabel Allendes *Eva Luna*, Patrick Süskinds *Das Parfum* und Doris Lessings *Das fünfte Kind*, aber etwa vor Christa Wolfs *Sommerstück*, Marion Zimmer Bradleys *Das Feuer von Troja* und Gabriel García Márquez' *Die Liebe in Zeiten der Cholera* rangierte.
4 So die Auskunft von Helmut Müller-Siegelbach, dessen positive Besprechung des Romans den ersten Teil einer gemeinsam mit Tanja Kurz verfassten, komplementären Doppelrezension darstellt, was diskursstrategisch einer Aufmerksamkeitspotenzierung gleichkommt: Elfriede Jelineks Roman „Lust": Kritiken aus der Perspektive eines Mannes und einer Frau. Lustvolles Lesen oder qualvolle Pflichtlektüre? In: Heilbronner Stimme, 2.9.1989; zit. in Lamb, S. 114.

https://doi.org/10.1515/9783110742435-008

Vergleich: *Die Ausgesperrten:* 67.000, *Die Klavierspielerin:* 498.000, *Oh Wildnis, oh Schutz vor ihr:* 32.800, wobei sich der noch größere Erfolg der Taschenbuchausgabe von *Die Klavierspielerin* wohl erst längerfristig – vor allem nach der Verfilmung durch Michael Haneke – einstellte).[5] Es handelt sich bei *Lust* also um den bis dahin kurz- und mittelfristig größten Verkaufserfolg Jelineks, der ihren endgültigen Durchbruch als maßgebliche deutschsprachige Autorin bedeutete, obwohl ein großer Teil der mitunter empörten Besprechungen im überregionalen wie im regionalen Feuilleton ablehnend bis vernichtend ausfiel.[6] *Unlust*, der Titel einer Rezension aus dem Hamburger Wochenblatt *DIE ZEIT*, steht *pars pro toto* für ein weit verbreitetes Unbehagen an einem literarischen Text, der die gemeinhin geltenden Vorstellungen belletristischen Schreibens mit der Implikation eines konstitutiven Genusses bei der Lektüre (*delectare*) regelrecht auf den Kopf stellte. Im Folgenden sollen zunächst die Voraussetzungen der ökonomischen Erfolgsstory in Jelineks publizistischer Werkpolitik *vor* der Romanpublikation skizziert (1.), sodann maßgebliche Charakteristika der Aufnahme von *Lust* durch die zeitgenössische Literaturkritik exemplarisch rekonstruiert (2.) und schließlich deren Konsequenzen für die nicht-professionelle Jelinek-Rezeption sowie für die weitere schriftstellerische Laufbahn der Autorin diskutiert werden (3.); die Formulierungen der Zwischenüberschriften beziehen sich dabei in Anlehnung an eine Äußerung von Jelinek selbst[7] auf Filmtitel aus dem Science-Fiction-Zyklus *Star Wars*.

1 Eine neue Hoffnung

Vorangegangen war dem ökonomischen Erfolg von *Lust* und der erhitzten publizistischen Debatte eine bei Jelinek vordem beispiellose öffentliche Aufmerksamkeitserregung: Diese setzte nach ihrer Beantwortung einer Anfrage der Deutschen Presseagentur sowie einigen Interviews für eher lokale Printmedien in

---

[5] Pia Janke: Elfriede Jelinek: Werk und Rezeption. Unter Mitarbeit von Verena Humer, Teresa Kovacs und Christian Schenkermayr. Wien 2014 (Diskurse. Kontexte. Impulse. Publikationen des Elfriede Jelinek-Forschungszentrums. Bd. 10), S. 58–66.
[6] Vgl. dazu neben dem angeführten Buch von Lamb-Faffelberger, das einen ersten Überblick anstrebt, die wenige Jahre später publizierten Dissertationen von Meyer: Elfriede Jelinek in der Geschlechterpresse, S. 119–138, deren quantitative Erhebungen freilich ein ausgeglicheneres Bild entstehen lassen, und von Christine Flitner: Frauen in der Literaturkritik. Gisela Elsner und Elfriede Jelinek im Feuilleton der Bundesrepublik Deutschland. Pfaffenweiler 1995 (Frauen in der Literaturgeschichte. Bd. 3), deren qualitative Analyse einen repräsentativeren Anspruch als der vorliegende Aufsatz verfolgt und vor allem topische Argumentationsmuster der Kritik untersucht.
[7] Vgl. Birgit Lahann: „Männer sehen in mir die große Domina". In: stern 37, 8.9.1988, S. 76–85, hier S. 80: „Ich habe immer gesagt, daß das Imperium zurückschlagen wird."

den Jahren davor[8] Anfang September 1988, als die meisten Leserinnen und Leser gerade vom Sommerurlaub zurückgekehrt waren, mit dem Paukenschlag eines ausführlichen Interviews im *stern* ein – der damals auflagenstärksten deutschen Illustrierten. Der Artikel trug den so suggestiven wie irreführenden Titel: „Männer sehen in mir die große Domina".[9] Fast die gesamte Doppelseite des Aufmachers war von einem Foto unterlegt, auf dem Jelinek in Jeans und Lederjacke mit angewinkelten Beinen seitwärts auf einem Sofa sitzend und einer Zigarette in der rechten Hand cool lächelnd direkt in die Kamera blickte. [Abb. 1] Wie ein Einleitungsabschnitt berichtete, der bereits auf der ersten Seite begann, waren auf Wunsch der Fotografin Karin Rocholl ursprünglich sogar Bilder aufgenommen worden, die Jelinek im Wiener Luxushotel Sacher an ein Bett gefesselt zeigten, was mit den Worten kommentiert wurde: „Elfriede Jelinek – gefesselt. So wie Elfriede Jelinek ihre ‚Klavierspielerin' Erika Kohut gefesselt hat. Fesseln sind Zeichen. Auch Zeichen dafür, daß ‚die Frau zur Strecke gebracht worden' ist, wie es in Elfriede Jelineks ‚Lust' heißt."[10] Im Ton einer Klatschreportage fuhr der Artikel fort: „Ja, sie läßt es geschehen. Am Bettpfosten im ‚Sacher'. Aber nur von uns. ‚Von einem Mann würde ich mich nie fesseln lassen', sagt sie und liegt mit ihrem schönen, kantigen Gesicht da wie die ironisierte ‚Justine', die bestrafte Tugend des Marquis de Sade – im Hemd, im Kostüm, in Leder."[11]

Es ist bezeichnend, dass die populäre Illustrierte das Antlitz der feministischen Autorin nicht nur mit der masochistischen Protagonistin des bis dahin erfolgreichsten Jelinek-Romans *Die Klavierspielerin* assoziierte, sondern auch mit Donatien Alphonse François de Sades berühmtem philosophisch-pornographischen Roman *Justine ou les malheurs de la vertu* (1787; dt.: *Justine oder vom Missgeschick der Tugend*). *Lust* wird damit sogleich in einen masochistischen Zusammenhang gestellt – gemeinhin die ‚der Frau' zugebilligte Perversion sexueller Begierde. Auf diese Weise erschien auch die Autorin Jelinek – und das ist im Zusammenhang einer seriösen belletristischen Buchveröffentlichung keine Kleinigkeit – öffentlichkeitswirksam als Frau mit masochistischen Gelüsten, was sie sogar selbst bestätigte.[12] Der reißerischen Information folgte freilich die Ernüchterung auf dem Fuß: „Vier Wochen später ein Telegramm. Bitte nicht das Foto mit den Fesseln veröffentlichen. Ihr werde ganz schlecht. Sie träume schon davon. Es sei die Euphorie des Augenblicks gewesen: Der Roman war beendet, die Last

---

8 Vgl. Janke: Elfriede Jelinek: Werk und Rezeption, S. 596.
9 Vgl. Lahann, S. 76.
10 Lahann, S. 76–78.
11 Lahann, S. 78.
12 Lahann, S. 84, ‚bekennt' Jelinek bereitwillig, „eher masochistisch [...] als sadistisch" veranlagt zu sein.

Abb. 1: Aufmacherfoto des *stern* Nr. 37 (8.9.1988), S. 76 f., aufgenommen im Hotel Sacher, Wien im Sommer 1988 © Karin Rocholl.

abgefallen und damit die Lust aufgestiegen."[13] Zwar blieb die Fotostrecke, in der die gegen das Patriarchat aufbegehrende Schriftstellerin als passives erotisches Objekt latent männlicher Gewaltfantasien inszeniert wurde, auf Wunsch Jelineks unveröffentlicht,[14] doch sollte zumindest der schriftliche Bericht darüber die Fantasien und Spekulationen der Leserinnen und Leser weiter stimulieren[15] – und zwar durchaus langfristig:

---

13 Lahann, S. 78.
14 Vgl. dazu das Kapitel „Elfriede Jelinek" in Karin Rocholl: Der zweite Blick. Prominente im Porträt. Mit Texten von Birgit Lahann. München 2013, S. 42–53, hier S. 51, in dem u. a. berichtet wird: „Elfriede Jelineks Mann fragte immer mal wieder nach, ob das besagte Foto auch wirklich nie veröffentlicht werde? Natürlich nicht. Bei einem Treffen im ‚Adria' an der Münchener Leopoldstraße im Jahr 2005 überrascht die Fotografin die Schriftstellerin mit einem ungewöhnlichen Geschenk: In einer durchsichtigen Tüte lagen alle Negative der Fesselung – zerschnitten. Elfriede Jelinek hat gelacht, gedankt und gesagt, sie würde jetzt alles wieder zusammensetzen."
15 Vgl. Verena Mayer und Roland Koberg: Elfriede Jelinek. Ein Porträt. Reinbek bei Hamburg 2007, S. 164.

> Die Beschreibung des Bildes [...] hat die Vorstellungskraft der Leser auf Hochtouren gebracht. Selbst 18 Jahre später, auf einem internationalen Symposium über Elfriede Jelinek, spielte die nie gedruckte Fotografie noch immer eine geheimnisvolle Rolle. Es wurde heftig diskutiert, ob nicht alles nur eine mediale Inszenierung war und das Foto überhaupt je existiert habe.[16]

Ob es sich bei besagtem „internationalen Symposium" um die vom 1. bis 3. Juni 2006 an der Universität Tromsø veranstaltete Jelinek-Tagung handelt oder nicht – selbst nüchterne Literaturwissenschaftlerinnen und Literaturwissenschaftler scheinen in ihrer Imagination und Projektion von den Informationen des *stern*-Artikels angeregt worden zu sein.[17]

Der Wortlaut des Interviews begann ebenfalls spektakulär mit folgender Gratulation der *stern*-Redakteurin an die Autorin: „Herzlichen Glückwunsch zu Ihrem gigantischen PR-Gag. Jeder hat gelesen, daß Sie mit Ihrem pornographischen Roman nicht weiterkommen. Nun haben Sie ihn aber zu Ende geschrieben. Und wenn er im Frühjahr erscheint, will ihn jeder lesen."[18] Es handelt sich dabei um einen performativen Sprechakt *par excellence*, der das Behauptete allererst selbst hervorbringt, indem er Jelineks eigene frühe Werkpolitik zu einem bloßen „PR-Gag" erklärt. Die Autorin antwortete darauf mit einer Hintergrundinformation, die dem traditionellen Topos des naiv und unwillkürlich, jedenfalls nicht strategisch agierenden Künstlers entspricht:

> Offenbar sind die besten PR-Gags die, die einem unabsichtlich passieren. Das war einfach die routinemäßige Umfrage von dpa, woran Schriftsteller arbeiten. Und ich habe eben gesagt, ich möchte einen Gegenentwurf zur ‚Geschichte des Auges' von Georges Bataille schreiben... [...] Es war mir wichtig, den Blick auf das Obszöne nicht aus männlicher, sondern aus weiblicher Sicht zu zeigen. Das, was man so in der Literaturgeschichte als pornographische weibliche Texte sieht, ist für mich ästhetisch nicht gelöst. Anaïs Nin hat ihre Geschichten nur auf Anregung eines Mannes, nämlich Henry Miller, als rein kommerziell an-

---

16 Mayer und Koberg, S. 49–51. Alexandra Tacke: Zwischen LeseLUST und PorNO. Zum Vor- und Nachspiel von Elfriede Jelineks *Lust* (1989). In: Sabine Müller und Cathrine Theodorsen (Hg.): Elfriede Jelinek: Tradition, Politik und Zitat. Ergebnisse der Internationalen Elfriede Jelinek-Tagung 1. – 3. Juni 2006 in Tromsø. Wien 2008 (Diskurse. Kontexte. Impulse. Publikationen des Elfriede Jelinek-Forschungszentrums. Bd. 2), S. 229–250, hier S. 239, sinniert tatsächlich darüber, „dass es das Fesselungsfoto vielleicht gar nicht gegeben hat" etc.
17 Zum problematischen Status von Interviews und Interviewäußerungen Jelineks „in Hinblick auf den ‚Wahrheitsgehalt' der darin getätigten Aussagen" bzw. „als Fort- bzw. Weiterschreibungen des medialen Diskurses über die Person und das Werk der Autorin" vgl. den instruktiven Überblicksartikel von Christian Schenkermayr: Interviews und Porträts. In: Pia Janke (Hg.): Jelinek-Handbuch. Stuttgart/Weimar 2013, S. 341–347, Zit. S. 341.
18 Lahann, S. 78.

gelegte Soft-Porno-Storys geschrieben. Erica Jong – und übrigens auch Leni Riefenstahl auf ihre Weise – sind nichts als männliche Projektionen.[19]

Folgt man diesen Auskünften, die fast identisch[20] bereits in der *Recklinghäuser Zeitung*, dem *Mannheimer Morgen* und dem Ingolstädter *Donau-Kurier* kolportiert worden waren[21] und nicht zuletzt in theoretisch anspruchsvolleren Publikationen weiter verbreitet werden sollten,[22] dann wollte die Autorin ursprünglich einen Porno „aus weiblicher Sicht" verfassen, was sich aber bald als schier unlösbare Aufgabe erwiesen habe:

> Ich muß sagen, ich habe mir nicht vorgestellt, wie schwierig es ist. Die einzige gelungene weibliche Pornographie ist die „Geschichte der O" von Pauline Réage. Das ist ästhetisch gelungen. Aber auch nur deshalb, weil sie diese weibliche Perspektive oder den weiblichen Masochismus als etwas Gegebenes annimmt. Ich wollte eben eine weibliche Sprache für das Obszöne finden und bin darauf gekommen, daß es nicht geht, weil es für Frauen überhaupt nicht vorgesehen ist, über Sexualität zu sprechen [...], ohne in die Sprache der Männer zu fallen.[23]

---

19 Lahann, S. 78.
20 Der Umstand dieser nahezu identischen Wiederholung in unterschiedlichen Interviews nähert die bereitwillig erteilten Auskünfte Jelineks ihren von Juliane Vogel als fragwürdig erachteten „Bekenntnissen" an; vgl. Juliane Vogel: Oh Bildnis, oh Schutz vor ihm. In: Christa Gürtler (Hg.): Gegen den schönen Schein. Texte zu Elfriede Jelinek. Frankfurt a.M. ²2005, S. 142–156, hier S. 147f.: „Die doppelte Widerlegungsstruktur der Antworten Jelineks ist noch jedem entgangen, der sich am Orte weiblicher Wahrheit aufzuhalten meinte. / Indem Jelinek das Aufgebot von Mode und selbstbewußtem Good Looking zum Ausgangspunkt von Gnadengesuchen und Unterwerfungen macht, nimmt sie den Abstand zwischen Ikone und Geständnis. Sie spielt das ‚Sujet', das heute Subjekt sein darf. [...] Sie darf auf immergleiche Fragen rechnen, die Antworten tun das Ihrige. [...] Und so legt die Wiederkehr der immergleichen Repliken nahe, daß die dem Porträt mythisch unterschobene Ganzheit eine Konfiguration stereotyper Selbstaussagen ist. Diese heben auf eine je medienspezifische Form der Ironie ab." Dass Jelineks Interviewäußerungen und deren Aufnahme indes nicht allein als Elemente einer so intentionalen wie bis zuletzt selbstbestimmten ironischen Medienstrategie gelten können, soll im Folgenden deutlich werden.
21 Vgl. N. N.: Elfriede Jelinek: Ein Porno aus weiblichem Blickwinkel. In: Recklinghäuser Zeitung, 23.7.1986; wiederabgedruckt unter dem reißerischen Titel: Ein Porno nur für Frauen? In: Mannheimer Morgen, 8.8.1986, und unter der eher despektierlichen Überschrift: Lange Prosa zum Thema Begierde. In: Donau-Kurier, 1.2.1987; dokumentiert in Janke: Elfriede Jelinek: Werk und Rezeption, S. 596.
22 Vgl. etwa Elfriede Jelinek: Der Sinn des Obszönen. In: Claudia Gehrke (Hg.): Frauen & Pornographie. Tübingen o.J. [1988], S. 101–103.
23 Lahann, S. 78.

Wenn Jelinek die *Histoire d'O* der französischen Lektorin und Schriftstellerin Anne Cécile Desclos (besser bekannt unter dem *nom de plume* Dominique Aury), die ihren berühmten erotischen Roman 1954 unter dem Pseudonym Pauline Réage veröffentlicht hat, als einzigen ‚gelungenen' weiblichen Porno anführt, dann stellt sie ihr Schreibprojekt auch selber in einen dezidiert masochistischen Kontext. Indem sie der traditionellen Verbindung von Weiblichkeit und Masochismus aber ihre Selbstverständlichkeit abspricht,[24] nennt sie die zentralen Stichworte, an denen sich die öffentliche Debatte entzünden sollte. Nicht so intensiv wahr- und aufgenommen wurden hingegen Jelineks offenbar weniger leicht verständliche, aber umso spannendere Hinweise auf ihr poetisches Verfahren:

> [I]ch habe jetzt versucht, die Konsumierfreude an der „Lust" gleichzeitig zu unterbinden durch ästhetische oder sprachliche Fallen, die ich einbaue. Die „Lust" soll nicht konsumiert werden wie kommerzielle Pornographie. Sie soll durch ästhetische Vermittlung sozusagen dem Leser ins Gesicht zurückschlagen. [...] Das ist ein ästhetischer Doppeltrick. [...] Das ist genau der Zweck, daß man sich darin nicht wälzen kann wie ein Schwein in der Kuhle, sondern daß man blaß wird beim Lesen.[25]

Die skizzierte ästhetische Strategie, die Jelinek hier intermedial an einem weithin bekannten Hollywoodfilm veranschaulicht,[26] ist vergleichbar mit jener, die Michael Haneke einige Jahre später in seinem Film *Funny Games* (1997) hinsichtlich der grassierenden Gewaltverherrlichung im Kino entwickelt hat.[27] Jelinek konstatiert als Produkt der damals noch neuen Videokultur einen „geistigen und emotionalen Analphabetismus", dem es mit elaborierten literarischen Techniken etwas entgegenzusetzen gelte. Demnach habe sie in *Lust* versucht,

---

24 Vgl. dazu auch Jelinek: Der Sinn des Obszönen, S. 102f.: „Das Obszöne ist dann gerechtfertigt, wenn man den Beziehungen zwischen Männern und Frauen die Unschuld nimmt und die Machtverhältnisse klärt. [...] Erika [sic] Jong oder Anaïs Nin sind ja literarisch uninteressant. Die einzige ist eigentlich Pauline Reage [sic], die Autorin von ‚Histoire d'O'. Und zwar nur deshalb, weil sie den weiblichen Masochismus vollkommen annimmt und ins Extrem weiterschreibt. Das stimmt ästhetisch und erhellt gleichzeitig die Machtverhältnisse. Ich versuche eben, noch einen Schritt weiterzugehen und diese Macht politisch zu erklären."
25 Lahann, S. 78.
26 Vgl. Lahann, wo sich Jelinek auf den Hitchcock-Film *Das Fenster zum Hof* beruft: „Das ist ein gutes Beispiel. Es zeigt den Voyeur, aber gleichzeitig wird in diesem Voyeur der Voyeurismus der Zuschauer im Kino entlarvt." (S. 78)
27 Vgl. Michel Cieutat, Philippe Rouyeur und Michael Haneke: Haneke über Haneke. Gespräche mit Michel Cieutat und Philippe Rouyer. Mit einem Nachwort von Georg Seeßlen. Berlin/Köln 2013, S. 195: „Mein Ziel war es, den Zuschauern zu zeigen, was Gewalt wirklich ist und wie schnell sie zu Komplizen der Folterer werden, obwohl mehrfach daran erinnert wird, daß sie nur einen Film sehen."

Anti-Pornographie zu machen. Es mag zwar vordergründig manchmal wie Pornographie aussehen, aber es ist eben etwas, das man sich nicht so hineinziehen kann, wie die Kids ihre Videos am Wochenende. Mein Text hat eine dialektische Wechselwirkung. Er schlägt zurück. Er verändert einen im Aids-Zeitalter, wo der Mann es nicht mehr wagt, zu Prostituierten zu gehen, wo es also wieder zur routinemäßigen, langweiligen, tödlichen Benutzung der Ehefrau kommt.[28]

An den hier etablierten Themenfeldern orientierten sich zahlreiche weitere Interviews, die vor *und* nach der Auslieferung von *Lust* erschienen, etwa zwei Monate später in der erst ein Jahr zuvor gegründeten linksliberalen Wiener Tageszeitung *DER STANDARD*, in lokaleren Medien wie *Klenkes Stadtzeitung für Aachen*, im Wiener Monatsmagazin *Basta* der Fellner-Gruppe, im Berliner Stadtmagazin *tip*, im Bordmagazin der Lauda-Air, in der Frauenzeitschrift *Emma*, im österreichischen Nachrichtenmagazin *profil*, in der kommunistischen Wiener *Volksstimme*, in der Hamburger Wochenzeitung *DIE ZEIT*, aber auch in der renommierten fremdsprachigen Tagespresse wie *La Stampa* oder *Libération*. Das *profil* verwendete eine Frontalfotografie der als selbstbewusst-provokant inszenierten Autorin sogar für das Titelblatt der Ausgabe vom 28. März 1989, deren Aufmacher entsprechend lautete: „Elfriede Jelinek und ihr Roman ‚Lust'. Frauen gegen Männer-Pornos". [Abb. 2] Daneben erlaubte Jelinek bzw. ihr Verlag zahlreiche Vorabdrucke von Textausschnitten in den renommierten Literaturzeitschriften *manuskripte* und *Schreibheft*, im politisch-literarischen Journal *konkursbuch*, in der europäischen Kulturzeitschrift *Lettre* und sogar im Männermagazin *lui*. Man kann also hinsichtlich der bedienten Periodika von einer generisch, thematisch und qualitativ erstaunlich breiten Streuung sprechen, die sich keineswegs auf Qualitätsblätter und die üblichen Spartenmagazine beschränkte. Alexandra Tacke vermutete deshalb, dass Jelinek „gerade für ihren Prosatext *Lust* ein langes und ausgiebiges (Vor)Spiel mit den Medien treiben wollte, um diese samt ihren Vermarktungsstrategien und ihrer Sensationslust indirekt vorzuführen".[29] Im Folgenden soll untersucht werden, ob diese (vermeintliche?) „ausgeklügelte Dop-

---

28 Lahann, S. 80; zu ihrem „starke[n] politische[n] Anspruch" vgl. ebd. sowie Jelinek: Der Sinn des Obszönen, S. 102: „Meine Arbeit nenne ich anti-pornografisch, weil ich einen Bewußtmachungsprozeß erzielen und nicht nur einfach aufgeilen möchte, obwohl mir das auch schon vorgeworfen worden ist. Es geht darum, Sexualität als etwas Politisches und nicht als etwas Unschuldiges zu begreifen, das einfach da ist." Eine genauere Situierung des Textes in das Spannungsfeld zwischen Pornografie und Anti-Pornografie unternimmt Allyson Fiddler: Problems with Porn: Situating Elfriede Jelineks *Lust*. In: German Life and Letters 44 (1991), H. 5, S. 404–415.
29 Tacke, S. 229.

Abb. 2: Titelblatt des *profil* Nr. 13 (28.3.1989) © *profil*.

pelstrategie"[30] – wenn sie denn existiert hat, was Jelinek schon zehn Jahre früher explizit verneinte[31] – wirklich aufgegangen ist.

---

30 Tacke, S. 240; Tacke hält deren Widersprüchlichkeit sogar ausdrücklich für „gewollt[ ]" (S. 237).
31 Vgl. Gerhard Fuchs und Elfriede Jelinek: „Man steigt vorne herein und hinten kommt man faschiert und in eine Wursthaut gefüllt wieder raus". Ein E-Mail-Austausch. In: Daniela Bartens und Paul Pechmann (Hg.): Elfriede Jelinek. Die internationale Rezeption. Graz 1997 (Dossier, Extra), S. 9–25, hier S. 9: „Ursprünglich wollte ich einfach den Leuten wirklich was erklären, damit sie meine Sachen besser verstehen sollen, ganz naiv, mit diesem 68er didaktischen Impetus, den wir damals alle draufhatten. Dann habe ich gemerkt, daß das nicht geht, weil die Leute nicht glauben, daß man ihnen etwas sagen möchte, sondern irgendeine List dahinter vermuten. Daß man also imstande sei, die Medien geplant für sich zu benutzen. Sogar eine mir sehr wohlgesonnene Germanistin hat ja in ihrem Aufsatz eine genau geplante Medienstrategie hinter

2 Das Imperium schlägt zurück

Wie wirkte sich nun die skizzierte intensive Pressearbeit auf die Reaktionen der Literaturkritik aus?[32] Der Reigen von Besprechungen in überregionalen Printmedien wurde eröffnet mit Volker Hages Polemik *Unlust*, die am Tag der Auslieferung des Jelinek'schen Buchs in *DIE ZEIT* erschien.[33] Ihr Titel nimmt wohl Bezug auf eine drei Wochen zuvor ausgestrahlte Sendung des *Literarischen Quartetts*, in der Sigrid Löffler über Jelineks Text einleitend gesagt hatte: „Ihr Buch heißt *Lust*, und von Lust kann in diesem Buch überhaupt nicht die Rede sein. [...] ‚Unlust' wär' wahrscheinlich der passendere Ausdruck."[34] Darauf wird noch zurückzukommen sein. Zunächst widmet sich Hages Rezension – wie später auch jene Frank Schirrmachers – der intensiven Medienkampagne, die dem Erscheinen von *Lust* vorausging und es begleitete:

> Worum es in diesem Buch geht, kann man wissen, ohne es gelesen zu haben. Noch vor seinem Erscheinen waren die Stichworte ausgegeben, wurde im Fernsehen darüber diskutiert, konnte man Interviews sehen und lesen. / Die Autorin hat sich mit Kommentaren nicht zurückgehalten [...]. Alsbald tauchten, weit gestreut, erste Kostproben auf: in *Lettre*, der internationalen Kulturzeitschrift, ebenso wie in *Lui*, dem internationalen Männermagazin – verwirrende und schwer einschätzbare Vorabdrucke.[35]

Dass in dieser kursorischen Aufzählung neben der renommierten Kulturzeitschrift das damals bekannte Herrenmagazin mit ausfaltbaren Nacktfotos junger Frauen nicht ungenannt bleibt, deutet die Tendenz der kommenden Ausführungen bereits leise an. Nachdem die Erwartungshaltung in den folgenden Sätzen noch weiter nach oben geschraubt wird, erfolgt jäh der rhetorisch inszenierte Fall ins Bodenlose: „Um es gleich zu sagen: Da dem Buch alles Spielerische fehlt, aber auch die psychologische Raffinesse etwa des großartigen Romans ‚Die Klavierspielerin', da es verbissen und verkrampft daherkommt, bemüht und beladen, ist ‚Lust' nichts als eine einzige große Enttäuschung, ein Absturz, ein Fiasko."[36] Hage

---

meinen Interviews gewittert, die ich aber nicht habe." Es liegt nahe, hinter der apostrophierten Germanistin Juliane Vogel mit ihrem oben zitierten Artikel zu vermuten.

32 Vgl. zum Folgenden auch Christel Dormagen: Scheitern: sehr gut. Elfriede Jelinek muß sich in Zukunft mehr zügeln. Einige Bemerkungen zur Feuilletonkritik. In: Text und Kritik ²117 (1999), S. 128–136.
33 Volker Hage: Unlust. In: DIE ZEIT, 7.4.1989.
34 Marcel Reich-Ranicki: Das literarische Quartett. Gesamtausgabe aller 77 Sendungen von 1988 bis 2001. 3 Bde. Berlin 2006, Bd. 1, S. 131–141 [Sendung vom 10.03.1989], hier S. 132.
35 Hage.
36 Hage.

behauptet das „literarische Scheitern dieses Buches", unterzieht es aber dennoch „nicht allein wegen seiner hochbegabten Autorin, sondern auch um der Diskussion willen, die es zweifellos provozieren wird", einer ausführlicheren Betrachtung,[37] die sich gleichwohl (negativ) an traditionellen Vorstellungen literarischen Erzählens orientiert: „Die Geschichte ist schnell erzählt; im Grunde gibt es keine Geschichte, keine Konfrontation, keine Entwicklung: ein Stellungskrieg."[38] Darüber hinaus wird der vollständige Mangel an psychologisch modellierter Figurengestaltung – es finde sich kein „erkennbares, psychologisch begründetes Subjekt" im Buch[39] – und erzählerisch plausibler Handlungsmotivierung moniert, indem es etwa zur Vergewaltigung der Protagonistin Gerti durch den eigenen Ehemann vor den Augen des neuen Nebenbuhlers heißt: „Ein Mann, der derartige Aids-Phobien hat, müßte doch nun wohl vor der ungetreuen Gattin endlich zurückschrecken? Aber das heißt wahrscheinlich, die Geschichte zu ernst zu nehmen."[40] Auch die erzählerische Gestaltung von Gertis Kindsmord vermag den Rezensenten mit seiner deutlich an ‚realistischer' Poetik geschulten Optik nicht zu überzeugen: „Er läßt den Leser so unberührt wie das Schicksal der anderen Figuren: Lemuren, Larven allesamt, ohne Geschichte, ohne Gesicht, alle demselben misanthropisch-denunziatorischen Blick ausgesetzt, Gespenster, Schemen nur."[41] Eine auf Einfühlung bedachte identifikatorische Lektüre ist hier von Anbeginn auf verlorenem Posten.[42]

Der Literaturkritiker Volker Hage erweist sich literaturtheoretisch freilich als nicht ganz so naiv, wie es scheint. Dies zeigt sich etwa, wenn er die literaturgeschichtlichen Reihen andeutet, auf die Jelineks Text augenscheinlich bezogen ist:

> Elfriede Jelineks Lust, das darf man nicht übersehen, ist genau auf der Schnittstelle zwischen pornographischer und experimenteller Literatur angesiedelt. Kenner der einen wie der anderen Textsorte werden jeweils Elemente der literarischen Subformen wiederentdecken. Ein Leser traditioneller oder realistischer Literatur dagegen (Pornographie ist niemals realistisch, die Avantgarde müht sich, es nicht zu sein) wird zunächst recht hilflos vor dem Buch stehen.[43]

Hage indes gibt sich indirekt selbst als Liebhaber „traditioneller oder realistischer Literatur" zu erkennen, obwohl er einen eher eingeschränkten Realismus-Begriff

---

37 Hage.
38 Hage.
39 Hage.
40 Hage.
41 Hage.
42 Vgl. dazu Meyer: Elfriede Jelinek in der Geschlechterpresse, S. 120.
43 Hage.

vertritt. Dass auch er trotz all seiner literaturhistorischen Kenntnisse „recht hilflos vor dem Buch" gestanden ist, offenbart sich nicht allein in seiner Berufung auf ein Lamento des amerikanischen Klassizisten T. S. Eliot über die wachsende ‚Unwirklichkeit' der Figuren moderner Literatur, sondern mehr noch in seinem vernichtenden Befund über die Struktureigenschaften pornographischer Texte: „Von de Sade bis Pauline Réage bleiben die dargestellten Figuren Marionetten ohne Fleisch und Blut."[44] Einmal abgesehen von der Frage, ob diese Beobachtung auf die Protagonisten der *Histoire d'O* wirklich zutrifft – Jelinek sieht das bekanntlich anders –, kann Hage dem literarischen Experiment als innovativem Spiel mit überkommenen Mustern wenig abgewinnen: „Auch ‚Lust', als erklärter Antiporno, bleibt dem Schema verhaftet. Die sexuelle Leistungskraft des fürchterlichen Gatten ist so beängstigend wie beeindruckend. Und es protzt nicht nur Hermann mit seiner Potenz, es protzt fast mehr noch diese Prosa mit schiefen Bildern, verrutschten Sätzen, permanenten Stolperstellen."[45] Dem Rezensenten – darauf hat Konstanze Fliedl schon wenig später hingewiesen[46] – kommt gar nicht in den Sinn, dass genau darin, in der subversiven „Parodie des Genres" Pornografie,[47] das poetische Prinzip des Textes bestehen könnte:

> Elfriede Jelinek läßt die Puppen tanzen – aber es bleiben eben Puppen. Der effekthascherische Ton mündet in Monotonie. Und die einzige Leistung dieses Textes, nämlich die pornographische Sprache zu verwenden, ohne daß auch nur ein Schimmer von Lust aufkommt, ist im Grunde nicht einmal ein Kunstgriff zu nennen. Der Sound aus Hohn, Gift und Galle ist beliebig herstellbar [...].[48]

Wie stark der Rezensent traditionellen literarischen Leitbildern verhaftet bleibt, zeigt zudem seine Vorstellung von Autorschaft: „[E]s verschwindet auch das schreibende Subjekt hinter dem Schutt des angehäuften, immer wieder zerbrochenen Wortmaterials. Das will kein eigener Ton mehr sein; Stil ist es nur noch als Vermeidung von Stil."[49] Aus diesen Worten spricht die recht herkömmliche Erwartung, dass sich – erstens – „das schreibende Subjekt" in seinem Text entbergen müsse und – zweitens – Stil nur als origineller Individualstil vorstellbar

---

44 Hage.
45 Hage.
46 Vgl. Konstanze Fliedl: „Lust" – eine Belustigung. Das Scheitern der Kritik an Elfriede Jelineks vorgeblich gescheitertem neuen Roman. In: Lesezirkel. Literaturmagazin der Wiener Zeitung 6/39 (1989), S. 18: „– und das, obwohl er zuvor die Typizität der Figuren als ‚*Übereinkunft der Moderne*' und als Spezialität der Pornographie deklarierte."
47 Tacke, S. 244; mehr zum ‚typisierenden' „Genre der Pornografie" S. 243.
48 Hage.
49 Hage.

sei. Undenkbar erscheint dagegen ein poetisches Schreibverfahren, welches ‚hinter dem Text' kein ‚schreibendes Subjekt' mehr zu erkennen gibt, genauso wie ein Schreibstil, der sich nicht aus einer Konzentration von scheinbar ‚Eigenem' konstituiert, vielmehr aus der subversiven Mimikry an ein stereotypes Schema und der innovativen Kombinatorik von heterogenem Wortmaterial. So bleibt Hage nur, „mehr als hundert Seiten die Wiederkehr des Immergleichen" zu monieren, wobei er zugesteht, „daß es der Autorin an neuen Wendungen für den Vorgang der ehelichen Vereinigung (besser: Verunreinigung) nicht gebricht."[50] Auf der Grundlage seiner gängigen Erwartungen an Literatur gelangt Hage zu einem gewollt vernichtenden Fazit: „Aus dem Diskurs über Pornographie mag dieses Werk, ein Mineur der obszönen Sprache, in Zukunft nicht mehr wegzudenken sein, als Stück Literatur ist es so trostlos und marionettenhaft wie seine Figuren."[51] Ob die inhaltlichen und ästhetischen Kategorien ‚Trostlosigkeit' und ‚Marionettenhaftigkeit' ein poetisches Verdammungsurteil triftig begründen können, ist zumindest diskutabel.

Schon drei Wochen vor der – u. a. aufgrund eines Druckerstreiks – verzögerten Auslieferung des Buchs widmete sich ihm im ZDF und ORF das *Literarische Quartett* in dessen fünfter Ausgabe. Sigrid Löffler kam gleich eingangs auf Jelineks oben skizzierte frühe Werkpolitik zu sprechen:

> Die Jelinek hat vielleicht einen Fehler gemacht, sie wurde vorher befragt: „Woran schreiben Sie denn gerade?" Da gab es so eine Umfrage, und da sagte sie: „Ich versuche einen weiblichen Porno." / Ein weiblicher Porno ist das ganz bestimmt nicht geworden, weil sich ja eigentlich diese Sprache gegen die Autorin gewendet hat. Man kann als Frau in der Gesellschaft, so wie sie ist, einen Porno nicht schreiben, weil es die Sprache dafür nicht gibt. Die Sprache ist von Männern besetzt.[52]

Die zuletzt zitierten Formulierungen mögen als Beispiel dafür dienen, dass und wie Elemente aus Jelineks Selbsterläuterungen als Rezeptionsvorgabe fast unverändert in die Analysen der Literaturkritik übernommen wurden, nicht nur bei wohlmeinenden Kritikerinnen wie Löffler. Daraus wäre zu schließen, dass die vielen Interviews und Selbstkommentare – anders, als die Autorin später rückblickend suggerierte – durchaus eine rezeptionssteuernde Wirkung entfalten konnten; allerdings waren sie dann von der Urheberin nicht mehr kontrollierbar,

---

50 Hage.
51 Hage.
52 Reich-Ranicki, S. 132.

die erzielte Aufmerksamkeit entwickelte eine unkalkulierbare Eigendynamik.[53] Auch auf die ausdrückliche Nachfrage von Reich-Ranicki: „Glauben Sie wirklich, dass die Elfriede Jelinek einen Porno beabsichtigt hat?", wiederholte Löffler in enger Anlehnung an die auktorialen Selbstaussagen: „Ja, ja. Das hat sie sicher versucht, sie wollte eine Art weibliches Gegenstück zu Georges Bataille, *Die Geschichte des Auges* schreiben."[54] Hellmuth Karasek wandte ein: „Und wie unterscheidet sich die Sprache der Jelinek von dieser männlichen Sprache? [...] Was unterscheidet eine weibliche Sprache von einer männlichen Sprache? Das hat mich bei der Lektüre dieses Buches dauernd beschäftigt".[55] Ihm zufolge gebrauche Jelinek „[n]ur Unlust erweckende" Ausdrücke für den Geschlechtsverkehr bzw. für einzelne Geschlechtsteile, wodurch sich „eine weibliche Sprache" kaum hinreichend definieren lasse.[56] Löffler konterte aus einer Perspektive, die Reich-Ranicki einleitend als dezidiert weiblich gekennzeichnet hatte: „Das ist eine Sprache, die eben nicht aufgeilt, sondern die das schiere Entsetzen hervorruft, und genau das ist die Absicht dabei."[57] Es sei dahingestellt, ob „eine Sprache" *per se* ‚aufgeilen' kann, um bei diesem Begriff zu bleiben, oder ob es dazu nicht immer einer bestimmten Disposition der Rezipientin oder des Rezipienten bedarf. Klar ist jedenfalls, dass Jelineks Sprache dies weder bei Sigrid Löffler noch bei einem Gros der (männlichen) Rezensenten vermocht hat, was offenkundig genauso wenig ein Anliegen ihrer Poetik der „Lustaustreibung" war wie die Ermöglichung „lustvolle[r] Lektüre".[58]

Das zweite zentrale Thema der Diskussion im *Literarischen Quartett* betraf wiederum die eklatante Entwicklungslosigkeit des Textes, wie Karasek monierte: „[D]as Buch tritt so schrecklich auf der Stelle." Reich-Ranicki sekundierte: „Es werden immer wieder Szenen geschildert, die Belege sein sollen für dieselben Sachverhalte und dieselben Diagnosen der Autorin."[59] Die Kritik zielt hier nicht allein auf die poetisch konstitutive Wiederholungsstruktur des Textes, sondern auch auf ein allegorisches Schreibverfahren, das in seinem Bemühen um sinnliche Veranschaulichung abstrakter Gedankenkonstrukte zu allzu erwartbaren

---

53 Es handelt sich dabei um eine strukturelle Konsequenz des folgenreichen „Gang[s] in die Öffentlichkeit"; vgl. dazu Georg Franck: Ökonomie der Aufmerksamkeit. Ein Entwurf. München 1998, S. 138–142, zit. S. 139.
54 Reich-Ranicki, S. 132.
55 Reich-Ranicki, S. 132f.
56 Reich-Ranicki, S. 133.
57 Reich-Ranicki, S. 134.
58 Tacke, S. 244.
59 Reich-Ranicki, S. 135.

Ergebnissen gelange. Daraufhin führte der Frankfurter Starkritiker seinen Verriss zu einem rhetorischen Höhepunkt:

> Das Entscheidende, worauf es ankommt bei Büchern über Sexualthemen, ich meine Belletristik natürlich, bietet sie natürlich gar nicht. [...] Auf eine einzige Sache kommt es an: Nicht auf die Beschreibung der physiologischen Prozesse [...], jeder kann das! Es ist nicht schwerer zu beschreiben, ob ein Penis in eine Vagina dringt oder ein Bleistift in eine Tasche gesteckt wird. Darauf kommt es überhaupt nicht an, das kann jeder beschreiben. [...] Es kommt darauf an, zu zeigen, was außerordentlich schwierig ist, was die Frau oder der Mann oder gar beide während dieser Sachen empfinden.[60]

Während Reich-Ranicki mit diesem Befund in der Tradition des europäischen bürgerlichen Romans und dessen Freude an psychologischer Introspektion steht – und etwa keineswegs in der des antiken Epos –, wechselt er relativ unvermittelt in ein anderes Fach, das man mit gutem Willen als ‚Literaturpsychologie' bezeichnen könnte: „Ich frage mich, wie funktioniert die Psyche einer Autorin, die sich jeden Morgen für zwei oder drei Stunden an den Schreibtisch gesetzt hat, um wieder nur den Dreck zu beschreiben, wie eine Frau gequält wird von ihrem Mann".[61] Der Weg von diesem Interesse an der Autorinnenpsyche, die dem literarischen Werk zugrunde liegt, zum Voyeurismus der Regenbogenpresse ist nicht weit.

Einen letzten Einwand gegen Jelineks Text formulierte im *Literarischen Quartett* Jürgen Busche: „Ich bin aber der Meinung, es müsste der Text selber transportieren, was [er] an Utopie oder an Alternativen zu dem, was er schildert, darstellt. [Das tut er aber nicht.]"[62] Es handelt sich um ein Argument aus dem Geist des ‚poetischen Realismus' deutscher Provenienz, wonach sich eine künstlerische Darstellung der Wirklichkeit nicht in der bloßen Abbildung der Verhältnisse erschöpfen dürfe, sondern diese stets durch eine idealistische Zugabe zu ‚verklären' habe. Dass dies nicht einmal für alle Realismen anderer Kulturkreise gilt, geschweige denn für Literatur generell, muss nicht eigens hervorgehoben werden. Abschließend wiederholte Karasek noch einmal jene Beobachtung, die sich dann wie ein Leitmotiv durch viele Rezensionen ziehen sollte: „Das Buch heißt *Lust* [...], und gemeint ist männliche Lust, und das Buch könnte ‚Unlust' oder ‚Ekel' heißen".[63]

---

60 Reich-Ranicki, S. 135.
61 Reich-Ranicki, S. 137.
62 Reich-Ranicki, S. 140. Abweichende Transkription durch den Verfasser nach: https://www.youtube.com/watch?v=py75CRx9CKI (letzter Zugriff: 1. September 2019).
63 Reich-Ranicki, S. 140.

Dem durch Hages Besprechung, die diesen Titelvorschlag zum eigenen Titel macht, und die vorausgegangenen Fernsehdiskussion vorgegebenen Schema – um bei einem weiteren Terminus Hages zu bleiben – entsprach in der Folge eine Vielzahl von Rezensionen, die Elemente daraus freilich meist weitaus simpler aktivieren: So urteilt Annette Meyhöfer bereits am 3. April 1989 im *Spiegel*: „Mit den Waffen der Männer will Elfriede Jelinek die Männer [...] zur Strecke bringen, ihnen ihre Projektionen um die Ohren hauen. Die Männersprache soll entlarvt werden, was verschlägt es da schon, daß die Bilder, in denen die Autorin wühlt [!], fast alle schief sind, daß Provokation zur Litanei wird."[64] ‚Schiefe Bilder' und die Figur der litaneihaften Wiederholung gelten solcherart als Ausweis poetischen Unvermögens, das mit der allmählichen Abstumpfung der Spitzen Jelineks einhergehe: „Aber wen soll ihre Satire eigentlich treffen? Die Männer, die sie zu Sex-Monstern aufbläst, um sie platt zu machen?"[65]

Argumentativ ähnlich, aber gedanklich wie sprachlich elaborierter sekundierte Andreas Isenschmid diesen und weitere Verrisse am 5. Juni 1989 in der bürgerlich-‚freisinnigen' *Neuen Zürcher Zeitung*, indem er einleitend einmal mehr die von Jelinek gestreuten Topoi vom „feministischen Porno", dem „weiblichen Blick auf die Lust" sowie dem letztlichen Scheitern dieses erzählerischen Ansinnens bemühte, was in die schiere Fabrikation eines „Anti-Porno[s]" gemündet sei, „in dem die männliche Sprache der Lust den Lesern ‚ins Gesicht schlagen' solle":

> *Lust* ist in einer Sprache geschrieben, der alle Mittel recht sind und die vor nichts zurückschreckt: verballhornte Bibel- und Hölderlin-Zitate prallen auf albernste Kalauer; Werbesprüche, Aphorismen und Stammtischprahlereien werden zu vorsätzlich schiefen Bildern gebogen, und alles regiert die Geschmacklosigkeit brutaler Obszönitäten. [...] Kalt und ohne Sprache des Mitleids handelt dieser Text von Männern, die zu bloßer Animalität, und von Frauen, die zu stoffpuppenhaftlger Dinghaftigkeit depraviert sind.[66]

Besonders empörte den merklich aufgebrachten Schweizer Rezensenten die ‚kalte', so wenig illusionsstiftende wie empathische Darstellungsweise des Romans, den er deshalb als künstlerisch gescheitert erachtete:

> Natürlich weiss Elfriede Jelinek, dass man in dieser Sprache nicht erzählen kann, sie hat das auch gar nicht vor. Ihr Inhalt empört sie moralisch, erzählerisch interessiert er sie kaum. Sie konstruiert ihre Figuren und Fabeln nur, um sie gleichzeitig zu zersetzen und zu zerfetzen.

---

64 Annette Meyhöfer: Nein, sie kennt auch diesmal keine Gnade. In: Der Spiegel, 3.4.1989.
65 Meyhöfer. Genaueres zu Meyhöfers *Lust*-Besprechung findet sich in Flitner, S. 144f.
66 Andreas Isenschmid: Trivialroman in experimenteller Tarnung. Elfriede Jelineks Roman „Lust". In: Neue Zürcher Zeitung, 5.6.1989.

Ihr Ziel ist nicht Beschreibung, ihr Ziel ist ein literarischer Anschlag auf ihr Thema: die Einnebelung ihrer Figuren mit sprachlicher Häme. Differenzierte Individuen kann sie dafür nicht brauchen. Als Zielscheiben ihres Schmähs hat sie sich einige aus Sprachmüll collagierte und ideologisch zu Überlebensgrösse aufgeblähte Popanze geschaffen. Nicht Subjekte einer Handlung, eher Akteure von Ritualen: eingesperrt in den Gefängnishof der sozialen und geschlechtlichen Rollen, drehen sie ihre immergleichen Runden und erzeugen zu Denunziationszwecken die Kollisionen des Geschlechter- und Klassenkampfs.[67]

Die polemische Tendenz des Romans konterkariert dem Kritiker zufolge seinen künstlerischen Anspruch. So überrascht es nicht, dass Isenschmids kritische Lektüre einer vollkommen freudlosen Pflichtübung gleichkam, wie er abschließend selber feststellte: „Die Lust des Voyeurs bleibt zwar aus, leider auch die ‚Lust am Text' und erst recht eine Schrecksekunde der Selbsterkenntnis."[68] Die Leerstelle des von Horaz bis Roland Barthes insistierend beschworenen Kunstgenusses kommt demnach einem Verrat am innersten Wesen der Poesie gleich.

Konsequenter noch kondensierte (und popularisierte) die Wiener Tageszeitung *KURIER*, damals unverhohlener ein – zwar angeblich liberales – Boulevardblatt als heute, die Interviewäußerungen Jelineks und die Topoi der Kritik, indem dort Kurt Kahl unter dem Titel *Bis einem die Lust vergeht* am 21. April 1989 Spektakuläres zu berichten wusste, wie schon der Aufmacher zeigt: „Elfriede Jelinek wollte beweisen, daß auch Frauen schweinigeln können. Das Resultat, der Roman ‚Lust' [...] verdirbt dem Leser [!] den Appetit. Er ist schockierend und deprimierend."[69] Sämtliche der bisher aufgebotenen Gemeinplätze wurden hier vulgarisierend abgerufen; etwa: „Die Pornographie, der sie eine weibliche Dimension geben wollte, hat sich Elfriede Jelinek verweigert. Ihr Buch fördert nicht die Wollust, sondern den Ekel, es ist ein Kübel voll Schmutz."[70] Oder: „Weder er noch sie, da Sexualobjekt, gewinnen menschliche Kontur, sie sind Prototypen, stehende Figuren im Grand-Guignol-Theater der österreichischen Autorin. / Eine Entwicklung findet nicht statt."[71] Auf bezeichnende Weise ging Kahl der Textstruktur auf den Leim, indem er deren offensichtlichste Charakteristika der Autorin als Fehler ankreidete: „In der entlarvendsten Formulierung wird die Frau schlicht ‚zur Anwendung gebracht'."[72] ‚Entlarvt' wird in dieser kürzesten[73] aller Rezensionen aus der überregionalen Tagespresse aber nicht eine männliche

---

67 Isenschmid.
68 Isenschmid. Flitner geht auf Isenschmids *Lust*-Besprechung nicht ein.
69 Kurt Kahl: Bis einem die Lust vergeht. In: Kurier, 21.4.1989.
70 Kahl.
71 Kahl.
72 Kahl.
73 Vgl. Meyer, S. 131.

Optik, sondern ein angebliches Unvermögen Jelineks, deren poetische Verfahrensweise durch die Annahme einer naiven Autorintention desavouiert werden sollte:

> Die Autorin bewegt sich häufig am Rande unfreiwilligen Humors, nicht zuletzt deshalb, weil sie sich vom Gleichklang von Wörtern immer wieder zu Kalauern, zu verhatschten Bildern hinreißen läßt. [...] Der Fortgang des Satzes wird von Zufälligkeiten gelenkt, die Sprachbilder werden beliebig. / Elfriede Jelinek ergeht es mit der Sprache wie ihrer Heldin Gerti mit ihrem Ehemann Hermann: Sie läßt sich masochistisch von ihr treiben.[74]

Es erscheint aus der Perspektive des *common sense* völlig undenkbar, dass genau darin eine künstlerische Strategie besteht, die auf diese Weise Abgründe der männlich codierten Alltagssprache offenzulegen trachtet.

Aber auch auf Seiten der erklärten Jelinek-Verteidiger nahm sich die Textexegese nicht unbedingt subtiler aus: So hob Jörg Drews in der linksliberalen *Süddeutschen Zeitung* vom 15./16. April 1989 zwar die „äußerste Intensität" des Romans hervor, der „auf einsamer Höhe über der gegenwärtigen deutschen Literatur anzusiedeln" sei, vermisste aber zugleich in gut realistischer Manier die gesellschaftliche Repräsentativität der sozialkritischen Befunde.[75] Demgegenüber lehnte sich Gerald Grassl bereits am 9. April in der kommunistischen Wiener *Volksstimme* an Sigrid Löfflers Sichtweise an, wonach *Lust* „der beklemmende Bericht einer Verzweifelten" sei bzw. „bisher der eindringlichste literarische Zustandsbericht über die Lage der Frau (nicht nur im Bett) in dieser Gesellschaft: ein Aufschrei! In dichter, aphoristischer Prosa werden die Wunden der Frau offengelegt. Die konzentrierte Sprache erfordert nicht flotte Lektüre, sondern notwendige Lesearbeit."[76] Der sich gegenüber dem Werk seiner damaligen Genossin äußerst respektvoll verhaltende Rezensent weiß, wo die Verantwortung liegt – nämlich „in einer patriarchalischen Gesellschaft", „deren Grundlage die herrschenden Besitzverhältnisse sind."[77] Er liest den Roman deshalb als präzise Dokumentation realer Machtverhältnisse und gleichsam soziologische Diagnose: Zwar gewinne man bei der Lektüre allmählich „den Eindruck, die Beschreibung

---

74 Kahl.
75 Jörg Drews: Staunenswerter Haßgesang – aber auf wen? Elfriede Jelinek und die Gewalt der Lust. In: Süddeutsche Zeitung, 15./16.4.1989: „Ich glaube Elfriede Jelinek und ihrem Buch, insoweit es um Konkreta geht, bleibe aber ungläubig, wo es in Ideologien und Verallgemeinerungen sich erhebt." Genaueres zu Drews' *Lust*-Besprechung, die im Zusammenhang der gegenwärtigen Fragestellung angesichts ihrer außergewöhnlichen Unvoreingenommenheit keine tragende Rolle spielt, findet sich in Flitner, S. 132–136.
76 Gerald Grassl: Aus der Laube der Gewalt. In: Volksstimme, 9.4.1989.
77 Grassl.

einer Bildfolge in einem Pornoheft zu lesen", doch sei „da nichts Geiles, keine Erotik, keine Spur von Lust. Es ist die Inszenierung einer qualvollen, nie enden wollenden Demütigung der Frau."[78] Ein solcherart instruiertes Publikum des KP-Blattes dürfte seine liebe Not beim Versuch einer empathisch identifikatorischen Lektüre gehabt haben.

Raffinierter operierte nahezu an entgegengesetzter Stelle des ideologischen Spektrums der damalige Literaturchef und spätere Herausgeber der sich seriös gebenden, bürgerlich-konservativen *Frankfurter Allgemeinen Zeitung* Frank Schirrmacher, der seine Rezension erst am 22. April 1989 publizierte. Indem er über die längste Strecke seines Artikels gleichsam diskursanalytisch die Position einer Beobachtung zweiter Ordnung einnahm und seine Besprechung somit als eine Art Metakritik der bisherigen Besprechungen inszenierte,[79] wendete er das metadiskursive Verfahren des rezensierten Romans[80] gegen diesen selbst: Jelineks Buch werde „nicht allein", sondern „im Rudel" gelesen und habe seit der Auslieferung schon „einiges Aufsehen" erregt.[81] Nicht der literarische Text, sondern eben dieses von ihm erregte Aufsehen ist nun das Thema, zumal die von anderen Rezensenten konstatierte „Komik" des Romans „ihre düsteren Seiten" habe, weil man beim Lachen „gezielt in Verdacht" gerate, „sich über die Opfer zu amüsieren, über jene Frauen also, die in der Tat in mörderischen Verhältnissen leben."[82] Eine solche Lektürehaltung, deren Distanzierung den Rezensenten implizit gegen feministischen Einspruch immunisierte, werde von einer Poetik nahegelegt, die „kein Experiment" begründe, sondern einen bloßen „Verwaltungsakt".[83] Mit Vernichtungsurteilen wie diesem stieg Schirrmacher erst gegen Ende seiner Besprechung von seinem erhabenen Metaniveau herab und dekretierte abschließend: „Das ist nicht die Stimme des Hasses, das ist nicht ‚Provokation', das ist nicht ‚aggressiv', ‚unerschrocken' und auch nicht ‚komisch'. Es ist ein abgebrühter, aufgeklärter und ausgelutschter Kitsch, in dem die Figuren, kaum sind sie erwachsen, schon zu Nippes erstarren."[84] Mit diesem Befund hat der werdende Starjournalist sicherlich einen wichtigen Punkt in der poetischen Verfahrensweise

---

78 Grassl.
79 Zum impliziten Bezug Schirrmachers auf die frühere Besprechung des Romans durch Jörg Drews sowie zu seiner argumentativen Verarbeitung vgl. Flitner, S. 136–142.
80 Vgl. Meyer: Elfriede Jelinek in der Geschlechterpresse, S. 119.
81 Frank Schirrmacher: Musik gehört einfach dazu. Über das Wüten der Männer – Elfriede Jelineks „Lust". In: Frankfurter Allgemeine Zeitung, 22.4.1989.
82 Schirrmacher.
83 Schirrmacher.
84 Schirrmacher. Mit den markierten Zitaten im ersten Satz bezieht sich Schirrmacher auf andere Zeitungsrezensionen von *Lust*, insbesondere auf jene von Drews.

des Textes getroffen, allerdings nicht notwendig mit jenen pejorativen Implikationen, die sich für ihn damit offenbar selbstredend verbanden.[85] Gleichwohl setzte seine Rezension, die schon im ersten Absatz Jelineks Wort vom „Anti-Porno" aufgegriffen und in der Folge zerpflückt hatte, einen gedanklichen Schlusspunkt in der noch lange anhaltenden Debatte. Sie trug so zur Verfestigung des öffentlichen Bildes von Jelineks Roman bei.[86]

3 Die letzte Jedi-Ritterin – Analyse und Ausblick

Zwar erzielte Jelinek mit ihrer dem Erscheinen von *Lust* vorausgehenden Werkpolitik einen enormen Aufmerksamkeitsgewinn, was auch international ihrer anhaltenden Notorietät als maßstabsetzender deutschsprachiger Autorin zugutekam, doch musste sie mit dem allmählich verfestigten Bild einer am eigenen Anspruch gescheiterten Schriftstellerin erst einmal umzugehen lernen. Daran ändert ihre scheinbar gefinkelte mediale Inszenierungsstrategie[87] wenig. In einem längeren Gespräch mit Rudolf Maresch aus dem Jahr 1993 antwortete Jelinek auf die einleitende Frage, weshalb sie mittlerweile „wie kaum ein(e) andere(r) AutorIn [...] öffentliche Auftritte" meide, obwohl sie dennoch „permanent in den Medien präsent" sei: „Dieses Zurücktreten ist natürlich schon eine Folge von Medien-Katastrophen, die mir passiert sind. Die will ich jetzt so gut wie möglich um jeden Preis vermeiden. Sie sollen sich nicht mehr wiederholen."[88] Insbesondere die Rezeption von *Lust* kann als eine solche ‚Medien-Katastrophe' gelten, ja wurde von Jelinek in einem Interview mit Yasmin Hoffmann sogar explizit als die „Ka-

---

85 Ironischerweise hat Jelinek selbst Schirrmacher rückblickend in einem telefonisch eingeholten Nachruf „als eine Art Schöpfer-Geist" bezeichnet, „der glaubt, gerade das geschaffen zu haben, was er im selben Augenblick schon beschreibt. Und immer mit dieser Erstlingshaltung, fast Naivität, wie sie eben sonst nur sehr junge Menschen aufbringen können." Elfriede Jelinek: Schöpfer-Geist. In: Süddeutsche Zeitung, 14./15.6.2014. Für die Beschaffung dieses kurzen Statements danke ich Teresa Kovacs.
86 Eine Systematisierung der Kritik nach vier Typen unternimmt Flitner, S. 130 f.
87 Vgl. Vogel, S. 149–152: „Eine genaue Analyse der in den Interviews von Jelinek verwendeten Syntax würde die Zweifel am Erlebnisgehalt des Wortes ‚ich' weiter verstärken. [...] So ist allererst Reproduzierbarkeit ein Paradigma ihrer Selbstinszenierung. [...] Sie enthält ja nichts vor, sie gibt alles zu, sie bittet sogar um Gnade. Und doch verweigert sie die Intimität, für die der Leser schließlich zahlt."
88 Elfriede Jelinek: Nichts ist verwirklicht. Alles muß jetzt neu definiert werden. Ein Gespräch mit Rudolf Maresch. In: Rufolf Maersch (Hg.): Zukunft oder Ende. Standpunkte, Analysen, Entwürfe. München 1993, S. 125–144, hier S. 125.

tastrophe ihres Lebens" bezeichnet.[89] Es sei ihr nämlich klar geworden, wie sie Maresch gegenüber selbstkritisch festhält,

> daß ich in diesem sehr von '68er-Solidarität inspirierten positiven Wunsch, etwas zu erklären oder zu vermitteln, mir mehr geschadet habe, als wenn ich mich von Anfang an verweigert hätte. Dann hätte es eben geheißen: Ich bin arrogant und unzugänglich. Aber im nachhinein wäre mir das immer noch lieber gewesen als die Interpretationen zum Teil durch Dummheit und Indolenz [...] in eine falsche Richtung gedrängt zu haben. Vor allem bei „Lust" hat sich das verheerend auf die Rezeption ausgewirkt, die erst jetzt [also 1993] mühsam im zweiten Anlauf – über die Uni her – ins richtige Fahrwasser kommt.[90]

Einmal abgesehen davon, dass hier ein rares Beispiel für die Anerkennung der nicht zuletzt im Strukturunterschied zwischen intellektuellem und journalistischem Feld gründenden Differenzierungsleistungen der Literatur*wissenschaft* durch eine literarische Autorin vorliegt, ist die vernichtende Selbstdiagnose „Dummheit und Indolenz" von nicht zu überschätzender Bedeutung für den späteren Umgang Jelineks mit den Massenmedien; so sei ihr nun bewusst, dass ihre eigene publizistische Taktik sich gegen sie selbst gewendet hat: „Es ist einfach eine Blödheit von mir [gewesen], obwohl ich mich immer mit Medientheorien beschäftigt habe und ein ganzes Buch darüber geschrieben habe. Sogar zwei, wenn man es genau nimmt. Ich bin selbst erstaunt über meine Arglosigkeit."[91] Angesichts der Komplexität der massenmedialen Strukturen bedürfe es eines langjährigen Studiums, und selbst dieses reiche nicht hin, um sich gegen die strukturelle Gewalt moderner Medienöffentlichkeit behaupten zu können:

> Man kann etwas durchschauen und trotzdem darauf hereinfallen. Wenn man selbst etwas verursacht, dann ist man doch sehr ausgeliefert, selbst wenn man etwas – auch im nachhinein – durchschaut, auf was man da eigentlich hereingefallen ist. Ich habe jetzt erst begriffen, daß man diese Leute erst gar nicht an sich herankommen lassen soll. In dem Moment aber, wo man die Türen aufmacht, sind sie immer stärker. Dazu habe ich lange Jahre der Erfahrung gebraucht.[92]

---

89 Zit. nach Jeanine Tuschling-Langewand: Autorschaft und Medialität in Elfriede Jelineks Todsündenromanen *Lust*, *Gier* und *Neid*. Marburg 2018, S. 60. Angedeutet, aber nicht mediensoziologisch ausgeführt findet sich die im 3. Teil des vorliegenden Aufsatzes vorgeschlagene Deutungslinie dort im Kap. 2: „Biografie gegen Werk: Die Rezeption von *Lust* als schriftstellerische Katastrophe."
90 Jelinek: Nichts ist verwirklicht, S. 125.
91 Jelinek: Nichts ist verwirklicht., S. 127. Mit den zwei ‚ganzen Büchern' über ‚Medientheorien' könnten die Romane *wir sind lockvögel baby!* (1970) und *Michael. Ein Jugendbuch für die Infantilgesellschaft* (1972) gemeint sein.
92 Jelinek: Nichts ist verwirklicht, S. 127.

Eine gleichsam idealtypische Veranschaulichung der solchermaßen apostrophierten „Erfahrung" bietet das eingangs präsentierte *stern*-Interview, das die – angeblich intentionale[93] – subversive Medienstrategie Jelineks unterläuft, indem es die von ihr in Frage gestellten gesellschaftlichen Selbstverständlichkeiten klammheimlich reaffirmiert; die Germanistin Juliane Vogel hat ihm eine ideologiekritische Analyse gewidmet.[94] Die Schriftstellerin, die sich ins journalistische Feld begab, musste sich den dort herrschenden strukturellen Zwängen unterwerfen und konnte die erzielte Aufmerksamkeit nicht in ihrem Sinne steuern – diese verwandelte sich von einer erwünschten zu einer unerwünschten, ja zu einer rückblickend als gefährlich wahrgenommenen, die nicht mehr kontrollierbar war.[95] Jelinek artikuliert damit eine Einsicht, die der Kultursoziologie Pierre Bourdieu in der medienkritischen Studie *Im Banne des Journalismus* als „Einfluß" untersucht hat,

> den die *Mechanismen* eines den Anforderungen des Marktes (der Leser und der Anzeigenkunden) immer stärker unterworfenen journalistischen Feldes ausüben, einen Einfluß, der sich *zunächst auf die Journalisten* (und die als Journalisten arbeitenden Intellektuellen) selbst auswirkt und anschließend, und zum Teil durch ihre Vermittlung, auf die verschie-

---

93 Vgl. Tacke, S. 237: „Genau genommen war Jelineks […] Selbstinszenierung ein geschickter Schachzug, der ihr die Möglichkeit gab, dieses Mal nicht von ‚außen', sondern von ‚innen' Kritik am *stern* zu üben. Elfriede Jelinek schlug den *stern* sozusagen mit seinen eigenen Waffen, indem sie nicht nur das System der literarischen Vermarktung – welches ohnehin Analogien zur Prostitution aufweist – offen zur Schau stellte und spielerisch ironisierte, sondern den Medien generell einen Zerrspiegel vorhielt. Denn Jelineks Auftritt im *stern* legte vor allem die Schamlosigkeit, Skandalsüchtigkeit und Indiskretion im Umgang mit (weiblichen) Autorinnen offen." Letzteres mag zutreffen, doch wer hat es bemerkt? Tuschling-Langewand, S. 55 u. 60, handelt demgegenüber von „Jelineks teilweise fehlgeschlagenen Versuchen", „ihre eigene mediale Selbstinszenierung und ihr Autorbild durch ironisch-ästhetische Eingriffe in eine Richtung zu lenken, die ihren ästhetischen Absichten entspricht", zumal eine „Verselbständigung der Debatte" stattgefunden habe, die „sich der Kontrolle der Autorin entzog." So seien z.B. Interview-Äußerungen der Autorin „zu Slogans geworden, die in späteren Rezensionen und Aufsätzen zu Jelinek wieder und wieder aufgegriffen wurden".
94 Vogel, S. 154f., gelangt zu folgendem Fazit: „Brigitte Lahanns Interview mit Jelinek […] schlägt in einer Weise gegen die Befragte zurück, daß die mühsam behauptete Ambivalenz ihres Erscheinens in kürzester Zeit zunichte gemacht wird. […] Zudem behält Brigitte Lahann ein letztes, im Sine häuslicher Sorge vorgetragenes Wort. Es tut sein Zerstörungswerk gründlich."
95 Eine Differenzierung unterschiedlicher Aufmerksamkeitstypen unternimmt Georg Franck: Ökonomie der Aufmerksamkeit. Ein Entwurf. München 1998, S. 115–120; soweit ich sehe, differenziert Franck jedoch nicht ausdrücklich zwischen erwünschter und unerwünschter, sondern nur zwischen Qualität und Quantität von Aufmerksamkeit (vgl. ebd., S. 121–126).

denen Felder der Kulturproduktion, das juristische, das literarische, das künstlerische, das wissenschaftliche.[96]

Es handle sich dabei *à la longue* um eine regelrechte Infiltrierung des gesamten öffentlichen Diskurses durch ein zuvorderst ökonomisches Kalkül – nach der Maßgabe der Position des journalistischen Feldes gegenüber den anderen Feldern der Kulturproduktion bzw. nach der Maßgabe von deren Autonomie oder Heteronomie gegenüber jenem. Eine Voraussetzung der strukturellen Kräfteverschiebung zugunsten des journalistischen Feldes, die in den vergangenen Jahrzehnten zunehmend spürbar geworden ist, bestehe in folgendem Umstand:

> [Ä]hnlich wie das politische und das ökonomische Feld und viel stärker als das wissenschaftliche, künstlerische oder literarische oder auch das juristische Feld ist das journalistische Feld über die direkte Sanktion durch die Kunden oder die indirekte durch die Einschaltquote permanent dem Verdikt des Marktes unterworfen (selbst dann, wenn staatliche Subvention eine gewisse Unabhängigkeit von unmittelbaren Marktzwängen gewährleisten kann).[97]

Die besonders starke Abhängigkeit – in Bourdieus Worten eben: Heteronomie – und Durchsetztheit des journalistischen Feldes von bloß ökonomischem Kalkül, dessen Gebot der Aufmerksamkeitsmaximierung um jeden Preis eine grelle, unterkomplexe und strukturelle Phänomene auf banal Persönliches reduzierende[98] Berichterstattung privilegiert, führe letztlich paradoxerweise häufig nicht zu einer Diversifizierung der vermittelten Information, sondern zum schieren Gegenteil von Pluralität, wie der Soziologe gegenüber den Versprechungen des selbstregulativen Marktgedankens hervorhebt:

> Die Konkurrenz verleitet dazu, die Tätigkeit der Konkurrenten permanent zu überwachen [...], wobei versucht wird, die Instrumente zu entlehnen, von denen *angenommen* wird, daß sie zum Erfolg führen: Themen von Sondernummern, die zu übernehmen man sich verpflichtet fühlt, von anderen besprochene Bücher, „über die man sprechen muß", Interviewpartner, die man einzuladen hat, Gegenstände, über die zu berichten ist, weil andere sie entdeckt haben [...]. Auf diesem Gebiet wie auf anderen tendiert Konkurrenz – die keines-

---

96 Pierre Bourdieu: Im Banne des Journalismus. In: ders.: Über das Fernsehen. Frankfurt a. M. 1998, S. 103–121, hier S. 103. Mehr dazu in ders.: Zwei Fernsehvorträge. In: ders.: Über das Fernsehen. Frankfurt a. M. 1998, S. 7–96, hier S. 9 u. 80–84.
97 Bourdieu: Im Banne des Journalismus, S. 108 f.
98 Nicht von ungefähr deutet Tuschling-Langewand, S. 55 f., Jelineks „Reflexion von Autorschaft in *Gier* und *Neid* auch als eine Reaktion auf eine Konstellation", welche die Autorin anlässlich der Rezeption von *Lust* erlebt und „später immer wieder beklagt hat: Die Dominanz der Autorin gegenüber dem Text und die ‚Verwechslung' [...] von Autorin und Text."

wegs automatisch Originalität und Abwechslung hervorbringt – oft zur *Uniformisierung* [sic] des Angebots, wovon sich leicht überzeugen kann, wer den Inhalt der großen Wochenzeitungen oder der an ein breites Publikum gerichteten Radio- oder Fernsehsendungen miteinander vergleicht. Dieser Wirkungsmechanismus führt aber auch dazu, der Gesamtheit des Feldes unmerklich die „Entscheidungen" der den Verdikten des Marktes am unmittelbarsten und vollständigsten unterworfenen Medien, etwa des Fernsehens, aufzunötigen, was dazu beiträgt, die ganze Produktion auf die Bewahrung etablierter Werte auszurichten [...].[99]

Die wachsende Hegemonie des journalistischen Feldes über die anderen Felder der Kulturproduktion bewirkt dort demzufolge nicht allein eine ‚*Uniformierung des Angebots*', sondern fatalerweise auch eine allumfassende Ökonomisierung sowie einen eklatanten Innovativitätsverlust – und damit das schiere Gegenteil des von der liberalistischen Marktlogik Verheißenen, was auch der dynamischen Innovativitätsnorm relativ autonomer künstlerischer Felder widerspricht.

Genau diesen Eindruck vermittelt eine Durchsicht der Besprechungen von Jelineks Roman *Lust*, die ja eine im Verhältnis zu früheren Romanen gewachsene Publizität dokumentieren,[100] aber auch „ein ungewöhnliches Maß an wechselseitiger Bezugnahme", was – abgesehen von besonders selbstbewussten Kritikern am autonomen Pol des journalistischen Feldes – in der Regel nicht automatisch „zur expliziten Abgrenzung und Profilierung der eigenen Kritik gegenüber den bisher geäußerten Meinungen" führte,[101] wie Christine Flitner im Widerspruch zu ihrer Distinktionshypothese gezeigt hat: „Mit wenigen Ausnahmen las die überregionale Presse, insbesondere die wichtigen Meinungsmacher *Frankfurter Allgemeine Zeitung*, *Die Zeit*, *Der Spiegel* und mit Einschränkungen auch die *Süddeutsche Zeitung*, *Lust* als realistische Erzählung über die Ehe eines österreichischen Unternehmerpaars und leitete daraus ihre Kritik ab."[102] Sie folgte mithin allzu uniform einem dem rezensierten Roman ästhetisch heterogenen Ansatz. Insbesondere die Kritiken des Boulevards – aber nicht nur sie – lehnten sich sogar direkt an die Verdikte von populären Fernsehsendungen an – man denke an die Aussagen der drei Herren im *Literarischen Quartett* – und popularisierten diese weiter. Bourdieu konstatiert in diesem Sinn:

> Manche „Analysen" des Fernsehens verdankten ihren Erfolg bei Journalisten, und zwar vor allem bei den dem Einschaltquoteneffekt ergebensten, dem Umstand, daß sie der kom-

---

99 Bourdieu: Im Banne des Journalismus, S. 111 f.
100 Vgl. Meyer, S. 129: „Der Publizitätsaufwand war umfangreicher, und *Lust*-Kritiken sind durchschnittlich größer als Artikel zur *Klavierspielerin*."
101 So aber Flitner, S. 129, die freilich ausschließlich Rezensionen der sogenannten überregionalen Qualitätspresse genauer in den Blick nimmt.
102 Flitner, S. 146.

merziellen Logik eine *demokratische Legitimität* verliehen, indem sie sich damit begnügten, ein Problem *kultureller* Produktion und Verbreitung als ein solches der Politik, und also plebiszitärer Entscheidung zu formulieren.[103]

Die Geschichte der Rezeption von Jelineks *Lust* in den Massenmedien ist dafür ein geradezu idealtypisches Beispiel, indem sie die Bestätigung eines unspezifischen *common sense*, der *per se* „für puren Anschein oder Leidenschaften anfällig ist",[104] zum maßgeblichen Kriterium auch spezifischer *ästhetischer* Urteile erhoben. Zwar ermöglichte die massive mediale Erregung und Polarisierung,[105] die Jelineks Roman zu dem „literarische[n] Medienereignis des Jahres" 1989 machten,[106] erst seinen großen Verkaufserfolg, wie Jelinek im Gespräch mit Rudolf Maresch selber andeutet;[107] doch verhinderten sie zugleich seine adäquate Rezeption, die von einer strukturell latent voyeuristischen Beobachtungsdisposition keineswegs befördert werden konnte, wie die Autorin schmerzlich erfahren musste und nicht ohne Bitterkeit konstatierte:

> *Lust* war eher ein gesellschaftlicher Entwurf, kein privater. [...] Die Leute, die das gekauft haben in so großer Zahl, haben das aus einem großen Mißverständnis heraus getan, zu dem ich leider auch stark beigetragen habe. Leider. Darüber werde ich lange nicht hinwegkommen. Das ist fast eine Lebenskatastrophe.[108]

Jelineks Reaktion auf diese bittere Lehre war einerseits ihr weitgehender Rückzug aus der Medienöffentlichkeit – zumindest als sichtbare Person.[109] Publikationsstrategisch äußerte sich dies 1996 in der Einrichtung und seitherigen Pflege einer eigenen Homepage,[110] auf der zahlreiche der neueren Texte Jelineks zunehmend ausschließlich veröffentlicht werden. So publizierte sie dort vom Frühjahr 2007 bis zum Frühjahr 2008 kapitelweise ihren „Privatroman" *Neid*,[111] mit dem sie ihr „Todsündenprojekt" fortsetzte, das sie 1989 mit *Lust* begonnen und 2000 mit *Gier* weitergeführt hatte. Im Unterschied zu den ersten beiden Romanen dieses Zyklus erschien dieser bisher längste Text – in ausgedruckter Form würde er ca. 900

---

103 Bourdieu: Im Banne des Journalismus, S. 113.
104 Vgl. Bourdieu: Zwei Fernsehvorträge, S. 81.
105 Vgl. Meyer, S. 130 f.
106 Flitner, S. 128.
107 Vgl. Jelinek: Nichts ist verwirklicht, S. 131.
108 Jelinek: Nichts ist verwirklicht, S. 132.
109 Vgl. Mayer und Koberg: Elfriede Jelinek, S. 263–273.
110 Vgl. https://www.elfriedejelinek.com/ (letzter Zugriff: 30. September 2019)
111 Vgl. dazu sowie zur bisher erschienenen Forschung Daniela Strigl: Neid. In: Pia Janke (Hg.): Jelinek-Handbuch. Stuttgart/Weimar 2013, S. 119–124.

Seiten umfassen – nicht mehr in konventioneller Buchform. In letzter Konsequenz blieb die Autorin 2004 – nach einer recht einseitigen Berichterstattung insbesondere im deutschen Feuilleton, die „nach sehr ähnlichen Prinzipien" verlaufen war wie die massenmediale Rezeption von *Lust*[112] – sogar der Nobelpreisverleihung fern und betrieb stattdessen eine kongeniale Selbstmedialisierung – die Kehrseite ihrer immer versierteren Medienkritik.[113]

Andererseits versuchte Jelinek mit ihren späteren Romanen *Gier* und *Neid*, die massenmediale „Rezeption ihres Werkes zu problematisieren, zu beeinflussen, wenn nicht gar zu korrigieren."[114] Aus literaturwissenschaftlicher Sicht stellt *Lust* „eine wichtige werkhistorische Station auf dem Weg zu Jelineks heutigem stark selbstreferentiellem Schreiben" dar, „das die poetologische Selbstreflexion zum Programm erhebt und das [...] Verhältnis zwischen der Autorin und der literarisch-medialen Öffentlichkeit immer wieder ins Zentrum rückt."[115] All dies war eine Folge des ‚Scheiterns' ihrer intentionalen Strategie, nämlich der publizistischen Vermittlung ihres anspruchsvollen poetischen Konzepts, welche vor dem Erscheinen von *Lust* nicht zuletzt eine Erwartungshaltung (,weiblicher' oder gar ‚feministischer Porno') befördert hat, die dann vom literarischen Text jedoch keineswegs erfüllt wurde oder auch nur werden sollte. Jelineks Rückzug aus der Medienöffentlichkeit und andere entsprechende Entscheidungen haben ihr nach der definitiven Durchsetzung als „Marke"[116] bzw. als weithin sichtbare und wahrgenommene Autorin wieder neue Spielräume künstlerischer Autonomie erschlossen. Ihre Zurückhaltung mit öffentlichen Äußerungen über die eigene Person, die sie in Interviews zu „schablonenhaften Antworten" greifen lässt, sobald sie nach Persönlichem gefragt wird,[117] sowie zugleich die Einrichtung und

---

112 Tuschling-Langewand, S. 59; mehr dazu in Andrea Geier: „Das ist doch keinen Nobelpreis wert!" Über literarische Wertung und Kanonisierung am Beispiel der Nobelpreisverleihung an Elfriede Jelinek im Jahr 2004. In: Der Deutschunterricht 57 (2005), H. 1, S. 91–96. Einen Gesamtüberblick bietet Pia Janke: Literaturnobelpreis Elfriede Jelinek. Wien 2005 (Diskurse. Kontexte. Impulse. Publikationen des Elfriede Jelinek-Forschungszentrums. Bd. 1), S. 10 u. passim.
113 Vgl. Konstanze Fliedl: Im Abseits. Elfriede Jelineks Nobelpreisrede. In: Françoise Rétif u. Johann Sonnleitner (Hg.): Elfriede Jelinek. Sprache, Geschlecht und Herrschaft. Würzburg 2008 (Saarbrücker Beiträge zur Vergleichenden Literatur- und Kulturwissenschaft. Bd. 35), S. 19–31; Uta Degner: Die Kinder der Quoten. Zum Verhältnis von Medienkritik und Selbstmedialisierung bei Elfriede Jelinek. In: Markus Joch, York-Gothart Mix und Norbert Christian Wolf gemeinsam mit Nina Birkner (Hg.): Mediale Erregungen? Autonomie und Aufmerksamkeit im Literatur- und Kulturbetrieb der Gegenwart. Tübingen 2009 (Studien und Texte zur Sozialgeschichte der Literatur, Bd. 118), S. 153–168, bes. S. 163 ff.
114 Tuschling-Langewand, S. 56.
115 Tuschling-Langewand, S. 56.
116 Mayer und Koberg, S. 167.
117 Vgl. Lamb-Faffelberger, S. 116.

autonome Gestaltung einer eigenen Website erlauben ihr in weitaus stärkerem Maß, als das sonst möglich wäre, Kontrolle über jene Informationen zu bewahren, die über sie und ihr literarisches Schaffen zirkulieren – nunmehr im Sinne einer dezidiert selbstbestimmten Werkpolitik, die auf langfristige Wirkung und Kanonisierung setzt.

Literaturverzeichnis

Bourdieu, Pierre: Im Banne des Journalismus. In: ders.: Über das Fernsehen. Frankfurt a. M. 1998, S. 103–121.

Bourdieu, Pierre: Zwei Fernsehvorträge. In: ders.: Über das Fernsehen. Frankfurt a. M. 1998, S. 7–96.

Castner, Daniela: Die Quelle der Lust ist die Lust an sich selbst. Zur Aufnahme von Elfriede Jelineks Erfolgswerk. In: Der Standard, 20.7.1989.

Cieutat, Michel, Rouyer, Phillippe und Haneke, Michael: Haneke über Haneke. Gespräche mit Michel Cieutat und Philippe Rouyer. Mit einem Nachwort von Georg Seeßlen. Berlin/Köln 2013.

Degner, Uta: Die Kinder der Quoten. Zum Verhältnis von Medienkritik und Selbstmedialisierung bei Elfriede Jelinek. In: Markus Joch, York-Gothart Mix und Norbert Christian Wolf gemeinsam mit Nina Birkner (Hg.): Mediale Erregungen? Autonomie und Aufmerksamkeit im Literatur- und Kulturbetrieb der Gegenwart. Tübingen 2009 (Studien und Texte zur Sozialgeschichte der Literatur. Bd. 118), S. 153–168.

Dormagen, Cristel: Scheitern: sehr gut. Elfriede Jelinek muß sich in Zukunft mehr zügeln. Einige Bemerkungen zur Feuilletonkritik. In: Text und Kritik ^{2}117 (1999), S. 128–136.

Drews, Jörg: Staunenswerter Haßgesang – aber auf wen? Elfriede Jelinek und die Gewalt der Lust. In: Süddeutsche Zeitung, 15./16.4.1989, S. 132–136.

Fiddler, Allyson: Problems with Porn: Situating Elfriede Jelineks Lust. In: German Life and Letters 44 (1991), H. 5, S. 404–415.

Fliedl, Konstanze: „Lust" – eine Belustigung. Das Scheitern der Kritik an Elfriede Jelineks vorgeblich gescheitertem neuen Roman. In: Lesezirkel. Literaturmagazin der Wiener Zeitung 6/39 (1989), S. 18.

Fliedl, Konstanze: Im Abseits. Elfriede Jelineks Nobelpreisrede. In: Françoise Rétif und Johann Sonnleitner (Hg.): Elfriede Jelinek. Sprache, Geschlecht und Herrschaft. Würzburg 2008 (=Saarbrücker Beiträge zur Vergleichenden Literatur- und Kulturwissenschaft. Bd. 35), S. 19–31.

Franck, Georg: Ökonomie der Aufmerksamkeit. Ein Entwurf. München 1998, S. 138–142.

Fuchs, Gerhard und Jelinek, Elfriede: „Man steigt vorne herein und hinten kommt man faschiert und in eine Wursthaut gefüllt wieder raus". Ein E-Mail-Austausch. In: Daniela Bartens und Paul Pechmann (Hg.): Elfriede Jelinek. Die internationale Rezeption. Graz: 1997 (Dossier, Extra), S. 9–25.

Geier, Andrea: „Das ist doch keinen Nobelpreis wert!" Über literarische Wertung und Kanonisierung am Beispiel der Nobelpreisverleihung an Elfriede Jelinek im Jahr 2004. In: Der Deutschunterricht 57 (2005), H. 1, S. 91–96.

Grassl, Gerald: Aus der Laube der Gewalt. In: Volksstimme, 9.4.1989.

Hage, Volker: Unlust. In: DIE ZEIT, 7.4.1989.
Isenschmid, Andreas: Trivialroman in experimenteller Tarnung. Elfriede Jelineks Roman „Lust". In: Neue Zürcher Zeitung, 5.6.1989.
Janke, Pia: Elfriede Jelinek: Werk und Rezeption. Unter Mitarbeit von Verena Humer, Teresa Kovacs und Christian Schenkermayr. Wien 2014 (Diskurse.Kontexte.Impulse. Publikationen des Elfriede Jelinek-Forschungszentrums. Bd. 10). Jelinek, Elfriede: Machtverhältnisse! [Interview mit Gerald Grassl.] In: Volksstimme [Wien], 21.5.1989.
Janke, Pia: Literaturnobelpreis Elfriede Jelinek. Wien 2005 (Diskurse.Kontexte.Impulse. Publikationen des Elfriede Jelinek-Forschungszentrums, Bd. 1).
Jelinek, Elfriede: Der Sinn des Obszönen. In: Claudia Gehrke (Hg.): Frauen & Pornographie. Tübingen 1988, S. 101–103.
Jelinek, Elfriede: Nichts ist verwirklicht. Alles muß jetzt neu definiert werden. Ein Gespräch mit Rudolf Maresch. In: Rudolf Maersch (Hg.): Zukunft oder Ende. Standpunkte, Analysen, Entwürfe. München 1993, S. 125–144.
Jelinek, Elfriede: Schöpfer-Geist. In: Süddeutsche Zeitung, 14./15.6.2014.
Kahl, Kurt: Bis einem die Lust vergeht. In: Kurier, 21.4.1989.
Lahann, Birgit: „Männer sehen in mir die große Domina". In: stern 37, 8.9.1988, S. 76–85.
Lamb-Faffelberger, Margarete: Valie Export und Elfriede Jelinek im Spiegel der Presse. Zur Rezeption der feministischen Avantgarde Österreichs. New York u.a. 1992 (Austrian Culture. Bd. 7).
Mayer, Verena und Koberg, Roland: Elfriede Jelinek. Ein Porträt. Reinbek bei Hamburg 2007.
Meyer, Anja: Elfriede Jelinek in der Geschlechterpresse. *Die Klavierspielerin* und *Lust* im printmedialen Diskurs. Hildesheim u.a. 1994 (Germanistische Texte und Studien, Bd. 44).
Meyhöfer, Annette: Nein, sie kennt auch diesmal keine Gnade. In: Der Spiegel, 3.4.1989.
N. N.: Elfriede Jelinek: Ein Porno aus weiblichem Blickwinkel. In: Recklinghäuser Zeitung, 23.7.1986.
N. N.: Ein Porno nur für Frauen? In: Mannheimer Morgen, 8.8.1986.
N.N.: Lange Prosa zum Thema Begierde. In: Donau-Kurier, 1.2.1987.
N.N.: Elfriede Jelinek: Lust. Bestseller. In: Buchreport [Dortmund] 17, 27.4.1989.
Reich-Ranicki, Marcel: Das literarische Quartett. Gesamtausgabe aller 77 Sendungen von 1988 bis 2001. 3 Bde. Berlin 2006, Bd. 1, S. 131–141 [Sendung vom 10.3.1989; vgl. auch https://www.youtube.com/watch?v=py75CRx9CKI (letzter Zugriff: 1. September 2019)].
Rocholl, Karin: Der zweite Blick. Prominente im Porträt. Mit Texten von Birgit Lahann. München 2013, S. 42–53.
Schenkermayr, Christian: Interviews und Porträts. In: Pia Janke (Hg.): Jelinek-Handbuch. Stuttgart/Weimar 2013, S. 341–347.
Schirrmacher, Frank: Musik gehört einfach dazu. Über das Wüten der Männer – Elfriede Jelineks „Lust". In: Frankfurter Allgemeine Zeitung, 22.4.1989.
Strigl, Daniela: Neid. In: Pia Janke (Hg.): Jelinek-Handbuch. Stuttgart/Weimar 2013, S. 119–124.
Tacke, Alexandra: Zwischen LeseLUST und PorNO. Zum Vor- und Nachspiel von Elfriede Jelineks *Lust* (1989). In: Sabine Müller und Cathrine Theodorsen (Hg.): Elfriede Jelinek: Tradition, Politik und Zitat. Ergebnisse der Internationalen Elfriede Jelinek-Tagung 1.–3. Juni 2006 in Tromsø. Wien 2008 (Diskurse. Kontexte. Impulse. Publikationen des Elfriede Jelinek-Forschungszentrums. Bd. 2), S. 229–250.

Tuschling-Langewand, Jeanine: Autorschaft und Medialität in Elfriede Jelineks Todsündenromanen *Lust*, *Gier* und *Neid*. Marburg 2018.
Vogel, Juliane: Oh Bildnis, oh Schutz vor ihm. In: Christa Gürtler (Hg.): Gegen den schönen Schein. Text zu Elfriede Jelinek. Frankfurt a.M. ²2005, S. 142–156.

Harald Gschwandtner
„Der Gigant ist tot." Elfriede Jelinek liest Thomas Bernhard

1

Thomas Bernhards Tod am 12. Februar 1989 markierte, selbst für jene schreibenden Kolleg*innen, die ihm kritisch gegenüberstanden, einen fundamentalen Einschnitt in der österreichischen Literaturgeschichte:[1] das Ende der ‚Ära Bernhard', so Bernhards Dauerrivale und Konkurrent Peter Handke, der den Ausdruck drei Jahre nach dessen Tod als Alternative zur ‚Ära Waldheim' vorgeschlagen hat.[2] Zu einer ähnlichen Einschätzung gelangte der wie Handke 1942 geborene Gerhard Roth, den Bernhard 1981 als abschreckendes Beispiel eines „jungen opportunistischen Schriftsteller[s]" attackiert hatte,[3] in seinem zwischen Wertschätzung und Kritik changierenden Nachruf in der *Neuen Rundschau*: „Mit Thomas Bernhard ging ein Zeitalter der österreichischen Literatur zu Ende."[4]

Auch Elfriede Jelinek hat Bernhards Tod als Zäsur beschrieben, weil mit ihm nicht nur eine wichtige und eigensinnige Stimme der deutschsprachigen Gegenwartsliteratur verstummt, sondern auch der umstrittenste, am stärksten öffentlich angefeindete Autor Österreichs aus dem Leben geschieden sei: In gleich drei Nekrologen, die Anfang 1989 im Magazin *profil*, in der Wochenzeitung *DIE ZEIT* und im Bühnenjournal *Theater heute* veröffentlicht wurden, hat sich Jelinek mit

---

[1] Der Aufsatz basiert auf einem Beitrag, der unter dem Titel „Von Kollegen und Diktatoren. Bernhard, Jelinek und die literarische Konkurrenz" im folgenden Sammelband erschienen ist: Bastian Reinert und Clemens Götze (Hg.): Elfriede Jelinek und Thomas Bernhard. Intertextualität – Korrelationen – Korrespondenzen. Berlin/Boston 2019, S. 71–85. Er wurde für den vorliegenden Zusammenhang überarbeitet, ergänzt und erweitert.
[2] Vgl. Karl Wagner: „Er war sicher der Begabteste von uns allen". Bernhard, Handke und die österreichische Literatur. Wien 2010, S. 12; Wendelin Schmidt-Dengler: Bruchlinien II. Vorlesungen zur österreichischen Literatur 1990 bis 2008. Hg. von Johann Sonnleitner. St. Pölten u. a. 2012, S. 23; beide bleiben eine Quellenangabe zu dieser Äußerung Handkes leider schuldig.
[3] Thomas Bernhard: Der pensionierte Salonsozialist. In: ders.: Werke. Hg. von Martin Huber und Wendelin Schmidt-Dengler. Bd. 22/I: Journalistisches, Reden, Interviews. Hg. von Wolfram Bayer, Martin Huber und Manfred Mittermayer. Berlin 2015, S. 620–624, hier S. 624.
[4] Gerhard Roth: Der Menschenfeind, der der Alpenkönig war. Nachruf auf Thomas Bernhard. In: Neue Rundschau (1989), H. 2, S. 187–189, hier S. 187.

Werk und Person Bernhards auseinandergesetzt,[5] wobei die Würdigung des Verstorbenen mit der kritischen Analyse seiner auktorialen *posture* verknüpft ist. Folgt man einer kurzen Notiz in der Münchner *tz* vom 22. Februar 1989, dann trat Elfriede Jelinek sogar bei einer Gedenkveranstaltung für ihren Autorenkollegen auf:

> „Ich spreche, also bin ich" ist eine Lesung übertitelt, die am kommenden Sonntag [i. e. am 26. Februar 1989] um 11 Uhr in memoriam Thomas Bernhard im Gartensaal des Prinzregententheaters veranstaltet wird. / Die Wiener Autorin Elfriede Jelinek spricht einen Nachruf, Tanja von Oertzen, Rosel Zech, Hans Diehl, Franz Froschauer und Martin Zauner lesen autobiographische Texte und Kurzprosa des am 12. Februar verstorbenen Schriftstellers und Dramatikers.[6]

Der Titel der angekündigten Veranstaltung nimmt ein Zitat aus Jelineks erstem, am 20. Februar erschienenem Nachruf auf – „Ich spreche, also bin ich. Und solange ich spreche, bin ich nicht tot" (EINZ 72)[7] – und legt die Aufmerksamkeit damit auf Aspekte, die Jelinek wiederholt als zentrale Angelpunkte von Bernhards Poetik und Autorschaft beschrieben hat: auf den Umstand, „ein Dichter des Sprechens (nicht des Schreibens)" (EINZ 72)[8] zu sein, sodann auf die existenzielle Dimension seiner Texte und nicht zuletzt auf das bei Bernhard stets virulente Thema der künstlerischen Selbstbehauptung als Gegenentwurf zu einer feindlichen Umwelt: „Ich glaube, es sind die frühen Krankheitserfahrungen des le-

---

5 Elfriede Jelinek: Der Einzige und wir, sein Eigentum. In: profil, Nr. 8, 20. 2. 1989, S. 72–73; dies.: Atemlos. In: DIE ZEIT, Nr. 9, 24. 2. 1989, S. 57–58; dies.: o. T. In: Theater heute (1989), H. 4, S. 20. Der in *Theater heute* gedruckte Nachruf stimmt mit den ersten drei Absätzen des *profil*-Beitrags überein; *Atemlos* weist zwar einige Parallelen mit den anderen beiden Texten auf, kann aber durchaus als eigenständiger Beitrag gelten. Der in *profil* gedruckte Nachruf wird im Folgenden mit der Sigle „EINZ" mit Seitenangabe im Fließtext zitiert.
6 N. N.: In memoriam Bernhard. In: tz [München], 22. 2. 1989.
7 Brigitte E. Jirku: Von den Brüdern Grimm bis zu Elfriede Jelinek: Schneewittchen als universales Frauenbild? In: Andreas Kramer und Jan Röhnert (Hg.): Literatur – Universale und Kulturenspezifikum. Göttingen 2010, S. 50–59, hier S. 57, hat diese Sentenz als „postmoderne[s] Diktum" identifiziert.
8 Vgl. dazu auch Jelinek: Atemlos, S. 57: „Daher war seine Literatur eine Literatur des Sprechens (im Gegensatz zum Denker Handke), der Endlos-Tiraden", sowie Peter von Becker: „Wir leben auf einem Berg von Leichen und Schmerz". Gespräch mit Elfriede Jelinek. In: Theater heute (1992), H. 9, S. 1–9, hier S. 6: „Verkürzt gesagt, Bernhard spricht, und Handke denkt." – An der Mündlichkeit seiner Texte entzündete sich auch Handkes Kritik an Bernhard: „Bei Thomas Bernhard ist schon eine Grenze erreicht, daß man denkt, das ist nur noch mündlich. Und wenn die Schrift nichts mehr bedeutet, wird es für mich wirklich gespenstisch." (Peter von Becker: „Ich mag die Menschen nicht anfassen beim Schreiben ...". Ein Gespräch mit Peter Handke. In: Theater 1992. Das Jahrbuch der Zeitschrift *Theater heute*, S. 11–21, hier S. 14)

benslang kranken Thomas Bernhard, die ihm den Blick geschliffen haben, die ihn trotzig auf seinen Platz haben beharren lassen, nur damit ihn kein andrer besetzen kann." (EINZ 72) Die folgenden Überlegungen unternehmen den Versuch, Jelineks Auseinandersetzung mit Thomas Bernhard, sowohl in Interviews und Gesprächen als auch in der „hochartifizielle[n] und außerordentlich komplexe[n] Reflexionsprosa"[9] ihrer Nekrologe, zu rekonstruieren. Anschließend wird das 2000 in Hamburg uraufgeführte Theaterstück *Das Schweigen*, in dem die Autorin Bernhards Prosatext *Beton* (1982) ihrem spezifischen „Intertextualitätsregime"[10] unterwirft, in den Blick genommen.

„Elfriede Jelinek, Gerhard Roth, Gert Jonke, das sind interessante Figuren, die oft unter dem Einfluß von Thomas Bernhard schreiben. Jemand hat das Wort von den Bernhardinern in der österreichischen Literatur geprägt – und so falsch ist das nicht."[11] Obgleich Marcel Reich-Ranicki, der Jelinek anlässlich der Zuerkennung des Literaturnobelpreises 2004 bescheinigen sollte, zwar „eine dolle Frau" zu sein, jedoch über ein „eher bescheiden[es]" „literarische[s] Talent" zu verfügen,[12] in der zitierten Äußerung darauf abzielt, die genannten Autor*innen als Bernhard-Epigonen zu denunzieren, berührt der ‚Großkritiker' doch einen wesentlichen Punkt von Elfriede Jelineks Auseinandersetzung mit Thomas Bernhard: Wie konnte und kann man, zumal als Autorin im „phallokratischen Wertesystem"[13] des Literaturbetriebs, neben und nach dem „Giganten"[14] Bernhard, der stets „nur Platz für einen einzigen Kritiker" (EINZ 72) – ihn selbst – gelassen hatte, bestehen? Wiederholt hat Jelinek Bernhard in ihre „Kritik männlich do-

---

9 Ralf Georg Bogner: Drei Distanzierungen. Die Nachrufe von H. C. Artmann, Elfriede Jelinek und Gerhard Roth auf Thomas Bernhard. In: Markus Knöfler, Peter Plener und Péter Zalán (Hg.): Die Lebenden und die Toten. Beiträge zur österreichischen Gegenwartsliteratur. Budapest 2000, S. 251–263, hier S. 255.
10 Juliane Vogel: Intertextualität. In: Pia Janke (Hg.): Jelinek-Handbuch. Stuttgart/Weimar 2013, S. 47–55, hier S. 49.
11 Marcel Reich-Ranicki: Der doppelte Boden. Ein Gespräch mit Peter von Matt. Zürich 1992, S. 139.
12 Marcel Reich-Ranicki: „Die missbrauchte Frau". Über Elfriede Jelinek. In: Der Spiegel, Nr. 42, 11.10.2004, S. 180. Dort heißt es weiter: „Ein guter Roman ist ihr nie gelungen, beinahe alle sind mehr oder weniger banal oder oberflächlich. Gleichzeitig ist in manchen hier und da beachtliche Kunstfertigkeit nicht zu übersehen – und bisweilen sogar erstaunliche Virtuosität." Ihre Theatertexte seien, so der greise Kritiker, „offen gesagt, unlesbar, doch als Vorlage für ehrgeizige und rücksichtslose Regisseure mit viel Phantasie hervorragend geeignet: Sie entfernen sich ohne Reue von dem, was die Autorin geliefert hat und machen aus den Texten, was sie wollen. Wenn es gut geht, entstehen effektvolle Shows, die nicht immer langweilig sind."
13 Heide Hammer: Im Glashaus männlichen Denkens. Gespräch mit Elfriede Jelinek. In: Der Standard, 8.3.2005.
14 Jelinek: Atemlos, S. 57.

minierter Modelle von Autorschaft und Autorität"[15] einbezogen, seine „erhöhte Sprecherposition"[16] aus der Perspektive des Feminismus analysiert und ihn schon zu Lebzeiten als „kleinbürgerliche[n] Räsoneur"[17] beschrieben, im gleichen Atemzug aber eine anhaltende Faszination für Bernhards Texte konstatiert sowie Affinitäten zwischen ihren eigenen literarischen Verfahren und jenen Bernhards festgestellt:

> Genau das verbindet mich mit Thomas Bernhard: daß wir beide eigentlich Sprach-Kompositionen machen; daß wir einem musikalischen Rhythmus folgen. Bei mir ist das mehr semantisch aufgeladen, und bei ihm waren es die rhythmischen Tiraden, die Sinus-Schwingungen, weil es eben gesprochene Stücke sind. Bei mir geht es mehr um den einzelnen Ton, um das Wort für Wort, um die Wörtlichkeit. Ich arbeite ja auch viel mit Alliterationen, mit Wortspielen und Kalauern; ich will die Sprache sich selbst im Schreiben und Sprechen entlarven lassen.[18]

2

Thomas Bernhard sei, so Gert Jonke im Gespräch mit den Jelinek-Biographen Verena Mayer und Roland Koberg, für ihn „und für viele andere eine Art Naturereignis" gewesen, „und wir dachten, er sei auf unserer Seite und umgekehrt". Allmählich habe sich bei ihm allerdings der Eindruck verfestigt, dass Bernhard „nach einer kriegerischen Methode alles besetzte" und im Rahmen einer rücksichtslosen Fokussierung auf die eigene Person und das eigene literarische Schaffen „keinen Raum für andere" ließ.[19] Eine Beobachtung, die sich mit den Einschätzungen zahlreicher zeitgenössischer Autor*innen deckt, galt doch nicht nur Bernhards Stil als hochgradig suggestiv im Sinne einer beinahe zwangsläufigen Imitation – „[J]eder, der Thomas Bernhard liest, wird er"[20] –, sondern ganz

---

15 Jeanine Tuschling-Langewand: Autorschaft und Medialität in Elfriede Jelineks Todsündenromanen *Lust*, *Gier* und *Neid*. Marburg 2016, S. 56.
16 Paul Jandl und Barbara Villiger Heilig: Auch Kafka hat wahnsinnig gelacht. Ein Gespräch mit der Büchnerpreisträgerin Elfriede Jelinek. In: Neue Zürcher Zeitung [Internationale Ausgabe], 17./18.10.1998.
17 C. Bernd Sucher: „Was bei mir zu Scheiße wird, wird bei Handke kostbar." Gespräch mit Elfriede Jelinek. In: Schauspiel Bonn. Erste Premieren Spielzeit 1986/1987. Bonn 1986, S. 45–52, hier S. 49.
18 Becker und Jelinek: „Wir leben auf einem Berg von Leichen und Schmerz", S. 4.
19 Verena Mayer und Roland Koberg: Elfriede Jelinek. Ein Porträt. Reinbek bei Hamburg 2007, S. 217.
20 Elfriede Jelinek: Und was ist Lüge anderes als Literatur? In: Die Welt, 12.4.2011 (gedruckt auch als dies.: Wer oder was? Zu André Müllers Interviews. In: „Sie sind ja wirklich eine verdammte

allgemein die Omnipräsenz Bernhards als hinderlich für die Generierung medialer Aufmerksamkeit für das je eigene Werk.

„Der Gigant ist tot." (EINZ 72) Wenn Jelinek in ihrem ersten Nekrolog, *Der Einzige und wir, sein Eigentum* – eine „sprachspielerische Paraphrase"[21] von Max Stirners *Der Einzige und sein Eigentum* (1844) –, Bernhard als „Fels des Anstoßes" bezeichnet, „an dem niemand mehr vorbeigekommen ist" (EINZ 72), so ist damit nicht bloß seine Ausnahmestellung als skandalträchtiger und selbst in Boulevardmedien raumgreifend diskutierter Autor beschrieben, sondern auch eine veritable Machtposition im literarischen Feld. Jelineks Rede vom ‚Giganten' verweist zunächst auf eine Form der Wertschätzung im Sinne der Zuschreibung künstlerischer Wirkungsmacht, impliziert aber auch ein deutliches Ungleichgewicht, das sie stets mit einer signifikanten Schieflage der kulturellen Aufmerksamkeitsökonomie in Verbindung gebracht hat: „[A]ls Frau bin ich dem österreichischen Literaturbetrieb nicht einmal eine Auseinandersetzung wert. Der Thomas Bernhard wurde zwar angespuckt und beschimpft, aber seine Stücke werden aufgeführt und in einer verdienten Weise sehr, sehr ernst genommen", so Jelinek wenige Wochen nach Bernhards Tod in einem Interview mit Sigrid Löffler.[22] Als Antwort auf eine Umfrage der Wiener *Presse* anlässlich von Bernhards 75. Geburtstag hat Jelinek dessen Sonderstatus 2006 im Rückblick auf ihre Nachrufe von 1989 noch einmal prägnant umrissen: Sie habe, so Jelinek,

> vollkommen Recht behalten und das ganz richtig vorausgesehen, dass an Thomas Bernhard kein Autor (von Autorinnen spreche ich nicht, denn sie zählen, was ihre Rezeption betrifft, so gut wie gar nicht) mehr vorbeikommen wird. Er ist der größte Stilist, und er spricht einen dermaßen selbstgewissen (seiner selbst vollkommen sicheren) Herrschaftsdiskurs (den er sich wahrscheinlich teils von seinem Großvater abgeschaut, sozusagen „abgehorcht", teils aber sicher auch schwer und mühsam erarbeitet hat), dass jeder andere Autor an ihm gemessen wird und auch in Zukunft gemessen werden wird. Er ist das Maß der österreichischen Literatur, und alle übrigen sind das „Andere". Und keiner wird je mit ihm mithalten können.[23]

Ähnlich hatte Jelinek bereits 2004 im Gespräch mit Hans-Jürgen Heinrichs argumentiert, wobei sie einerseits auf eine gewisse Übereinstimmung und Nähe der

---

Krähe!" Letzte Gespräche und Begegnungen. Mit einem Vorwort v. Elfriede Jelinek. München 2011, S. 7–10, hier S. 9).
21 Bogner, S. 253.
22 Sigrid Löffler: „Ich mag Männer nicht, aber ich bin sexuell auf sie angewiesen". Gespräch mit Elfriede Jelinek. In: profil, Nr. 13, 28.3.1989, S. 83–85, hier S. 84.
23 Elfriede Jelinek: An ihm gemessen. In: Die Presse [Spectrum], 4.2.2006.

poetologischen Prinzipien hinweist, andererseits jedoch Bernhards spezifisch männliche Autorrolle kritisch betont:

> Ich gehöre zu denen, die einen sehr individualisierten Stil oder eine individualisierte Methode entwickelt haben, die in gewisser Weise gleich zu erkennen ist, ähnlich wie bei Thomas Bernhard mit seinen rhythmischen Tiraden und seiner herrischen Sprecherposition, die immer die Position des Herrn ist.[24]

Im Sinne eines für symbolische Macht- und Herrschaftssysteme hellsichtigen Feminismus[25] zeichnet Jelinek Bernhard als dezidiert männlichen Autor, dem allein qua Geschlecht andere Möglichkeiten der Wirkung und der Sichtbarkeit in politischen wie kulturellen Diskursen offenstehen: ein zentrales Motiv ihrer Reflexionen über Konzepte, Idiosynkrasien und „Beschränkungen"[26] weiblicher Autorschaft. Während sie „bei den männlichen Autoren immer so das Gefühl habe, daß sie eben aus einer patriarchalischen Kulturposition heraus, aus einer unglaublichen Vielfalt heraus schöpfen", könne eine Schriftstellerin, wie Jelinek schon Mitte der 1980er Jahre im Gespräch mit C. Bernd Sucher argumentiert, „nie so souverän über einen Gegenstand gebieten wie ein Mann".[27]

Diese aus Sicht der späteren Nobelpreisträgerin grundlegende Differenz zwischen weiblicher und männlicher Autorschaft, die für sie stets mit dem Problem verknüpft ist, „als Schriftstellerin über öffentliche Wirkungsmacht verfügen zu können",[28] formt auch ihren Blick auf Thomas Bernhard. So hat Jelinek Anfang der 1990er Jahre in einem Interview mit der Wiener Stadtzeitung *Falter* zwar eine geistige Verwandtschaft mit Bernhard eingeräumt, im gleichen Atemzug jedoch seine „ganze Sprache" zu „eine[r] einzige[n] Junggesellenmaschine" erklärt und es für „interessant" befunden, „sich aus feministischer Sicht mit den dunklen

---

24 Hans-Jürgen Heinrichs: Gespräch mit Elfriede Jelinek. In: Sinn und Form 56 (2004), H. 6, S. 760–783, hier S. 763.
25 Dazu grundlegend die Studie von Nicole Masanek: Männliches und weibliches Schreiben? Zur Konstruktion und Subversion in der Literatur. Würzburg 2005, S. 115–152.
26 Peter Clar: „Ich bleibe, aber weg." Dekonstruktionen der AutorInnenfigur(en) bei Elfriede Jelinek*. Bielefeld 2017, S. 206.
27 Sucher und Jelinek: „Was bei mir zu Scheiße wird, wird bei Handke kostbar", S. 49.
28 Uta Degner: Die Kinder der Quoten. Zum Verhältnis von Medienkritik und Selbstmedialisierung bei Elfriede Jelinek. In: Markus Joch, York-Gothart Mix und Norbert Christian Wolf (Hg.): Mediale Erregungen? Autonomie und Aufmerksamkeit im Literatur- und Kulturbetrieb der Gegenwart. Tübingen 2009, S. 153–168, hier S. 163. Dazu auch Teresa Kovacs: Drama als Störung. Elfriede Jelineks Konzept des Sekundärdramas. Bielefeld 2016, S. 225, die vom bei Jelinek diagnostizierten „Ausschluss der Frau aus der kulturellen Sphäre" spricht.

Wahngebilden" des Autors auseinanderzusetzen.[29] Ausdrücklich hat Jelinek Bernhards „Sicherheit des Sprechens" mit dessen „autoritäre[r] Position", die „nur ein männlicher Autor" einnehmen könne, in Verbindung gebracht,[30] und damit parallel zu Ansätzen der feministischen Literaturwissenschaft eine prägnante Lesart von Bernhards Selbststilisierung als sprach- und diskursmächtiger Autor – mit Harold Bloom gesprochen: als ‚strong poet'[31] – vorgelegt. Im bereits zitierten Bernhard-Nekrolog hat sie „die Meisterleistung" als Pensum des Künstlers, „das Höchste, Größte, Einzigartige, das man nie wird einholen können", primär als „männliche[n] Fetisch" identifiziert (EINZ 73). Auch der „Zwang zur Originalität" werde, so die Autorin noch 2011 anlässlich der Uraufführung des Sekundärdramas *FaustIn and out* am Zürcher Schauspielhaus, zunächst mit dem „schöpferischen Mann" assoziiert, „er will ja immer Neues schaffen".[32] Diese etablierte und seit Jahrhunderten tradierte kulturelle Matrix, die Innovation und Subversion im künstlerischen Feld ganz selbstverständlich mit ästhetischer Virilität in Verbindung bringt, stellt für Jelinek ein Skandalon dar, zumal die entsprechende Zuschreibung mit einer veritablen Einschränkung in Bezug auf Sichtbarkeit und gesellschaftliche Wirkungsmacht von Autorinnen, Künstlerin-

---

29 Dieter Bandhauer: „Ich bin kein Theaterschwein". Gespräch mit Elfriede Jelinek. In: Falter, Nr. 16, 20.4.1990, S. 8–9, hier S. 9; vgl. Sucher und Jelinek: „Was bei mir zu Scheiße wird, wird bei Handke kostbar", S. 48 f.: „Die frühen Sachen von Thomas Bernhard habe ich sehr verehrt. Mit den letzten kann ich wenig anfangen. Eigentlich verselbständigt sich seine Methode. Ich mag gern dieses Geschimpfe und dieses Böser-alter-Mann-Sein. Aber es ist inzwischen so simpel geworden. Ich lese es aber trotzdem gern. Ich lese es wie ein Comic strip." – Der Begriff der „Junggesellenmaschine" taucht bereits im ersten Nachruf von 1989 auf: „Die Bachmann hat sich den Ort, an dem sie hätte wohnen können, zum Schluß mit ihrer verbrannten Hand nicht einmal mehr imaginieren können. Thomas Bernhard hat den seinen mit Leblosigkeiten angefüllt, mit Junggesellenmaschinen, auch mit den Bruchstücken alter Tassen, die, ihres ursprünglichen philosophischen Inhalts längst entleert, nur mehr zu bloßen Hülsen von Philosophen und Philosophien taugen, bis zum letzten Fetisch, dem Denken selbst." (EINZ 73) Mit der „Junggesellenmaschine" zitiert Jelinek ein Konzept, das sich von Marcel Duchamps *machine célibataire* herleitet und über Michel Carrouges, Gilles Deleuze, Harald Szeemann u. a. eine beachtliche künstlerische und kulturwissenschaftliche Karriere gemacht hat. Vgl. dazu Gilles Deleuze und Félix Guattari: Anti-Ödipus. Kapitalismus und Schizophrenie I. Frankfurt a. M. 1974, S. 25 f., sowie zuletzt den Überblick in Heiko Schmid: Metaphysische Maschinen. Technoimaginative Entwicklungen und ihre Geschichte in Kunst und Kultur. Bielefeld 2016, S. 161–165.
30 Rose-Maria Gropp und Hubert Spiegel: Ich renne mit dem Kopf gegen die Wand und verschwinde. Ein Gespräch mit der Nobelpreisträgerin Elfriede Jelinek. In: Frankfurter Allgemeine Zeitung, 8.11.2004.
31 Harold Bloom: The Anxiety of Influence. A Theory of Poetry. London u. a. 1973, S. 5 u. passim.
32 Die Bühne als klaustrophobischer Raum. Die Schriftstellerin Elfriede Jelinek im E-Mail-Austausch mit dem Dramaturgen Roland Koberg. In: Schauspielhaus Zürich. Saison 2011/2012. Programm Nr. 15. Hg. von der Schauspielhaus Zürich AG. Zürich [2011/2012], [unpag.].

nen, Komponistinnen[33] usw. einhergeht: „Die Radikalität eines Mannes ist sanktioniert und wird begrüßt, während es bei einer Frau als eine Grenzüberschreitung angesehen wird."[34]

Mit Ausnahme von Ingeborg Bachmann, der er in *Auslöschung* (1986) als Dichterin Maria „ein schönes Denkmal gesetzt hat" (EINZ 73),[35] Christine Lavant und – ins Negative gewendet – Marianne Fritz[36] hat Thomas Bernhard kaum je eine deutschsprachige Autorin einer eingehenderen Erwähnung für würdig be-

---

33 Vgl. hierzu etwa Elfriede Jelinek: Rund, handlich, einfach zum Reinbeißen – so will man hierzulande Mozart. In: Die Presse, 1.12.1995: „Die Komponistin [Olga Neuwirth] kann nicht Opern zu schreiben beginnen, bevor sie eine feste Zusage (und natürlich einen Vorschuß) für ihre Arbeit hat. Wir sind hier nämlich nicht in La Bohème, in die die Opernbesucher strömen, vor allem, wenn ihre Lieblingsstars singen, wir sind hier leider im wirklichen Leben, in dem sich Frauen große Werke am besten verkneifen (abschminken ist wahrscheinlich das passendere Wort) sollten."
34 Wolf Scheller: „Ich bin resigniert". Gespräch mit Elfriede Jelinek. In: Die Woche, Nr. 43, 23.10. 1998, S. 39. – Vgl. dazu auch Ralf B. Korte: Gespräch mit Elfriede Jelinek. In: Daniela Bartens und Paul Pechmann (Hg.): Elfriede Jelinek. Die internationale Rezeption. Graz/Wien 1997, S. 273–299, hier S. 296: „Was mir ja schon übel vermerkt wird, daß mein Haß immer noch nicht nachläßt. Was man aber vielleicht bei einem Mann kühn finden würde oder ich weiß nicht wie – da gibt es sicher eine positive Terminologie dafür –, findet man bei einer Frau wahrscheinlich degoutant oder keifend". Vgl. dazu die Überlegungen in Harald Gschwandtner: Thomas Bernhards ‚Radikalität'. Versuch einer kultursoziologischen Lesart. In: Stephanie Willeke, Ludmila Peters und Carsten Roth (Hg.): Das Radikale. Gesellschaftspolitische und formal-ästhetische Aspekte in der Gegenwartsliteratur. Berlin u. a. 2017, S. 235–261.
35 Dazu Holger Gehle: Maria: Ein Versuch. Überlegungen zur Chiffrierung Ingeborg Bachmanns im Werk Thomas Bernhards. In: Hans Höller und Irene Heidelberger-Leonhard (Hg.): Antiautobiographie. Zu Thomas Bernhards *Auslöschung*. Frankfurt a. M. 1995, S. 159–180.
36 Anfang 1986 konstatiert Bernhard in einem ob seines sprachlichen Furors beachtenswerten Brief an Siegfried Unseld anlässlich des Erscheinens von Marianne Fritz' monumentalem Roman *Dessen Sprache du nicht verstehst* eine „verlegerische Katastrophe" im Hause Suhrkamp, ja „die grösste verlegerische Peinlichkeit, die mir bis jetzt bekannt ist": „Wäre der Vorfall, der tatsächlich einmalig ist in der Literaturgeschichte, nicht so peinlich, wäre es damit getan, die Wiener Müllfrau zum Teufel und Ihr Lektorat ganz einfach gleich in die Hölle zu schicken. Aber der Humor hat Grenzen, wenn es um den elementaren Ernst geht. In Fragen der sogenannten hohen Kunst ist mit mir nicht zu scherzen." (Thomas Bernhard an Siegfried Unseld, 19.1.1986. In: dies.: Der Briefwechsel. Hg. von Raimund Fellinger, Martin Huber und Julia Ketterer. Frankfurt a. M. 2009, S. 743f.) Wie in anderen Fällen steht Bernhards Schmähung einer Autorin auch hier in enger Verbindung zum von ihm wiederholt diagnostizierten Mangel an Wertschätzung für sein literarisches Werk innerhalb des Verlags, stand doch Anfang 1986 die Publikation seines eigenen *opus magnum*, *Auslöschung. Ein Zerfall*, unmittelbar bevor. Ein quantitativ noch monumentaleres Projekt, und stammte es auch nur aus der Feder einer „Wiener Müllfrau", stellte für ihn ein veritables Problem dar. Eine tatsächliche Lektüre von Fritz' Roman, aus der Bernhard eine Unvereinbarkeit ihrer ästhetischen Positionen hätte ableiten und argumentieren können, scheint angesichts der pauschalen Verunglimpfungen und Bernhards sonstiger Lektürepraxis wenig wahrscheinlich.

funden. Seine Wertschätzung für Bachmann und Lavant steht in Zusammenhang mit positiven Erfahrungen im persönlichen Kontakt, scheint jedoch auch dem Umstand geschuldet zu sein, dass er die beiden Autorinnen im Grunde ausschließlich als Lyrikerinnen wahrnahm – also als Akteurinnen in einem Subfeld literarischer Produktion, das Bernhard schon Ende der 1950er Jahre zugunsten von Prosa und Dramatik aufgegeben hatte. Ein Blick zurück in die Literaturgeschichte weiblicher Autorschaft lässt bei Bernhard allenfalls eine gewisse Sympathie für Virginia Woolf erkennen.[37] Seine misogyne Haltung in Bezug auf schreibende Frauen hat er 1981 im Fernsehinterview *Monologe auf Mallorca* auf die Spitze getrieben – und damit nicht zuletzt den Unmut seiner Gesprächspartnerin, der Journalistin Krista Fleischmann, auf sich gezogen, ja den Abbruch des Interviews provoziert. Die Balance zwischen Räsonnement und Ressentiment kippt, auch wenn der ironische Gestus seiner Äußerungen nicht unterschlagen werden darf, hier rasch auf die Seite des letzteren:

> Auch Frauen können manchmal schreiben, was natürlich auch meistens grotesk ist. [...] Na ja, es gibt im *Grund'* ja eigentlich *keine Dichterinnen*, das ist ja alles ein bißl übertrieben. Bei Dichterinnen macht man ja immer zwei Augen fast ganz zua, damit das überhaupt als solches erscheint, weil sonst hätten s' ja gar keine. Aber bei näherer Betrachtung ist das ja nicht *so* großartig, auch wenn's die Alten sind. Also, es gibt weder Dichterinnen noch Philosophinnen, aber das ist schon hunderttausendmal g'sagt worden.[38]

Jelineks fünf Jahre später im Gespräch mit C. Bernd Sucher formulierte Kritik an einer „patriarchalischen Kulturposition", aus der heraus „männliche[ ] Autoren" sprächen,[39] könnte – obgleich der Name Bernhard an dieser Stelle nicht fällt – als Antwort auf dessen Chauvinismus verstanden werden, musste sie sich doch von Bernhards Identifizierung weiblicher Autorschaft mit dem „Gefühl der Frauen"[40] in besonderem Maße herausgefordert sehen.[41]

---

37 Vgl. Thomas Bernhard: Drei Tage. In: ders.: Werke. Bd. 22/II: Journalistisches, Reden, Interviews. Hg. von Wolfram Bayer, Martin Huber und Manfred Mittermayer. Berlin 2015, S. 54–66, hier S. 63; ders.: Werke. Bd. 7: Holzfällen. Hg. von Martin Huber und Wendelin Schmidt-Dengler. Frankfurt a. M. 2007, S. 36.
38 Thomas Bernhard: Monologe auf Mallorca. In: ders.: Werke. Bd. 22/II, S. 181–246, hier S. 228.
39 Sucher und Jelinek, S. 49.
40 Bernhard: Monologe auf Mallorca, S. 231. Vgl. die vollständige Passage ebd., S. 231 f.: „Männer sind im Vorteil, weil sie Verstand *und* Gefühl haben, nicht. Das Gefühl der Frauen wird niemand, außer einem Verrückten, abstreiten, aber den Verstand kann man fast immer anzweifeln, daß sie den haben. Und wenn man den weiblichen Verstand näher untersucht, und das ist ja bei schriftstellerischen Arbeiten möglich, [...] dann ist ihr Verstand eigentlich auch nichts als Gefühl. Also, es hat ja viele Frauen gegeben, die sich grad an männlichen Themen sehr versucht haben, die Ricarda Huch und Isolde Kurz und wie die alle g'heißen haben, bis herauf zur Hannah Arendt

Außerdem weist Jelineks Jubiläumsstatement zu Bernhards 75. Geburtstag nachdrücklich auf dessen egozentrischen Habitus hin, der ein Bestehen nach und neben ihm zur fortwährenden Herausforderung macht. Zum ‚Giganten' wird der Autor nicht nur durch die Bedeutung seines literarischen Œuvres, sondern auch durch die von ihm selbst geteilte Überzeugung, niemand könne ‚mit ihm mithalten'. Anders als etwa Peter Handke verstand Bernhard seine privilegierte Position nicht als Möglichkeit, jüngere Schriftsteller bei der Etablierung im literarischen Feld zu fördern und zu unterstützen; vielmehr kann die im Mai 1969 in einem Brief an Siegfried Unseld geäußerte Pauschalkritik an der zeitgenössischen literarischen Produktion als symptomatisch gelten für seine Diktion in Hinblick auf schreibende Kollegen und Konkurrenten: Die „Literatur zum Grossteil und auch so vieles, was Sie [im Suhrkamp Verlag] machen", sei, so Bernhard, „eine unendliche Leiche ohne Philosophie und ohne Poesie und ohne den geringsten Geschmack und Verstand".[42] Aussagen wie diese kehren in autofiktionalen Texten, in öffentlichen Statements, in der Korrespondenz mit dem Verleger und in von Zeitgenossen kolportierten Äußerungen Bernhards beständig wieder – und konturieren das Image eines Autors, der andere lebende Schriftsteller*innen entweder so konsequent wie ostentativ ignoriert oder aber deren literarische Qualität grundsätzlich in Abrede stellt. Ernst Jandl etwa lehnte er in einem *Spiegel*-Interview von 1980 „völlig ab", weil er ein „Schullehrertyp[ ]" sei; was Rolf Hochhuth schreibe, sei „grauenhaft", und Botho Strauß agiere „wie ein Ministrant" von Peter Stein, dessen Regiekonzept für ihn wiederum nichts mit Theater zu tun habe. Nach dem Grund für seine Antipathie befragt, antwortete Bernhard lapidar, es störe ihn, „daß sie auch Schriftsteller sind".[43] Die mitunter quälende Allgegenwart einer Konkurrenzsituation verhinderte für ihn die Möglichkeit kollegialen Austausches, ja es gehörte, so Michael Billenkamp, zu Bernhards „Machterhaltungsstrategien", „dass er diejenigen, die sich als Konkurrenten sowohl im Be-

---

und so. Und vor allem haben sie sich immer sehr männliche Themen ausg'sucht, wie schwache Schriftsteller sich Riesenindianerg'schichten ausg'sucht haben, so haben sich die Frauen immer so Figuren der Weltgeschichte g'sucht, also so herkuloide Figuren. So sind das reine Gefühlsausbrüche immer, aber der Geist ist da immer irgendwie auf halbem Weg z' kurz 'kommen. Aber es macht nichts."

41 Vgl. dazu Andrea Reiter: „Die Bachmann [...] war halt eine gescheite Frau. Eine seltsame Verbindung, nicht?" Das Bild der Frau in Thomas Bernhards Prosa. In: Die Rampe (1992), H. 2, S. 17–43, sowie Stefan Krammer: Maskeraden der Männlichkeit. Bernhards subversives Geschlechtertheater. In: Mireille Tabah und Manfred Mittermayer (Hg.): Thomas Bernhard. Persiflage und Subversion. Würzburg 2013, S. 175–186.
42 Bernhard an Unseld, 11.5.1969. In: dies.: Der Briefwechsel, S. 110.
43 Thomas Bernhard: „Ich könnte auf dem Papier jemanden umbringen". Interview von Hellmuth Karasek und Erich Böhme. In: ders.: Werke. Bd. 22/II, S. 164–180, hier S. 174 f.

reich des Theaters als auch auf dem Gebiet der Prosa profilieren, mit vernichtender Geringschätzung abstraft".⁴⁴

Im Gegensatz zu Bernhard sei Jelinek, so Gert Jonke im bereits zitierten Gespräch, „keine Diktatorin, sie besetzt kein Land".⁴⁵ Anfang der 1990er Jahre nach Konjunkturen der Gegenwartsliteratur befragt, artikulierte sie zwar ihre Skepsis gegenüber einer „öde[n] Inhalts-Literatur, die sich eigentlich um ästhetische Fragen kaum besorgt zeigt oder kümmert",⁴⁶ pauschalisierende Urteile und persönliche Invektiven im Stile Bernhards finden sich bei ihr jedoch kaum. Nennt Jelinek andere Autor*innen namentlich, so zeugen ihre Ausführungen für gewöhnlich von analytischer Genauigkeit und einem Bewusstsein für parallel mögliche literarische Verfahren. Eine Bemerkung zu Ingeborg Bachmann aus dem Jahr 2004 kann dafür als paradigmatisch gelten, ist dort doch das Gelten-Lassen anderer Schreibweisen *in nuce* ausgedrückt: „Das hat keine vor ihr in dieser Weise formuliert, und das ist nicht unbedingt meine Literatur oder die Literatur, die ich liebe, aber es ist die Literatur, die ich für diese Zeit sehr interessant finde, weil sie Dinge formuliert, die vorher nicht formuliert waren."⁴⁷ Außerdem zielen Jelineks kritische Anmerkungen zu literarischen Tendenzen und Strömungen viel stärker auf poetologische Fragen ab – etwa darauf, dass ein Text, so Jelinek 1997 zu Thomas Hettche und Norbert Gstrein, „ästhetisch überhaupt nichts Neues" bringe⁴⁸ –, und müssen dafür nicht notwendig den Autor oder die Autorin als Person angreifen und diskreditieren. Bernhards Vokabular einer mitunter aggressiven Delegitimierung konkurrierender Schreibprojekte steht Jelineks Haltung, andere Schreibweisen grundsätzlich anzuerkennen, so sie nicht hinter ästhetische Standards der literarischen Moderne zurückfallen, diametral gegenüber.

Obschon Bernhard und Jelinek in ihren Kommentaren zur zeitgenössischen Literatur mitunter gemeinsame Gegner einander annähern – zu denken wäre an den von beiden wiederholt kritisierten „dröge[n] Realismus der bundesdeutschen Literatur"⁴⁹ –, zeigen etwa Jelineks Würdigungen von Weggefährten eine funda-

---

44 Michael Billenkamp: Provokation und *posture*. Thomas Bernhard und die Medienkarriere der Figur Bernhard. In: Markus Joch, York-Gothart Mix und Norbert Christian Wolf (Hg.): Mediale Erregungen? Autonomie und Aufmerksamkeit im Literatur- und Kulturbetrieb der Gegenwart. Tübingen 2009, S. 23–43, hier S. 32.
45 Mayer und Koberg: Elfriede Jelinek, S. 217.
46 Margarete Lamb-Faffelberger: Interview mit Elfriede Jelinek. In: dies.: Valie Export und Elfriede Jelinek im Spiegel der Presse. Zur Rezeption der feministischen Avantgarde Österreichs. New York u. a. 1992, S. 183–200, hier S. 196.
47 Heinrichs, S. 772.
48 Korte, S. 292.
49 Korte, S. 285. Vgl. dazu schon Sigrid Schmid und Hanna Schnedl: Die Kaltschnäuzigkeit der *Liebhaberinnen*. Ein Gespräch mit Elfriede Jelinek. In: SALZ 1 (1976), H. 4, S. 6–7, hier S. 6.

mentale Differenz zwischen den beiden Autorschaftsentwürfen: seien es ihre Beiträge zu Elfriede Gerstl[50] und Alfred Kolleritsch,[51] ihr ausführlicher Essay zu Michael Scharang[52] oder der Nachruf auf Otto Breicha, den Kunsthistoriker, Publizisten und langjährigen Herausgeber der Wiener Zeitschrift *protokolle*. Während Bernhard seine früheren Förderer in *Holzfällen* als „mehr oder weniger hoch dekorierte[ ] Provinzkünstler[ ]"[53] ostentativ der Lächerlichkeit preisgibt und seine Erfolge allererst auf die eigene künstlerische Potenz und Stärke bezieht, stattet Jelinek dem „liebe[n] Otto Breicha" ihren Dank dafür ab, dass er sie, „noch total orientierungslos herumtaumelnd in den Möglichkeiten der Sprache", in den späten 1960er Jahren als Leiter der Österreichischen Gesellschaft für Literatur gefördert und unterstützt habe.[54] Im Gegensatz dazu präsentiert Bernhards in allen literarischen Genres und diversen medialen Kanälen lanciertes „Szenario der Selbstdurchsetzung"[55] die Geschichte eines vom Literaturbetrieb unabhängigen Einzelkämpfers, der als intellektuelle und schriftstellerische Helferfiguren in seiner ‚autobiographischen Legende' primär Personen zulässt, die außerhalb des Systems ‚Literatur' stehen – und damit nicht als Konkurrenten im Kampf um die knappe „Ressource" Aufmerksamkeit gelten können.[56]

3

Elfriede Jelineks am 20. Februar 1989 im Wiener Magazin *profil* veröffentlichter Nachruf auf Thomas Bernhard kommt, wie Ralf Georg Bogner betont, „ohne jeden Bezug auf persönliche Begegnungen" aus.[57] Sucht man nach Affinitäten zwischen

---

50 Vgl. Elfriede Jelinek: Unter dem Haar des Filzes. Über Elfriede Gerstl und ihr Buch *Unter einem Hut*. In: profil, Nr. 21, 24.5.1993, S. 84–85.
51 Vgl. Elfriede Jelinek: Im Schock des Positiven. In: Die Presse, 3.4.1997; dies.: Das Gewicht der Hand. Fredy Kolleritsch zum 75. Geburtstag: Eine Würdigung. In: Falter, Nr. 7, 17.2.2006, S. 5–6. Vgl. dazu bereits Korte, S. 278f.: „Fredi Kolleritsch [...], der sozusagen ein Vater der österreichischen Avantgarde ist. [...] Das ist einfach eine Integrationsfigur, eine ganz persönliche freundschaftliche Zentralfigur der österreichischen Avantgarde."
52 Vgl. Elfriede Jelinek: Der Weg durch den Schnee. In: Die Presse, 29.1.2011.
53 Bernhard: Holzfällen, S. 60.
54 Elfriede Jelinek: Schreiben müssen. In memoriam Otto Breicha. In: Die Presse, 30.12.2003.
55 Manfred Mittermayer: „Nur die Verstellung rettet mich zeitweise" – Ausgangspunkte einer Biographie über Thomas Bernhard. In: Christopher F. Laferl und Anja Tippner (Hg.): Leben als Kunstwerk. Künstlerbiographien im 20. Jahrhundert. Von Alma Mahler und Jean Cocteau bis Thomas Bernhard und Madonna. Bielefeld 2011, S. 85–109, hier S. 86.
56 Georg Franck: Ökonomie der Aufmerksamkeit. Ein Entwurf. München/Wien 1998, S. 21.
57 Bogner, S. 255.

Bernhard und Jelinek, stößt man zwar auf gemeinsame Aversionen und Feinde, die die beiden nicht selten der ‚Nestbeschmutzung' bezichtigten,[58] sowie auf gewisse inhaltliche und poetologische Korrespondenzen in Bezug auf ihr literarisches Œuvre.[59] Nicht zuletzt die Geburtsdaten Bernhards und Jelineks – 1931 vs. 1946 – und die stark voneinander abweichende familiäre wie künstlerische Sozialisation führten jedoch dazu, dass sich auf persönlicher Ebene kaum Berührungspunkte ergaben: Die in der österreichischen Provinz aufgewachsenen Bernhard und Handke stammten, so Jelinek 1986, „aus einem vollkommen anderen Kulturkreis. Die kommen aus dem Westen, das ist schwermütiger, das ist auch die Erfahrung des Landes. Des Landlebens. Während die jüdische Tradition eine sogenannte kosmopolitische ist: sehr großstädtisch, sehr nervös ist diese Art von Literatur."[60] Sichtet man die bis heute publizierten Gespräche, Essays, Reden, Stellungnahmen und Briefe, so fällt auf, dass Jelinek Bernhard bei diversen Gelegenheiten als Referenzpunkt politischer wie literarischer Reflexionen erwähnt, während in den Texten und Paratexten Bernhards keinerlei Bemerkungen zu Person und Werk der gut fünfzehn Jahre jüngeren Autorin überliefert sind. Ob und auf welche Weise er die Entwicklung ihrer schriftstellerischen Karriere zur Kenntnis genommen hat, bleibt, auch weil wesentliche Teile von Bernhards Korrespondenz noch nicht zugänglich sind, bis auf Weiteres unklar. Es ist jedoch unwahrscheinlich, dass, um nur ein Beispiel zu nennen, die Kontroversen um Jelineks 1982 in den *manuskripten* gedrucktes und 1985 uraufgeführtes Theaterstück *Burgtheater* Bernhards feinem Sensorium für die Erfolge und Aufmerksamkeitsgewinne anderer Autor*innen entgangen sind.

---

58 Vgl. zuletzt Sanna Schulte: Nestbeschmutzung als Konstituierung einer Theorie des Gedächtnisses. In: dies. (Hg.): Erschriebene Erinnerung. Die Mehrdimensionalität literarischer Inszenierung. Köln u. a. 2015, S. 287–306.
59 Vgl. exemplarisch Dana Pfeiferová: Auf der Suche nach den österreichischen Todesarten. Der Tod in der Prosa von Ingeborg Bachmann, Thomas Bernhard, Josef Winkler, Elfriede Jelinek, Peter Handke und Christoph Ransmayr. In: Nicola Mitterer und Werner Wintersteiner (Hg.): „Wir sind die Seinen lachenden Munds". Der Tod – ein unsterblicher literarischer Topos. Innsbruck u. a. 2010, S. 121–140.
60 Sucher und Jelinek, S. 48. Vgl. dazu, mit Blick auf Handke, noch ausführlicher Becker und Jelinek: „Wir leben auf einem Berg von Leichen und Schmerz", S. 6: „Trotzdem gibt es kaum größere Gegensätze als Handke und mich. Handke kommt aus der Sprachlosigkeit des ländlichen Proletariats und Kleinbürgertums, er ist dann durch die katholische Internatsschule zum Sprechen gekommen, und er betont daher nicht zufällig, daß die Sprache für ihn etwas kostbar Heiliges ist. Er mußte sie sich erst erkämpfen. Während ich im großstädtischen Bürgertum von Anfang an mit Büchern und Bildung aufgewachsen bin und deswegen in der Destruktion durch die Sprache eine größere Freude empfinde. Bei Handke scheint dagegen immer der verzweifelte Wunsch durch, ein Bild des Positiven zu schaffen. Ihm ist das Destruktive ein Greuel."

Zwar hatten Bernhard und Jelinek 1969 jeweils einen Text zu Peter Handkes Sammelband *Der gewöhnliche Schrecken. Horrorgeschichten* im Residenz Verlag beigesteuert,[61] waren aber weder zuvor noch im Anschluss daran miteinander in Kontakt gekommen: „Ich hab ihn nie persönlich kennengelernt, doch eine seiner besten Freundinnen hat mir erzählt: Wenn man ihn nach zehn Stunden Reden gebeten hatte, endlich aufzuhören, weil man einfach nicht mehr konnte, dann hat er gesagt, ja mach'ma noch die zwölf Stunden voll, und er hat noch die zwölfte Stunde gesprochen."[62] Diese von Dritten kolportierte Anekdote findet sich bereits in Jelineks Bernhard-Nekrolog aus dem Februar 1989 und wird dort sowohl mit der Krankengeschichte des Autors als auch mit dessen literarischer „Technik der Wiederholung" verschränkt: „Die Erfahrung des in früher Jugend schon Lungenkranken hat ihm die großen Tiraden seines Werkes abgerungen: Ich spreche, also bin ich. Und solange ich spreche, bin ich nicht tot." (EINZ 72)[63] Immer wieder greift die Autorin in ihrem Nekrolog auf Passagen aus Bernhards 1982 erschienener Erzählung *Wittgensteins Neffe* zurück, um die Tragödie des „lebenslang kranken" und vom „gesunden Volkskörper" ausgeschlossenen Autors als Antrieb seines Schreibens aus der Erfahrung physischer Beschädigung zu plausibilisieren.[64] Jelineks Nachruf endet mit dem Hinweis auf eine vielzitierte, für Bernhards Selbstinszenierung charakteristische Episode in *Wittgensteins Neffe*, in der sich der Autor auf die Verleihung des Grillparzer-Preises im Jahr 1971 bezieht: „Die Akademie, die dem Dichter ihren Preis verliehen hat, hat ihn mitten im Publikum, wo er gesessen ist, gar nicht erkannt. Die Ministerin hat während der Verleihungszeremonie laut schnarchend geschlafen. Nachher hat sie plötzlich gerufen: Wo ist denn der Dichterling? Die Bachmann ist verbrannt. Thomas Bernhard ist sein Leben lang erstickt." (EINZ 73)[65]

---

[61] Elfriede Jelinek: Der Fremde! störenfried der ruhe eines sommerabends der ruhe eines friedhofs. / Thomas Bernhard: Midland in Stilfs. In: Peter Handke (Hg.): Der gewöhnliche Schrecken. Neue Horrorgeschichten. Salzburg 1969, S. 146–160 bzw. 161–180.
[62] Becker und Jelinek: „Wir leben auf einem Berg von Leichen und Schmerz", S. 5. Vgl. Jelinek: Wer oder was?, S. 9: „[J]eder, der Thomas Bernhard liest, wird er. Gesprochen habe ich nie mit ihm, sonst wäre ich jetzt auch noch er, eine Überflüssige mehr."
[63] Vgl. auch Jelinek: Atemlos, S. 58: „Der Ausgeschlossene muß die Wirklichkeit immer wieder neu in Besitz nehmen, weil er ja dauernd die Gesunden verdrängen muß."
[64] Die in Jelineks Nachruf zitierten Stellen finden sich in Thomas Bernhard: Wittgensteins Neffe. In: ders.: Werke. Bd. 13: Erzählungen III. Hg. von Hans Höller und Manfred Mittermayer. Frankfurt a. M. 2008, S. 207–307, hier S. 253 f. – Die Formulierung „Akt der absoluten Unerhörtheit" wird bei Jelinek wohl irrtümlich zu „Akt der absoluten Ungehörigkeit".
[65] Vgl. dazu Bernhard: Wittgensteins Neffe, S. 275: „Während dieser Reden hat die Ministerin geschlafen und, wie ich deutlich hören konnte, geschnarcht und ist erst aufgewacht, wie die philharmonischen Kammerspieler wieder angefangen haben, zu spielen. […] Da ich mit den

Die Empathie für den „Um-sein-Leben-Sprechenden" wird in *Der Einzige und wir, sein Eigentum* durch die kritische Analyse von Bernhards Polemiken ergänzt: Die „Bernhardsche Kritik" am politischen System Österreichs und dessen Akteuren sei „auf vertrackte Weise die Kritik von jedermann an jedermann" gewesen, „die Kritik des Räsoneurs, der gerade in dieser Rolle die Kritik allein für sich usurpiert" und im Zuge dessen die „Veränderung" des *status quo* „geradezu ausschließ[t]"; eine alternative Gesellschaftsform „darf nicht einmal denkmöglich werden, worüber könnte der Dichter sonst schreiben?" (EINZ 72) Vor diesem Hintergrund erweise sich die politische wie künstlerische Position Bernhards, der „verzweifelt" zur „sogenannte[n] gute[n] Gesellschaft" habe gehören wollen, eben nicht als subversiv oder aufrührerisch, sondern als nachgerade konservativ:[66]

> Wie kein anderer hat dieser zornige Mann an sie, diese österreichische Gesellschaft, geglaubt, wie der Kranke ja auch mit verzweifelter Wut zu den Gesunden hinüber möchte, gerade weil sie ihm dauernd das Gefühl geben, nicht mehr zu ihnen zu gehören und ihn, diese schreckliche Möglichkeit ihres eigenen Seins, abzustoßen suchen. So affirmiert Bernhard die Gesellschaft in seiner Rolle als Kritiker, als Schablone des Kritikers schlechthin, gerade indem er sie kritisiert, die doch längst sein Lebensinhalt geworden ist. (EINZ 72)

Auch bei anderen Gelegenheiten hat Jelinek darauf hingewiesen, zwar eine gewisse Form des „Moralismus" mit Bernhard zu teilen, im Gegensatz zu ihm aber „einen dezidierteren politischen Standort" einzunehmen, „während Bernhard nach dem Muster eines Räsoneurs eben gegen alles ist."[67] Im Grunde handle es sich bei Bernhard um einen „kleinbürgerliche[n] Räsoneur", dessen „Methode des unterschiedslosen Räsonierens" sich kaum vom „Räsonieren von irgendwelchen Hausmeistern" unterscheide und „eigentlich [...] völlig unpolitisch" sei.[68] Bern-

---

Meinigen nicht schon gleich den Festsaal verlassen hatte, hörte ich gerade noch, wie die Ministerin plötzlich ausgerufen hat: *Wo ist denn der Dichterling?*" – Auch im 2009 aus dem Nachlass veröffentlichten Prosamanuskript *Meine Preise* ist Bernhard auf die Umstände der Verleihung des Grillparzer-Preises zurückgekommen: „Als ich einmal zu ihr hinüberblickte, sah ich, daß die Frau Minister Firnberg, so ihr Name, eingeschlafen war, was auch dem Präsidenten Hunger nicht entgangen war, denn die Ministerin schnarchte, sie schnarchte das leise Ministerschnarchen, das weltbekannt ist. [...] Nach einiger Zeit blickte die Ministerin in die Runde und fragte mit unnachahmlicher Arroganz und Dummheit in der Stimme: *ja, wo ist denn der Dichterling?*" (Thomas Bernhard: Meine Preise. In: ders.: Werke. Bd. 22/II, S. 363–441, hier S. 371 f.) – Zu den voneinander abweichenden Versionen von Bernhards Schilderungen vgl. Brigitte Prutti: Festzertrümmerungen. Thomas Bernhard und seine Preise. Bielefeld 2012.
66 Vgl. den in *Der Einzige und wir, sein Eigentum* nicht vorhandenen Satz im ZEIT-Nekrolog: „Große Satire ist konservativ." (Jelinek: Atemlos, S. 58)
67 Bandhauer und Jelinek, S. 9.
68 Sucher und Jelinek, S. 49.

hard habe zwar, so Jelinek in ihrem Nachruf, „viele Unberufene" dazu provoziert, „sich über Literatur zu äußern", in seiner Rolle als „zorniger Beobachter" (EINZ 72) die Möglichkeiten politischer Autorschaft im Sinne einer radikalen Opposition aber bei weitem nicht ausgeschöpft.[69] Die „bittere, sprachbesessene Wut eines Thomas Bernhard" habe, so Jelinek 1991 in einem Essay über Hans Leberts *Die Wolfshaut* (1960), im Grunde „immer nur an der Außenmauer entlang[ge]kratzt, darüber[ge]wischt (ein Kissen, gegen eine Betonmauer geschleudert, nicht mehr, nicht weniger)", während Lebert in seinem Roman „de[n] große[n] Mythos einer für immer schuldig gewordenen Welt" entworfen habe.[70] Das „Kissen", das Jelinek zwei Jahrzehnte später als Bild weiblicher Autorschaft im Schatten Goethes aufgreifen wird – „mit einem kleinen Daunenkissen auf den Marmor einschlagen"[71] –, steht hier für die tendenzielle Wirkungslosigkeit von Bernhards im Grunde affirmativer Provokationsästhetik.

Eine Woche nach Jelineks Nekrolog im *profil* veröffentlichte das Nachrichtenmagazin neben mehreren Leserbriefen, die sich allgemein auf den Tod Bernhards bezogen, auch eine Stellungnahme zu Jelineks *Der Einzige und wir, sein Eigentum*. Inge Marko aus Wien bedauert darin indirekt und bildungsbürgerlich verbrämt, dass Bernhard und nicht Jelinek das Zeitliche gesegnet hatte, wäre sie doch lieber in den Genuss eines Nachrufs Bernhards über Jelinek gekommen:

> Ein junger Komponist soll zu Johannes Brahms gekommen sein, um ihm einen Trauermarsch aus Anlaß des Todes des Komponisten X zur Ansicht vorzulegen. Nachdem der Meister das Werk geprüft hatte, knurrte er den jungen Mann an: „Mir wär's lieber, Sie wären gestorben, und X hätte den Trauermarsch geschrieben." An diese Anekdote hat vielleicht so mancher beim Lesen von Elfriede Jelineks Nachruf auf Thomas Bernhard gedacht.[72]

Im Gespräch mit Sigrid Löffler zeigte sich Jelinek kurz darauf „wirklich schockiert" angesichts „derart krasser Aggressivität", wie sie in Markos Leserbrief zum Ausdruck komme: „Da schrieb eine Frau sinngemäß, es wäre ihr lieber, ich wäre gestorben und Bernhard hätte den Nachruf geschrieben. Das heißt doch eindeutig, daß die Schreiberin mir den Tod wünscht. [...] Das ist ja keine Kritik, das ist

---

69 Vgl. Bogner, S. 263: „Der Verstorbene sei mithin auch deswegen politisch konservativ und gesellschaftsaffirmativ gewesen, weil er als Mann die patriarchalischen sozialen Muster nicht zu durchschauen und zu sprengen vermocht habe. Männliches als a-feministisches und egomanisches als a-revolutionäres Denken [...] verbünden sich bei Bernhard zur Zementierung der nur an ihrer Oberfläche kritisierten Verhältnisse."
70 Elfriede Jelinek: Das Hundefell. Über die Wiederentdeckung Hans Leberts und seines Romans *Die Wolfshaut*. In: profil, Nr. 38, 16.9.1991, S. 108.
71 Jelinek und Koberg: Die Bühne als klaustrophobischer Raum [unpag.].
72 Inge Marko: Der Einzige und wir, sein Eigentum [Leserbrief]. In: profil, Nr. 9, 27.2.1989, S. 12.

ein Vernichtungswunsch."[73] Die Zuschrift an die Redaktion des *profil* bestätigt für Jelinek, die sich in *Der Einzige und wir, sein Eigentum* selbst auf die „gehässigen Leserbriefe" (EINZ 72) gegen Bernhard bezogen hatte, wohl auch ihre sowohl im Nachruf als auch an zahlreichen anderen Stellen formulierte Diagnose eines fundamentalen Ungleichgewichts in der Wahrnehmung weiblicher und männlicher Autor*innen, das nur Zweiteren Radikalität und überzeitliche Bedeutung zubillige: „So haben die Männer (wie überhaupt die Herrschenden), die sich die Welt aneignen, immer schon den Reichtum der Sprache besessen und ihn den anderen zugemessen. Nur ihnen hat man die großen Kulturschöpfungen zugetraut. Für die Frauen war der enge häusliche Bereich gedacht, von dem aus sie zum Mann hochblicken konnten", so Jelinek 1980 in einem Essay über Irmgard Keun.[74] Ein „Omnipotenzgefühl [...] beim Schreiben" habe sie, wie die Autorin rückblickend konstatiert, lediglich am Beginn ihrer schriftstellerischen Laufbahn, abseits der Mechanismen medialer Aufmerksamkeit gehabt: „Denn wenn man später dann auf den Markt der Waren geworfen ist und dort als Frau bestehen soll, kommt man ganz schön damit in die Bredouille."[75]

4

Am 27. Mai 2000 am Deutschen Schauspielhaus in Hamburg unter der Regie von Jossi Wieler uraufgeführt, stellt *Das Schweigen* Elfriede Jelineks ausführlichste literarische Auseinandersetzung mit dem Werk Thomas Bernhards dar. Im selben Jahr wurde das Stück in der Literaturzeitschrift *manuskripte* als Einzeltext[76] sowie im Band *Das Lebewohl* als mittlerer Teil eines theatralischen Triptychons gedruckt.[77] Der sowohl in der Titelei als auch am Umschlag des Buchs abgekürzt gesetzte Untertitel *3 kl. Dramen* lässt wohl mit Absicht offen, ob es sich um drei ‚kleine'[78] oder – ironischer Verweis auf Jelineks selbstbewussten Umgang mit der

---

73 Löffler und Jelinek: „Ich mag Männer nicht, aber ich bin sexuell auf sie angewiesen", S. 84.
74 Elfriede Jelinek: Die Sprache des Kindes. Über die Literatur von Irmgard Keun. In: Extrablatt 4 (Februar 1980), H. 2, S. 88–89, hier S. 88.
75 Elfriede Jelinek im Gespräch mit Adolf-Ernst Meyer. In: Elfriede Jelinek, Jutta Heinrich und Adolf-Ernst Meyer: Sturm und Zwang. Schreiben als Geschlechterkampf. Hamburg 1995, S. 7–74, hier S. 29.
76 Elfriede Jelinek: Das Schweigen. In: manuskripte 40 (Juni 2000), H. 148, S. 3–7; dort mit dem Hinweis „Uraufgeführt im Mai 2000 im Deutschen Schauspielhaus Hamburg".
77 Elfriede Jelinek: Das Schweigen. In: dies.: Das Lebewohl. 3 kl. Dramen. Berlin 2000, S. 39–48. In der Folge mit der Sigle „SCH" und Seitenzahl im Fließtext zitiert.
78 Der Umfang würde dies, gemessen an Jelineks abendfüllenden Theatertexten, jedenfalls rechtfertigen: *Das Lebewohl (Les Adieux)* umfasst 27, *Das Schweigen* lediglich zehn, *Der Tod und*

Herausforderung literarischer Klassizität – um drei ‚klassische' Dramen handelt.[79] Der erste Teil der Trilogie, *Das Lebewohl (Les Adieux)*, geht von der *Orestie* des Aischylos aus und überblendet die antike Vorlage mit einem Text des FPÖ-Politikers Jörg Haider, der im Zuge der Nationalratswahl 1999 einen historischen Wahlerfolg für das ‚Dritte Lager' erzielt hatte.[80] Die „Disharmonie der Tonlagen"[81] zwischen griechischer Tragödie und österreichischem Rechtspopulismus ist für die Wirkung des Textes von konstitutiver Bedeutung. Daniela Bartens und Gerhard Fuchs haben die in Klammern gesetzte Benennung als Anspielung auf Ludwig van Beethovens Klaviersonate Nr. 26 (op. 81a) verstanden, die den Titel *Les Adieux* trägt.[82] Folgt man dieser Deutung, so nimmt *Das Schweigen* nicht nur die mittlere Position in einem theatralischen Triptychon ein, sondern dem Text kommt darüber hinaus auch die Funktion des „langsame[n] Satz[es]" in einer musikalischen Gesamtstruktur zu.[83] André Barz zufolge stellt *Das Schweigen* zudem ein prägnantes Beispiel für Jelineks Schreiben im Zwischenraum der etablierten literarischen Gattungen vor, zeige doch „lediglich die ‚Rahmung' durch die Gattungsbezeichnung ‚3. kl. Dramen' an[ ], auf welche Weise Jelinek diesen

---

das Mädchen II schließlich zwölf Druckseiten; zudem ergäbe sich bei dieser Lesart eine gewisse Kontinuität zur „kleine[n] Trilogie des Todes" *Macht nichts* von 1999.

79 Wendelin Schmidt-Dengler: Jelineks Rhetorik. In: Françoise Rétif und Johann Sonnleitner (Hg.): Elfriede Jelinek. Sprache, Geschlecht und Herrschaft. Würzburg 2008, S. 11–18, ergänzt kommentarlos zu „kleine Dramen" (S. 13, Anm. 4; S. 18); ebenso Maria-Regina Kecht: *er nicht als er (zu, mit Robert Walser); Das Schweigen; Der Wanderer; Winterreise.* In: Janke (Hg.): Jelinek-Handbuch, S. 167–174. – Daniela Bartens: Vom Lautwerden der Stille. Umwege zu Elfriede Jelineks Haider-Österreich in *Das Lebewohl. 3 kl. Dramen.* In: Austriaca (2002), H. 53, S. 113–139, hier S. 127, weist zwar auf die Abkürzung hin, geht jedoch nicht genauer auf mögliche Varianten der Ergänzung der Abbreviatur ein.

80 Vgl. zum literarischen Verfahren Bartens, S. 126–134; Juliane Vogel: Elektra vor dem Palast. Elfriede Jelinek und die Atriden. In: Martin Vöhler und Bernd Seidensticker (Hg.): Mythenkorrekturen. Zu einer paradoxalen Form der Mythenrezeption. Berlin/New York 2005, S. 437–447, bes. S. 444–446: „Der Text *Lebewohl* ist zugleich ein Monolog des Jörg Haider wie ein Monolog des Orest." (S. 444)

81 Bartens, S. 130.

82 Vgl. Gerhard Fuchs: „Musik ist ja der allergrößte Un-Sinn". Zu Elfriede Jelineks musikalischer Verwandtschaft. In: Gerhard Melzer und Paul Pechmann (Hg.): Sprachmusik. Grenzgänge der Literatur. Wien 2003, S. 173–187, hier S. 179 f.: „*Das Schweigen* ist als Mittelstück in die Dramen-Trilogie *Das Lebewohl* eingepaßt, wobei der Untertitel der einleitenden, gleichnamigen Haider-Montage *Les Adieux* lautet, ein Rezeptionshinweis, der explizit auf die dreiteilige Sonate ‚Les Adieux' von Beethoven (Nr. 26, op. 81a) mit ihren Satztiteln (*Das Lebewohl*, *Abwesenheit* und *Das Wiedersehen*) verweist; die dortigen Tempo-Notationen [...] können der Phasen-Abfolge des Dreischritts zugeordnet werden." Zuvor bereits Bartens, S. 134 f., sowie nun Karl Ivan Solibakke: Musik. In: Janke (Hg.): Jelinek-Handbuch, S. 306–309, hier S. 308.

83 Bartens, S. 135.

Text wahrgenommen haben will".[84] Der absatzlose, wie alle neueren Theaterstücke Jelineks ohne Markierung der Sprecherpositionen auskommende Text erweist sich erst vor dem Hintergrund der peritextuellen Angabe ‚Drama' als Vorlage für eine Inszenierung am Theater.[85] Das 2004 im Gespräch mit Frido Hütter formulierte Ziel der Autorin, eine literarische „Form zu finden", „in der sich Theater mit Prosa, mit Essay vermischt",[86] findet sich nicht zuletzt in dieser dramaturgischen Miniatur verwirklicht, zumal in *Das Schweigen* literarische und poetologische Passagen eng verzahnt sind.

Auf die intertextuellen Bezüge von *Das Schweigen* hat Elfriede Jelinek anlässlich der österreichischen Erstaufführung des Stücks 2003 in Graz selbst hingewiesen.[87] Die Frage, ob es sich um „eine Verarschung von Thomas Bernhards ‚Beton'" handle, verneinte die Autorin jedoch; vielmehr halte sie *Beton*

> für einen der genialsten Prosatexte von Bernhard. Es geht nicht darum, ihn zu „verarschen". Mich interessieren nur seine McGuffins, wie Alfred Hitchcock sie in Bezug auf seine Filme erfunden und benannt hat. Bernhard benutzt ja auch Philosophen wie Wittgenstein oder Pascal als McGuffins. Oder zum Beispiel Glenn Goulds Bach-Spiel, es wird immer nur umrissen, angedeutet.[88]

---

84 André Barz: „.... muß nach drei Seiten Jelinek-Lektüre schreiend aus dem Fenster springen ...". Elfriede Jelinek und das Theater. In: Zeitschrift für Literaturwissenschaft und Linguistik 39 (2009), H. 2, S. 98–111, hier S. 100; dazu bereits Andreas Blödorn: Paradoxie und Performanz in Elfriede Jelineks postdramatischen Theatertexten. In: Text & Kontext 27 (2005), H. 1–2, S. 209–234, hier S. 212.
85 Vgl. Kecht, S. 169: „Weniger als zehn Druckseiten lang, scheint *Das Schweigen* auf den ersten Blick ein Stück Prosa zu sein, das – wie viele Jelinek-Texte – in Form einer absatzlosen Anrede, einem dialogisch ausgerichteten Monolog, verfasst ist." Es ist in diesem Zusammenhang durchaus signifikant, dass das Online-Verzeichnis der Zeitschrift *manuskripte*, in der der Text erstmals gedruckt wurde, *Das Schweigen* als „Prosa" ausweist (http://www.manuskripte.at/wordpress/wp-content/uploads/IVs.pdf, aufgerufen am 30.1.2018).
86 Frido Hütter: „Ich schulde so vielen so vieles". Gespräch mit Elfriede Jelinek. In: Kleine Zeitung, 10.10.2004.
87 Die österreichische Erstaufführung von *Das Schweigen* fand im Oktober 2003 unter der Regie von Ernst M. Binder im Literaturhaus Graz statt; ergänzt wurde die Inszenierung mit einer Klanginstallation von Josef Klammer; Teil des Abends war Jelineks Text *Die Zeit flieht* über ihren Orgellehrer Leopold Marksteiner, der für diesen Anlass von der Autorin selbst auf Tonband eingelesen worden war.
88 R. Reiterer: „Schweigende" Bernhard-Parodie. Elfriede Jelineks *Das Schweigen* wird am kommenden Sonntag in Graz erstaufgeführt. In: Kleine Zeitung, 15.10.2003. – Im *profil*-Nachruf von 1989 ist – es handelt sich wohl um eine Verschreibung – von „den berühmten Hitchcockschen Mac Buffins [!], die in den Filmen Hitchcocks niemals näher erklärt werden, aber doch den Angelpunkt der Handlung jeweils ausmachen", die Rede (EINZ 73).

Bereits aus Jelineks knapper Antwort wird deutlich, dass sie sich in ihrer Bearbeitung Bernhard'scher Motive und Erzählweisen nicht allein mit dem 1982 ohne Gattungsbezeichnung erschienenen Prosatext *Beton* auseinandersetzt, sondern einen umfassenderen Bezug zu dessen Œuvre herstellt; die Erwähnung von „Glenn Goulds Bach-Spiel" verweist auf die 1983 veröffentlichte Künstlererzählung *Der Untergeher*, eine Passage im Theatertext selbst auf *Auslöschung*: Der „Weinflaschenstöpselfabrikant",[89] mit dem Caecilia, eine der Schwestern des Protagonisten Franz-Josef Murau, verheiratet ist, wird in Jelineks ‚Travestie'[90] zum „Korkenzieherfabrikanten aus Solingen" (SCH 44). Ein dichtes Netz an Anspielungen und Modellierungen Bernhard'schen Sprachmaterials verleiht Jelineks *Das Schweigen* den Charakter einer „Persiflage".[91]

Bereits in *Der Einzige und wir, sein Eigentum* hatte Jelinek die „nie geschriebene[n] Biographien von Komponisten, weitverzweigte Abhandlungen, die ihre[n] Verfasser am Leben erhalten, solange er schreibt", als wiederkehrendes Sujet in Bernhards Erzähltexten exponiert: Studien, deren tatsächlicher Gegenstand „niemals näher erklärt" werde, die aber dennoch „den Angelpunkt der Handlung jeweils ausmachen" (EINZ 73). Auch die Bernhard-Forschung hat den Hiat zwischen „absolute[n] Geistaspirationen" auf der einen und „ausbleibende[n] Werke[n]" auf der anderen Seite als psychologischen Grundkonflikt vieler Figuren beschrieben.[92] Entweder scheitern die Protagonisten bereits an den ersten Sätzen ihrer Studien – „Eine Schrift anfangen ist das Allerschwierigste und ich bin immer monate- und sogar jahrelang nur mit dem Gedanken an eine solche Schrift umhergelaufen, ohne sie anfangen zu können"[93] – oder sie vernichten sie im Zuge selbstkritischer Redaktions- und Korrekturprozesse: „Er arbeite Tag und Nacht", heißt es in Bernhards zweitem Roman *Verstörung* (1967) von einem Industriellen, „schreibe und vernichte das Geschriebene wieder, schreibe wieder und wieder und vernichte wieder und nähere sich seinem Ziel."[94]

An diesem Punkt setzt Jelineks Kurzdrama *Das Schweigen* an, indem sie eine nicht näher charakterisierte Sprecherinstanz über die Schwierigkeiten bei der

---

89 Thomas Bernhard: Werke. Bd. 9: Auslöschung. Hg. von Hans Höller. Frankfurt a. M. 2009, S. 103.
90 Vgl. Fuchs: „Musik ist ja der allergrößte Un-Sinn", S. 178.
91 Bärbel Lücke: Elfriede Jelinek. Eine Einführung in das Werk. Paderborn 2008, S. 147; Kecht, S. 169.
92 Christoph Bartmann: Vom Scheitern der Studien. Das Schriftmotiv in Bernhards Romanen. In: Text + Kritik (³1991), H. 43, S. 22–29, hier S. 26.
93 Thomas Bernhard: Werke. Bd. 6: Der Untergeher. Hg. von Renate Langer. Frankfurt a. M. 2006, S. 67.
94 Thomas Bernhard: Werke. Bd. 2: Verstörung. Hg. von Martin Huber und Wendelin Schmidt-Dengler. Frankfurt a. M. 2003, S. 46.

Abfassung einer Studie über den Komponisten Robert Schumann reflektieren lässt:

> Die Schrift. Sie entsteht, indem sie nie entsteht, indem aber unaufhörlich von ihr die Rede ist. Die Schrift unternimmt nun die Vormacht über mein Sprechen, indem sie, als Schrift, nur noch schweigt und schweigt, und das Sprechen natürlich nie ankommt, weil dort, wo sein Zielbahnhof wäre, das blöde Schweigen jetzt steht und nicht abhaut, ich glaub, es hat eine Panne. Und keiner fährts weg. Indem sich die Schrift mir verweigert, kann ich erst mit dem Sprechen anfangen, so ist das mit mir, und ich spreche über nichts sonst als diese Schrift. Doch indem ich spreche, merke ich, was ich vorher schon ahnte: sie ist gar nicht mehr nötig, die Schrift! [...] Ich habe entsetzliche Schwierigkeiten, aber das macht nichts. Davon handelt schließlich die Schrift über meine Schrift. (SCH 44 f.)

Beobachtet man in *Beton* den Protagonisten Rudolf bei den Vorbereitungen für seine Studie über Felix Mendelssohn Bartholdy – „[s]einen Lieblingskomponisten"[95] –, für die er seit mehr als einem Jahrzehnt Materialien, Dokumente und Forschungsliteratur sichtet, handelt auch *Das Schweigen* von einer ungeschriebenen „Geistesarbeit" (BET 32). Hier wie dort besteht die Pointe darin, dass gerade im Zuge der fortwährenden Kommentierung der Unmöglichkeit, eine musikwissenschaftliche Studie über Schumann bzw. Mendelssohn Bartholdy zu verfassen, ein Text zustande kommt, der den Namen des jeweiligen Komponisten hochfrequent wiederholt.[96] Der Gegenstand der vorliegenden Schrift verschiebt sich indes, wie Andreas Blödorn gezeigt hat, von „Schumann" zur „(nicht) entstehende[n] Schrift über Schumann" und schließlich zum „Sprechen über die Schrift über Schumann".[97] Wie in Bernhards Prätext – „Anstatt über Mendelssohn, schreibe ich diese Notizen, denke ich" (BET 130) – lässt sich auch bei Jelinek „ein zunehmendes Verschweigen der Ideen zu Schumann beobachten", während die „Selbstdarstellung der Sprechfigur" mehr und mehr ins Zentrum rückt.[98] „[W]o

---

[95] Thomas Bernhard: Werke. Bd. 5: Beton. Hg. von Martin Huber und Wendelin Schmidt-Dengler. Frankfurt a. M. 2006, S. 7 u. 30. In der Folge mit der Sigle „BET" und Seitenzahl im Fließtext zitiert. – Laut Susanne Löffler: „Ich bin ja ein musikalischer Mensch". Thomas Bernhard und die Funktion der Musik in seinem literarischen Werk. Wien u. a. 2018, S. 185, zeigte Bernhard, der in seinen Büchern wiederholt auf Komponisten Bezug genommen hat, „im literarischen Gesamtwerk keine besondere Affinität" zu Mendelssohn Bartholdy.

[96] Vgl. Kecht, S. 169: „So wie der Erzähler von Bernhards *Beton* über das Ausbleiben des ersten Satzes, der die Schreibflut durch seine inspirative Magie auslösen soll, klagt und damit anstelle des geplanten Werks eine ganz andere, konfessionsartige Studie zur eigenen Befindlichkeit verfasst, liefert die Sprecherinstanz in *Das Schweigen* eine Erörterung vom kreativen Schreiben, seiner Entstehung, seinem Wesen, seiner Wirkung, seinem Bezug zu Autor und Leben – dabei ständig die abwesende Präsenz der Schumann-Schrift mit Worten umkreisend."

[97] Blödorn, S. 226.

[98] Kecht, S. 169 f.

Schumann draufsteht, bin jetzt ich drin. Schumann raus, ich rein!" (SCH 41), heißt es dementsprechend in Jelineks theatralischer Adaptation des Sujets. Tatsächlich ist schon aus Bernhards Prosatext nur äußerst wenig über den Komponisten Mendelssohn Bartholdy zu erfahren; die spärlichen biographischen Daten, die sich in *Beton* finden, hat Bernhard wie in anderen Fällen einem Band der populären Rowohlt-Monographien entnommen.[99]

Beton ist eine Geschichte des skrupulösen Zögerns, der wiederholten Prokrastination: Ist Rudolf im Grunde davon überzeugt, „die besten Voraussetzungen" (BET 45) für die Abfassung einer Studie über Mendelssohn Bartholdy vorzufinden, hemmt ihn doch das Vorhaben, eine „alles bisher von mir die sogenannte Musikwissenschaft betreffende von mir aufgeschriebene Veröffentlichte sowie Nichtveröffentlichte weit zurück- und unter sich lassende [...] Arbeit" zu schreiben (BET 7). Der Plan, nach einem „gründlichen, dem Gegenstand angemessenen Studium" aller vorhandenen „Bücher und Schriften" (BET 7) eine revolutionäre Monographie als Essenz seiner Expertise vorzulegen, scheitert bereits an der Formulierung des ersten Satzes: „Wenn ich sage, ich habe die ganze Schrift oder was immer für ein Werk im Kopf, kann ich es naturgemäß auf dem Papier nicht mehr verwirklichen." (BET 30) Obgleich er weiterhin die Absicht hat, die Studie einst „zu veröffentlichen", weil er sie für „[s]eine gelungenste oder besser noch, die am wenigsten mißlungene" hält (BET 33), sieht sich Rudolf noch am Ende der Erzählung „überhaupt nicht imstande, mit meiner Mendelssohn-Arbeit anzufangen" (BET 131). Die Ankündigung der Studie tritt vollständig an die Stelle derselben, der Bericht über das vergebliche wissenschaftliche Projekt, das stets „in einem Bereich der Vorläufigkeit" verbleibt,[100] füllt schließlich die Seiten des Buches.

Bernhards virtuose Inszenierung einer „Schreibhaltung, die, indem sie selbstimmunisierend unentwegt um das eigene Schreiben und dessen Scheitern kreist, nie bei ihrem Gegenstand [...] ankommt",[101] wird in Jelineks *Das Schweigen* aufgenommen und variiert: „Hauptsache, es ist in meiner Schrift von dieser Schrift die Rede. Mehr braucht sie nicht, die stille Schrift, als daß von ihr die Rede ist." (SCH 46) Die Überzeugung, stets am möglichen Beginn des Schreibens zu stehen, nur auf den richtigen Moment und den entscheidenden „ersten Satz meiner Arbeit" (BET 8) warten zu müssen, wird bei Jelinek sexuell aufgeladen und mit dem Phantasma männlicher Potenz verknüpft:

---

99 Vgl. Löffler: „Ich bin ja ein musikalischer Mensch", S. 191–193.
100 Fuchs: „Musik ist ja der allergrößte Un-Sinn", S. 179.
101 Bartens, S. 137.

> Schon herrscht die Stille, erwartungsvoll, die Stille, die Sie nicht kennen, weil sie natürlich bei Ihnen nie herrscht, also bei mir darf sie es: herrschen. Nicht solange sie will, aber zumindest solang bis das Wort kommt, Achtung, jetzt kommts! Nichts kommt. Kein Wort. Alles bleibt still. Welch ein Verlust! Wäre es gekommen, es wär ein gutes Wort gewesen. Also ich befreie jetzt das Wort von seinem Kommen. Vielleicht kommts dann schneller, wenn es nicht kommen muß. Nein, wieder nichts. (SCH 40)

Jelineks Theaterstück greift den monomanischen Gestus der Bernhard'schen ‚Geistesmenschen' auf, deren intellektuelle oder künstlerische Ambitionen darauf gerichtet sind, absolute und wirkungsmächtige Exzellenz – „höchste Qualität" (SCH 42) – zu erreichen:

> Ich sage großartig: mein Werk über Schumann wird das einzig mögliche sein. Es wird das einzige bleiben. Es wird das Bleibende bleiben. [...] Und sobald es das endlich kann, soll es auch fürs Ganze stehn und fürs Einzige über den Komponisten Schumann gelten, den Sie sicher von etlichen Radiosendungen und CDs kennen. (SCH 39 f.)

Nimmt der erste Teil des Zitats Rudolfs Absolutheitsanspruch auf, bricht der abschließende Relativsatz das Pathos der hyperbolischen Rhetorik: Das kulturelle Wissen, das Rudolf in einer „Mendelssohnkammer", „einer eigens nur für diese Mendelssohn betreffenden Schriften und Dokumente eingerichteten Kammer" (BET 31), hortet, ist mittlerweile auch in Form digitaler Medien und als Sendung im Rundfunk zu konsumieren.

Wenn Bärbel Lücke die Sprechstimme von *Das Schweigen* als „ein Double Thomas Bernhards und Elfriede Jelineks, ein Double von Bernhard-Figuren und Jelinek-Figuren" beschreibt[102] und Andreas Blödorn das Theaterstück ausdrücklich als einen „poetologische[n] Text" versteht,[103] rückt damit nicht nur die intertextuelle Dimension im Sinne der produktiven Verarbeitung des Bernhard'schen Prätextes in den Blick, sondern auch die Frage, auf welche Weise Jelinek im Theatertext selbst ihr Konzept weiblicher Autorschaft reflektiert und kommentiert. *Das Schweigen* weist zahlreiche Parallelen zu Jelineks Bernhard-Lektüren auf, die, wie ich zu zeigen versucht habe, immer wieder aufs Neue „Verknüpfungen zwischen literarischer Autorschaft, Kultur und männlicher Herrschaft" herstellen;[104] dem „Denk- und Sprechduktus Bernhardscher Provenienz" ist in Jelineks Theaterstück „eine zweite Stimme eingeflochten, die mit Interviewäußerungen und Selbstbeschreibungen der Autorin in enge Beziehung

---

102 Lücke, S. 149.
103 Blödorn, S. 223.
104 Tuschling-Langewand, S. 83.

zu setzen ist".[105] Dabei steht nicht zuletzt das Problem von Legitimation und Autorität öffentlichen Sprechens zur Disposition: „Und brannten sie nicht darauf, all die Leute, mir mein Sprechen über ihn, Schumann, zu verweigern, sobald ich auch nur ein Wort über ihn sagen würde, und ihres, ihr Sprechen, an die Stelle von meinem zu setzen, egal was ich sagen würde, sie wüßten es in jedem Fall besser." (SCH 43)

Durch den Wechsel des Studienobjekts von Mendelssohn Bartholdy zu Schumann, den Jelinek zwei Jahre zuvor als vorbildhaftes Beispiel zögerlicher „Nichtgewißheit" genannt hat,[106] verhandelt *Das Schweigen* implizit auch die „Anmaßung"[107] weiblicher Künstlerschaft, die „Verweigerung, der Frau schöpferische Kraft zuzugestehen",[108] wie sie Jelinek in *Clara S.*, der 1982 uraufgeführten ‚musikalischen Tragödie' über die Klaviervirtuosin und Komponistengattin Clara Schumann, literarisch gestaltet hat. Jelineks theatralische Adaptation

---

[105] Fuchs: „Musik ist ja der allergrößte Un-Sinn", S. 179. Während bei Bernhard, wie Verena Ronge: „Reden ist Silber, Schweigen ist Gold". Die Rolle des Schweigens bei Thomas Bernhard – eine gendertypologische Untersuchung. In: Marcel Krings (Hg.): Phono-Graphien. Akustische Wahrnehmung in der deutschsprachigen Literatur von 1800 bis zur Gegenwart. Würzburg 2011, S. 403–416, hier S. 403, gezeigt hat, die weiblichen Figuren „in Hinblick auf ihre Redeanteile" hochgradig „unterrepräsentiert" sind – sie können das Schweigen bestenfalls als „Widerstand gegen das herrschende Machtgefüge" (ebd., S. 409) einsetzen –, wird die Dialektik von Schweigen und Sprechen in Jelineks Stück von der Bindung an einzelne Figuren gelöst. – Eine ähnliche Überlegung hat Jelinek selbst 2003 formuliert: Im Laufe der Entwicklung ihrer Theaterästhetik, die zu einer Auflösung der Sprecherrollen und zusehends flächigen Textkonzepten führte, habe sie sich mehr und mehr von der traditionelleren Dramatik Bernhards entfernt: „Bei Sarah Kane geht es um die Gefühle zwischen Personen oder die Gier nach Gefühlen, und auch in den monomanischen Monologen von Thomas Bernhard wird pausenlos geredet; aber in beiden Fällen sind es die Figuren, die da reden, während bei mir das Subjekt eigentlich aufgelöst ist und die Diskurse selbst gegeneinander antreten." (Wolfgang Kralicek, Klaus Nüchtern: „Ich bin ein Racheengerl". Gespräch mit Elfriede Jelinek. In: Falter, Nr. 14, 4.4.2003, S. 22 u. 55, hier S. 55) Vgl. dazu bereits Klaus Nüchtern: „Erlösung gibt es nicht". Gespräch mit Elfriede Jelinek. In: Falter, Nr. 36, 8.9.2000, S. 20 u. 49–51, hier S. 49: „Bei Bernhard sind die Figuren schon etwas, bei mir wollen sie es nur werden, sie scheitern und werden bestraft. Natürlich vor allem die Frauen, denn für sie ist eine Machtposition außerhalb des Hauses, wo ihre Macht allerdings drückend ist, nicht vorgesehen."

[106] Elfriede Jelinek: nicht bei sich und doch zu hause. In: dies. und Brigitte Landes (Hg.): Jelineks Wahl. Literarische Verwandtschaften. München 1998, S. 11–22, hier S. 13 f. Vgl. auch dies.: er nicht als er (zu, mit Robert Walser). Ein Stück. Frankfurt a. M. 1998, S. 39: „Dieser Robert Walser ist einer von denen, die, wenn sie ‚ich' gesagt haben, nicht sich gemeint haben. Er sagt zwar ununterbrochen ich, aber er ist es nicht. Wie die Musik des späten Schubert, Schumann: verdämmern, ohne sich zu meinen."

[107] Elfriede Jelinek im Gespräch mit Adolf-Ernst Meyer, S. 9.

[108] Pia Janke: Elfriede Jelinek und die Musik. Versuch einer ersten Bestandsaufnahme. In: Melzer und Pechmann (Hg.): Sprachmusik, S. 189–207, hier S. 191.

der Gelehrtenerzählung unterläuft den existenziellen Pathos der Vorlage und rückt dabei Aspekte einer Problematik in den Blick, die in Bernhards Privilegierung männlichen Künstlertums und elitärer Intellektualität keinen Platz finden: „Ich kann nur über die Größten von ihnen schreiben, mehr Platz habe ich nicht. Für die Kleinen: weniger Platz in mir." (SCH 47 f.) In diesem Kontext erweist sich *Das Schweigen* als anschauliches Beispiel einer grundlegenden Differenz zwischen den beiden Autor*innen: Durch den Einsatz literarischer „Verflachungsstrategien" werden bei Jelinek jene „kulturelle[n] Werthierarchien"[109] konterkariert, auf denen Bernhards konservatives Traditionsverständnis ruht: „Ich kam und ging, sprechend, und nur über einen einzigen schweigend: Schumann. Schweigend indem ich nichts tat, als über meine Schrift zu sprechen. Doch es genügte, um den Namen Schumann zu schenken, wie ein Handy, das man in der Zeitschrift gewinnen kann, zusammen mit der Anmeldegebühr, daß man an den Gesprächen überhaupt teilnehmen darf." (SCH 41 f.) Jelineks „Absage an einen in E und U unterteilten Kulturbegriff",[110] ihre Sistierung kultureller Hierarchisierungen im Geiste feministischer Theorie, steht Bernhards Berufung auf eine „patrilineare[ ] Gemeinschaft von Geistesmenschen"[111] diametral gegenüber.

5

„Ich schreibe sicher aus der Negativität. Das ist etwas, was andere nicht haben. Bei mir ist es ein unüberwindlicher Hass, und da bin ich dem Thomas Bernhard schon ähnlich. Wir beide haben diese unstillbare Wut auf dieses entsetzliche Land."[112] Im Zuge der Bestimmung ihrer literarästhetischen, politischen und gesellschaftlichen Position hat Elfriede Jelinek wiederholt auf Thomas Bernhard Bezug genommen, hat ihre Poetik eines Schreibens als „kompositorische[s] Verfahren",[113] ihre Idee schriftstellerischen Engagements sowie ihre Erfahrungen als

---

109 Juliane Vogel: „Ich möchte seicht sein." Flächenkonzepte in Texten Elfriede Jelineks. In: dies. und Thomas Eder (Hg.): Lob der Oberfläche. Zum Werk Elfriede Jelineks. München 2010, S. 9–18, hier S. 9.
110 Vogel: „Ich möchte seicht sein", S. 10.
111 Mireille Tabah: Geschlechterdifferenz im Werke Thomas Bernhards. Ansätze zu einer feministischen Interpretation. In: Thomas Bernhard Jahrbuch (2002), S. 133–144, hier S. 140.
112 Jandl und Villiger Heilig, S. 49.
113 Claus Philipp und Ronald Pohl: „... und dann zustoßen wie eine Sandviper". Gespräch mit Elfriede Jelinek. In: Der Standard, 9.10.2004; dazu grundlegend den Aufsatz von Janke: Elfriede Jelinek und die Musik, Zit. S. 190: „Jelinek selbst wird nicht müde, ihre Spracharbeit als Form eines kompositorischen Umgangs mit den Wort-Materialien zu beschreiben und sich selbst im

Autorin im Brennpunkt öffentlicher Aufmerksamkeit ein ums andere Mal mit Blick auf den älteren, wie sie zeitlebens umstrittenen Kollegen definiert und kritisch geprüft: „Was mich von Thomas Bernhard wahrscheinlich unterscheidet, ist, dass es bei ihm eine Hassliebe war. Bernhard hat auch eine Liebe gehabt. Bei mir ist von der Liebe nichts mehr übriggeblieben."[114] Jelineks 2004 im Gespräch mit André Müller formulierte Überzeugung, ihre Kreativität grundsätzlich „aus dem Negativen" zu beziehen,[115] findet ebenso ihre Entsprechung in Bernhards poetologischen Selbstkommentaren wie der immer wieder bekräftigte „Wunsch nach vollständigem Rückzug aus der Öffentlichkeit":[116] ein Wunsch, der bei Thomas Bernhard und Elfriede Jelinek – mit Blick auf Albert Camus' kanonische Unterscheidung von *solidaire* und *solitaire* – mit gegensätzlichen Konzepten künstlerischer Solidarität einherging.

Marie-Thérèse Kerschbaumer hat Mitte der 1980er Jahre als Charakteristikum von Jelineks Rolle als zurückgezogen lebende Autorin hervorgehoben, „daß sie sich heraushält, Zusammenkünfte vermeidet", jedoch gleichzeitig „Partei ergreift".[117] Jelinek hat wiederholt betont, nicht nur – im politischen Zusammenhang wie im privaten Bereich – „ein zutiefst massenfeindlicher Mensch" zu sein, sondern auch im Kontakt mit anderen Künstler*innen „ein ganz starkes Bedürfnis" zu haben, „mich zurückzuziehen".[118] Allerdings meint dieser individuelle Rückzug bei ihr nicht eine schriftstellerische Pose der Weltenthobenheit, die in ästhetizistischer Manier jegliche Zuständigkeit für gesellschaftliche Fragen ablehnt. Sie selbst hat darauf bestanden, dass für ihr Werk „politisches und soziales Engagement" von entscheidender Bedeutung sei, ein Engagement, das freilich, so

---

eigentlichen als Komponistin zu bezeichnen." Einen guten Überblick über die Thematik bei Bernhard bietet nun Susanne Löffler: „Ich bin ja ein musikalischer Mensch".

114 Karl Unger: Mein Pessimismus ist wirklich grenzenlos. Gespräch mit Elfriede Jelinek. In: Die Wochenzeitung, 25.10.1996. Einige Jahre zuvor hatte sie freilich geäußert, „das Pauschalierende an den Bernhard'schen Tiraden" sei „eigentlich sehr viel haßerfüllter als meine doch eher analytische Literatur" (Lamb-Faffelberger: Interview mit Elfriede Jelinek, S. 186).

115 André Müller: Elfriede Jelinek. In: ders.: „Sie sind ja wirklich eine verdammte Krähe!", S. 120–136, hier S. 125.

116 Teresa Kovacs: „Fremd bin ich eingezogen, fremd zieh ich wieder aus". AußenseiterInnen und Innere Emigration bei Elfriede Jelinek und Thomas Bernhard. In: Marcin Gałaszewski u. a. (Hg.): Zwischen Innerer Emigration und Exil. Deutschsprachige Schriftsteller 1933–1945. Berlin/Boston 2016, S. 205–215, hier S. 208.

117 Marie-Thérèse Kerschbaumer: Porträt einer Dichterin: Elfriede Jelinek. In: dies.: Für mich hat Lesen etwas mit Fließen zu tun... Gedanken zum Lesen und Schreiben von Literatur. Wien 1989, S. 147–152, hier S. 147.

118 Georg Biron: Wahrscheinlich wäre ich ein Lustmörder. Ein Gespräch mit der Schriftstellerin Elfriede Jelinek. In: DIE ZEIT, Nr. 40, 28.9.1984, S. 47–48, hier S. 48.

Jelinek, „immer über Sprachkritik vermittelt wird".[119] So sei der „Vorgang des Schreibens" zwar ein zwangsläufig und notwendig „äußerst vereinzelnder und asozialer im Grunde",[120] er setzt für Jelinek allerdings die Vorstellung einer künstlerischen ‚Berufsgemeinschaft' voraus, in der zwischen den einzelnen Autor*innen Uneinigkeit über konkrete Fragen politischer wie ästhetischer Art herrschen mag, die jedoch nach außen hin und zur Verteidigung eines ‚Mitglieds' Geschlossenheit demonstriert. Die Erfahrung, dass ihr in einer Phase publizistischer und politischer Angriffe – etwa vonseiten der *Kronen Zeitung* oder der FPÖ – ausgerechnet diejenigen nicht zur Seite standen, „mit denen man sich immer im Einverständnis glaubte",[121] unterminierte für Jelinek ein elementares Verständnis künstlerischer Solidarität. So hat sie sich im Lauf der Jahre selbst dann für Kolleg*innen eingesetzt, wenn sie deren Ansichten – etwa jene Peter Handkes im Zuge seines Engagements für Serbien – im konkreten Fall nicht teilte.[122] Dies bedeutet nun keineswegs eine „blindwütige[ ] solidarisierungsabsicht", die sie, in anderem Kontext, schon früh für problematisch befunden hatte,[123] sondern im Grunde eine Spielart „moralischen Engagements",[124] dem es für selbstverständlich gilt, einen möglichen Konkurrenten im Augenblick eines Angriffs ‚von außen' als Kollegen zu sehen und zu verteidigen.[125]

---

119 Elfriede Jelinek: Nicht wirklich eine Österreicherin... Ein Gespräch mit Pascale Casanova. In: Heinz Ludwig Arnold (Hg.): O Österreich! Göttingen 1995, S. 59–63, hier S. 61. Vgl. dazu Uta Degner: Biographische Aspekte und künstlerische Kontexte. In: Janke (Hg.): Jelinek-Handbuch, S. 2–8, hier S. 5: „Die paradoxe Verbindung des ‚absoluten' Kunstanspruchs der Mutter mit dem sozialistischen Erbe der Vaterfamilie führt zu einer Poetik, die als gemeinhin unvereinbar Geltendes zusammenführt, Engagement und ästhetische Form".
120 Gunna Wendt: „Es geht immer alles prekär aus – wie in der Wirklichkeit". Ein Gespräch mit der Schriftstellerin Elfriede Jelinek. In: Frankfurter Rundschau, 14.3.1992.
121 Elfriede Jelinek und Gerhard Fuchs: „Man steigt vorne hinein und hinten kommt man faschiert und in eine Wursthaut gefüllt wieder raus". Ein E-Mail-Austausch. In: Bartens und Pechmann (Hg.): Elfriede Jelinek, S. 9–27, hier S. 15.
122 Vgl. Elfriede Jelinek: Aus gegebenem Anlaß. Über Peter Handke und das Dichterwort. In: Frankfurter Rundschau, 2.6.2006. Dazu Alexander Honold: Der Erd-Erzähler. Peter Handkes Prosa der Orte, Räume und Landschaften. Stuttgart 2017, S. 337.
123 Elfriede Jelinek: o. T. In: Renate Matthaei (Hg.): Grenzverschiebung. Neue Tendenzen in der deutschen Literatur der 60er Jahre. Köln 1970, S. 215–218, hier S. 215.
124 Klaus Nüchtern: „Ein einziges Grinsen". Gespräch mit Elfriede Jelinek. In: Falter, Nr. 6, 11.2. 2000, S. 57–58.
125 In ihrer Rede zur Verleihung des Heinrich-Böll-Preises im Dezember 1986 hat Jelinek, im Anschluss an eine sarkastische Anspielung auf die fehlende Aufarbeitung der nationalsozialistischen Gewaltherrschaft – es ist zudem das Jahr der Wahl Kurt Waldheims zum österreichischen Bundespräsidenten –, Bernhard als exemplarisches Angriffsziel politischer Agitation genannt: „[I]n Österreich wird kritischen Künstlern die Emigration nicht nur empfohlen, sie werden auch tatsächlich vertrieben, da sind wir gründlich. Ich erwähne nur Rühm, Wiener, Brus, die in den

Jelineks 1997 im *Standard* publizierter Kommentar zur Sozialversicherungspflicht für Autor*innen, der nachdrücklich anprangert, dass „die meisten der Kollegen am Existenzminimum leben", während „der Staat sich gern mit seinen Künstlern brüstet",[126] weist ebenso in diese Richtung wie ihre Rede am Wiener Ballhausplatz anlässlich des „Umzugs der Maroden" im Juli 1998, der auf die Lebens- und Arbeitsbedingungen von Schriftsteller*innen und Künstler*innen aufmerksam machen sollte. Dort trat sie gerade deshalb als Fürsprecherin auf, weil sie – so der Auftakt ihrer Rede – als eine von wenigen Autor*innen von ihrer Arbeit leben könne.[127] Nicht von ungefähr spricht Jelinek angesichts der Auswirkungen der schwarz-blauen Regierungskoalition unter Wolfgang Schüssel nicht bloß von ihrer eigenen ‚seherischen Gabe', sondern davon, dass „genau das eingetreten" sei, „was viele von uns [!] lange vorausgesehen hatten".[128] Die grammatikalische Form, die Erste Person *Plural*, verweist hier ganz selbstverständlich auf die Idee einer Gemeinschaft von im Grunde gleichgesinnten Akteur*innen.

Sucht man in Bernhards Selbstaussagen nach vergleichbaren Beispielen schriftstellerischer Solidarität, zeigt sich – wenig überraschend – ein gänzlich anderes Bild. Zwar erweckt eine Passage in dem 2009 aus dem Nachlass herausgegebenen autofiktionalen Band *Meine Preise*, in der Bernhard auf die „damals gegen mich und Handke herrschende literarische Stimmung im Lande" hinweist,[129] den Eindruck, hier stünden zwei Autoren Seite an Seite gegen ein literarisches und politisches Establishment. Der Regelfall ist jedoch, zumal im Verhältnis zwischen Bernhard und Handke, ein anderer: Sein dichterisches *self-fashioning* dominiert die Leiterzählung vom einsamen Kämpfer, der von Konkurrenten und Kollegen Unterstützung oder Beistand weder erwarten noch annehmen würde; schließlich bestehe, so Bernhard Mitte der 1960er Jahre in einem Brief an Unseld, nachdem dieser ihm einen Auftritt bei der Gruppe 47 im Stile Handkes ans

---

sechziger Jahren das Land verlassen haben. Ich erwähne nicht Jura Soyfer, der im KZ ermordet worden ist, denn das ist zu lang vergangen und daher zu lang schon vergessen und, vor allem, vergeben, denn uns verzeiht man einfach alles. / Und dem Thomas Bernhard hat der zuständige Minister (nicht der Gesundheitsminister) empfohlen, aus sich einen ‚Fall' für die Wissenschaft zu machen. Er hat nicht die Literaturwissenschaft gemeint." (Elfriede Jelinek: In den Waldheimen und auf den Haidern. Rede zur Verleihung des Heinrich-Böll-Preises in Köln am 2. Dezember 1986. In: DIE ZEIT, Nr. 50, 5.12.1986, S. 50)

126 Elfriede Jelinek: Milch unfrommer Denkungsart. In: Der Standard, 22.10.1997.
127 Vgl. Pia Janke (Hg.): Die Nestbeschmutzerin. Jelinek & Österreich. Salzburg/Wien 2002, S. 37–39.
128 Ulrich Weinzierl: Ich bin eine Wagnerianerin. Elfriede Jelinek im Gespräch. In: Die Welt, 28.2.2004.
129 Bernhard: Meine Preise, S. 432.

Herz gelegt hatte, „die Schläue des Fuchses" darin, „den Fuchsbau auf keinen einzigen Fall zu verlassen".[130] Wendelin Schmidt-Dengler hat 2008 mit Blick auf die österreichische Literaturgeschichte in aphoristischer Kürze formuliert: „Ich glaube, das ist ein Problem, das Autoren grundsätzlich haben. Wenn ein anderer etwas schreibt, irritiert sie das."[131] Bernhard und Jelinek haben, so ließe sich konstatieren, aus dieser Irritation ganz unterschiedliche Schlüsse gezogen.

Literaturverzeichnis

Bandhauer, Dieter: „Ich bin kein Theaterschwein". Gespräch mit Elfriede Jelinek. In: Falter, Nr. 16, 20.4.1990, S. 8–9.
Bartens, Daniela: Vom Lautwerden der Stille. Umwege zu Elfriede Jelineks Haider-Österreich in Das Lebewohl. 3 kl. Dramen. In: Austriaca (2002), H. 53, S. 113–139.
Bartmann, Christoph: Vom Scheitern der Studien. Das Schriftmotiv in Bernhards Romanen. In: Text + Kritik (^{3}1991), H. 43, S. 22–29.
Barz, André: „... muß nach drei Seiten Jelinek-Lektüre schreiend aus dem Fenster springen ...". Elfriede Jelinek und das Theater. In: Zeitschrift für Literaturwissenschaft und Linguistik 39 (2009), H. 2, S. 98–111.
Becker, Peter von: „Ich mag die Menschen nicht anfassen beim Schreiben ...". Ein Gespräch mit Peter Handke. In: Theater 1992. Jahrbuch der Zeitschrift Theater heute, S. 11–21.
Becker, Peter von: „Wir leben auf einem Berg von Leichen und Schmerz". Gespräch mit Elfriede Jelinek. In: Theater heute (1992), H. 9, S. 1–9.
Bernhard, Thomas: Midland in Stilfs. In: Peter Handke (Hg.): Der gewöhnliche Schrecken. Neue Horrorgeschichten. Salzburg 1969, S. 161–180.
Bernhard, Thomas: Werke. Bd. 2: Verstörung. Hg. von Martin Huber und Wendelin Schmidt-Dengler. Frankfurt a. M. 2003.
Bernhard, Thomas: Werke. Bd. 5: Beton. Hg. von Martin Huber und Wendelin Schmidt-Dengler. Frankfurt a. M. 2006.
Bernhard, Thomas: Werke. Bd. 6: Der Untergeher. Hg. von Renate Langer. Frankfurt a. M. 2006.
Bernhard, Thomas: Werke. Bd. 7: Holzfällen. Hg. von Martin Huber und Wendelin Schmidt-Dengler. Frankfurt a.M. 2007, S. 36.
Bernhard, Thomas: Wittgensteins Neffe. In: ders.: Werke. Bd. 13: Erzählungen III. Hg. von Hans Höller und Manfred Mittermayer. Frankfurt a. M. 2008, S. 207–307.

---

130 Bernhard an Unseld, 14.12.1965. In: dies.: Der Briefwechsel, S. 32. – Allerdings verweisen, wie die Bernhard-Biographik im Detail gezeigt hat, zahlreiche Beispiele auf die veritable Inkonsequenz seiner rigiden Unabhängigkeitspostulate: Vieles, was er in Interviews diesbezüglich geäußert hat, ist zu nicht unwesentlichen Teilen einer topischen wie suggestiven Distinktionsrhetorik geschuldet, die sich an einem Wunschbild des unabhängigen Autors, des Solitärs, orientiert, ohne diesem tatsächlich gerecht werden zu können.
131 Wendelin Schmidt-Dengler: Mit Kunst zu übertreiben, ist nur ihm gestattet gewesen. In: Sepp Dreissinger (Hg.): Was reden die Leute. 58 Begegnungen mit Thomas Bernhard. Salzburg/Wien 2011, S. 82–86, hier S. 84.

Bernhard, Thomas und Unseld, Siegfried: Der Briefwechsel. Hg. von Raimund Fellinger, Martin Huber und Julia Ketterer. Frankfurt a. M. 2009.
Bernhard, Thomas: Werke. Bd. 9: Auslöschung. Hg. von Hans Höller. Frankfurt a. M. 2009.
Bernhard, Thomas: Der pensionierte Salonsozialist. In: ders.: Werke. Bd. 22/I: Journalistisches, Reden, Interviews. Hg. von Wolfram Bayer, Martin Huber und Manfred Mittermayer. Berlin 2015, S. 620–624.
Bernhard, Thomas: Drei Tage. In: ders.: Werke. Bd. 22/II: Journalistisches, Reden, Interviews. Hg. von Wolfram Bayer, Martin Huber und Manfred Mittermayer. Berlin 2015, S. 54–66.
Bernhard, Thomas: „Ich könnte auf dem Papier jemanden umbringen". Interview von Hellmuth Karasek und Erich Böhme. In: ders.: Werke. Bd. 22/II: Journalistisches, Reden, Interviews. Hg. von Wolfram Bayer, Martin Huber und Manfred Mittermayer. Berlin 2015, S. 164–180.
Bernhard, Thomas: Meine Preise. In: ders.: Werke. Bd. 22/II: Journalistisches, Reden, Interviews. Hg. von Wolfram Bayer, Martin Huber und Manfred Mittermayer. Berlin 2015, S. 363–441.
Bernhard, Thomas: Monologe auf Mallorca. In: ders.: Werke. Bd. 22/II: Journalistisches, Reden, Interviews. Hg. von Wolfram Bayer, Martin Huber und Manfred Mittermayer. Berlin 2015, S. 181–246.
Billenkamp, Michael: Provokation und *posture*. Thomas Bernhard und die Medienkarriere der Figur Bernhard. In: Markus Joch, York-Gothart Mix und Norbert Christian Wolf (Hg.): Mediale Erregungen?: Autonomie und Aufmerksamkeit im Literatur- und Kulturbetrieb der Gegenwart. Tübingen 2009, S. 23–43.
Biron, Georg: Wahrscheinlich wäre ich ein Lustmörder. Ein Gespräch mit der Schriftstellerin Elfriede Jelinek. In: DIE ZEIT, Nr. 40, 28.9.1984, S. 47–48.
Bloom, Harold: The Anxiety of Influence. A Theory of Poetry. London u. a. 1973.
Blödorn, Andreas: Paradoxie und Performanz in Elfriede Jelineks postdramatischen Theatertexten. In: Text & Kontext 27 (2005), H. 1–2, S. 209–234.
Bogner, Ralf Georg: Drei Distanzierungen. Die Nachrufe von H. C. Artmann, Elfriede Jelinek und Gerhard Roth auf Thomas Bernhard. In: Markus Knöfler, Peter Plener und Péter Zalán (Hg.): Die Lebenden und die Toten. Beiträge zur österreichischen Gegenwartsliteratur. Budapest 2000, S. 251–263.
Clar, Peter: „Ich bleibe, aber weg." Dekonstruktionen der AutorInnenfigur(en) bei Elfriede Jelinek*. Bielefeld 2017.
Degner, Uta: Die Kinder der Quoten. Zum Verhältnis von Medienkritik und Selbstmedialisierung bei Elfriede Jelinek. In: Markus Joch, York-Gothart Mix und Norbert Christian Wolf (Hg.): Mediale Erregungen? Autonomie und Aufmerksamkeit im Literatur- und Kulturbetrieb der Gegenwart. Tübingen 2009, S. 153–168.
Degner, Uta: Biographische Aspekte und künstlerische Kontexte. In: Pia Janke (Hg.): Jelinek-Handbuch. Stuttgart/Weimar 2013, S. 2–8.
Deleuze, Gilles und Guattari, Félix: Anti-Ödipus. Kapitalismus und Schizophrenie I. Frankfurt a. M. 1974.
Franck, Georg: Ökonomie der Aufmerksamkeit. Ein Entwurf. München/Wien 1998.
Fuchs, Gerhard: „Musik ist ja der allergrößte Un-Sinn". Zu Elfriede Jelineks musikalischer Verwandtschaft. In: Gerhard Melzer und Paul Pechmann (Hg.): Sprachmusik. Grenzgänge der Literatur. Wien 2003, S. 173–187.
Gehle, Holger: Maria: Ein Versuch. Überlegungen zur Chiffrierung Ingeborg Bachmanns im Werk Thomas Bernhards. In: Hans Höller und Irene Heidelberger-Leonhard (Hg.):

Antiautobiographie. Zu Thomas Bernhards *Auslöschung*. Frankfurt a. M. 1995,
S. 159–180.
Gropp, Rose-Maria und Spiegel, Hubert: Ich renne mit dem Kopf gegen die Wand und verschwinde. Ein Gespräch mit der Nobelpreisträgerin Elfriede Jelinek. In: Frankfurter Allgemeine Zeitung, 8.11.2004.
Gschwandtner, Harald: Thomas Bernhards ‚Radikalität'. Versuch einer kultursoziologischen Lesart. In: Stephanie Willeke, Ludmila Peters und Carsten Roth (Hg.): Das Radikale. Gesellschaftspolitische und formal-ästhetische Aspekte in der Gegenwartsliteratur. Berlin u. a. 2017, S. 235–261.
Gschwandtner, Harald: „Von Kollegen und Diktatoren. Bernhard, Jelinek und die literarische Konkurrenz". In: Bastian Reinert und Clemens Götze (Hg.): Elfriede Jelinek und Thomas Bernhard. Intertextualität – Korrelationen – Korrespondenzen. Berlin/Boston 2019, S. 71–85.
Hammer, Heide: Im Glashaus männlichen Denkens. Gespräch mit Elfriede Jelinek. In: Der Standard, 8.3.2005.
Heinrichs, Hans-Jürgen: Gespräch mit Elfriede Jelinek. In: Sinn und Form 56 (2004), H. 6, S. 760–783.
Honold, Alexander: Der Erd-Erzähler. Peter Handkes Prosa der Orte, Räume und Landschaften. Stuttgart 2017.
Hütter, Frido: „Ich schulde so vielen so vieles". Gespräch mit Elfriede Jelinek. In: Kleine Zeitung, 10.10.2004.
Jandl, Paul und Villiger Heilig, Barbara: Auch Kafka hat wahnsinnig gelacht. Ein Gespräch mit der Büchnerpreisträgerin Elfriede Jelinek. In: Neue Zürcher Zeitung [Internationale Ausgabe], 17./18.10.1998.
Janke, Pia (Hg.): Die Nestbeschmutzerin. Jelinek & Österreich. Salzburg/Wien 2002.
Janke, Pia: Elfriede Jelinek und die Musik. Versuch einer ersten Bestandsaufnahme. In: Gerhard Melzer und Paul Pechmann (Hg.): Sprachmusik. Wien 2003, S. 189–207.
Jelinek, Elfriede: Der Fremde! störenfried der ruhe eines sommerabends der ruhe eines friedhofs. In: Peter Handke (Hg.): Der gewöhnliche Schrecken. Neue Horrorgeschichten. Salzburg 1969, S. 146–160.
Jelinek, Elfriede: o. T. In: Renate Matthaei (Hg.): Grenzverschiebung. Neue Tendenzen in der deutschen Literatur der 60er Jahre. Köln 1970, S. 215–218.
Jelinek, Elfriede: Die Sprache des Kindes. Über die Literatur von Irmgard Keun. In: Extrablatt 4 (Februar 1980), H. 2, S. 88–89.
Jelinek, Elfriede: In den Waldheimen und auf den Haidern. Rede zur Verleihung des Heinrich-Böll-Preises in Köln am 2. Dezember 1986. In: DIE ZEIT, Nr. 50, 5.12.1986, S. 50.
Jelinek, Elfriede: Atemlos. In: DIE ZEIT, Nr. 9, 24.2.1989, S. 57–58.
Jelinek, Elfriede: Der Einzige und wir, sein Eigentum. In: profil, Nr. 8, 20.2.1989, S. 72–73.
Jelinek, Elfriede: o. T. In: Theater heute (1989), H. 4, S. 20.
Jelinek, Elfriede: Das Hundefell. Über die Wiederentdeckung Hans Leberts und seines Romans *Die Wolfshaut*. In: profil, Nr. 38, 16.9.1991, S. 108.
Jelinek, Elfriede: Unter dem Haar des Filzes. Über Elfriede Gerstl und ihr Buch *Unter einem Hut*. In: profil, Nr. 21, 24.5.1993, S. 84–85.
Jelinek, Elfriede und Meyer, Adolf-Ernst: Elfriede Jelinek im Gespräch mit Adolf-Ernst Meyer. In: Elfriede Jelinek, Jutta Heinrich und Adolf-Ernst Meyer: Sturm und Zwang. Schreiben als Geschlechterkampf. Hamburg 1995, S. 7–74.

Jelinek, Elfriede: Nicht wirklich eine Österreicherin... Ein Gespräch mit Pascale Casanova. In: Heinz Ludwig Arnold (Hg.): O Österreich! Göttingen 1995, S. 59–63.
Jelinek, Elfriede: Rund, handlich, einfach zum Reinbeißen – so will man hierzulande Mozart. In: Die Presse, 1.12.1995.
Jelinek, Elfriede: Im Schock des Positiven. In: Die Presse, 3.4.1997.
Jelinek, Elfriede: Milch unfrommer Denkungsart. In: Der Standard, 22.10.1997.
Jelinek, Elfriede und Fuchs, Gerhard: „Man steigt vorne hinein und hinten kommt man faschiert und in eine Wursthaut gefüllt wieder raus". Ein E-Mail-Austausch. In: Daniela Bartens und Paul Pechmann (Hg.): Elfriede Jelinek. Graz/Wien 1997, S. 9–27.
Jelinek, Elfriede.: er nicht als er (zu, mit Robert Walser). Ein Stück. Frankfurt a. M. 1998.
Jelinek, Elfriede: nicht bei sich und doch zu hause. In: dies. und Brigitte Landes (Hg.): Jelineks Wahl. Literarische Verwandtschaften. München 1998, S. 11–22.
Jelinek, Elfriede: Das Schweigen. In: manuskripte 40 (Juni 2000), H. 148, S. 3–7.
Jelinek, Elfriede: Das Schweigen. In: dies.: Das Lebewohl. 3 kl. Dramen. Berlin 2000, S. 39–48.
Jelinek, Elfriede: Schreiben müssen. In memoriam Otto Breicha. In: Die Presse, 30.12.2003.
Jelinek, Elfriede: An ihm gemessen. In: Die Presse [Spectrum], 4.2.2006.
Jelinek, Elfriede: Das Gewicht der Hand. Fredy Kolleritsch zum 75. Geburtstag: Eine Würdigung. In: Falter, Nr. 7, 17.2.2006, S. 5–6.
Jelinek, Elfriede: Aus gegebenem Anlaß. Über Peter Handke und das Dichterwort. In: Frankfurter Rundschau, 2.6.2006.
Jelinek, Elfriede: Der Weg durch den Schnee. In: Die Presse, 29.1.2011.
Jelinek, Elfriede: Und was ist Lüge anderes als Literatur? In: Die Welt, 12.4.2011 (gedruckt auch als dies.: Wer oder was? Zu André Müllers Interviews. In: André Müller: „Sie sind ja wirklich eine verdammte Krähe!" Letzte Gespräche und Begegnungen. Mit einem Vorwort v. Elfriede Jelinek. München 2011, S. 7–10).
Jirku, Brigitte E.: Von den Brüdern Grimm bis zu Elfriede Jelinek: Schneewittchen als universales Frauenbild? In: Andreas Kramer und Jan Röhnert (Hg.): Literatur – Universale und Kulturenspezifikum. Göttingen 2010, S. 50–59.
Kecht, Maria-Regina: *er nicht als er (zu, mit Robert Walser)*; *Das Schweigen*; *Der Wanderer*; *Winterreise*. In: Pia Janke (Hg.): Jelinek-Handbuch. Stuttgart/Weimar 2013, S. 167–174.
Kerschbaumer, Marie-Thérèse: Porträt einer Dichterin: Elfriede Jelinek. In: dies.: Für mich hat Lesen etwas mit Fließen zu tun... Gedanken zum Lesen und Schreiben von Literatur. Wien 1989, S. 147–152.
Koberg, Roland: Die Bühne als klaustrophobischer Raum. Die Schriftstellerin Elfriede Jelinek im E-Mail-Austausch mit dem Dramaturgen Roland Koberg. In: Schauspielhaus Zürich. Saison 2011/2012. Programm Nr. 15. Hg. von der Schauspielhaus Zürich AG. Zürich [2011/2012].
Korte, Ralf B.: Gespräch mit Elfriede Jelinek. In: Daniela Bartens und Paul Pechmann (Hg.): Elfriede Jelinek. Die internationale Rezeption. Graz/Wien 1997, S. 273–299.
Kovacs, Teresa: Drama als Störung. Elfriede Jelineks Konzept des Sekundärdramas. Bielefeld 2016.
Kovacs, Teresa: „Fremd bin ich eingezogen, fremd zieh ich wieder aus". AußenseiterInnen und Innere Emigration bei Elfriede Jelinek und Thomas Bernhard. In: Marcin Gałaszewski u. a.

(Hg.): Zwischen Innerer Emigration und Exil. Deutschsprachige Schriftsteller 1933–1945. Berlin/Boston 2016, S. 205–215.

Kralicek, Wolfgang und Nüchtern, Klaus: „Ich bin ein Racheengerl". Gespräch mit Elfriede Jelinek. In: Falter, Nr. 14, 4.4.2003, S. 22 u. 55.

Krammer, Stefan: Maskeraden der Männlichkeit. Bernhards subversives Geschlechtertheater. In: Mireille Tabah und Manfred Mittermayer (Hg.): Thomas Bernhard. Persiflage und Subversion. Würzburg 2013, S. 175–186.

Lamb-Faffelberger, Margarete: Interview mit Elfriede Jelinek. In: dies.: Valie Export und Elfriede Jelinek im Spiegel der Presse. Zur Rezeption der feministischen Avantgarde Österreichs. New York u. a. 1992, S. 183–200.

Löffler, Sigrid: „Ich mag Männer nicht, aber ich bin sexuell auf sie angewiesen". Gespräch mit Elfriede Jelinek. In: profil, Nr. 13, 28.3.1989, S. 83–85.

Löffler, Susanne: „Ich bin ja ein musikalischer Mensch". Thomas Bernhard und die Funktion der Musik in seinem literarischen Werk. Wien u. a. 2018.

Lücke, Bärbel: Elfriede Jelinek. Eine Einführung in das Werk. Paderborn 2008.

Marko, Inge: Der Einzige und wir, sein Eigentum [Leserbrief]. In: profil, Nr. 9, 27.2.1989, S. 12.

Masanek, Nicole: Männliches und weibliches Schreiben? Zur Konstruktion und Subversion in der Literatur. Würzburg 2005, S. 115–152.

Mayer, Verena und Koberg, Roland: Elfriede Jelinek. Ein Porträt. Reinbek bei Hamburg 2007.

Mittermayer, Manfred: „Nur die Verstellung rettet mich zeitweise" – Ausgangspunkte einer Biographie über Thomas Bernhard. In: Christopher F. Laferl und Anja Tippner (Hg.): Leben als Kunstwerk. Künstlerbiographien im 20. Jahrhundert. Von Alma Mahler und Jean Cocteau bis Thomas Bernhard und Madonna. Bielefeld 2011, S. 85–109.

Müller, André: Elfriede Jelinek. In: „Sie sind ja wirklich eine verdammte Krähe!" Letzte Gespräche und Begegnungen. Mit einem Vorwort v. Elfriede Jelinek. München 2011, S. 120–136.

N. N.: In memoriam Bernhard. In: tz [München], 22.2.1989.

Nüchtern, Klaus: „Ein einziges Grinsen". Gespräch mit Elfriede Jelinek. In: Falter, Nr. 6, 11.2.2000, S. 57–58.

Nüchtern, Klaus: „Erlösung gibt es nicht". Gespräch mit Elfriede Jelinek. In: Falter, Nr. 36, 8.9.2000, S. 20 u. 49–51.

Pfeiferová, Dana: Auf der Suche nach den österreichischen Todesarten. Der Tod in der Prosa von Ingeborg Bachmann, Thomas Bernhard, Josef Winkler, Elfriede Jelinek, Peter Handke und Christoph Ransmayr. In: Nicola Mitterer und Werner Wintersteiner (Hg.): „Wir sind die Seinen lachenden Munds". Der Tod – ein unsterblicher literarischer Topos. Innsbruck u. a. 2010, S. 121–140.

Philipp, Claus und Pohl, Roland: „…. und dann zustoßen wie eine Sandviper". Gespräch mit Elfriede Jelinek. In: Der Standard, 9.10.2004.

Prutti, Brigitte: Festzertrümmerungen. Thomas Bernhard und seine Preise. Bielefeld 2012.

Reich-Ranicki, Marcel: Der doppelte Boden. Ein Gespräch mit Peter von Matt. Zürich 1992.

Reich-Ranicki, Marcel: „Die missbrauchte Frau". Über Elfriede Jelinek. In: Der Spiegel, Nr. 42, 11.10.2004, S. 180.

Reiter, Andrea: „Die Bachmann […] war halt eine gescheite Frau. Eine seltsame Verbindung, nicht?" Das Bild der Frau in Thomas Bernhards Prosa. In: Die Rampe (1992), H. 2, S. 17–43.

Reiterer, R.: „Schweigende" Bernhard-Parodie. Elfriede Jelineks *Das Schweigen* wird am kommenden Sonntag in Graz erstaufgeführt. In: Kleine Zeitung, 15.10.2003.

Ronge, Verena: „Reden ist Silber, Schweigen ist Gold". Die Rolle des Schweigens bei Thomas Bernhard – eine gendertypologische Untersuchung. In: Marcel Krings (Hg.): Phono-Graphien. Akustische Wahrnehmung in der deutschsprachigen Literatur von 1800 bis zur Gegenwart. Würzburg 2011, S. 403–416.

Roth, Gerhard: Der Menschenfeind, der der Alpenkönig war. Nachruf auf Thomas Bernhard. In: Neue Rundschau (1989), H. 2, S. 187–189.

Scheller, Wolf: „Ich bin resigniert". Gespräch mit Elfriede Jelinek. In: Die Woche, Nr. 43, 23.10.1998.

Schmid, Heiko: Metaphysische Maschinen. Technoimaginative Entwicklungen und ihre Geschichte in Kunst und Kultur. Bielefeld 2016.

Schmid, Sigrid und Schnedl, Hanna: Die Kaltschnäuzigkeit der *Liebhaberinnen*. Ein Gespräch mit Elfriede Jelinek. In: SALZ 1 (1976), H. 4, S. 6–7.

Schmidt-Dengler, Wendelin: Jelineks Rhetorik. In: Françoise Rétif und Johann Sonnleitner (Hg.): Elfriede Jelinek. Sprache, Geschlecht und Herrschaft. Würzburg 2008, S. 11–18.

Schmidt-Dengler, Wendelin: Mit Kunst zu übertreiben, ist nur ihm gestattet gewesen. In: Sepp Dreissinger (Hg.): Was reden die Leute. 58 Begegnungen mit Thomas Bernhard. Salzburg/Wien 2011, S. 82–86.

Schmidt-Dengler, Wendelin: Bruchlinien II. Vorlesungen zur österreichischen Literatur 1990 bis 2008. Hg. von Johann Sonnleitner. St. Pölten u. a. 2012.

Schulte, Sanna: Nestbeschmutzung als Konstituierung einer Theorie des Gedächtnisses. In: dies. (Hg.): Erschriebene Erinnerung. Die Mehrdimensionalität literarischer Inszenierung. Köln u. a. 2015, S. 287–306.

Sucher, C. Bernd: „Was bei mir zu Scheiße wird, wird bei Handke kostbar." Gespräch mit Elfriede Jelinek. In: Schauspiel Bonn. Erste Premieren Spielzeit 1986/1987. Bonn 1986, S. 45–52.

Tabah, Mireille: Geschlechterdifferenz im Werke Thomas Bernhards. Ansätze zu einer feministischen Interpretation. In: Thomas Bernhard Jahrbuch (2002), S. 133–144.

Tuschling-Langewand, Jeanine: Autorschaft und Medialität in Elfriede Jelineks Todsündenromanen *Lust, Gier* und *Neid*. Marburg 2016.

Unger, Karl: Mein Pessimismus ist wirklich grenzenlos. Gespräch mit Elfriede Jelinek. In: Die Wochenzeitung, 25.10.1996.

Vogel, Juliane: Elektra vor dem Palast. Elfriede Jelinek und die Atriden. In: Martin Vöhler und Bernd Seidensticker (Hg.): Mythenkorrekturen. Zu einer paradoxalen Form der Mythenrezeption. Berlin/New York 2005, S. 437–447.

Vogel, Juliane: „Ich möchte seicht sein." Flächenkonzepte in Texten Elfriede Jelineks. In: dies. und Thomas Eder (Hg.): Lob der Oberfläche. Zum Werk Elfriede Jelineks. München 2010, S. 9–18.

Vogel, Juliane: Intertextualität. In: Pia Janke (Hg.): Jelinek-Handbuch. Stuttgart/Weimar 2013, S. 47–55.

Wagner, Karl: „Er war sicher der Begabteste von uns allen". Bernhard, Handke und die österreichische Literatur. Wien 2010, S. 12.

Weinzierl, Ulrich: Ich bin eine Wagnerianerin. Elfriede Jelinek im Gespräch. In: Die Welt, 28.2.2004.

Wendt, Gunna: „Es geht immer alles prekär aus – wie in der Wirklichkeit". Ein Gespräch mit der Schriftstellerin Elfriede Jelinek. In: Frankfurter Rundschau, 14.3.1992.

III Provokation als Revision

Alexandra Millner
Nora 3/3. Über Elfriede Jelineks Ibsen-Fortschreibungen

1 Nora – Titeleien

Was geschah, nachdem Nora ihren Mann verlassen hatte oder die Stützen der Gesellschaften ist Elfriede Jelineks erster veröffentlichter Theatertext. Die Uraufführung fand im Jahre 1979 im Rahmen des internationalen Kulturfestivals *steirischer herbst* in Graz statt und markiert nicht zufällig das Zentenarium von Henrik Ibsens Dreiakter *Nora oder Ein Puppenheim*. Sowohl *Nora* als auch Ibsens Drama *Stützen der Gesellschaft* (1877)[1] werden im Titel zitiert. Er lenkt somit auf sehr plakative Weise die Aufmerksamkeit auf jene zentralen Prätexte, aus denen sich die Handlungsstrukturen und Figuren in Jelineks Stück hauptsächlich speisen. Die Autorin möchte dabei „sichtbar und durchsichtig" verfahren: „Weder Autor noch Personen sind Geheimnisträger", äußert sie sich dazu 1984 in dem programmatischen Essay „Ich schlage sozusagen mit der Axt drein".[2] So werden nicht nur Wörter, Sätze und manchmal ganze Abschnitte in Form intertextueller Einflechtungen wortwörtlich aus Ibsens Stücken (in deutscher Übersetzung) übernommen: Die Wirtschaftsintrige und die kapitalistisch-patriarchalischen Normen in *Stützen der Gesellschaft* dienen als Vorlage für die Handlungsstruktur, Konsul Bernick als Vorbild für Konsul Weygand. Aus *Nora oder Ein Puppenheim* stammen hingegen die zentrale Protagonistin Nora, ihr gesellschaftliches Umfeld und die Grundproblematik, als Frau selbstbestimmt den rechten Platz in der Gesellschaft zu finden: Noras Geschichte wird von Jelinek fortgeschrieben.

Ein Vierteljahrhundert nach *Was geschah, nachdem Nora ihren Mann verlassen hatte oder die Stützen der Gesellschaften* verfasst Jelinek mit dem Text *Nach Nora* (2013) eine Art Epilog zu den beiden Nora-Stücken. Es ist ein Auftragswerk für das Schauspielhaus Düsseldorf, vom tschechischen Regisseur Dušan David Pařízek und dem österreichischen Dramaturgen Roland Koberg mit Ibsens *Nora*,

---

[1] Der Plural von Gesellschaft in Jelineks Stücktitel verweist im Sinne von Gesellschaften als an wirtschaftlichen Zwecken orientierten Personenvereinigungen auf jenen ökonomischen und kapitalistischen Bedeutungszusammenhang, an dem Kritik geübt wird. Vgl. Corina Caduff: Ich gedeihe inmitten von Seuchen. Elfriede Jelinek – Theatertexte. Bern 1991, S. 60; Evelyn Annuß: Elfriede Jelinek – Theater des Nachlebens. München 2005, S. 36.
[2] Elfriede Jelinek: Ich schlage sozusagen mit der Axt drein. In: TheaterZeitSchrift 7 (1984), S. 14–16.

Jelineks *Was geschah nachdem Nora ihren Mann verlassen hatte* unter dem Titel *Nora³* zusammengeführt und in Szene gesetzt.³ Der mehrdeutige Titel *Nach Nora* lässt sich sowohl temporal als auch modal interpretieren und kann im Sinne von „nach dem Ableben" oder „nach dem Vorbild" von Nora verstanden werden, wobei ein Faktum für die erste Lesart spricht: Nora ist im dritten Text nämlich nicht präsent – weder als Figur noch als Name. Die Nennung von Nora im Titel dient hier zum einen der Kontextualisierung des Theatertextes, der in die Reihe der beiden Vorgängerdramen gestellt werden soll; zum anderen aber wird durch die Namensnennung ihre Abwesenheit überdeutlich markiert.

Obwohl Nora im Text *Nach Nora* als Figur nicht in Erscheinung tritt, werden ihr in Pařízeks Inszenierung die Worte des neuen Textes in den Mund gelegt. So wird der Eindruck vermittelt, dass Nora als Reflektorfigur der gesellschaftspolitischen Entwicklungen durch einhundertfünfundzwanzig Jahre Kapitalismusgeschichte wandert – ein dramaturgischer Kunstgriff, der aus aufführungstechnischen Gründen zwar nachvollziehbar ist, sich jedoch aus funktionalästhetischer Sicht kaum erschließt: Denn die ästhetische Radikalisierung in Jelineks Nora-Texten, so die Ausgangsthese des vorliegenden Beitrags, unterstreicht nicht nur die gesellschaftskritische Dimension, sondern ist deren zentraler Ausdruck: An der ästhetischen Differenz der beiden Theatertexte lassen sich die sozialpolitischen und ökonomischen Entwicklungen der letzten Jahrzehnte – die Auswirkungen der Globalisierung, des Postkapitalismus und des Neonliberalismus – ablesen.

Unter den zahlreichen komparatistischen Studien zu Ibsens *Nora* und Jelineks *Was geschah...*⁴ sei deshalb vor allem auf Evelyn Polt-Heinzls Auseinandersetzung mit dem diachronen Wandel der ökonomischen Rahmenbedingungen

---

3 Vgl. http://www.volkstheater.at/stueck/nora%C2%B3/ (letzter Zugriff: 10. Mai 2017). Roland Koberg ist Co-Verfasser des großen Rowohlt-Porträts der Autorin: Verena Mayer und Roland Koberg: Elfriede Jelinek. Ein Porträt. Reinbek bei Hamburg 2006.

4 Vgl. Caduff: Ich gedeihe inmitten von Seuchen; Allyson Fiddler: Jelinek's Ibsen: 'Noras' Past and Present. In: Ritchie Robertson und Edward Timms (Hg.): Theatre and Performance in Austria. From Mozart to Jelinek. Edinburgh 1993, S. 126–138; Christine Kiebuzinska: Elfriede Jelinek's Nora Project: Or What Happens When Nora Meets the Capitalists. In: Modern Drama 41 (1998), H. 1, S. 134–145; Evelyn Annuß: Elfriede Jelinek – Theater des Nachlebens. München 2005. Kathleen L. Komar: Women, Socialization, and Power: *Die Liebhaberinnen* [*Women as Lovers*] and *Was geschah, nachdem Nora ihren Mann verlassen hatte oder die Stützen der Gesellschaften* [*What Happened to Nora After She Left Her Husband or Pillars of Society*]. In: Matthias Piccolruaz Konzett und Margarete Lamb-Faffelberger (Hg.): Elfriede Jelinek: Writing Woman, Nation, and Identity. A Critical Anthology. Madison, NJ 2007, S. 96–114; Ursula Bock: Die Frau hinter dem Spiegel. Weiblichkeitsbilder im deutschsprachigen Drama der Moderne. Berlin 2011, S. 323–358.

für weibliche Existenzmöglichkeiten hingewiesen.[5] Im Folgenden sollen nun jene beiden Hauptdiskurse unter Berücksichtigung ästhetischer Fragestellungen vergleichend analysiert werden, die bereits bei Ibsen von zentraler Bedeutung sind: die Kapitalismuskritik und die Genderproblematik.

2 Noras Weg – Geschichte eines Verstummens

Mit Noras dreiteiliger Geschichte erzählen die drei Theatertexte die unterschiedlichen Phasen des Feminismus, des Kapitalismus und deren wechselseitiger Verflechtung. Es sind dies
1. der egalitäre Feminismus des 18. und 19. Jahrhunderts, der die Gleichstellung der Frau fordert;
2. der marxistische Feminismus Anfang des 20. Jahrhunderts, der für das Recht der Frau auf ökonomische Unabhängigkeit einsteht;
3. der radikale Feminismus der 1970er Jahre, der weniger die ökonomischen als die patriarchalen Strukturen der Gesellschaft für die Unterdrückung der Frauen verantwortlich macht;
4. der Postfeminismus der frühen 1990er Jahre, der sowohl Sex als auch Gender als Klassifikationskategorien und jede daran orientierte Geschlechterordnung als Herrschaftsdiskurs ablehnt.

Parallel dazu lassen sich folgende Phasen des Kapitalismus unterscheiden:
1. der Hochkapitalismus des 18. und 19. Jahrhunderts, in dem sich die veränderten ökonomischen Bedingungen auf die Lebens- und Arbeitsbedingungen auswirken;
2. der nach dem Ersten Weltkrieg einsetzende Spätkapitalismus mit wachsender Kapitalkonzentration;
3. der gegenwärtige Turbokapitalismus, gekennzeichnet durch Globalisierung und eine immer stärker werdende soziale Ungleichheit.

Ibsen zeigt Noras Emanzipation in zwei Phasen: Bereits viele Jahre vor Einsetzen der Dramenhandlung hat sie die Grenze der konventionellen Genderrolle über-

---

[5] Vgl. Evelyne Polt-Heinzl: Sticheln im Gewebe der Gesellschaft oder Variationen über die Legende von der individuellen Freiheit. Elfriede Jelineks *Nora*-Komplex. In: Silke Felber (Hg.): Kapital Macht Geschlecht. Künstlerische Auseinandersetzungen mit Ökonomie und Gender. Wien 2016, S. 88–97.

schritten[6] und bei Anwalt Krogstad, dem jetzigen Mitarbeiter in der von ihrem Mann Torvald geleiteten Bank, insgeheim ein Darlehen aufgenommen, das sie ihm seither in Ratenzahlungen zurückerstattet. Da ihr als Frau Geldgeschäfte weder gestattet noch möglich waren und sie ihren alten Vater damit nicht belasten wollte, griff sie zum illegalen Ausweg der Unterschriftenfälschung. Sie tat dies, so wird es im Stück psychologisch glaubwürdig motiviert, aus Liebe zu ihrem kranken Ehemann, dem sie damit einen für seine Genesung unbedingt notwendigen Aufenthalt im Süden finanzierte. Als sich im ersten Akt herausstellt, dass Torvald Krogstad entlassen muss, um dessen Posten Noras Freundin Linde zur Verfügung zu stellen, beginnt Krogstad Nora zu erpressen. Stand damals das Leben des Gatten auf dem Spiel, so sind es nun seine hart erkämpfte Karriere und die finanzielle Absicherung der gesamten Familie. Vergeblich hofft Nora auf Solidarität des von ihr erst geretteten, dann geschützten Gatten. Als sie ihm das jahrelange Geheimnis um das Darlehen verrät, erntet sie weder Verständnis noch Unterstützung, sondern wird stattdessen mit Vorwürfen, Befehlen und Verboten konfrontiert, die ihr jegliches Recht auf ökonomische Partizipation und Emanzipation sowie die Fähigkeit zum Weltverständnis absprechen.

Der zweite und weitaus radikalere Emanzipationsschritt besteht in Noras Weggang von der Familie: Sie lässt nicht nur ihren Mann, sondern auch ihre Kinder, nicht nur ihr Heim, sondern auch ihre wohlbehütete Existenz zurück und nimmt sowohl den sozialen Abstieg als auch den Verlust aller Sicherheiten in Kauf. Sie beendet ihr gesellschaftlich vorprogrammiertes Dasein als gut situierte, bürgerliche Ehefrau und Mutter, deren Aufgabe sich auf Fürsorge, Kindererziehung und Haushaltsführung beschränkt. Mit diesem hohen Preis, den zu zahlen sie gewillt ist, glaubt sie sich durch Selbstständigkeit und Autonomie den patriarchalen Machtmechanismen entziehen und ein dem Mann ebenbürtiger Mensch mit gleichen Rechten und Pflichten werden zu können. Die Weichen für diese radikale Entwicklung hat sie freilich bereits durch ihr geheimes selbstständiges Agieren im ökonomischen Bereich gestellt, mit dem sie eine doppelte Angriffsfläche bietet: für den Geldleiher, der sie als ebenbürtige Vertragspartnerin zwar akzeptiert, aber nur um sie damit erpressen zu können; für den Ehemann, der sie empört in die Schranken der konventionellen Genderrolle verweist. Für beide Grenzverletzungen übernimmt sie die Verantwortung. Ibsens Stück endet mit der Zerstörung der Familienverhältnisse; es ist ein massiver Angriff auf die gesellschaftliche Ordnung und die bürgerliche Schein- und Doppelmoral. Das Famili-

---

6 Zur Geschlechterrolle vgl. Barbara Obst: Konstruktion und Performanz der Geschlechterrolle in „Was geschah, nachdem Nora ihren Mann verlassen hatte oder die Stützen der Gesellschaften". In: Inge Arteel und Heidy Margrit Müller (Hg.): Elfriede Jelinek – Stücke für oder gegen das Theater? Brüssel 2008, S. 225–232.

engebäude – oder Puppenheim, wie der Original-Titel lautet – stürzt mit Noras komplexer Rollenverweigerung, ihrer transdifferenten Selbstpositionierung, in sich zusammen.

Ibsens Drama beginnt mit der lang ersehnten wirtschaftlichen Konsolidierung der Familie Helmer, die durch Noras geheimes Darlehen einerseits überhaupt erst ermöglicht wurde – denn nur so konnte Torvald überleben –, andererseits aber genau dadurch gefährdet ist. Der tatsächliche Grund dafür ist jedoch nicht Noras Verhalten, sondern Torvalds Versagen in der Kette von Tauschgeschäften, die im Stück beschrieben werden: Nora tauscht die Unterschrift gegen Geld, für das Geld wird die Gesundheit ihres Ehemanns wiederhergestellt, für ihre Handarbeiten bekommt sie das Geld für die Ratenzahlungen. Doch ihre Erwartung, das Eingeständnis der Wahrheit für Torvalds Verständnis und Unterstützung eintauschen zu können, wird bitter enttäuscht. Die Stütze der Ehe-Gesellschaft, bestehend in der Solidarität als Basis dieser Zweckgemeinschaft, ist damit gebrochen. Ihre bedingungslose Liebe, die Nora zu einer riskanten kriminellen Handlung veranlasste, wird von Torvald nicht erwidert. Der Betrug, auf dem ihr Familienleben aufbaut, setzt sich in der Scheinhaftigkeit der Gefühle fort – Torvald sind sein Ruf und seine Karriere wichtiger als das Problem seiner Frau, deren Eigenständigkeit bzw. Emanzipation er nicht anerkennen möchte: „Du sprichst wie ein Kind. Du verstehst die Gesellschaft nicht, in der du lebst."[7] Diese Aussage ist eine doppelte Lüge und birgt dennoch zwei bittere Wahrheiten: Die Gleichsetzung von Frau und Kind ist falsch, weil sie nur das konventionelle männliche Fremdbild der Frau widerspiegelt; sie ist insofern richtig, als die Frau in der damaligen Gesellschaft tatsächlich so rechtlos wie ein Kind war, ihre Meinung genauso wenig zählte wie ihre Stimme. Ihre Unfähigkeit, die Gesellschaft zu verstehen, ist eine Unterstellung, da Nora gerade eben zu begreifen begonnen hat, dass die Gesellschaft allein auf der Basis sozialer Ungleichheit funktioniert. Da Torvald als Nutznießer dieses Ungleichheitsbewusstsein völlig fehlt, ist er derjenige, der die Gesellschaft, in der er lebt, nicht versteht. Die über ihr Unrecht verstummte, in ihrer Rolle erstarrte Nora bricht ihr Schweigen und erhebt ihre Stimme zum zweiten Mal jenseits von Kindererziehung und Hausarbeit, dieses Mal jedoch, um sie in den Dienst der Wahrhaftigkeit zu stellen. Zudem durchbricht sie am Ende nicht nur auf symbolisch-abstrakter Ebene, sondern auch ganz konkret die konventionellen Grenzen und setzt sich durch ihren Weggang physisch über die Grenzen ihrer bisherigen Lebenswelt hinweg in Bewegung.

---

7 Henrik Ibsen: Nora (Ein Puppenheim). Schauspiel in drei Akten. Aus dem Norwegischen übertragen von Richard Linder. Nachbemerkung von Aldo Keel. Stuttgart 1988, S. 91.

Elfriede Jelinek borgt sich Ibsens Nora-Figur für die Länge ihres Stückes *Was geschah...* aus, um sie – als Versehrte und unter anderen sozialen Vorzeichen – wieder an ihren angestammten Platz als Gattin und Mutter in die Familie zurückzustellen. War Ibsens Nora am Ende des Stückes aus der Scheinidylle des bürgerlichen Puppenheims ausgebrochen, um – im Sinne der bereits im 19. Jahrhundert geforderten Gleichstellung der Frau und der Befreiung des Individuums aus den Zwängen gesellschaftlicher Konventionen – ‚ein Mensch zu werden', so muss Jelineks Nora die Ideale der historischen Frauenbewegung als gesellschaftliche Utopie erkennen. Ibsens Heldin des idealistischen Feminismus wird bei Jelinek durch das Scheitern seiner Verwirklichung zur Antiheldin.[8]

Jelinek zeigt Nora nach ihrem Befreiungsschlag, allerdings mit einem Zeitsprung von 50 Jahren in den 1920er Jahren. Statt wie früher durch den Verkauf von Handarbeiten mühsam das Geld für die geheimen Ratenzahlungen zu verdienen, ist sie nun ganz offiziell Arbeiterin in einer Textilfabrik. Ihre sozialen Zugehörigkeiten haben sich dadurch verändert – sie ist ohne Familie, ohne Besitz, doch berufstätig und dadurch ökonomisch autonom –, sie entspricht damit dem Typus der Neuen Frau, wie er sich in der krisengebeutelten Zwischenkriegszeit mit allen Rechten und noch mehr Pflichten in neuem Selbstbewusstsein und in neuer Selbstständigkeit herausbildete.[9] Mit innerer Überzeugung trägt Nora ihre Vorstellungen von der Notwendigkeit der Selbstfindung und Autonomie der Frau vor sich her, stößt damit jedoch bei den anderen Arbeiterinnen auf wenig Verständnis, da diese sich aufgrund der überfordernden Mehrfachbelastung nach einem ausschließlichen Familiendasein bei finanzieller Absicherung sehnen. Ihre materielle Not macht die Frauen von den kapitalistischen Machtverhältnissen, die sich in der zwischengeschlechtlichen Hierarchie widerspiegeln, doppelt abhängig. Ihre Zugehörigkeit zur gesellschaftlichen Gruppe der Armen ist für ihre Lebensweise dominanter als ihre Genderzugehörigkeit. Zudem verliert Nora durch die Liaison mit Konsul Weygang deren Vertrauen: Auch wenn Nora sich gegen die allgemeine Vereinnahmung der Frauen durch das patriarchale-kapitalistische System einsetzt, als finanziell abgesicherte Geliebte eines Machthabers und Geldgebers ist sie in den Augen der armen Arbeiterinnen weder glaubhaft noch unterstützenswert. Nora bleibt in ihren feministischen Forderungen ohne Solidarität. Ihre radikalen, anarchistischen Parolen, in denen politische Statements aus der Entstehungszeit des Textes, etwa der Roten Armee Fraktion, anklingen,[10] laufen ins Leere. So wenig sie die tatsächlichen Bedürfnisse der Arbeiterinnen

---

8 Vgl. Polt-Heinzl: Sticheln, S. 93.
9 Vgl. Polt-Heinzl: Sticheln, S. 91.
10 Vgl. Bock, S. 331.

ernst nimmt und auf die Forderungen des marxistischen Feminismus, verkörpert durch die Arbeiterin Eva, eingeht,[11] so wenig findet sie bei den anderen Frauen Gehör. Zu Recht wird Jelineks Theaterstück *Was geschah, nachdem Nora ihren Mann verlassen hatte...* als Parodie der neuen Frauenbewegung betrachtet,[12] denn Noras Utopie scheitert nicht nur am kapitalistischen System, sondern auch an den divergierenden Forderungen und Vorstellungen in den ‚eigenen' Reihen.

Im Gegensatz zu Ibsens Nora wird hier ein weiterer Aspekt des Scheiterns verdeutlicht, der sich auf die emotionale Schwäche Noras bezieht: Ihre Liebe zu Konsul Weygang macht sie blind für die finanzielle wie emotionale Abhängigkeit vom Mann, in die sie unbemerkt neuerlich zurückfällt. Die Basis ihrer Beziehung gehorcht den kapitalistischen Grundprinzipien des Warentauschs,[13] der so lange funktioniert, wie die Ware, d. i. Noras Körper, intakt ist. Als sie ihren Wert verliert, versucht Weygang, sie so schnell wie möglich abzustoßen: Er recycelt die für ihn persönlich unbrauchbar gewordene Ware, indem er Noras Körper in Form von Edelprostitution für seine wirtschaftlichen und machtpolitischen Interessen instrumentalisiert. Als die solcherart Erniedrigte für Weygang ihren Ex-Ehemann ausspionieren soll, auf dessen Grundstücken ein Atomkraftwerk geplant ist, versucht sie den Konsul damit erfolglos zu erpressen. Weygang schenkt ihr – gleichsam als Abfertigung für ihre von ihm beendete Affäre – eine Stoffhandlung, und Nora landet wieder bei ihrem Ex-Ehemann Helmer. Wie bei Ibsen handelt Jelineks Theaterstück von Geld- und Tauschgeschäften sowie Erpressung, nur dass es für Jelineks Nora kein Entrinnen gibt. Während bei Ibsen von den Frauen eine hoffnungsvolle soziale Erneuerungskraft ausgeht, passieren in Jelineks Stück alle Veränderungen auf Kosten der sozial schwachen Frauen. In der „radikale[n] Kritik an den ökonomischen Verhältnissen, die das Zusammenleben der Menschen wie der Geschlechter mit ihrer (Tausch-)Logik imprägnieren", stellt Jelineks Stück durchaus eine Fortsetzung von Ibsens Grundidee dar, doch richtet sich die im Stück manifeste Verknüpfung von Geld, Macht und Politik eindeutig gegen zeitgenössische Entwicklungen. Polt-Heinzl sieht darin „letztlich literarische Umsetzungen der These, dass das Private politisch ist, das Politische aber von den Wirtschaftsverhältnissen bestimmt wird".[14]

Noras feministische Utopie ist auf mehreren Ebenen gescheitert: Zum einen ist die angestrebte ökonomische Autonomie – laut marxistischem Feminismus unabdingbare Voraussetzung weiblicher Unabhängigkeit – nicht auf Dauer zu

---

11 Vgl. Marlies Janz: Elfriede Jelinek. Stuttgart 1995, S. 35f.
12 Vgl. Janz, S. 33.
13 Vgl. Kiebuzinska, S. 143.
14 Evelyne Polt-Heinzl: Ökonomie. In: Pia Janke (Hg.): Jelinek-Handbuch. Stuttgart/Weimar 2013, S. 262–266, hier S. 262.

erlangen. Nora, die das am eigenen Leib erfährt, ist diesbezüglich am Ende keineswegs geläutert. Sie ist unfähig, ihre neuerliche ökonomische Verstrickung und Instrumentalisierung für Macht- und Kapitalanhäufung als Machenschaften von Weygang und Konsorten zu erkennen, so sehr wirken diese indirekt über ihre Ämter, multiplen Funktionen und Geldkanäle: „Das Kapital tritt übrigens nicht mehr persönlich auf, so wie früher, sondern es ist einfach vorhanden."[15] Genauso wenig ist ihr der eigene Anteil an dem unfairen Deal bewusst, der ihr die alleinige Rolle des Gebens oktroyiert, während die anderen es beim Nehmen belassen können: „Die öffentliche Hand nimmt nur, sie gibt nie."[16] Ihre emotional erpresste ‚Kooperationsbereitschaft' macht Nora zu einer Komplizin des patriarchalen Systems.[17]

Zum anderen schickt Jelinek Nora am Ende zurück in ihren ursprünglichen Status als Ehefrau und Mutter, die alten asymmetrischen Geschlechterverhältnisse sind wiederhergestellt: „Idyll. Er läßt sich von Nora bedienen",[18] heißt es dazu in einem zynischen Kommentar in den Regieanweisungen. Allerdings herrschen bei den Helmers nun veränderte ökonomische Bedingungen: Nora ist Besitzerin einer Stoffhandlung, während ihr Mann arbeitslos ist und dem vergeblichen kleinbürgerlichen Traum nachhängt, durch Sparen reich zu werden. In seiner wirtschaftlich geschwächten Position wird er empfänglich für faschistisches bzw. nationalsozialistisches Gedankengut. Zugleich eröffnet die Erwähnung des Atomkraftwerks, das auf Helmers Grundstück errichtet werden soll, den späteren interpretatorischen Bezugsrahmen zur Entstehungszeit des Theaterstückes Ende der 1970er Jahre.

Erlangt Ibsens Nora erst am Ende des Dramas eine wahrhafte Sprache jenseits gesellschaftlicher Konventionen, so ist Jelineks Nora zwar von Anfang an thematisch bei sich und dabei keineswegs auf den Mund gefallen – sie redet mit den unterschiedlichsten Personen, den Arbeiterinnen, dem Vorarbeiter, mit dem Konsul, dem Minister und ihrem Ehemann –, doch verliert sie im Laufe der Geschichte ihre eigenen Ziele aus den Augen. Die Kommunikation gelingt nur zwischen den Frauen, die sich über ihre Lage austauschen, selbst wenn hier die individuelle Rede von marxistisch-feministischen Diskurselementen und Phrasen

---

[15] Elfriede Jelinek: Was geschah, nachdem Nora ihren Mann verlassen hatte oder die Stützen der Gesellschaften [1979]. In: dies.: Theaterstücke. Was geschah, nachdem Nora ihren Mann verlassen hatte oder die Stützen der Gesellschaften / Clara S. musikalische Tragödie / Burgtheater / Krankheit oder Moderne Frauen. Hg. v. Ute Nyssen. Reinbek bei Hamburg 1992, S. 7–78, hier S. 73.
[16] Jelinek: Was geschah, S. 74.
[17] Vgl. zum Thema weiblicher Komplizenschaft Christina Thürmer-Rohr: Vagabundinnen. Feministische Essays. Berlin 1987.
[18] Jelinek: Was geschah, S. 74.

überlagert ist. Im Gegensatz dazu stehen Noras Gespräche mit Männern: eher nebeneinander geführte Monologe als Dialoge, die keinerlei kommunikative Funktion erfüllen. Am Ende wird das Sprechen vom Sprecher der Wirtschaftsnachrichten im Radio übernommen und von Marschmusik verdrängt. Die Helmers scheinen in dieser medialen Welt zu verschwinden.

Der dritte Text, *Nach Nora*, ist eine sogenannte Textfläche, ein Theatertext, der nicht auf einzelne Figuren aufgeteilt ist, sondern, einem polyphonen Prosatext gleichend, den Wechsel zwischen den Stimmen oft satzweise oder auch satzintern vornimmt, so dass deren Äußerungen nicht auf individuelle Figuren zurückführbar sind. Der Ausgangspunkt des Textes *Nach Nora* ist der Einsturz eines neunstöckigen Gebäudes mit fünf Textilfabriken in Dakha/Bangladesh im April 2013, bei dem mehr als 2.000 Menschen verletzt und 1.100 getötet wurden. Elfriede Jelinek hat auf ihrer Website dazu ein Foto von der Katastrophe in den Text montiert, auf das sie auch im Text Bezug nimmt. Der Meta-Kommentar in *Nach Nora* lautet dementsprechend: „Es lauert ständig hinter mir, ein unbewegliches Bild."[19]

Nach einer Art Prolog durch eine Erzählinstanz, in der sich ein schreibendes Ich an das imaginäre Gegenüber einer Modekonsumentin wendet, folgen Äußerungen von Seiten des für die Katastrophe verantwortlichen Konzerns:

> Nein. Wir haben dort nicht produzieren lassen. Wir versuchen seit Jahren, die Bedingungen zu verbessern, stattdessen will man uns Bedingungen stellen! Wir sind der falsche Ort für Bedingungen. Die schaffen wir woanders, immer woanders. An einem anderen, unsichtbaren Ort. Aber geschaffen werden sie. Von uns, die wir selber keine gerade Naht zustande brächten. Allein bei Bränden etwa 700 Menschen bisher gestorben. Aber was sollen wir machen? Wir machen Kleider! Das ist unsere Aufgabe. Ich sage jetzt nichts von Aufgeben, das habe ich schon gesagt. Bleibt die Frage übrig: Was sollen wir tragen? Wir können nichts tragen als unser Los, das nie gewinnt, und unsere Kleider. Es bleibt uns nichts andres übrig […] Wir lassen unsere Betriebe überprüfen, und sind einmal die Feuerlöscher nicht zugänglich, dann sehen wir das nicht. Wir sehen nicht ein, wieso wir uns darum kümmern müssen. Die Fabrik gehört uns ja nicht! Wir produzieren trotzdem weiter. Immer weiter, was auch passiert.[20]

Der Text wirkt, als würde nur eine Hälfte eines Interviews wiedergegeben, die Fragen des Interviewers sind ausgeblendet. Die Sätze werden durch Wortspiele, Verschiebungen, Verdrehungen und Wiederholungen auf ihre menschenverachtenden Kernaussagen zugespitzt. Der Fokus auf die Argumentationslinie des

---

[19] Elfriede Jelinek: Nach Nora (2013) http://www.elfriedejelinek.com/ (letzter Zugriff: 10. Mai 2017).
[20] Jelinek: Nach Nora.

Vorstands entlarvt seine Antworten als Defensivrede, in der ein erschreckender Einblick in die inhumane systeminterne Logik des globalen Turbokapitalismus gegeben wird. Die menschliche Katastrophe des aus Fahrlässigkeit verschuldeten Massensterbens der Arbeiterinnen rückt dabei in den Hintergrund; die Verantwortung bzw. Schuld wird sofort an die Konsumentenseite abgeschoben; kritischen Interviewfragen wird mit simplifizierenden Ausreden und Scheinerklärungen begegnet. Ein Teil des Textes sind Appelle sowohl an die Konsumentinnen und Konsumenten als auch an den Konzern, doch werden diese Sätze von der Suada des Konzernvertreters überlagert und im Keim erstickt.

Tatsächlich kommt Nora im gesamten Text nur im Titel vor und ist weder als Figur noch als Stimme präsent. Ihre Stimme scheint in der Sprache der Medien, deren Versatzstücke hier dicht miteinander verwoben sind, völlig untergegangen zu sein. Nora ist eine Leerstelle geworden, eine leere Fläche, die als Projektionsfläche dienen kann. Bezieht man die Leerstelle von Nora in *Nach Nora* auf die Figur am Ende von Jelineks *Was geschah...*, auf die in mehrerer Hinsicht gefallene Nora im kleinbürgerlichen Heim der Helmers, so könnte man sie zwar nicht als Geschäftsinhaberin imaginieren, da kleine Läden gegenüber den internationalen Ketten keine Überlebenschance haben. Vielleicht ist sie als Geschäftsführerin einer H&M-Filiale vorstellbar bzw. als jene modebewusste und völlig empathielose Konsumentin, die im Text angesprochen wird. Bezieht man Nora hingegen auf den Ursprungstext von Ibsen, so ist Nora als eine der Arbeiterinnen vorstellbar, denen sie sich nach ihrem Weggang von Torvald angeschlossen haben könnte. Vollends hinter die Produkte zurückgetreten, sind sie weder physisch als handelnde Subjekte noch als Objekte im gesellschaftspolitischen Diskurs präsent.

In beiden Fällen ist Noras Verstummen nur konsequent: zum einen, weil auf Konsumentenseite die Produktionsbedingungen des globalisierten Marktes nicht weiter reflektiert werden, zum anderen, weil die unter schlechtesten Bedingungen arbeitenden Arbeitskräfte keine Stimme haben – als hätte es seit Ibsens Zeit keine Arbeiterbewegung gegeben. Der Produktionskreislauf ist durch die globale Auslagerung an einen für die Konsumentinnen und Konsumenten unsichtbaren Ort tatsächlich ein Phänomen fortgeschrittener Entfremdung.

3 Kapitalismus/Feminismus: Verschränkung und Verschiebung von Diskurspositionen

Alle drei Nora-Texte markieren Diskurspositionen aus dem Bereich der Kapitalismuskritik und des Feminismus, wobei eine allmähliche Verschiebung der thematischen Gewichtung der beiden Diskurse zu verzeichnen ist.

Ibsen formt den ökonomischen Diskurs differenziert aus, indem er Macht, Moral und soziale Gesinnung miteinander verschränkt und zugleich gegeneinander ausspielt. Während er aus diesem Themenkomplex die feministische Problematik herausschält und darauf aufmerksam macht, dass in der patriarchalkapitalistischen Gesellschaft kein Platz für unabhängige Frauen ist, zeigt Jelinek in *Was geschah...* die Verdrängung des solidarischen Feminismus durch den Kapitalismus, da die soziale Unabhängigkeit der Frau gemäß dem in den 1970er Jahren virulenten marxistischen Feminismus nur als ökonomische gedacht werden kann, diese jedoch im patriarchalen Kapitalismus nicht herzustellen ist. Die bestehenden Geschlechterverhältnisse werden als konstitutiv für den Kapitalismus betrachtet.

Mag die Hierarchisierung der kapitalistischen Gesellschaft in Fragen der Macht nach Gendergrenzen verlaufen, unter den unter finanzieller Not und damit einhergehender sozialer Abhängigkeit leidenden Frauen ist bezüglich ökonomischer Fragestellungen die Kategorie ‚Besitz' dominanter als ‚Gender': Für die Arbeiterinnen ist Noras Feminismus eine bürgerliche Wohlstands- und Elite-Angelegenheit, sie würden den täglichen Kampf ums Überleben durch Arbeit lieber gegen die konventionelle kleinbürgerliche Frauenrolle tauschen. Dieses Verhalten der Arbeiterinnen illustriert Jelineks Zweifel an der Möglichkeit transsozialer weiblicher Solidarität.[21] „Der Pseudo-Feminismus der Nora-Figur bricht bereits hier zusammen."[22] Auch wenn Noras Weg bis hierher – ihr Aufbruch aus der Familie, aus dem Puppenheim, in die Fabrik – von der utopischen Vorstellung der Existenzberechtigung einer selbstbestimmten, gleichberechtigten Frau geleitet ist, so wird diese im Versuch des sozialen (Wieder-)Aufstiegs, der sie der Solidarisierungsmöglichkeit vollends beraubt, zur Tauschware männlicher Machenschaften und Spekulationen. Nora wird dementsprechend auch „als Ironisierung der klassischen, sozialistischen Heldin der Arbeit [betrachtet], da sie sich im Endeffekt als Komplizin der klischeehaft gezeichneten Industriebosse erweist"[23] und dem patriarchalen Machterhalt dient.

Während in *Was geschah...* im Kampf ums ökonomische Überleben die Kategorie Gender irrelevant wird und gleichgeschlechtliche Solidarität nicht existiert, erscheint in *Nach Nora* der Überlebenskampf als Thema völlig ausgeblendet,

---

21 Vgl. Elfriede Jelinek in einem Interview zitiert nach Jürgen Serke: Elfriede Jelinek. Wenn der Mensch im Typischen verschwindet. In: ders. (Hg.): Frauen schreiben. Ein neues Kapitel deutschsprachiger Literatur. Hamburg 1979, S. 297.
22 Janz, S. 34.
23 Elfriede Jelinek Forschungszentrum: Ökonomie und Kunst. Forschungslage. http://www.elfriede-jelinek-forschungszentrum.com/wissenschaftsportale/oekonomie-gender/oekonomie-und-kunst/forschungslage/ (letzter Zugriff: 10. Mai 2017).

weil alles aus der Perspektive der Kaufkraft und der Besitzenden betrachtet wird und soziale wie Genderfragen obsolet erscheinen. Die Arbeiterschaft wird nur ex negativo über den Ausfall der Arbeitskraft durch die Katastrophe thematisiert.

In *Nach Nora* ist alles vom globalen Turbokapitalismus bestimmt, dessen einziges Gebot Effizienzsteigerung lautet und universalistisch wirksam ist. Das Gros der Gesellschaft umfasst Arbeits- und Erwerbskräfte, aus denen eine kleine Besitzer-Elite maximal Profit schlägt. „Die Literatur muß dem Rechnung tragen, dass der Individualismus nicht mehr möglich ist",[24] meinte Jelinek bereits 1987 in einem Interview mit Donna Hoffmeister. Demgemäß sind es 25 Jahre später nicht mehr Individuen, die zu Wort kommen, sondern Versatzstücke aus der anonym wirkenden öffentlichen Rede, die von ökonomischen Zielen beseelt und von Werbestrategien geprägt ist. Es ist die konsequente Fortführung aus der bereits in *Was geschah...* demonstrierten Tendenz, dass die Drahtzieher*innen und Profiteur*innen hinter ihren Machenschaften, Banken und Firmennamen verschwinden und sich Nora mit einer scheinbar unsichtbaren und deshalb un(an)greifbaren Macht konfrontiert sieht. Mindestlöhne und Absatzsteigerung – alles dreht sich in *Nach Nora* um Gewinnmaximierung auf Kosten der Arbeitskraft, die Jelinek an dem konkreten Beispiel der Arbeiterinnen aus der Zweiten und Dritten Welt und den modebewussten Konsumentinnen aus der Ersten Welt nicht zufällig weiblich konnotiert. Beide sind stumm bzw. ohne Möglichkeit des individuellen sprachlichen Ausdrucks – die Arbeiterinnen, weil sie weder Stimme noch mediale Öffentlichkeit haben; die Konsumentinnen, weil ihre Vorstellungskraft über die Grenzen des kapitalistischen Universalismus nicht hinausreicht. Auch hier ist die weibliche Komponente als Komplizenschaft mit den Mächtigen statt als Solidarität mit den Schwachen gekennzeichnet. So betrachtet, zeigen die drei Nora-Texte in Summe die Stationen eines negativen Entwicklungsromans bzw. die gegenläufige Entwicklung von wachsenden globalen ökonomischen ‚Errungenschaften' und schrumpfender sozialer Gerechtigkeit. Konkrete Männerfiguren scheinen in diesem endlosen, sich selbst konsumierenden Kreislauf des Produzierens und Konsumierens, des Gebens und Nehmens zwar nicht auf, durch die Interviewantworten des Konzernmanagers wird das turbokapitalistische Machtzentrum jedoch eindeutig als männlich markiert. Während Frauen als stumme Elemente des Produktions-Konsumationskreislaufs fungieren, haben Männer ‚das Sagen'. Die Aufteilung der genderspezifischen Rollen im Produktions-Konsumations-Kreislauf erscheint als Universalismus ebenso unhinterfragt wie die brutale Ausbeutung der Arbeiterinnen. Damit moniert Jelinek den Rückschritt der Pro-

---

[24] Donna Hoffmeister: Access Routes into Postmodernism: Interviews with Innerhofer, Jelinek, Rosei, and Wolfgruber. In: Modern Austrian Literature 20 (1987), H. 2, S. 97–130.

duktionsverhältnisse, der hinter die Asymmetrien frühkapitalistischer Bedingungen zurückfällt.

Das Verhältnis der Diskurse von Kapitalismus und Feminismus verwandelt sich in den drei Nora-Stücken von einer Verflechtung der beiden zur Überlagerung des Feminismus durch den Kapitalismus bis hin zur völligen Ausblendung sozialpolitischer Fragen durch turbokapitalistische Prinzipien.

4 Literarische Verfahren

4.1 Parasitäres Schreiben

An den drei Theatertexten lässt sich nicht nur die literarische Zuspitzung des kapitalistischen Diskurses und seiner Verschränkung mit dem feministischen Diskurs ablesen, sondern auch die Entwicklung der dramatischen Mittel aufzeigen, die vom klassischen Illusionsdrama des 19. Jahrhunderts über ein Collagestück bis zum sogenannten parasitären Theatertext reichen. Ein Parasitärdrama, so Jelinek in dem gleichnamigen poetologischen Text aus dem Jahr 2011, speise sich aus aktuellen außerliterarischen Ereignissen und montiere diesbezügliche mediale Äußerungen so, dass „der blinde Fleck in der Mitte"[25] zum Vorschein komme. Im Gegensatz zur naturalistischen Manier eines Ibsen will Jelinek nicht die Wirklichkeit, sondern die „Sprache selbst zum Sprechen bringen", und formuliert den Wirklichkeitsbezug ihrer Theaterstücke erstaunlich direkt: „Man kann nichts erfinden, wenn man findet, daß alles schon da ist und vorhanden. [...] [D]ie Wirklichkeit ist ja trotzdem immer noch die Vorgesetzte der Autorin, sogar wenn die sie kaum je zu sehen kriegt. Und umgekehrt wird die Wirklichkeit zu sich selbst gebracht, indem sie frißt, was die Autorin ihr vorsetzt."[26] Im Übrigen nimmt auch bei Ibsen die Geschichte von Nora ihren Ausgang an einem realen Vorbild: dem Schicksal der norwegisch-dänischen Schriftstellerin Laura Kieler.[27]

4.2 Intertexte

Dass die starken intertextuellen Bezüge kein Novum des 20. Jahrhunderts sind, ist weithin bekannt: Ibsens Nora verdankt sich u. a. der Lektüre von John Stuart Mills

---

25 Elfriede Jelinek: Das Parasitärdrama (2011). http://www.elfriedejelinek.com/fparasitaer.htm (letzter Zugriff: 10. Mai 2017).
26 Jelinek: Das Parasitärdrama.
27 Vgl. Georg Brandes: Das Ibsen-Buch. Dresden 1923, S. 204 f.

The Subjection of Women (1869).[28] Die unterschiedlichen Standpunkte des historischen feministischen Diskurses und der Kapitalismus- und Gesellschaftskritik sind zwar deutlich erkennbar, doch allfällige intertextuelle Bezüge sind bis zur Unkenntlichkeit in den Ibsen'schen Text integriert.

Im Gegensatz dazu macht Jelinek in *Was geschah...* offensiv auf die intertextuellen Bezüge aufmerksam. Die Marker reichen dabei vom Titel über die Figurenrede bis hin zur letzten Szene. So lauten Noras erste Worte etwa: „Ich bin keine Frau, die von ihrem Mann verlassen wurde, sondern eine, die selbsttätig verließ, was seltener ist. Ich bin Nora aus dem gleichnamigen Stück von Ibsen. Im Augenblick flüchte ich aus einer verwirrten Gemütslage in einen Beruf."[29] Dass Ibsens Nora seit der ersten Aufführung des Stücks zur sprichwörtlichen Repräsentantin der feministischen Frau avanciert ist, beweist die erste Begegnung mit Weygang:

Weygang:	Wie heißt du?
Nora:	Nora.
Weygang:	Wie die Hauptfigur des Theaterstücks von Ibsen? [...] Sie sind keine gewöhnliche Arbeiterin. Sie sind etwas ganz andres.[30]

Neben Ibsens beiden Dramen sind es vor allem Versatzstücke aus der marxistisch-feministischen und radikal linken Ideologie, die in den Auseinandersetzungen zwischen der für Arbeits- und Frauenrechte eintretenden Eva und der radikalfeministischen und anarchistischen Nora zur Sprache kommen. Zudem legt Jelinek in ihrem Theateressay „Ich schlage sozusagen mit der Axt drein" auch „Unternehmer- und Anlageberater-Zeitschriften" als Quellen offen.[31]

Auch in *Nach Nora* gibt Jelinek den bedeutendsten Prätext preis und nennt das Quellenmaterial der Montage, in Anspielung auf den ökonomischen Kontext „Teilhaber" genannt, konkret beim Namen: „Der Spiegel (Interview mit H&M-Vorstandschef und -Miteigentümer Karl-Johan Persson)"[32].

Die dramatischen Grundingredienzien der Intertextualität scheinen zwar über die Jahrhunderte hinweg gleich geblieben zu sein – Ibsens textamalgamierendes Illusionsstück wirkt heutzutage, da die feministischen Inhalte nicht mehr

---

28 Vgl. Brandes, S. 115; vgl. Bjørn Hemmer: Ibsen. Handbuch. Autorisierte Übersetzung aus dem Norwegischen von Sylvia Kall. München 2009, S. 253.
29 Jelinek: Was geschah, S. 9.
30 Jelinek: Was geschah, S. 25.
31 Vgl. Jelinek: Ich schlage sozusagen mit der Axt drein, S. 14.
32 Jelinek: Nach Nora.

neu sind und deshalb nicht mehr so radikal wie zu seiner Entstehungszeit,[33] jedoch weit weniger verstörend als Jelineks analytisches Verfahren.

4.3 Charaktere – Prototypen – Diskurspositionen

Während Ibsen seine Figuren als in ihrer Differenziertheit und Ambivalenz realistisch wirkende, psychologisierte individuelle Charaktere darstellt, sind Jelineks Figuren in *Was geschah*... „Typen, Bedeutungsträger", die sie „im Sinn des Brechtschen Lehrstücks" versteht.[34] Sie betrachtet ihre Figuren als „Werkzeuge", mit denen sie eine Aussage machen will, denn sie „glaub[t] an das Theater als ein politisches Medium".[35] Aus späteren Interviews wissen wir, dass Jelinek zehn Jahre später diesen Glauben verloren haben wird und durch die Krise der Linken exemplarische Darstellungen nicht mehr als implizite Aufforderungen, über mögliche Lösungen nachzudenken, verstanden werden.

In *Nach Nora* sehen wir ein literarisches Verfahren umgesetzt, das Jelinek bereits in dem oben erwähnten Essay von 1984 formulierte und das darin besteht, „die Sprache zum Sprechen zu bringen, durch Montage von Sätzen, die verschiedene Sprachen miteinander konfrontiert"[36]. Sind es in *Was geschah*... noch Prototypen, deren Rede sich aus sprachlichen *ready mades* zusammensetzt, welche die Position der jeweiligen Sprachträgerinnen und Sprachträger innerhalb der jeweils thematisierten Diskurse auch verkörpern,[37] so haben sich die Diskurse und Positionen in *Nach Nora* bereits von jeglicher Individualität bzw. individuellen Körperlichkeit losgelöst. Sie kommen zur Sprache, ohne an einen individuellen (Sprach-)Körper eines Schauspielers oder einer Schauspielerin gebunden zu sein.[38] Vielmehr scheint die Individualität des Denkens und Sprechens durch völlige Inkorporation der Diskursformationen ausgelöscht zu sein. Die Diskurse scheinen sich selbst zu sprechen.

---

33 Wie tabubrechend das Drama wirkte, beweist die Tatsache, dass Ibsen zur deutschsprachigen Erstaufführung in Flensburg 1880 dazu gedrängt wurde, das Drama mit einem versöhnlichen Schluss zu versehen. Vgl. Henrik Ibsen: Sämtliche Werke in deutscher Sprache. Durchgesehen und eingeleitet von Georg Brandes, Julius Elia und Paul Schlenther. Bd. 10: Briefe. Hg. v. Julius Elias und Halvdan Koht. Berlin 1904, S. 281–283.
34 Jelinek: Ich schlage sozusagen mit der Axt drein, S. 14.
35 Jelinek: Ich schlage sozusagen mit der Axt drein, S. 15.
36 Jelinek: Ich schlage sozusagen mit der Axt drein, S. 15.
37 Vgl. Janz, S. 37; zum Phänomen der Prosopopoiia vgl. Annuß: Theater des Nachlebens, S. 23.
38 Zur Körperlichkeit in Jelineks *Was geschah*... vgl. Bock 2011, S. 349–358.

Nicht mehr abgrenzbare eigenständige Stimmen im Sinne einer Bachtin'schen Polyphonie sind hier zu vernehmen; die verschränkende Montage diskursiver Versatzstücke und Positionen ergibt eine von Kontingenz gekennzeichnete Rede, die in scheinbar zufälligen assoziativen Sprüngen über lautliche Ähnlichkeiten, Polysemantik oder Versprecher semantische Wechsel vollzieht. Damit wird die Verknüpfung der unterschiedlichen Positionen im Text markiert, die alle dem Bedeutungsraum ein- und desselben Diskurses angehören und dadurch – systemintern – einander auch bedingen. Ohne auf die Bedingtheit der Positionen genauer einzugehen, suggeriert Jelinek damit die Komplizenschaft zwischen Tätern und Opfern, deren jeweilige Positionen solange sakrosankt erscheinen, solange Kapital und Macht untrennbar miteinander verknüpft sind. In *Nach Nora* kommt nur zu Wort, wer eine Stimme hat, d. i. wer durch Macht medial präsent ist – handelt es sich zum Großteil doch um eine Montage von medialen Äußerungen realer Personen. Doch anders als in anderen Textflächen, in denen die Versatzstücke unterschiedlicher Diskurse in ihrer Widersprüchlichkeit nebeneinander stehen, sind hier – abgesehen von der anfangs vernehmbaren Erzählerstimme – alle Stimmen von einem einzigen Diskurs überformt: Die Stimme der Konsumentin, des Managers und des Interviewers bzw. der Interviewerin – sie alle lösen sich in dem alles durchdringenden, universalistisch wirksamen turbokapitalistischen Diskurs auf, der sich hier selbst spricht.

5 Zuspitzungen

Die Gegenüberstellung der drei *Nora*-Texte zeigt nicht nur drei Varianten eines literarischen Stoffes, in denen versucht wird, Noras Geschichte unter den Vorzeichen der jeweiligen Entstehungszeit der Texte zu adaptieren und damit Gesellschaftskritik zu üben. Sie verdeutlicht auch die Art und Weise gesellschaftskritischer Zuspitzung des Stoffes durch ästhetische Verfahren, die von Noras Sprachfindung ausgeht und ihr Verstummen darstellt, damit einhergehend Noras Verschwinden thematisiert. Sprachliche Äußerungen individueller Stimmen bei Ibsen werden bei Jelinek von der auf mehrere Figuren verteilten Wiedergabe von Versatzstücken ideologischer Diskurse abgelöst (*Was geschah...*), bis sich auch diese einzelnen Diskurspositionen auflösen und vom turbokapitalistischen Universalismus verschluckt werden (*Nach Nora*).

Henrik Ibsen macht auf die Frauen als soziale Hoffnungsträgerinnen aufmerksam, welche imstande sind, die Modernisierung der sich im Übergang befindlichen Gesellschaft Ende des 19. Jahrhunderts zu beschleunigen. Während er noch an die verändernde Kraft des individuellen Willens und emanzipatorischen Gedankenguts glaubt, thematisiert Elfriede Jelinek in *Was geschah...* das Scheitern der Utopie weiblicher Selbstermächtigung: Die Einzelne geht unter, die kapitalistische Ordnung bleibt. Schließlich kommt es in *Nach Nora* zur völligen Vereinnahmung Einzelner durch den Turbokapitalismus, was einer Dehumanisierung gleichkommt.

Elfriede Jelinek formuliert die universalistische Rede in *Nach Nora* jedoch so, dass die Aufmerksamkeit auf die zum Verstummen gebrachten Positionen gelenkt wird. Damit kann der Text als Aufforderung gelesen werden, dieses Schweigen aufzubrechen und die Stimme zu erheben. Genau das aber ist der Grund, warum es in der Inszenierung von *Nora*³ problematisch ist, den Text von *Nach Nora* der Figur Nora in den Mund zu legen. In *Nach Nora* hat Nora keine Stimme mehr.

Literaturverzeichnis

Annuß, Evelyn: Elfriede Jelinek – Theater des Nachlebens. München 2005.
Bock, Ursula: Die Frau hinter dem Spiegel. Weiblichkeitsbilder im deutschsprachigen Drama der Moderne. Berlin 2011, S. 323–358.
Brandes, Georg: Das Ibsen-Buch. Dresden 1923.
Caduff, Corina: Ich gedeihe inmitten von Seuchen. Elfriede Jelinek – Theatertexte. Bern 1991.
Elfriede Jelinek Forschungszentrum: Ökonomie und Kunst. Forschungslage.
   http://www.elfriede-jelinek-forschungszentrum.com/wissenschaftsportale/oekonomie-gender/oekonomie-und-kunst/forschungslage/ (letzter Zugriff: 10. Mai 2017).
Fiddler, Allyson: Jelinek's Ibsen. 'Noras' Past and Present. In: Ritchie Robertson und Edward Timms (Hg.): Theatre and Performance in Austria. From Mozart to Jelinek. Edinburgh 1993, S. 126–138.
Kiebuzinska, Christine: Elfriede Jelinek's Nora Project: Or What Happens When Nora Meets the Capitalists. In: Modern Drama 41 (1998), H. 1, S. 134–145.
Komar, Kathleen L.: Women, Socialization, and Power: *Die Liebhaberinnen* [*Women as Lovers*] and *Was geschah, nachdem Nora ihren Mann verlassen hatte oder die Stützen der Gesellschaften* [*What Happened to Nora After She Left Her Husband or Pillars of Society*]. In: Matthias Piccolruaz Konzett und Margarete Lamb-Faffelberger (Hg.): Elfriede Jelinek: Writing Woman, Nation, and Identity. A Critical Anthology. Madison, NJ 2007, S. 96–114.
Hemmer, Bjørn: Ibsen. Handbuch. Autorisierte Übersetzung aus dem Norwegischen von Sylvia Kall. München 2009.
Hoffmeister, Donna: Access Routes into Postmodernism: Interviews with Innerhofer, Jelinek, Rosei, and Wolfgruber. In: Modern Austrian Literature 20 (1987), H. 2, S. 97–130.
Ibsen, Henrik: Nora (Ein Puppenheim). Schauspiel in drei Akten [1879]. Aus dem Norwegischen übertragen von Richard Linder. Nachbemerkung von Aldo Keel. Stuttgart 1988.
Ibsen, Henrik: Sämtliche Werke in deutscher Sprache. Durchgesehen und eingeleitet von Georg Brandes, Julius Elia, Paul Schlenther. Bd. 10: Briefe. Hg. v. Julius Elias und Halvdan Koht. Berlin 1904.
Janz, Marlies: Elfriede Jelinek. Stuttgart 1995.
Jelinek, Elfriede: Was geschah, nachdem Nora ihren Mann verlassen hatte oder die Stützen der Gesellschaften [1979]. In: dies.: Theaterstücke. Was geschah, nachdem Nora ihren Mann

verlassen hatte oder die Stützen der Gesellschaften / Clara S. musikalische Tragödie / Burgtheater/ Krankheit oder Moderne Frauen. Hg. v. Ute Nyssen. Reinbek bei Hamburg 1992, S. 7–78.

Jelinek, Elfriede: Ich schlage sozusagen mit der Axt drein. In: TheaterZeitSchrift 7 (1984), S. 14–16.

Jelinek, Elfriede: Das Parasitärdrama (2011). http://www.elfriedejelinek.com/fparasitaer.htm (letzter Zugriff: 10. Mai 2017).

Jelinek, Elfriede: Nach Nora (2013). http://www.elfriedejelinek.com/ (letzter Zugriff: 10. Mai 2017).

Mayer, Verena und Koberg, Roland: Elfriede Jelinek. Ein Porträt. Reinbek bei Hamburg 2006.

Obst, Barbara: Konstruktion und Performanz der Geschlechterrolle in „Was geschah, nachdem Nora ihren Mann verlassen hatte oder die Stützen der Gesellschaften". In: Inge Arteel und Heidy Margrit Müller (Hg.): Elfriede Jelinek – Stücke für oder gegen das Theater? Brüssel 2008, S. 225–232.

Polt-Heinzl, Evelyne: Ökonomie. In: Pia Janke (Hg.): Jelinek-Handbuch. Stuttgart/Weimar 2013, S. 262–266.

Polt-Heinzl, Evelyne: Sticheln im Gewebe der Gesellschaft oder Variationen über die Legende von der individuellen Freiheit. Elfriede Jelineks *Nora*-Komplex. In: Silke Felber (Hg.): Kapital Macht Geschlecht. Künstlerische Auseinandersetzungen mit Ökonomie und Gender. Wien 2016, S. 88–97.

Serke, Jürgen: Elfriede Jelinek. Wenn der Mensch im Typischen verschwindet. In: ders. (Hg.): Frauen schreiben. Ein neues Kapitel deutschsprachiger Literatur. Hamburg 1979.

Thürmer-Rohr, Christina: Vagabundinnen. Feministische Essays. Berlin 1987.

Silke Felber
Provokationen. Zur Funktion der Klage in Jelineks Tragödienfortschreibungen

1 Einleitung

Man schrieb das Jahr 1995, als die Freiheitliche Partei Österreichs (FPÖ) mit einem mittlerweile häufig zitierten Wahlslogan für Stimmen warb, der an Zynismus kaum zu überbieten war. „Lieben Sie Scholten, Jelinek, Häupl, Peymann, Pasterk..., oder Kunst und Kultur?" war damals auf zahlreichen Plakaten zu lesen. Tatsächlich stellt diese diskreditierende Kampagne lediglich eine von zahlreichen Eisbergspitzen dar, die auf ein politisches Klima der 1980er und 1990er Jahre verweisen, in dem polarisierende AutorInnen wie Elfriede Jelinek als „Feindbildfiguren"[1] Österreichs gehandelt wurden. Entwickeln konnte sich ein solches Klima aufgrund einer spezifischen, von Armin Thurnher für Österreich diagnostizierten „Boulevardhörigkeit der Politik"[2], die sich noch heute zu einem guten Teil an der auflagenstarken *Kronen Zeitung* orientiert – einer Tageszeitung, die seit den 1980er Jahren konsequent und vehement an der Stigmatisierung Jelineks arbeitet und u. a. mit Gedichten aufhorchen ließ, in denen der Name „Jelinek" auf „Dreck" gereimt wurde.[3] 2004 wiederum titelte die steirische Ausgabe des besagten Mediums nach der Zuerkennung des Nobelpreises durch die Stockholmer Jury: „Obersteirerin gewinnt Literaturnobelpreis"[4]. Die Schlagzeile markiert eine Zäsur. Vormals von der österreichischen Medienlandschaft tendenziell als „Nestbeschmutzerin" degradiert, wird die Autorin nun, wie Doron Rabinovici pointiert feststellt, „repatriiert"[5] und gefeiert. Der Vorwurf der Provokation ver-

---

1 Oliver Rathkolb: Die paradoxe Republik. Österreich 1945 bis 2005. Wien 2005, S. 333.
2 Armin Thurnher: Das Trauma, ein Leben: österreichische Einzelheiten. Wien 1999, S. 28. Vgl. dazu auch: Pia Janke: Stigmatisierung und Skandalisierung Elfriede Jelineks in Österreich. https://jelinektabu.univie.ac.at/sanktion/skandalisierung/pia-janke/ (letzter Zugriff: 3. August 2017) (TABU: Bruch. Überschreitungen von Künstlerinnen. Interkulturelles Wissenschaftsportal der Forschungsplattform Elfriede Jelinek).
3 Vgl. Pia Janke: Die Nestbeschmutzerin. Jelinek & Österreich. Salzburg 2002, S. 112.
4 Zum medialen Echo auf die Zuerkennung des Literaturnobelpreises an Jelinek vgl. z. B. Paul Jandl: Sie ist auratisch! In: Neue Zürcher Zeitung, 9.10.2004. https://www.nzz.ch/article9WW9H-1.317965 (letzter Zugriff: 3. August 2017)
5 N.N.: Schriftstellerische Reaktionen: „Super! Unglaublich! Gewaltig!" Der Standard, 8.10.2004. http://derstandard.at/1817581/Schriftstellerische-Reaktionen-Super-Unglaublich-Gewaltig (letzter Zugriff: 3. August 2017).

pufft zusehends, Skandalisierungen bleiben beinahe gänzlich aus.[6] Und doch polarisieren Jelineks Texte – wenn auch subtiler als sie dies in den 1980er und 1990er Jahren taten – nach wie vor, indem sie Uneindeutigkeit provozieren und Verunsicherung stiften.

Vor diesem Hintergrund verwundert es nicht, dass sich die Autorin in ihren Theatertexten seit den späten 1990er Jahren (bzw. seit *Ein Sportstück*, 1999) intensiv an der attischen Tragödie abarbeitet, an einem Genre mithin, das die Aporie als dramaturgischen Motor nutzt und eindeutige Urteile verunmöglicht. Jelineks Arbeiten beziehen sich auf kanonisierte und für die sogenannte „westliche" Welt identitätsstiftende Werke des Aischylos (z. B. *Das Lebewohl* auf die *Orestie*, *Die Schutzbefohlenen* auf die *Hiketiden*), des Sophokles (z. B. *Abraumhalde* auf *Antigone*, *Das schweigende Mädchen* auf *Elektra*) sowie des Euripides (z. B. *Die Kontrakte des Kaufmanns* auf *Die Kinder des Herakles*, *Wut* auf *Der rasende Herakles*) und reichern diese mit anderen intertextuellen Bruchstücken der Hoch- und Trivialkultur an. Jelinek selbst beschreibt dieses Textherstellungsverfahren wie folgt:

> Ich hangle mich an ihnen [den alten Texten, S.F.] entlang, um dann immer wieder (hoffentlich) neue Räume aufzuschließen, mit ihren Schlüsseln. Die Lächerlichkeit, eben das Parodistische, entsteht aus der Fallhöhe zu den großen Texten, die ich natürlich verstärke oder überhaupt erst herstelle.[7]

In diesem Prozess fungiert die Tragödie stets – so die Prämisse – als elementarer Hypertext, vor dessen Hintergrund Machtverhältnisse dekonstruiert, Identitätskonstrukte befragt und eindeutige Opfer-Täter-Konstellationen in Frage gestellt werden. Bemerkenswert erscheint in dem Kontext die von der Forschung bislang unzureichend behandelte Tatsache, dass Jelineks Theatertexte nicht nur eine „Mythendekonstruktion"[8] betreiben, sondern auch auf die *theatrale* Diskursform der Tragödie und ihre strukturellen Bauteile wie Botenbericht, Stichomythie und Figurationen des Chorischen rekurrieren. Dieses Desiderat will der vorliegende Beitrag beseitigen. Er befragt die Funktion der Klage in Jelineks Tragödienfortschreibungen und untersucht hierfür exemplarisch die *Agamemnon*-Revision *Ein Sturz*.

---

6 Vgl. Pia Janke: Literaturnobelpreis Elfriede Jelinek. Wien 2005.
7 Rita Thiele: Glücklich ist, wer vergisst? Eine E-Mail-Korrespondenz zwischen Elfriede Jelinek und Rita Thiele. In: Programmheft zu Elfriede Jelineks Das Werk / Im Bus / Ein Sturz. Schauspiel. Köln 2010, o. S.
8 Uta Degner: Mythendekonstruktion. In: Pia Janke (Hg.): Jelinek-Handbuch. Stuttgart/Weimar 2013, S. 41–46.

2 Verdrängte Stimmen

Wovon sprechen wir, wenn wir von der attischen Tragödie sprechen? Wir sprechen von einer Gattung, die sich ausgerechnet zu jener Zeit herausbildet, in der die Demokratie dabei ist, Gestalt anzunehmen. Die Tragödie reflektiert, bestärkt und hinterfragt diese politische Entwicklung – und zwar nicht nur textimmanent (man denke etwa an die Installation des Areopags in der *Orestie* des Aischylos), sondern auch hinsichtlich der eigenen Aufführungs- und Rezeptionsbedingungen. So wissen wir, dass bei den dionysischen Spielen ausschließlich autochthone, männliche Bürger in den Produktionsprozess eingebunden waren bzw. dass die weiblichen Rollen – von denen es in den antiken Texten bekanntlich viele und vor allem äußerst charakterstarke gibt[9] – von Männern gemimt wurden.[10] Auch aus dem Zuschauerbereich wurden Frauen und Sklaven verdrängt – die Forschung spekuliert nach wie vor darüber, ob ihnen die Teilnahme an den agonalen Veranstaltungen völlig verwehrt wurde, oder ob sie zumindest peripher, jedoch akustisch äußerst eingeschränkt, am Geschehen partizipieren konnten.[11] Die Tragödie und die damit in Verbindung stehenden Strukturen spiegeln somit das paradoxe Zusammenwirken von Ein- und Ausschlüssen wider, auf denen sich die Demokratie genuin gründet.[12] Bedenkt man vor diesem Hintergrund, dass Elfriede Jelinek, wie sie selbst behauptet, den Anspruch hegt, „für diejenigen zu sprechen, für die kein anderer spricht"[13], so verlangt ihre Bezugnahme auf die attische Tragödie nach einer sorgfältigen Analyse.

Zu fragen wäre, wie die von ihr herangezogenen Prätexte selbst diese angesprochenen Ausschlüsse transparent machen. In Bezug auf die Verdrängung der Frau aus dem öffentlichen Raum lässt sich dies am Phänomen der weiblichen Klage zeigen, das in der Tragödie als Überbleibsel einer vergangenen Zeit figuriert

---

9 Mark Griffith hat herausgearbeitet, dass mehr als ein Drittel aller sprechenden Rollen in der attischen Tragödie (Chor inklusive) weiblich sind und in bestimmten Dramen mehr als die Hälfte des Textes von weiblichen Figuren gesprochen wird. Vgl. Mark Griffith: Antigone and her sister(s): Embodying Women in Greek tragedy. In: André Lardinois und Laura McClure (Hg.): Women's Voices in Greek Literature and Society. Princeton 2001, S. 117–137, hier S. 117.
10 Vgl. Sue-Ellen Case: Classic Drag: The Greek Creation of Female Parts. In: Theatre Journal 37 (1985), H. 3, S. 317–327.
11 Vgl. z.B. David Roselli: Theater of the People: Spectators and Society in Ancient Athens. Austin 2011, S. 158–194.
12 Vgl. Chantal Mouffe: Das demokratische Prinzip. Aus dem Englischen übersetzt von Oliver Marchart. Wien 2010, S. 19–32.
13 Elfriede Jelinek: Stellungnahme zur Asyl- und Aufenthaltsgesetzgebung in Österreich. In: Broschüre zum Trauermarsch zum Asyl- und Aufenthaltsgesetz. Wien 1994, o. S.

– als Relikt einer archaischen Periode vor der Institutionalisierung der Demokratie, als der Frau in ihrer klagenden Funktion noch eine wesentliche Rolle im öffentlichen Leben zukam. Tatsächlich wurde diese weibliche kulturelle Praxis empfindlich durch die Reform des Solon eingeschränkt – d. h. paradoxerweise durch jene Reform, die als Grundstein der Demokratie betrachtet werden kann. War Hektors Leiche in der *Ilias* des Homer noch erst nach neun Tagen öffentlicher Trauer verbrannt worden, so reduzierte Solon die Prozedur der *prothesis*, der Aufbahrung eines Verstorbenen, auf einen Tag und legte fest, dass die *ekphora*, d. h. der Trauerzug, der den Verstorbenen zur Beisetzung geleitete, im Stillen stattzufinden hatte. Die den Frauen vorbehaltenen Trauerrituale, die aus Gesängen und (Selbst-)Verletzungen bestanden, wurden völlig verboten.[14] Die Konsequenzen, die sich aus dieser Restriktion ergaben, beschreibt die Altphilologin Helene Foley wie folgt: „The naturalizing of lament obliterated the structured and highly social nature of lament, which provided a forum both for the woman lamenter to cry out against her socially designated status, and for the airing of social grievances."[15] In der Tragödie wiederum nehmen diese Praktiken nach wie vor eine wesentliche Stellung ein – hier begegnen uns etliche klagende Frauen, die Kinder, Gemahle oder Brüder betrauern und in weiterer Folge ihr Umfeld mobilisieren und Rache schwören bzw. üben – sei es in Form von Mord oder, wie etwa im Falle der *Antigone* des Sophokles, durch Selbstmord. Die Texte verweisen dadurch demonstrativ auf das Gefahrenpotential, das von der weiblichen Totenklage ausgeht und das diese in demokratischen Gesellschaften als verbannungswürdig erscheinen lässt. So lassen sich die Funktionen, die dieser rituellen Form zukommen, mit Foley folgendermaßen benennen:

> [L]amentation traditionally allows mourners and, above all, women to organize their expression of grief, to generate anger, to diffuse a sense of helplessness at catastrophic loss, to preserve past memories, and to communicate with the dead.[16]

Wenn Foley in diesen Zeilen die Kulturpraxis der weiblichen Klage skizziert, so lässt sich diese Darstellung genauso gut als Beschreibung von Elfriede Jelineks Autorinnenschaft lesen und eröffnet darüber hinaus Assoziationen zu Jelineks Verdrängung aus dem öffentlichen Leben bzw. zu ihrer Stigmatisierung als „Nestbeschmutzerin". Ausgehend von dieser Beobachtung soll nun ein *close reading* des Theatertexts *Ein Sturz* vorgenommen werden, der an Aischylos'

---

[14] Vgl.: Gail Holst-Warhaft: Dangerous Voices. Women's Laments and Greek Literature. London 1992, S. 98–126.
[15] Helen Foley: Female Acts in Greek Tragedy. Princeton 2001, S. 22.
[16] Foley, S. 29.

Agamemnon andockt – d.h. an eine Tragödie, die im Wesentlichen um die Provokationskraft der weiblichen Klage kreist.

3 Hybris

Jelinek verfasste den Theatertext *Ein Sturz* als Antwort auf den Einsturz des Historischen Archivs der Stadt Köln, zu dem es im März 2009 gekommen war – und zwar im Zusammenhang mit dem Ausbau der Kölner Nord-Süd-Stadtbahn. Zum Zeitpunkt des Archiveinsturzes befand sich die Baugrube der zu errichtenden Gleiswechselanlage Waidmarkt unmittelbar vor dem Archiv-Gebäude und wurde durch Schlitzwände gegen das Grundwasser abgedichtet. Das nachfließende Wasser wurde kontinuierlich durch Brunnen abgepumpt. Kurz vor dem Eintritt des Unglücks bemerkten Bauarbeiter einen Wassereinbruch und warnten Anrainer*innen, Verkehrsteilnehmer*innen sowie Mitarbeiter*innen und Nutzer*innen des Archivs vor der Gefahr. Die Warnungen erreichten jedoch nicht alle – zwei Männer kamen ums Leben und 36 Menschen verloren ihre Wohnung.[17] Darüber hinaus wurde mit dem Verlust des Historischen Archivs ein Ort des Gedächtnisses ausgelöscht – ein Umstand, der, wie es der Journalist Rainer Nonnenmann pointiert ausdrückte, „dem Brand der antiken Bibliothek von Alexandria"[18] gleichkam. Als Ursache des Einsturzes wurde ein Leck in der Schlitzwand vermutet, durch das ständig Wasser in die Baugrube nachfloss, das wiederum pausenlos abgepumpt wurde. Im Laufe der Untersuchungen zum Einsturz ergaben sich jedoch erhebliche Regelverstöße beim gesamten Bau der Bahn; so wurden beispielsweise unzureichende Kontrollen der Grundwasserförderung, die Errichtung von 19 illegalen Brunnen sowie eine ineffektive Bauaufsicht durch die Kölner Verkehrsbetriebe aufgedeckt.[19]

Elfriede Jelineks Text begegnet Warnung, Vorwurf und Klage, die die Kölner Causa aufruft, indem er intertextuell an den ersten Teil der *Orestie* des Aischylos anknüpft, an *Agamemnon*. Es handelt sich dabei um eine Tragödie, in der die

---

17 Vgl. Inge Schürmann: Von der Bergung zur Ursachenforschung und Beweissicherung. http://www.stadt-koeln.de/politik-und-verwaltung/presse/von-der-bergung-zur-ursachenforschung-und-beweissicherung. (letzter Zugriff: 3. August 2017) (Amt für Presse- und Öffentlichkeitsarbeit, Stadt Köln 23.10.2012).
18 Rainer Nonnenmann: Vom Erdboden verschluckt – Die Musikstadt Köln verliert ihr Historisches Archiv. In: nmz v. 6.3.2009. https://www.nmz.de/online/vom-erdboden-verschluckt-die-musikstadt-koeln-verliert-ihr-historisches-archiv (letzter Zugriff: 3. August 2017).
19 Vgl. Werner Rügemer: Colonia Corrupta. Globalisierung, Privatisierung und Korruption im Schatten des Kölner Klüngels. Münster 2010.

weiblichen Kulturtechniken der Klage und der Mantik sowie die Gefahren, die davon ausgehen, im Vordergrund stehen. Hier sind es Klytaimnestra und Kassandra, die die vernichtende Macht dieser beiden Prinzipien vorführen. Klytaimnestra beklagt, wie wir vom Chor erfahren, ihre Tochter Iphigenie, die von Agamemnon geopfert wurde, um die von Artemis bewirkte Windstille aufzuheben und die Weiterfahrt der Griechenflotte nach Troja zu ermöglichen. Dass die Vorfreude auf Agamemnons siegreiche Rückkehr keine echte Freude ist, sondern vielmehr eine Katastrophe voraussagt, muss dem Athener Publikum einerseits aufgrund des Wissens um Klytaimnestras Trauer, andererseits dank ihrer paradoxen Darstellung durch den Chor als einer Frau mit dem Herzen und den Plänen eines Mannes bewusst gewesen sein.[20] Dieses divergierende Wissen, dem die antike Tragödie ihre Spannung verdankt, kann wiederum als Leitmotiv der Tragödienfortschreibung Elfriede Jelineks bezeichnet werden. Hier kollidiert das Wissen der Zusehenden um die unrevidierbare ‚Katastrophe' in Köln mit Verweisen auf erfolgte Warnungen und auf die Blindheit von verantwortlichen Politiker*innen und Unternehmer*innen:

> Liebe Erde, bleib, wo du bist, bitte, erwachen könnte Leid über Todesopfer sonst! Wenn anschließend, da du gekommen, wohin du nicht solltest, wirkte schlimme Tat, dann werden wir klagen, dann werden wir nicht klagen, denn wir werden keinen Richter brauchen. Erde, halt! Du hättest vorher anrufen können, meinst du nicht? Das wäre das mindeste gewesen, sich vorher zu melden, bevor du kommst und uns gleich mit Ersticken drohst. Das ist nicht in Ordnung. Sollst uns doch leicht sein, Erde, nicht uns begraben, zumindest jetzt noch nicht, nicht uns ersticken, *das ists, was du von einem Weibe, von mir jetzt hörst.*[21]

Der hier kursiv gesetzte Satzteil beendet den ersten Absatz des Theatertexts und zitiert wortwörtlich Oskar Werners Übersetzung von Vers 347 des *Agamemnon*.[22] Aufgerufen ist damit eine Szene, in der „[d]ie spannungsgeladene Atmosphäre von Prolog und Parodos [...] noch verstärkt wird",[23] wie der Altphilologe Bernd Seidensticker angemerkt hat. Der Wunsch der Klytaimnestra, dass es im Zuge der Eroberung Trojas zu keinen frevelhaften Handlungen seitens des griechischen Heeres kommen möge, kann sich schließlich nicht mehr erfüllen, wie das Publikum dank seiner episch-mythologischen Vorbildung weiß. Die Verbrechen der

---

20 Vgl. Aischylos: Agamemnon. Übersetzt von Oskar Werner. In: Aischylos: Orestie. Berlin/New York 2014, S. 5–122, hier S. 9 (Vers 11).
21 Elfriede Jelinek: Ein Sturz. Unveröffentlichtes Bühnenmanuskript. Reinbek bei Hamburg 2010 [im Folgenden abgekürzt mit der Sigle ES], S. 3 ff. Hervorh. S.F.
22 Vgl. Aischylos: Agamemnon, S. 29.
23 Bernd Seidensticker: Vorwort. In: Aischylos: Tragödien. Hg. von Bernd Seidensticker. Stuttgart 2016, S. I-XL, hier S. XXX.

Eroberer gegen die Götter und Menschen der besiegten Erde verlangen nach Rache. Jelinek greift die warnenden Worte der Klytaimnestra auf, paraphrasiert sie und bettet sie ein in den Kontext des Einsturzes des Kölner Archivs. Was hier vorliegt, ist eine Engführung des Hochmuts des griechischen Heerführers mit der Selbstüberschätzung einer rezent zu diagnostizierenden Politik, die im Dienste der Akkumulation agiert. Der Text dekuvriert mithin das Prinzip der Hybris als Bindeglied zwischen der Maßlosigkeit des antiken Menschen und dessen Nachfahren im technischen Zeitalter. So heißt es in Rekursen auf die Verse 339 bis 341, die im Folgenden kursiviert sind:

> Hochtief und andre Baukonzerne mit ihren Geräten, schweren Maschinen, mit denen sie dich im Zaum halten sollten, wer, wenn nicht sie, wer, wenn nicht die arge ARGE, aus deren armierten Schädeln die Kinder springen wie aus des Zeus' Stirne, Subunternehmer sie alle, so viele, Brunnenbauer, Mauerbauer, Erddompteure sie alle, in deinem *bezwungenen Land*, liebe Erde, ein Land, das du ja bist, nahmen diese Götter Sitz, aber sie konnten nicht sitzenbleiben. Sie standen auf und bohrten und pumpten und bohrten und pumpten. Doch wer *über dich siegte*, Erde, *wird selbst stets aufs neue besiegt*. Und da bist du nun! Ist das dein Ernst? So haben sie sich das nicht vorgestellt, denn *nur Gier möge vorher noch fallen aufs Heer, zu schänden Heilges, von der Habsucht übermannt!* (ES, S. 3; Herv. S.F.)

In Anlehnung an Klytaimnestra, die die tragischen Auswirkungen von Hybris und Transgression indirekt prophezeit, warnt Jelineks Tragödienfortschreibung vor den Folgen von profitorientiertem Raubbau an der Natur und verweist gleichzeitig auf das von René Girard konstatierte mimetische Prinzip der Gewalt,[24] das sich in der antiken Tragödie im Gattenmord der Klytaimnestra offenbart, die damit die von Agamemnon vorgenommene Opferung der gemeinsamen Tochter Iphigenie rächt. Wenn Aischylos im Gegenüberstellen der beiden transgressiv agierenden Ehegatten eindeutige Schuldzuschreibungen bzw. Schuldlossagungen boykottiert, so bewirkt Jelinek eine derartige Vereindeutigung anhand der beiden Elemente Erde und Wasser, die von ihr als Geschädigte und als Täter vorgeführt werden:

> Warte gefälligst, Erde! [...] Willst du dir das Wasser vom Leibe halten oder was? Das wär ja, als solltest den Gatten du töten, dein Kind du schlachten, das du so liebst! Was ist hier ohne Schuld? Nichts ist hier ohne Schuld. Das Wasser schon gar nicht." (ES, S. 5)

---

24 Vgl. René Girard: Das Heilige und die Gewalt. Aus dem Französischen v. Elisabeth Mainberger-Ruh. Ostfildern 2012. Girard geht davon aus, dass die Ursache von Gewalt im Nachahmungsverhalten des Menschen zu finden ist.

Die Verbindung der beiden lebenspendenden und gleichzeitig todbringenden Elemente, die in Köln zur Katastrophe geführt hatte, wird hier im Assoziieren des Regentenpaares Agamemnon und Klytaimnestra als verhängnisvolle, schuldbeladene Liaison vorgeführt, als „verderbliche Liebe" (ES, S. 14), wie es im Text heißt. Hierbei entspricht die unstillbare „Gier des Wassers" (ES, S. 10) den profitmaximierenden Bestrebungen des Kölner Klüngels und ruft in dieser Bildhaftigkeit den bereits in anderen Theatertexten Jelineks zitierten Hesiod auf, der in seinem epischen Lehrgedicht *Erga* erstmals auf die Verbindung jener beiden, durch Liquidität charakterisierten, Elemente des Wassers und des Geldes hingewiesen hat.[25] *Ein Sturz* unterstreicht diese Verstrickung durch das wieder und wieder rekurrierende Bewegungsverb des „Pumpens": „Sie haben gepumpt und gepumpt, und auf einmal war die ganze Erde weg, und das ganze Wasser war da. Ein Pauschalarrangement." (ES, S. 11)

Wiederholungen einzelner Begriffe und Satzpartikel finden sich darüber hinaus im gesamten Text und verweisen als solche auf eine typische Eigenart der tragischen Klage. So kehrt auf der ersten Manuskriptseite von *Ein Sturz* an sechs unterschiedlichen Stellen die Phrase „wir kommen" (ES, S. 2) wieder, die auf der darauffolgenden Seite von vier Wiederholungen der Sequenz „sie sind gekommen" (ES, S. 3) abgelöst wird und somit ein weiteres dramaturgisches Charakteristikum der Klage zitiert, nämlich die Gegenüberstellung von Gegenwart und Vergangenheit, die in der Tragödie in Form von „then / now sequence[s]" funktioniert, wie die Altphilologin Ann Suter exemplarisch anhand der *Troerinnen* des Euripides hervorgestrichen hat.[26] Ein drittes paradigmatisches Merkmal der Klage, nämlich die rhetorische Figur der Anadiplose,[27] spricht bereits aus den ersten beiden Sätzen, die da lauten: „Erde, was machst du denn da? Was machst du da für Versuche?" (ES, S. 2)

4 Mantik

Wer aber spricht hier, müssen wir uns, wie stets bei Jelineks Theatertexten, fragen. Und wie immer ist diese Frage nicht eindeutig zu beantworten. Jedoch liefert der Blick auf den herangezogenen Prätext der Tragödie und die darin verhandelte Mantik wertvolle Ansatzpunkte.

---

[25] Vgl. die Verse 618–694 bzw. Hans Blumenberg: Schiffbruch mit Zuschauer. Frankfurt a. M. 2014, S.12.
[26] Ann Suter: Lament in Euripides' Trojan Women. In: Mnemosyne 56 (2003), S. 1–28, hier S. 10.
[27] Vgl. Suter, S. 10.

In der Schlüsselszene des *Agamemnon* stehen sich zwei Parteien gegenüber, die bereits wissen, was sich in naher Zukunft ereignen wird. Zum einen ist dies Kassandra, die von Apollon mit der Seherinnengabe ausgestattet wurde und bereits a priori die zu Tode kommen Werdenden – sie selbst miteingeschlossen – in ihren prophetischen Warnungen beklagt. Kassandra gegenüber steht der Chor, der seit Beginn der Tragödie fürchtet, dass Klytaimnestra Rache nehmen könnte und somit von einer ähnlichen Vorahnung geplagt ist wie die Seherin. Jelineks Tragödienfortschreibung lässt diese beiden Sprechinstanzen aufeinanderprallen, indem sie ein unbestimmtes Wir mit einem ebenso wenig definierten Ich konfrontiert und im Übereinanderschichten unterschiedlicher Tempora ein Sprechen über das Geahnte, das Geschehene und das Ungeschehenmachenwollen vorantreibt. Was hier kollidiert, sind zwei Spielarten der Prophetie, die sich bei Aischylos diametral gegenüberstehen und sich gegenseitig, wie der Philologe Wolfram Ette beobachtet hat, blockieren.[28] So wären zwar alle Voraussetzungen gegeben, um die Katastrophe zu verhindern, doch geschieht nichts dergleichen: Kassandra verfolgt mit ihren Prophezeiungen das Ziel, den Chor dazu zu bewegen, das Vorausgesagte zu verhindern. Der jedoch stellt sich wider besseren Wissens und Gewissens dumm und kapituliert intellektuell und politisch vor den Weissagungen der Seherin. Jelinek zieht diese Beschaffenheit des Chors als Folie heran, vor der sie die Vogel-Strauß-Politik der Kölner Verantwortlichen verhandelt. So heißt es bei ihr: „Wir sehen [...] keine Hindernisse. Wir schauen aber nicht nach. Sicher ist sicher. Sonst sehn wir noch was und müssen bestatten unter Geschrei die Toten des Hauses." (ES, S. 31) Dem gegenüber steht, wie dies bei Aischylos in Person der Kassandra geschieht, eine Aufforderung zum Handeln, die jedoch in sich bereits jenen Fatalismus trägt, durch den der Chor charakterisiert ist, und der daran erinnert, dass auch Kassandra sich schlussendlich ihrem Schicksal ergibt:

> o weh! o weh! Haus, du Haus! Ihr, seine Herrn! Was macht ihr nun? Was macht ihr jetzt? Na, was nun? Was macht ihr gegen das viele Wasser, gegen den Grundbruch, was macht ihr jetzt, da alles gebrochen, die Menschen gebrochen, da alle jammern, leider umsonst? Na ja, wenn du mußt, dann komm halt, Wasser, du machst ohnedies, was du willst [.] (ES, S. 9f.)

Wenn der Text hier den Stillstand aufgreift, der die Kassandraszene der *Agamemnon*-Tragödie prägt, so porträtiert er damit ein Kollektiv an Verantwortlichen, dem durchaus Indizien vorliegen würden, die es ihm ermöglichen, die Zukunft vorherzusehen und dementsprechend zu handeln, um den prophezeiten Schaden

---

28 Vgl. Wolfram Ette: Kritik der Tragödie. Über dramatische Entschleunigung. Weilerswist 2015, S. 104–106.

zu verhindern. Und doch agiert dieses gemäß eines von Ette in Bezug auf *Agamemnon* diagnostizierten teleologischen Prozessmodells: „Was ist, erscheint als Schicksal, als ursprungshaft geprägter ‚Schuldzusammenhang', aus dem niemand herausspringen kann."²⁹ *Ein Sturz* zitiert Sprachmasken einer Gesellschaft, die ihr Vertrauen in die Hände von Geld- und Kreditinstituten legt und – das Grundprinzip der kollektiven Risikoübernahme bemühend – in Assekuranzen einzahlt, um im Versicherungsfall einen Schadenausgleich zu erhalten: „wozu gibt's Versicherungen? Sie versichern uns, daß sie uns versichern werden." (ES, S. 14) Die Kritik an den mantischen Institutionen unserer Zeit, die Jelineks Text übt, entspricht *in nuce* einer grundsätzlichen Kritik am Orakelwesen, das laut Wolfram Ette nicht nur als Leitmotiv der *Orestie*, sondern der antiken Tragödie an sich gelesen werden kann. Im Gegensatz nämlich zur alttestamentarischen Prophetie, die zum Handeln aufruft,³⁰ haben wir es hier stets mit einer deterministischen Zukunftsdeutung zu tun, die sich durch die Überzeugung auszeichnet, dass alles Geschehene und Geschehenwerdende durch Vorbedingungen festgelegt ist. Bei Jelinek klingt dieses Denken wie folgt nach:

> Die Erde wird über der Stadt zusammenschlagen wie ratlose Hände, wie die Hände des vollkommen unberatenen Stadtrats, wurst, es ist eine Stadt, unzweifelhaft eine Stadt, die Türme, also wem gehört die eigentlich? Wem gehört diese Stadt?, wenn wir fragen dürften? Sie gehört Amerika. (ES, S. 15)

Aufgerufen wird mit dieser Passage nicht nur eine Art negativer Fatalismus, sondern auch die anfangs erwähnte Inklusions- und Exklusionsproblematik, die *Ein Sturz* verhandelt. Im Beleben der Strukturelemente der Klage und der Mantik wird hier das „Urbild" Demokratie im Sinne Alain Badious als *emblème* entlarvt, das auf ein neoliberales Signifikat verweist,³¹ auf ein Signifikat somit, das die Grundprinzipien von Gleichheit, Freiheit und politischer Autonomie durch marktwirtschaftliche Kriterien wie Effizienz und Rentabilität ersetzt hat, wie die Politikwissenschaftlerin Wendy Brown angemerkt hat.³² Es lohnt, diesen Entwicklungen, die Jelinek im Aufrufen des 2.500 Jahre alten Erbes der griechischen Tragödie zum Vorschein bringt, weiterhin im interdisziplinären Verschränken von

---

29 Ette, S. 105.
30 Vgl. Ette, S. 110.
31 Vgl. Alain Badiou: Das demokratische Wahrzeichen. Aus dem Französischen v. Claudio Gutteck. In: Giorgio Agamben u. a.: Demokratie? Eine Debatte. Frankfurt a. M. 2012, S. 13–22.
32 Zu den Auswirkungen des Neoliberalismus auf die demokratische Regierungsform vgl. Wendy Brown: Les Habits neufs de la politique mondiale. Néolibéralisme et néoconservatisme. Paris 2007.

literaturwissenschaftlicher, theaterwissenschaftlicher und politischer Theorie nachzuforschen.

Literaturverzeichnis

Aischylos: Agamemnon. Übers. von Oskar Werner. In: Aischylos: Orestie. Berlin/New York 2014, S. 5–122.
Badiou, Alain: Das demokratische Wahrzeichen. Aus dem Französischen v. Claudio Gutteck. In: Giorgio Agamben u. a.: Demokratie? Eine Debatte. Frankfurt a. M. 2012, S. 13–22.
Blumenberg, Hans: Schiffbruch mit Zuschauer. Frankfurt a. M. 2014.
Brown, Wendy: Les Habits neufs de la politique mondiale. Néolibéralisme et néoconservatisme. Paris 2007.
Case, Sue-Ellen: Classic Drag: The Greek Creation of Female Parts. In: Theatre Journal 37/3 (1985), S. 317–327.
Degner, Uta: Mythendekonstruktion. In: Pia Janke (Hg.): Jelinek-Handbuch. Stuttgart/Weimar 2013, S. 41–46.
Ette, Wolfram: Kritik der Tragödie. Über dramatische Entschleunigung. Weilerswist 2015.
Foley, Helen: Female Acts in Greek Tragedy. Princeton 2001.
Girard, René: Das Heilige und die Gewalt. Aus dem Französischen v. Elisabeth Mainberger-Ruh. Ostfildern 2012.
Griffith, Mark: Antigone and her sister(s): Embodying Women in Greek tragedy. In: André Lardinois und Laura McClure (Hg.): Women's Voices in Greek Literature and Society. Princeton 2001, S. 117–137.
Holst-Warhaft, Gail: Dangerous Voices. Women's laments and Greek Literature. London 1992.
Jandl, Paul: Sie ist auratisch! In: Neue Zürcher Zeitung, 9.10.2004.
  https://www.nzz.ch/article9WW9H-1.317965) (letzter Zugriff: 3. August 2017).
Janke, Pia: Die Nestbeschmutzerin. Jelinek & Österreich. Salzburg 2002.
Janke, Pia: Literaturnobelpreis Elfriede Jelinek. Wien 2005.
Janke, Pia: Stigmatisierung und Skandalisierung Elfriede Jelineks in Österreich. https://jelinektabu.univie.ac.at/sanktion/skandalisierung/pia-janke/ (letzter Zugriff: 3. August 2017).
Jelinek, Elfriede: Stellungnahme zur Asyl- und Aufenthaltsgesetzgebung in Österreich. In: Broschüre zum Trauermarsch zum Asyl- und Aufenthaltsgesetz. Wien 1994.
Jelinek, Elfriede: Ein Sturz. Unveröffentlichtes Bühnenmanuskript. Reinbek bei Hamburg 2010.
Mouffe, Chantal: Das demokratische Prinzip. Aus dem Englischen v. Oliver Marchart. Wien 2010, S. 19–32.
N.N.: Schriftstellerische Reaktionen: „Super! Unglaublich! Gewaltig!" In: Der Standard, 8.10.2004.
  https://www.derstandard.at/story/1817581/schriftstellerische-reaktionen-super-unglaublich-gewaltig (letzter Zugriff: 3. August 2017)
Nonnenmann, Rainer: Vom Erdboden verschluckt – Die Musikstadt Köln verliert ihr Historisches Archiv. In: nmz, 6.3.2009.
  https://www.nmz.de/online/vom-erdboden-verschluckt-die-musikstadt-koeln-verliert-ihr-historisches-archiv (letzter Zugriff: 3. August 2017).
Rathkolb, Oliver: Die paradoxe Republik. Österreich 1945 bis 2005. Wien 2005.

Roselli, David: Theater of the People: Spectators and Society in Ancient Athens. Austin 2011.
Rügemer, Werner: Colonia Corrupta. Globalisierung, Privatisierung und Korruption im Schatten des Kölner Klüngels. Münster 2010.
Schürmann, Inge: Von der Bergung zur Ursachenforschung und
 Beweissicherung. http://www.stadt-koeln.de/politik-und-verwaltung/presse/von-der-bergung-zur-ursachenforschung-und-beweissicherung (letzter Zugriff: 3. August 2017) (Amt für Presse- und Öffentlichkeitsarbeit, Stadt Köln 23.10.2012).
Seidensticker, Bernd: Vorwort. In: Aischylos: Tragödien. Hg. von Bernd Seidensticker. Stuttgart 2016, S. I–XL.
Suter, Ann: Lament in Euripides' Trojan Women. In: Mnemosyne 56 (2003), H. 1, S. 1–28.
Thiele, Rita: Glücklich ist, wer vergisst? Eine E-Mail-Korrespondenz zwischen Elfriede Jelinek und Rita Thiele. In: Programmheft zu Elfriede Jelineks Das Werk / Im Bus / Ein Sturz. Schauspiel. Köln 2010.
Thurnher, Armin: Das Trauma, ein Leben: österreichische Einzelheiten. Wien 1999.

Teresa Kovacs
Was vergeht, bleibt. Das Fotografische im Theater von Elfriede Jelinek und Einar Schleef

Einar Schleef inszenierte 1998 Elfriede Jelineks *Ein Sportstück* am Wiener Burgtheater. Obwohl dies seine einzige Umsetzung eines Jelinek-Textes blieb, muss Schleef als einer der wichtigsten, wenn nicht gar als der wichtigste Jelinek-Regisseur gewertet werden. Nahezu unwidersprochen wird in der aktuellen Forschung und Kritik betont, dass es sich um eine kongeniale Inszenierung handelt, die es wie nie zuvor und wie nie danach verstand, Jelineks Theatertext-Ästhetik in die Kunstform Theater zu übersetzen.[1] Diese Einigkeit herrschte unmittelbar nach der Uraufführung noch nicht, sowohl Jelineks Theatertext als auch Schleefs Umsetzung wurden von einigen Kritiker*innen zurückgewiesen und der Zusammenarbeit wurde mit ebenso viel Skepsis und Ablehnung begegnet wie mit Beifall.[2] Die Inszenierung litt darunter, dass sie in Wien nicht genügend Publikum fand und das große Haus nur selten füllen konnte, gleichzeitig wurde sie zum Berliner Theatertreffen 1998 eingeladen und mit dem 3sat-Innovationspreis ausgezeichnet.

Die deutlich divergierenden Reaktionen auf die Uraufführung belegen die ästhetische Provokationskraft von Jelineks Schreiben und Schleefs Theater. Das provozierende Potential wurde in der bestehenden Forschungsliteratur vorwiegend hinsichtlich Schleefs Wiedereinführung des antiken Chores und Jelineks

---

[1] Vgl. z. B. Anne Fleig: Zwischen Text und Theater: zur Präsenz der Körper in „Ein Sportstück" von Jelinek und Schleef. In: Erika Fischer-Lichte und dies. (Hg.): Körper-Inszenierungen: Präsenz und kultureller Wandel. Tübingen 2000, S. 87–104; Ulrike Haß: Chorkörper, Dingkörper. Vom Geist der Droge. *Ein Sportstück* von Elfriede Jelinek und Einar Schleefs Theater des Chores. In: Kaleidoskopien 3 (2000), S. 151–161; Joachim Lux: „Theaterverweigerer" an der Burg. Schleef – Stemann – Schlingensief – Häusermann. In: Pia Janke (Hg.): Elfriede Jelinek: „Ich will kein Theater". Mediale Überschreitungen. Wien 2007, S. 152–171; Teresa Kovacs und Rita Thiele: Text & Theater. Widerstand, Reibung, Innovation. In: Pia Janke und Teresa Kovacs (Hg.): „Postdramatik". Reflexion und Revision. Wien 2015, S. 370–376.
[2] Negativ reagierten etwa Hans Haider: Einar Schleef ruft Elfie Elektra Bregenz: „So helfen Sie mir doch!" In: Die Presse, 26.1.1998; Barbara Villiger Heilig: Der Olymp in Olympia – ein Theaterkraftakt. In: Neue Zürcher Zeitung, 26.1.1998; Sigrid Löffler: Um die Ecke gedacht. In: DIE ZEIT, 29.1.1998. Positiv äußerten sich bspw. Ronald Pohl: Der Liebling der Mütter und Dompteur der Leiber. In: Der Standard, 26.1.1998; Werner Thuswaldner: Sport, Krieg und Tod. In: Salzburger Nachrichten, 26.1.1998; Ulrike Haß: Im Körper des Chores. In: Freitag, 30.1.1998.

https://doi.org/10.1515/9783110742435-012

chorische „Textflächen" diskutiert. Ich möchte im Rahmen dieses Beitrags auf eine noch unbeachtete Praxis verweisen, die Jelineks und Schleefs Arbeit im Kontext der Inszenierungsgewohnheiten der 1990er Jahre provozierende Kraft verliehen hat: die Nähe ihres Theaters zur Fotografie.

Nach einer kurzen Darstellung der Zusammenarbeit zwischen Jelinek und Schleef werden ausgehend von Schleefs Fotoarbeiten zentrale Kategorien der Fotografie diskutiert, um diese anschließend mit seiner Theaterarbeit und Jelineks Schreiben in Dialog zu bringen. Eine solche Engführung von Theater und Fotografie ist nicht nur deshalb erkenntnisreich, weil Schleef in beiden Sparten gearbeitet hat, sondern auch weil Jelinek in einem Essay zu Schleefs Fotoarbeiten Bild und Theater direkt aufeinander bezieht.[3] Um den Bogen von der Fotografie zum Theater und zum Theatertext zu spannen stütze ich mich auf Roland Barthes Studie zur Fotografie *Die helle Kammer* (1980). Seine Beobachtungen spiegeln sich deutlich in Jelineks Reflexionen zu Schleefs Fotoarbeiten wider.

1 Jelinek Schleef

Einar Schleef hatte sich, als er 1998 Jelineks *Ein Sportstück* am Burgtheater inszenierte, als Regisseur bereits einen Namen gemacht. Er zählte zu den umstrittensten Regisseur*innen der Zeit, wurde von einigen Kolleg*innen und Kritiker*innen als Genie gefeiert und gewann wichtige Preise, andererseits galt er als *enfant terrible*, machte immer wieder durch gescheiterte Theaterarbeiten auf sich aufmerksam und wurde von namhaften Kolleg*innen wie etwa Peter Zadek boykottiert und des Deutschnationalismus bezichtigt.[4] Jelinek sah in Schleef den idealen Regisseur für ihre Stücke, das geht aus den zahlreichen Essays hervor, die sie über den Künstler verfasst hat,[5] aber auch aus Interviews und Briefen, die die

---

3 Vgl. Elfriede Jelinek: Inzwischen. Dazwischen. Zu Einar Schleefs Fotografien. In: Wolfgang Behrens und Harald Müller (Hg.): Einar Schleef. Kontaktbögen. Fotografie 1965–2001. Berlin 2006, S. 9–11.
4 Vgl. Franziska Schößler und Hannah Speicher: Statistiken, Stücke und (West-Ost)Debatten: 1995 im Drama und Theater. In: Heribert Tommek, Galli Matteo und Achim Geisenhanslüke (Hg.): Wendejahr 1995. Transformationen der deutschsprachigen Literatur. Berlin 2015, S. 300–317, S. 306–307.
5 Neben dem bereits erwähnten Essay zu Schleefs Fotografien. Elfriede Jelinek: In einem leeren Haus. In: Theater 1998. Jahrbuch der Zeitschrift „Theater heute", S. 84–86; Elfriede Jelinek: „Für ihn hätte ich alles getan". In: Format, 6. August 2001; Elfriede Jelinek: Wanderers Nachtlied – Schleef, die Natur, die Kunst. In: Der Tagesspiegel, 10. Mai 2002; Elfriede Jelinek: S. tanzt. In: Karin Rocholl: bilderlust lustbilder. München 2002, S. 80; Elfriede Jelinek: Unter dem Lichtspalt (noch

Autorin an ihn geschickt hat und die in der Suhrkamp-Ausgabe von Schleefs Tagebüchern abgedruckt sind.[6] Sie schätzte Schleef nicht nur als Regisseur, sondern auch als Autor und begriff ihn als Künstler, der in verschiedenen Sparten innovative Ausdrucksformen fand. Dies bezeugt ihr Nachruf auf Schleef, in dem sie schreibt: „Schleef war als Dichter und als Theatermann die herausragendste Erscheinung, die ich kennengelernt habe. Es hat nur zwei Genies in Deutschland nach dem Krieg gegeben, im Westen Faßbinder, im Osten Schleef."[7]

Jelinek hoffte nach der Inszenierung von *Ein Sportstück*, kontinuierlich mit Schleef arbeiten zu können und eine vergleichbar enge künstlerische Verbindung aufzubauen wie sie etwa Thomas Bernhard mit Claus Peymann hatte.[8] Wie interessiert sie an einer weiteren Kooperation war und wie sehr sie durch Schleefs Formsprache inspiriert wurde, belegt die für Jänner 2001 geplante zweite Zusammenarbeit. Schleef sollte ihre Trilogie *Macht nichts. Eine kleine Trilogie des Todes*, die sich aus den Stücken „Erlkönigin", „Der Tod und das Mädchen I" und „Der Wanderer" zusammensetzt, am Berliner Ensemble uraufführen. Aufgrund von Schleefs sich zunehmend verschlechterndem Gesundheitszustand mussten die Proben allerdings immer wieder abgesagt werden, das Projekt blieb schließlich Schleefs Tod am 21. Juli 2001 geschuldet unrealisiert. Jelinek verfasste den in die Trilogie integrierten Vater-Monolog mit dem Titel „Der Wanderer" eigens für Schleef, der ihn selbst auf der Bühne umsetzen hätte sollen. Damit reagierte sie direkt auf eine Strategie Schleefs im Rahmen von *Ein Sportstück*, wo er, einen auf dem Boden ausgelegten Teppich mit Jelineks Text durchwandernd, den Schlussmonolog sprach. Es handelte sich dabei um jene Passage, die bei Jelinek mit „Die Autorin" überschrieben ist. Bereits bei ihr wendet sich diese Textstelle an einen Vater, der immer wieder mit den Worten „Papa" oder „Papi" adressiert wird. Schleef hat diese an den Vater gerichtete Anrede in seiner Inszenierung gesteigert und die Worte „Papa" bzw. „Papi" stakkatoartig wiederholt, wie man es aus seinen eigenen Prosatexten kennt. Jelinek reagiert mit dem Teil „Der Wanderer" auf diese nahezu manische Anrufungen des Vaters.

Jelineks Wunsch nach einer weiteren Zusammenarbeit zeigt sich aber auch darin, dass sie dazu bereit war, für Schleef ihr erstes für Österreich ausgespro-

---

einmal zu Einar Schleef). In: Magazin der Kulturstiftung des Bundes 3 (2004), S. 18–19; Elfriede Jelinek: Fassungslose Begeisterung. In: profil, 18. März 2013.
6 Vgl. etwa Einar Schleef: Tagebuch 1999–2001. Berlin, Wien. Frankfurt a. M. 2009, S. 328.
7 Jelinek: „Für ihn hätte ich alles getan".
8 Vgl. Alexander Kluge: Elfriede Jelinek, Totennachrede für Einar Schleef. https://www.youtube.com/watch?v=tswPic-YNVo (letzter Zugriff: 28. März 2017).

chenes Aufführungsverbot aufzuheben.⁹ Die in Schleefs Tagebuch festgehaltene Korrespondenz belegt, wie vehement Schleef Jelinek für dieses Verbot kritisierte und wie unbedingt er *Macht nichts* am Burgtheater in Wien umsetzen wollte. Da der Vertrag für die Trilogie am Berliner Ensemble bereits fixiert war, vereinbarte Jelinek mit Schleef, dass er ihr nächstes, eigens für ihn verfasstes Stück *Das Werk* in Wien inszenieren dürfe. Trotz ihres zunächst festgelegten Verbots setzte sie sich Schleef zuliebe beim Burgtheater für diese Uraufführung ein. Auch dieses Vorhaben konnte nicht mehr realisiert werden, der Text ist posthum Schleef gewidmet und wurde schließlich 2003 in der Regie von Nicolas Stemann, der damit sein Jelinek-Debüt feierte, am Akademietheater in Wien umgesetzt. Besonders an *Das Werk* wird ersichtlich, wie prägend Schleefs Inszenierungsformen für Jelineks Schreiben waren und dass sein Chortheater ihre chorisch bzw. vielstimmig gestalteten Texte nachhaltig beeinflusst hat. Den Eindrücken des *Sportstücks* geschuldet, hat Jelinek in *Das Werk* verstärkt mit Chor-Passagen gearbeitet. In einem Brief 2001 an Schleef, in dem sie ihren neuen Text vorstellt und ihre Vorfreude auf die neue gemeinsame Arbeit ausdrückt, verspricht sie „riesige Arbeiterchöre"¹⁰, die erlauben würden, an den Erfolg von *Ein Sportstück* anzuknüpfen.

Trotz der intensiven Beschäftigung mit den Arbeiten der/des jeweils anderen und der Reflexion der jeweiligen Ästhetik muss festgehalten werden, dass die künstlerische Arbeit nie eine Zusammenarbeit im eigentlichen Sinn wurde. Die Nähe in der künstlerischen Form zeichnet sich durch eine große Ferne im realen Kontakt aus: Jelinek und Schleef haben einander nur wenige Male getroffen und kaum miteinander gesprochen. Jelinek beschreibt das eindrücklich in ihrer Totennachrede für Schleef.¹¹

2 Fotografie Theater

Jelinek interessiert sich in ihrem Essay „Inzwischen. Dazwischen. Zu Einar Schleefs Fotografien", der als Vorwort zum Ausstellungskatalog *Einar Schleef. Kon-*

---

9 Vgl. Teresa Kovacs: Sanktion und Selbstzensur. Elfriede Jelineks Aufführungsverbote für Österreich. https://jelinektabu.univie.ac.at/sanktion/zensur/teresa-kovacs/ (letzter Zugriff: 4. April 2017).
10 Einar Schleef: Tagebuch 1999–2001. Hg. von Winfried Menninghaus, Sandra Janßen und Johannes Windrich. Frankfurt a. M. 2009, S. 303.
11 Vgl. Alexander Kerlin: Hand in Hand durch den Text – Zur Zusammenarbeit von Elfriede Jelinek und Einar Schleef. Ein Gespräch mit der Dramaturgin Rita Thiele. http://www.theaterwissenschaft.de/hand-in-hand-durch-den-text-zur-zusammenarbeit-von-elfriede-jelinek-und-einar-schleef/ (letzter Zugriff: 12. April 2017); sowie: Kluge.

taktbögen abgedruckt wurde, für das komplexe Verhältnis von Vergehen und Bleiben, von Vergangenem und Gegenwärtigem, das sich in den Fotografien von Schleef manifestiert. Sie spricht damit etwas an, das Ulrike Haß in ähnlicher Weise für Jelineks Theatertexte mit dem Begriff der *Koexistenz* zu beschreiben versucht hat. Haß überträgt den von Deleuze und Guattari für die Zeit der Philosophie eingebrachten Terminus auf die Zeit des Theaters, um die Schichten und Schichtungen von Zeit in Jelineks Theatertexten zu fassen und um das Andauern der Vergangenheit in der Gegenwart hervorzuheben. Der Terminus der *Koexistenz* würde die Texte in ihrer mehrdimensionalen, räumlichen Ausdehnung greifbar machen, die oftmals eine mehrere Jahrtausende umspannende Gegenwart eröffnet, wohingegen die Beschreibung von Jelineks sprachlichen Verfahren als vielstimmig, chorisch oder monologisch-chorisch immer noch eine ausschließlich horizontale Ausdehnung der Zeit suggeriere.[12] Deleuze und Guattari zitierend, lässt Haß das Theater eindringen in die Denkbewegung der beiden, die für die Zeit der Philosophie festhalten, dass diese eine

> grandiose Zeit von Koexistenz [sei], die das Vorher und Nachher nicht ausschließt, sie aber in einer stratigraphischen Ordnung übereinanderschichtet. Sie ist ein unendliches Werden [des Theaters], das sich mit dessen Geschichte überschneidet, aber nicht mit ihr verschmilzt. Das Leben der Philosophen [Theaterschaffenden, Theaterautoren] – und das, was an ihren Werken am äußerlichsten ist – gehorcht Gesetzen gewöhnlicher Abfolge; ihre Eigennamen aber koexistieren und erstrahlen, sei es als Lichtpunkte, die uns noch einmal die Komponenten eines Begriffs durchlaufen lassen, sei es als die Kardinalpunkte einer Schicht, die uns immer noch erreichen [...]. [Das Theater] ist Werden, nicht Geschichte; es ist Koexistenz von Ebenen, nicht Abfolge von Systemen.[13]

Nicht nur die Präsenz von Vorher und Nachher, sondern auch das unendliche Werden, die Überschneidungen, die aber nicht Verschmelzung bedeuten, und das Zugleich von Abfolge und Vorhandenbleiben lassen Verbindung herstellen zwischen Jelineks Essay, Schleefs Fotografien und ihren Theaterarbeiten. Der Beitrag will eben jenen Verbindungslinien nachgehen, scheint doch, dass v. a. die Kategorie der Zeit Fotografie, Text und Theater zusammen denken lässt.

Doch wie hängen Theater und Bild, Theater und Fotografie bei Schleef zusammen? Ulrike Haß spricht in Bezug auf Schleefs Inszenierung von *Ein Sport-*

---

12 Vgl. Ulrike Haß und Monika Meister: „Wie ist es möglich, Theater ausschließlich mit Texten aufzustören?" E-Mail-Wechsel zwischen Ulrike Haß und Monika Meister. In: Pia Janke und Teresa Kovacs (Hg.): „Postdramatik". Reflexion und Revision. Wien 2015, S. 112–118, S. 117.
13 Haß und Meister, S. 115. Ulrike Haß zitiert hier Deleuze und Guattari: Gilles Deleuze und Félix Guattari: Was ist Philosophie? Frankfurt a. M. 1996, S. 68. Die Hinzufügungen in eckiger Klammer stammen von Ulrike Haß.

stück von einer langsamen, lastenden Zeit der Bilder, die nachhallt und die auf der Bühne ausschließlich durch Licht, Schauspieler*innenkörper und Kostüme gebildet wird.¹⁴ Hinsichtlich der Funktion und Qualität dieser Bilder hält sie fest:

> Die Theaterbilder in Schleefs Inszenierungen sind nicht Verlängerungen der Figur, nicht der Kommentar eines prägnanten Augenblicks zum Gang einer Handlung, sondern autonome Bilder, die allein zu stehen vermögen und die alle Qualitäten eines Tableaus zu teilen beginnen, vor allem seine schweigende, vieldeutige Dauer.¹⁵

Die Bildmächtigkeit der Inszenierung wird in verschiedenen Analysen betont, so widmet sich auch der Theaterwissenschaftler Stefan Tigges in seinem Beitrag „TheaterSport. Einar Schleef bewegt Elfriede Jelinek" dem Verhältnis von Bild, Raum und Sprache. Er konstatiert, dass die Inszenierung als Totaltheater zu bezeichnen sei, weil Schleef hier nicht nur als Regisseur agiere, sondern gleichzeitig als Bildender Künstler, als Dramatiker, als Szenograph, als Kostümbildner und auch als Musik- und Theatertheoretiker. Tigges schlussfolgert, dass Schleef durch mehrdimensionale Strategien in Jelineks Textflächen eindringt, „diese verräumlicht, architektonisch (ver-)formt" und „ihre (Ab-)Bilder in bewegte und still gestellte Bildwelten oder Bildräume übersetzt"¹⁶. Er vergisst dabei allerdings, dass das Bild bei Schleef nie nur auf den Bildenden Künstler verweist, sondern auch auf den Fotografen Schleef. Daneben wäre zu diskutieren, ob Jelineks Texte als zweidimensionale, flächige Abbilder fungieren, die erst durch Schleefs Zugriff eine Verräumlichung erfahren, oder ob sie nicht selbst bereits Räume eröffnen, indem in ihnen das Andauern der Vergangenheit in der Gegenwart erfahrbar wird.

Folgt man Roland Barthes Anmerkungen zur Fotografie, weist nicht die Bildende Kunst und damit das Gemälde, sondern die Fotografie eine eigentümliche Nähe zum Theater auf. Barthes selbst bringt in seiner Studie Fotografie und Theater zusammen, während er an mehreren Stellen betont, dass sich die Eigenschaften des Gemäldes deutlich von jenen der Fotografie und damit auch von jenen des Theaters unterscheiden.¹⁷ Wie nah beieinander Barthes Fotografie und Theater denkt, zeigt sich bereits an seiner Begriffswahl: er bezeichnet in seiner Studie das, was fotografiert wird, als das *spectrum*; den Betrachter bzw. die Be-

---

14 Vgl. Haß: Sinn egal. Körper zwecklos, S. 51.
15 Haß: Sinn egal. Körper zwecklos, S. 60.
16 Stefan Tigges: TheaterSport. Einar Schleef bewegt Elfriede Jelinek. In: Inge Arteel und Heidy Margrit Müller (Hg.): Elfriede Jelinek – Stücke für oder gegen das Theater? Brüssel 2008, S. 131–142, S. 132.
17 Vgl. bspw.: Roland Barthes: Die helle Kammer. Bemerkungen zur Photographie. Frankfurt a. M. 1989, S. 40

trachterin der Fotografie als *spectator*. Somit wird bereits auf terminologischer Ebene die Verwandtschaft von Fotografie und Spektakel bzw. Theater hervorgehoben.

Stellt man nun die Theaterbilder und Bühnenräume von Schleefs Inszenierungen, die ein Spiel mit Licht und Schatten, Körper und Kostüm betreiben, seinen Fotoarbeiten gegenüber, wird offensichtlich, dass hier eine gewisse Nähe zwischen Theater und Fotografie besteht. Schleefs ehemaliger Lehrer für Fotografie Arno Fischer hält fest, dass die zentralen bildsprachlichen Elemente seiner Fotografien das Arbeiten mit Linien und Schatten, mit Helldunkelflächen, Verschattungen und Spiegelungen sind. Von besonderer Bedeutung ist dabei das Zusammenspiel von Licht und Schatten, das die Körper auf eigentümliche Weise im Raum hervortreten lässt, wie man es in den Bildern aus der Serie *Nachbarinnen* oder auch in den Fotografien seiner Mutter erkennen kann (siehe Abbildung 1 und 2).[18]

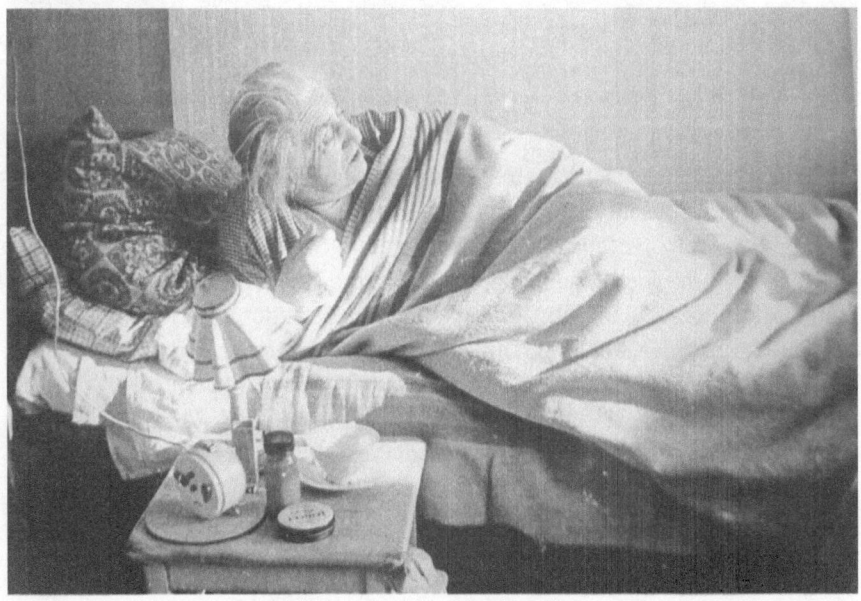

Abb. 1: Einar Schleef: *Nachbarin*. In: Einar Schleef. Kontaktbögen. Fotografie 1965–2001

---

[18] Arno Fischer zit.n.: Janos Frecot: o. T. http://www.adk.de/de/projekte/2006/schleef/eroeffnungsreden.htm (letzter Zugriff: 6. April 2017).

Abb. 2: Einar Schleef: *Mutter Tod*. In: Einar Schleef. Kontaktbögen. Fotografie 1965–2001

Eine genaue Betrachtung seiner Bühnenräume, seines Einsatzes von Licht im Theater und die Positionierung der Schauspieler*innen im Raum zeigen, dass auch bei seinen Inszenierungen die eben genannten Elemente zentral sind.

Die Arbeit mit Licht und Schatten berührt die Fotografie grundlegend: Folgt man Barthes, stehen das Licht und die chemische Reaktion des Lichts am Beginn der Entwicklung des Mediums. Die Fotografie sei durch die Wirkung des Lichts enthülltes, hervorgetretenes, aufgegangenes bzw. ausgedrücktes Bild.[19] Schleef führt im Theater jene Enthüllung, jenes Hervortreten eines Körpers durch das Licht vor, indem er die Zuschauer*innen am Prozess der Bildwerdung teilnehmen lässt und der Phase der Positionierung und der Auflösung des Bildes Raum schenkt.

---

19 Vgl. Barthes, S. 90–91.

Was vergeht, bleibt —— 239

Abb. 3: Einar Schleef: *New York*. In: Einar Schleef. Kontaktbögen. Fotografie 1965–2001

Abb. 4: Elfriede Jelinek: *Ein Sportstück*. Inszenierung: Einar Schleef, Burgtheater 1998. Foto: Andreas Pohlmann

3 Vergehen Bleiben

Die genaue Durchsicht des Katalogs *Einar Schleef. Kontaktbögen* zeigt,[20] dass Schleefs Fotografien Verfahren heranziehen, die man auch aus seinen Texten und Inszenierungen kennt. Wiederholung und Abbruch, aber auch die zuvor bereits erwähnte Arbeit mit Licht und Schatten prägen die Arbeiten. Darüber hinaus sind auch die Fotografien deutlich mit der eigenen Biographie verbunden und schreiben damit seine Prosa und Theaterarbeit fort: Die Fotoserien zeigen beispielsweise Nachbarinnen aus seiner frühen Berliner Zeit, einzelne Familienmitglieder (z. B. Aufnahmen seiner Mutter und seiner Lebensgefährtin), sie dokumentieren aber auch Orte, ausgewählte Straßen und Plätze in Städten, in denen Schleef gelebt und gearbeitet hat (z. B. seinen Geburtsort Sangerhausen und die Straße mit seinem Elternhaus, eine U-Bahn-Station in Frankfurt am Main, eine Parkbank in New York City).

Jelinek lässt uns in „Inzwischen. Dazwischen" an ihrer Annäherung an Schleefs Fotografien teilhaben. Die Autorin positioniert sich in diesem Essay zuallererst als Betrachterin. Der Text wird von den zwei kurzen Sätzen „Ich weiß nichts. Ich verstehe nichts"[21] eingeleitet und lässt damit auch die Rezipient*innen zunächst völlig im Ungewissen. Das Gefühl der Unmöglichkeit, das Gesehene zu beschreiben und zu fassen, sowie die Sprachlosigkeit, die hier ausgedrückt wird, erinnern an das, was Barthes als das *punctum* der Fotografie bezeichnet. Barthes folgend ist das *punctum* jenes Element, das die Betrachterin bzw. den Betrachter besticht, sogar körperlich berührt, und das *studium* unterbricht.[22] Barthes unterscheidet in seiner Studie zwischen zwei Formen der Annäherung an eine Fotografie: Mit dem Begriff *studium* verweist er auf eine Form des Betrachtens, die nicht über das Erfassen des Sinnes und ein Informieren durch das Bild hinausgeht. Das *punctum* allerdings vermag es, bei der Betrachterin bzw. beim Betrachter Lust oder Schmerz zu erzeugen. Es berührt etwas, das sich der Sprache und der Beschreibung entzieht. Dieses *punctum* ist laut Barthes nicht universell, es kann nicht hergestellt werden, sondern es entsteht unvermittelt und zufällig, häufig ist es ein bestimmtes Detail einer Fotografie.[23]

---

20 Die in der Akademie der Künste Berlin 2006 gezeigte Ausstellung *Einar Schleef. Kontaktbögen* ist die bislang einzige umfangreiche Auseinandersetzung mit Schleefs Fotoarbeiten. Die Ausstellung präsentierte ausgewählte Fotografien des Künstlers aus den Jahren 1965–2001.
21 Jelinek: Inzwischen. Dazwischen, S. 9.
22 Vgl. Barthes, S. 35.
23 Vgl. Barthes, S. 35–37 und S. 53.

In Barthes Abhandlung eröffnen erst das *punctum* und damit die Berührung und der körperliche Affekt den Raum für die Sprache und schließlich die schriftlichen Reflexionen über Fotografie. Ebenso geht bei Jelinek der Text erst aus der Berührung durch Schleefs Fotografien hervor. Nicht das rationale Begreifen der Fotos, sondern die Emotion, die das Gesehene in ihr entstehen lässt, eröffnen den Essay. Am Beginn stehen somit der Affekt, der Körper und der Blick der Betrachterin – Kategorien, die wir ebenso im Theater finden.

Nach diesem Einstieg kommt Jelinek sehr schnell auf das zu sprechen, was für sie die Besonderheit von Schleefs Fotografien ausmacht: Das Spezifische der Bilder sei, dass sie nicht so sehr den Moment festzuhalten suchen, der alles davor und danach vergessen lassen muss, sondern sie hielten das Davor und das Danach des abgebildeten Ereignisses präsent und würden ihm ebenso viel Wichtigkeit beimessen wie dem einzelnen, abgebildeten Moment selbst. Sehr bald stellt sie einen Bezug zu seiner Theaterarbeit her und unterstreicht, dass die Inszenierungen ebenso wie die Fotografien Bilder entstehen lassen, die immer auf ein Dahinter verweisen:

> [...] selbst in seinen Regiearbeiten hat er immer den Moment an-gesagt [sic] und gleichzeitig Räume dahinter geöffnet, nein: freigemacht, die ihm genauso wichtig waren wie das Detail des Augenblicks auf der Bühne. Und nichts verschweigt er. Seine Kostüme haben Personen vergrößert UND groß gemacht (riesige Reifröcke, Farthingales aus Blumen, mythologisch überhöhte antike Kämpfer, Rokoko-Hofdamen, nackte Männer in Uniformen, Die Mörderwitwe als Mann, etc.), damit hinter ihnen und vor ihnen etwas nicht ablaufen, sondern sich verstecken konnte, etwas, das aber weitergeht, sich also gar nicht verbergen kann oder nur sehr schwer, denn zumindest daran, daß es sich bewegt, wird man es erkennen als ein Vorübergehendes, das bleiben muß, weil es nicht anders kann. [...] Als Schatten einer Geschichte in dunklen Höhlen muß das, was vergeht, bleiben, darin war Schleef Heiner Müller ähnlich.[24]

Das Dahinter ist also keineswegs als etwas Abgeschlossenes oder etwas Überwundenes zu begreifen, sondern als etwas Gewesenes, das weiter besteht. Die Zeit der *Koexistenz* bei Jelinek und die Zeitlichkeit von Schleefs Theaterbildern teilen bestimmte Eigenschaften: Schleefs Bilder kreieren ein komplexes Verhältnis von Vergehen und Bleiben, verdecken und verschmelzen diese verschiedenen Zeitlichkeiten jedoch nicht, sondern heben sie hervor und machen so überhaupt erst auf die Schichtungen aufmerksam. Ebenso setzt das für Jelineks Schreiben so

---

24 Jelinek: Inzwischen. Dazwischen, S. 9.

wichtige *Vorbei* ein spezifisches Verhältnis zur Dauer voraus und lässt verschiedene Zeitlichkeiten einander überschneiden.[25]

Wenn Jelinek in ihrem Essay die Kategorie der Zeit hervorhebt, spricht sie etwas an, das auch Barthes hinsichtlich der Fotografie zentral beschäftigt. Er beschreibt in *Die helle Kammer* neben dem Detail nämlich noch ein weiteres *punctum* der Fotografie: jenes der Dichte, des Zusammenfallens von Zeit, des *Es-ist-so-gewesen*, das er schließlich als das *noema* der Fotografie bestimmt. Barthes sieht in der Fotografie ein Medium, das eine Dauer impliziert, gerade weil es immer nur einen Moment aufnehmen und festhalten kann. Die Fotografie denkt er als etwas, das vergeht, gleichzeitig aber bleibt und daher ein komplexes Verhältnis von Gegenwart und Vergangenheit aufspannt. Er selbst spricht in diesem Zusammenhang von einem „Zermalmen" und „Verdrehen" der Zeit.[26]

Das *Es-ist-so-gewesen* der Fotografie entsteht laut Barthes durch ihre Abhängigkeit vom realen Vorhandensein des Abgebildeten. Hier erkennt Barthes einen zentralen Unterschied zu anderen Kunstformen wie der Bildenden Kunst und dem Film, die ein deutlich divergierendes Verhältnis zum Realen einnehmen und die daher die spezifische Zeitlichkeit der Fotografie nicht teilen.[27] Jelinek unterstreicht ebenfalls die Gebundenheit des Fotos an die reale Existenz des Abgebildeten. Sie drückt das in dem kurzen Satz aus „Fotos sind der Beweis, daß etwas IST."[28]

Barthes entwickelt in seiner Studie ausgehend von der Bindung des Fotos an das Reale den Gedanken weiter: die Fotografie suggeriere nicht nur, dass etwas real vorhanden ist, sondern sie verschiebe dieses Sein gleichzeitig in die Vergangenheit: *etwas ist dagewesen* (Barthes)[29]. Barthes folgend verknüpft das Bild also Realität und Vergangenheit. Noch dazu macht er darauf aufmerksam, dass in dem Wissen, dass etwas war, sich im Moment der Bildbetrachtung eine Gleichzeitigkeit von *das wird sein* und *das ist gewesen* entwickelt – das also das bereits erwähnte Zermalmen der Zeiten.[30]

---

[25] Am deutlichsten wird das *Vorbei* in ihrem Stück *Winterreise* in Szene gesetzt. Vgl. Teresa Kovacs und Monika Meister: Fläche und Tiefenstruktur. Die leere Mitte von Geschichte in Jelineks „Rechnitz (Der Würgeengel)" und „Winterreise". In: Pia Janke und Teresa Kovacs (Hg.): „Postdramatik". Reflexion und Revision. Wien 2015, S. 119–129.
[26] Vgl. Barthes, S. 106–107.
[27] Vgl. Barthes, S. 86.
[28] Jelinek: Inzwischen. Dazwischen, S. 11.
[29] Die kursiv gesetzten Phrasen sind im gesamten Text Barthes Studie entnommen und werden zukünftig nicht mehr eigens gekennzeichnet. Die Kursivierung entspricht Barthes eigenen kursiv gesetzten Hervorhebungen in *Die helle Kammer*.
[30] Vgl. Barthes, S. 86–87.

Mit der Fotografie verbinden sich bei Barthes darüber hinaus auch Fragen der Präsentation und Repräsentation. Wie er herausarbeitet, ist die Fotografie zwar nicht als Kopie der Wirklichkeit im Sinne eines mimetischen Abbildungsverhältnisses zu verstehen, aber doch als Spur des Wirklichen zu denken, indem sie dem Rezipienten bzw. der Rezipientin im Moment der Bildbetrachtung das Gefühl des Wirklichen nie gänzlich ablegen lässt. Das Foto ist damit zugleich Abwesenheit des Abgebildeten als auch Anwesenheit der Abbildung, es ist die „Emanation des *vergangenen Wirklichen*"[31]. Die Zeugenschaft der Fotografie bezieht sich somit nicht nur auf das Objekt, sondern zugleich auf die Zeit. Dieser Gedanke lässt uns einen anderen Mimesis-Begriff für Schleefs und Jelineks Theaterarbeiten entwickeln als den aristotelischen, der die historische Form des Dramas prägt. Ihr Bezug zur Wirklichkeit ist nicht der der Abbildung und Nachahmung. Jelineks Theatertexte, die durchzogen sind von Hinweisen auf politisches Tagesgeschehen und historische Ereignisse, reizen auf textueller Ebene das Spiel mit der Herstellung von Wirklichkeit aus. In ihrer Form entziehen sie uns dieses Wirkliche allerdings immer wieder, lassen es zwar erahnen, aber nie greifbar werden. So ist das Wirkliche eher als eine Spur zu begreifen, die v. a. auf die Kategorie Zeit verweist. Schleefs Inszenierungsweise kommt diesem textuellen Verfahren entgegen, indem auf der Bühne Bilder erzeugt werden, die nicht auf Objekte, sondern eben tatsächlich auf die Zeit abzielen und die Zeugenschaft ablegen für das Vergehen und Bleiben.

Ebenso wie Barthes fragt auch Jelinek in ihrem Essay nach dem Verhältnis von Bild und Betrachter*in und nach der Zeit bzw. den Zeiten, die dabei aufeinandertreffen. Sie spricht von einer Verschiedenheit der Zeit des Bildes und der Zeit der jeweiligen Betrachterin bzw. des jeweiligen Betrachters. Hier wird abermals die grundsätzliche Nähe von Theater und Fotografie evident: Auch im Theater treffen im Moment der Aufführung verschiedene Zeiten aufeinander.[32] Während das Drama und das literaturbasierte Theater dazu tendieren, die Verschiedenheit der Zeiten zu negieren und unsichtbar zu machen, dienen Jelinek und Schleef Praktiken der Fotografie dazu, diese im Gegenteil für die Zuschauer*innen und die Akteur*innen wahrnehmbar zu machen und ihr konfrontatives Potential auszuloten.

Jelinek führt in ihrem Essay weiter aus, dass im Moment der Bildbetrachtung die Zeit des Bildes und die der Rezipientin bzw. des Rezipienten einander über-

---

[31] Barthes, S. 99.
[32] Wohl niemand hat dies ausdrücklicher beschrieben als Heiner Müller, der von einer Zeit des Materials, einer Zeit des Autors und einer Zeit der Aufführung sprach. Vgl. Heiner Müller: Kein Text ist gegen Theater gefeit. In: ders.: Heiner Müller Werke 11: Heiner Müller Gespräche 2 1987–1991. Hg. von Frank Hörnigk. Frankfurt a. M. 2008, S. 565–586, S. 569.

lagern, wodurch sich ein *Inzwischen* eröffnet, „in dem man erkennt, daß auch woanders, überall, die Zeit vergeht."³³ Die Zeit des Bildes, so Jelinek weiter, entstehe dabei nicht dadurch, dass Ereignisse stattfinden, sondern weil etwas, „stellvertretend für einen selbst, den Raum in die Zeit übergehen läßt."³⁴ Diese Beobachtung trifft sich mit dem, was die Kuratorin der Schleef-Ausstellung als die zentrale Strategie seiner Fotografien benennt, nämlich eine Neuperspektivierung von Raum und Zeit.³⁵ Darüber hinaus wird hier hervorgehoben, dass die verschiedenen Zeiten nicht nur parallel ablaufen, sondern tatsächlich aufeinandertreffen und sich übereinanderschichten. Auch an dieser Stelle kann auf Jelineks eigenes Schreiben verwiesen werden, da ihre Texte die Zeiten miteinander in Kontakt bringen und gerade die Schnittstellen fokussieren.³⁶

4 Stillstehende Körper und Das Theater des Todes

Roland Barthes bringt hinsichtlich des *Es-ist-so-gewesen* einen weiteren Aspekt ein, der essentiell ist, um die Nähe von Fotografie und Theater besser zu verstehen: Er knüpft in seiner Studie das *Es-ist-so-gewesen* der Fotografie an ein konkretes Ereignis; das Ereignis des Todes. Barthes geht davon aus, dass, indem die Fotografie vorgibt, uns etwas zu zeigen, das real war, sich dies unweigerlich mit dem Gefühl des Lebendigen verbindet. Gleichzeitig verschiebt das Foto das Abgebildete aber in die Vergangenheit und lässt damit den Eindruck entstehen, das Abgebildete sei zum Zeitpunkt der Bildbetrachtung bereits tot.³⁷

Der Tod wird aber auch im Moment vorweggenommen, in dem etwas festgehalten wird. Barthes verweist in diesem Kontext auf die Anfänge der Fotografie, wo aufgrund der langen Belichtungsdauer ein Apparat erforderlich war, der den Körper des Fotografierten still stellt. Zwar benötigt die moderne Fotografie diesen Apparat nicht mehr, doch der Stillstand des Körpers, das Innehalten – sei es nur für eine millionstel Sekunde – bleibt der Fotografie immanent.³⁸ Aus der Sicht des Fotografierten hält Barthes fest, dass man im Moment des Fotografiert-Werdens

---

33 Jelinek: Inzwischen. Dazwischen, S. 11.
34 Jelinek: Inzwischen. Dazwischen, S. 11.
35 Vgl. Regine Herrmann: o. T. http://www.adk.de/de/projekte/2006/schleef/eroeffnungsreden.htm (letzter Zugriff: 6. April 2017).
36 Vgl. Haß und Meister, S. 116; sowie Kovacs und Meister, S. 121–123.
37 Vgl. Barthes, S. 89.
38 Vgl. Barthes, S. 106.

das kleine Ereignis des Todes und der Ausklammerung fühle. Man werde „wirklich zum Gespenst"[39].

Laut Barthes macht eben jenes Ereignis des Todes Fotografie und Theater einander ähnlich, da beide diese Vermittlung teilen. Barthes bezieht sich, um die Verbindung von Tod und Theater zu belegen, auf die Anfänge des Theaters. Er hält fest:

> [D]ie ersten Schauspieler sonderten sich von der Gemeinschaft ab, indem sie die Rolle der TOTEN spielten: sich schminken bedeutete, sich als einen zugleich lebenden und toten Körper zu kennzeichnen: der weiß bemalte Oberkörper im totemistischen Theater, der Mann mit dem bemalten Gesicht im chinesischen Theater, die Schminke aus Reispaste im indischen Katha Kali, die Maske des japanischen No. Die gleiche Beziehung finde ich nun in der PHOTOGRAPHIE wieder; auch wenn man sich bemüht, in ihr etwas Lebendiges zu sehen [...], so ist die PHOTOGRAPHIE doch eine Art urtümlichen Theaters, eine Art von „Lebendem Bild": die bildliche Darstellung des reglosen, geschminkten Gesichtes, in der wir die Toten sehen.[40]

Der Moment des Todes und der Verweis auf das Verhältnis von Gemeinschaft und einzelnem Schauspieler / einzelner Schauspielerin betreffen zentrale Aspekte von Jelineks Stücken und Schleefs Inszenierungsarbeit. Schleefs Bestreben, den Chor der griechischen Antike wieder ins Theater einzuführen, hängt eng zusammen mit der Ahnung des Todes, dem Gefühl der Ausklammerung und dem Gespenstisch-Werden. Verweist Barthes im Kontext des Todes auf die Aussonderung des Einzelnen aus der Gemeinschaft, beschäftigt auch Schleef das Verhältnis von Chor und Individuum. Seine chorischen Formationen befragen den Ausschluss der/s Einzelnen aus der Gemeinschaft, sie vollziehen die Prozesse dieser Aussonderung nach und verweisen damit auf den Tod und das Gespenstisch-Werden.[41] Schleefs Theater kann als eines des Schmerzes und des Todes charakterisiert werden. Es war für sein Publikum oftmals verstörend, weil es den Schmerz, die Verstörtheit und die Qualen des Todes auf der Bühne dargestellt hat.

Auch Jelineks Theatertexte arbeiten daran, den Moment des Todes erfahrbar zu machen.[42] Jelineks Schreiben im Allgemeinen, aber auch speziell ihre Texte für das Theater konstituieren sich erst über das Tote, bzw. konkreter das gespenstische Fortleben des Gewesenen. Verwiesen sei an dieser Stelle etwa auf ihren ersten Theatertext *Was geschah, nachdem Nora ihren Mann verlassen hatte oder*

---

39 Barthes, S. 22.
40 Barthes, S. 41.
41 Vgl. etwa Haß: Sinn egal. Körper zwecklos.
42 So etwa folgt *Ein Sportstück*, wie Anne Fleig festhält, mit seiner Sprache der Zurichtung der Körper der Entfesselung von Gewalt. Vgl. Fleig, S. 87.

Stützen der Gesellschaften (1979), wo eine Nora auftritt, die sich gleich in der ersten Rede als bereits Gewesene setzt, indem sie sich als wiederkehrende Figur aus Ibsens *Nora oder Ein Puppenheim* präsentiert, oder auf die beiden Vampirinnen in *Krankheit oder Moderne Frauen* (1987). Spielt also der Tod bzw. das (Un-)Tote in ihren Texten seit Beginn eine zentrale Rolle, ist zu fragen, ob Schleefs Theaterarbeit die Verhandlung des Todes bei Jelinek transformiert hat, ob auch bei ihr der Moment des Todes in späteren Stücken körperlicher gedacht wird in dem Sinn, dass das Sprechen und damit die Körper stocken, dem kurzen Moment des Stillstehens in der Fotografie vergleichbar.

Es ist sicherlich kein Zufall, dass gerade der zweite Text *Macht nichts*, den Schleef inszenieren sollte, von Jelinek den Untertitel *Eine kleine Trilogie des Todes* erhielt. Über diesen Text hält die Autorin nach Schleefs Tod im Interview mit Alexander Kluge fest:

> Inzwischen sind ja alle auch wirklich gegangen. Inzwischen ist sogar Schleef gegangen. Mein Vater, meine Mutter, die Wessely, die damals noch gelebt hat, wie ich das geschrieben habe [die drei Stücke der Trilogie beziehen sich auf Vater, Mutter und Paula Wessely]. [...] diese drei kleinen Stücke [d.i. *Macht nichts*] sind die Tasten, die vorausgeeilt sind, und die Wirklichkeit ist hinterhergerannt und inzwischen – das Stück ist zu Ende und die Wirklichkeit hat es eingeholt und es ist in eins zusammengefallen. Jetzt sind sie alle tot.[43]

Die Betonung der Vorwegnahme des Todes durch den Text lässt Jelineks Schreiben in die Nähe der Fotografie rücken. Der Schreibprozess ist, so gelesen, der gedehnte Moment des Abdrückens des Fingers am Auslöser der Kamera. Im Moment der Textentstehung wird das Beschriebene zum Gespenst und nimmt den Tod vorweg. Indem Jelineks neuere Theatertexte jegliche Teleologie negieren und durch eine kreisende Struktur gekennzeichnet sind, lassen sie bereits auf textueller Ebene den Moment des Stillstellens erahnen. Das nicht-fortkommende Sprechen zwingt auch die Körper auf der Bühne dazu, zu stocken und auf der Stelle zu treten. Das Tote vergeht nicht, es dauert an und macht dadurch umso deutlicher auf das zum Gespenst *werden* aufmerksam: auf den ewig unabgeschlossenen Prozess des Vergehens und des Todes.

Erzeugt die Fotografie das Gefühl des *Es-ist-so-gewesen* und verweist damit auf das Zurückliegende, ist sie, Barthes folgend, gleichsam ohne Zukunft, worin ihr Pathos und ihre Melancholie liegen. Schleefs Theater ist eines des Pathos, das hat Jelinek besonders interessiert und darin sieht sie das Singuläre seiner Kunst.[44]

---

43 Kluge.
44 Vgl. Kluge.

Sie hebt seine Erkenntnis hervor, dass Pathos seine eigene Zeit verlangt.[45] Das ist deshalb interessant, weil auch Barthes ausgehend von der Fotografie Pathos mit der Kategorie der Zeit in Zusammenhang bringt. Barthes folgert aus der Zukunftslosigkeit der Fotografie:

> Und wenn die Dialektik jenes Denken ist, das des Verweslichen Herr wird und die Verneinung des Todes in Arbeitsenergie umwandelt, dann ist die PHOTOGRAPHIE undialektisch: sie ist ein denaturiertes Theater, [...] mehr noch: das tote Theater des TODES, die Verwerfung des TRAGISCHEN; sie schließt jede Läuterung, jede *Katharsis* aus.[46]

Die Zukunftslosigkeit, die Barthes' melancholischen Pathosbegriff bestimmt, finden wir auch in Jelineks Texten. Monika Meister hat in einem Gespräch zu Jelineks Bezügen zu Franz Schubert dazu angeregt, über die Melancholie als eine grundlegende Struktur ihrer Texte nachzudenken.[47] Melancholie resultiert bei Jelinek aus dem spezifischen Verfahren des Schreibens bzw. Sprechens im Stillstand, wie es die Autorin in ihrer Dankesrede „Fremd bin ich" selbst charakterisiert.[48] Die Bilder des Wanderns, der Heimatlosigkeit und Einsamkeit, die Jelinek von Schubert entlehnt, sollen ein Schreiben charakterisieren, das eher auf der Stelle tritt, als dass es linear auf ein zukünftiges Ziel ausgerichtet ist. Ein Schreiben, das vielfältige Formationen des Vergehens der Zeit hörbar macht, das aber keine Zukunft im Sinne einer linearen Aufeinanderfolge kennt und das auf nichts gerichtet ist.

5 Körper Serien

Ein letzter Punkt, der im Rahmen dieses Beitrags diskutiert werden soll, ist die Arbeit mit Serien, die für Schleefs Fotografien charakteristisch ist. Der Ausstellungskatalog, für den Jelineks Essay „Inzwischen. Dazwischen" entstand, präsentiert einige Einzelbilder, v. a. aber Kontaktbögen Schleefs. Kontaktbögen dienen gewöhnlich dem Zweck der Aufbewahrung einzelner Fotografien, Schleef jedoch interessierten weniger einzelne ausgewählte Fotos, als eben jene Reihen bzw. Serien, die die Einzelbilder ebenso wie die Gesamtheit der Aufnahmen erkennen lassen. Er selbst begann kurz vor seinem Tod eine Schau mit seinen Fotos

---

45 Vgl. Kluge.
46 Barthes, S. 101.
47 Vgl. Monika Meister im Rahmen der Podiumsdiskussion „Jelinek & Schubert: Bezüge und Perspektiven" am 30. März 2017 anlässlich der Veranstaltung *„die nichtsgewisseste Musik, die ich kenne" Elfriede Jelinek & Franz Schubert.*
48 Elfriede Jelinek: Fremd bin ich. In: Theater heute 8 (2011), S. 60–61.

zu konzipieren. Aus den Notizen zu dieser von ihm geplanten Ausstellung geht hervor, dass er ausschließlich Kontaktbögen zeigen wollte.

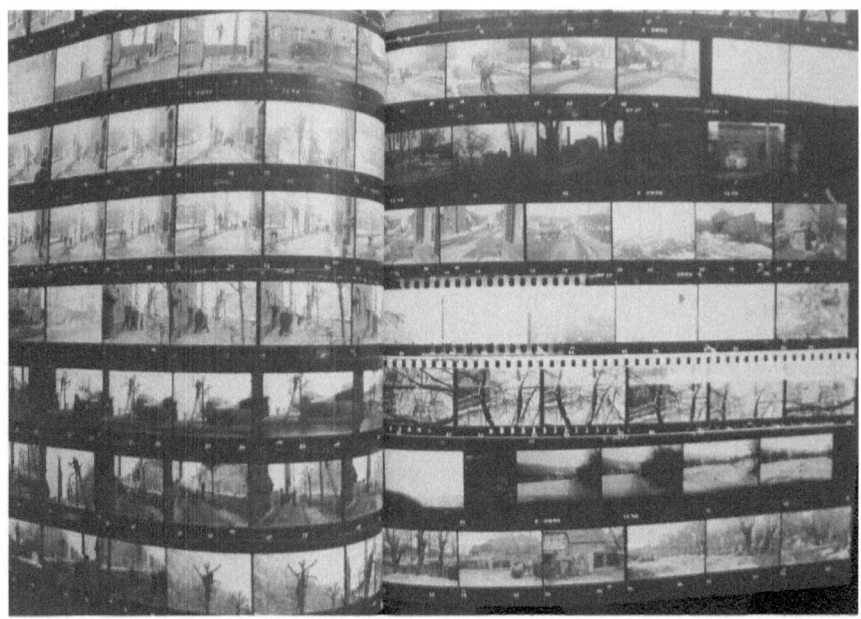

Abb. 5: Einar Schleef: *Kontaktbogen*. In: Einar Schleef. Kontaktbögen. Fotografie 1965–2001

Der Kurator und Fotohistoriker Janos Frecot hält hinsichtlich dieses Vorhabens fest, dass durch die Kontaktbögen eine andere Sicht auf Zeit und Raum eröffnet wird. Indem Bild-Reihen nicht mehr nur einen Moment, sondern gleichzeitig verschiedene Momente sichtbar machen, laufe Zeit nicht mehr nur linear, sondern auch diagonal und vertikular.[49] Die Bögen steigern in gewisser Weise das *Es-ist-so-gewesen* der Einzelfotografie, indem sie eine Vielzahl von Momenten sichtbar machen, die alle auf das *Davor* verweisen, dieses *Davor* dann aber vermeintlich als Bild sichtbar machen. Bei der Betrachtung der Serien ist das Gefühl, die Serie präsentiere tatsächlich das Vorhergehende des abgebildeten Moments ebenso wie das Darauffolgende, nie wirklich abzulegen. Tatsächlich aber bleibt unklar, wie das Bild, das in der Serie unmittelbar vor und nach dem einen Foto steht, einzuordnen ist, da die Stellen zwischen den einzelnen Fotos die Zeit dazwischen nicht messen lassen – ist es eine Sekunde, handelt es sich um mehrere

---

49 Vgl. Frecot.

Monate, Jahre? Die Dauer, die in diesen Serien sichtbar wird, ist eine brüchige, unvollständige, fragmentierte.

Frecot hält über die Strategie der Fotoserien schließlich fest, dass in den Fotografien Schleefs

> Situationen gesehen, erkannt, gewählt, eingekreist, umgangen und schließlich in Bildsequenzen festgehalten werden. Was auf den ersten Blick mitunter redundant wirken kann, erschließt sich bei genauerem, lupenhaften Hinsehen als minimale Veränderung – des Lichts, der Lineatur, der Grauabstufungen. Sichtbar wird das Abschreiten des Raumes, das Einkreisen einer visuellen Idee, die mühsame und minimalistische Arbeit, diese ins Bild zu übertragen.[50]

Die Strategie des Umkreisens, des genauen Hinsehens und der minimalen Verschiebungen ist ebenso für Jelineks Schreiben zentral. Sie selbst greift immer wieder Kreis- und Wandermetaphern auf, um dieses Verfahren zu verdeutlichen.[51] In der Forschung wurde das Bild der „leeren Mitte" eingebracht, um das Verhältnis von endlosem Sprechen und Aussparung bzw. Entzug des Eigentlichen zu fassen.[52] Ebenso wie die Bildserien, die etwas einkreisen, das nie sichtbar in Erscheinung tritt – immerhin entzieht Schleef das einzelne Bild – verweist auch bei Jelinek dieses Verfahren darauf, dass etwas andauert und fortwirkt, das die Gegenwart zwar berührt, das aber nie vollständig erinnert werden kann.

Schleef selbst hat sich nie in einem eigenen Text zu seinen Fotografien geäußert. Allerdings nimmt er in seinen Tagebüchern und im Essay *Droge Faust Parsifal* auf seine Fotos Bezug bzw. gibt es unveröffentlichte Notizen, die er teilweise auf der Rückseite einzelner Fotos angebracht hat. In solch einem handschriftlichen Vermerk hält er fest: „Ich arbeite immer in Serien, da es mir wichtig ist, bestimmte Situationen in ihrer Entwicklung festzuhalten. Ich habe mit verschiedenen Themen auch Filmversuche gemacht, mußte aber feststellen, daß sie hinter dem Aussagewert der Fotos zurückstanden."[53] Das bewegte Bild, wie es der Film produziert, kann nicht abbilden, was Schleef durch die Serialität der Fotografien erreichen will. Folgt man Roland Barthes, wäre das, was der Film mit seinen bewegten Bildern niemals evozieren kann, das Zermalmen der Zeit und der Moment des Todes. Jelinek betont in *Ein Sportstück* ebenfalls diesen Unterschied

---

50 Frecot.
51 Vgl. z.B. Jelinek: Fremd bin ich; Elfriede Jelinek: Textflächen. http://a-e-m-gmbh.com/wessely/ftextf.htm (letzter Zugriff: 10. April 2017); Elfriede Jelinek: Das Parasitärdrama. http://a-e-m-gmbh.com/wessely/fparasitaer.htm (letzter Zugriff: 10. April 2017).
52 Vgl. Kovacs und Meister.
53 Einar Schleef: Texte zu meinen Fotos.(http://www.adk.de/de/projekte/2006/schleef/vademekum.htm (letzter Zugriff: 1. Mai 2017).

zwischen Film und Bild, wenn es heißt: „Es [das Fernsehen] erweckt nur den Anschein, als lebte es, außer Sie drücken auf die Standbildtaste. Dann wird auf einmal gar nichts mehr erweckt."[54]

In diesem Zusammenhang ist zu überlegen, was es für das Theater bedeutet, wenn die Inszenierung von *Ein Sportstück* als Serie angelegt ist und damit eine Strategie von Schleefs Fotoarbeit aufgreift. Dem Programmzettel zur Inszenierung dient ein Zitat aus Jelineks Stück als Motto, in dem eben diese Praxis betont wird: „Ich werde eine Serie aus mir erzeugen lassen."[55] Schließlich wird das Prinzip der Folge und der Transformation dann auch dezidiert betont, wenn dem Jelinek-Zitat der Hinweis folgt: „Es wird verschiedenen [sic] Fassungen des Abends geben, ‚die Serie' ist noch in Arbeit."[56]

Ulrike Haß denkt in ihrem frühen Beitrag zu Schleefs Inszenierung die Figur als Serie und verbindet dies mit Jelineks Auseinandersetzung mit Globalisierung, Vernetzung, Internet und globalem Cyberdorf; mit Medien, die neue Formen des Zusammenhangs produzieren.[57] Haß hält hinsichtlich von Jelineks *Ein Sportstück* fest:

> In Bezug auf die Figuren geht es um den Versuch, sie konsequent vom Gedanken der „Serie" aus zu begreifen und das Gesetz der Serie (mit der Fernsehserie als Modell) an die Stelle der Figuren zu setzen. Dadurch wird es möglich, jene ineinander lagernden Schichten wirtschaftlicher Abhängigkeiten und Gewaltformen zu artikulieren, die sich im Dickicht der Serie schier endlos gegenseitig stützen [...]. Serienfiguren fungieren als Zeichen derselben Gewalt, durch die sie als Figuren im herkömmlichen Sinn vernichtet werden.[58]

Die Körper, so folgert Haß weiter, werden in dieser Wiederholungsform unbrauchbar, es sind abstrakte Kunst-Körper, die von toten, vorgefertigten Klischees ersetzt werden.[59] Jelinek befragt auf textueller Ebene das Verhältnis von Vergangenheit und Gegenwart, Tod und Leben bzw. Stillstand und Werden über den Diskurs des Körper-Bildes. So etwa hält die Sprechinstanz „Andi" im *Sportstück* fest: „Meine Erscheinung sprengt das Bild, das ich bin, doch öffnet diese Sprengung mir nicht die Wirklichkeit, sie öffnet mir nur Räume, in denen noch mehr Bilder hängen. Starr. In Pose."[60] Die Pose ist jenes Innehalten des Körpers im

---

54 Elfriede Jelinek: Ein Sportstück. Reinbek bei Hamburg 1999, S. 112.
55 Jelinek: Ein Sportstück, S. 112.
56 Programmzettel zur Uraufführung von Elfriede Jelineks *Ein Sportstück*, Inszenierung: Einar Schleef. Burgtheater. Wien 1998.
57 Vgl. Haß: Sinn egal. Körper zwecklos, S. 52.
58 Haß: Sinn egal. Körper zwecklos, S. 53.
59 Vgl. Haß: Sinn egal. Körper zwecklos, S. 53.
60 Jelinek: Ein Sportstück, S. 103.

Moment der fotografischen Aufnahme, das laut Barthes den Tod vorwegnimmt. Jelinek lässt in ihrem Schreiben Pose und Körper-Serie einander überlagern und erzeugt auf diese Weise Schichtungen, die den toten, abstrakten Körper ebenso sichtbar machen wie die Materialität des Körpers. Verbindet Haß die Serie mit dem toten Klischee, wäre mit Klaus Theweleit die Serie gerade als jenes Phänomen zu begreifen, das den Tod zwar braucht und voraussetzt, gleichzeitig aber etwas Unsterbliches an sich hat:

> Die wachsende Serie der Überlebenden sitzt seit WW II, unsichtbar, vor den Bildschirmen und frißt in sich hinein nicht nur Cracker, Bier und Nüsse [...], sondern den Tod. Bei Toden wie dem der *Princess* [d.i. Lady Diana] machen sie sich sichtbar und feiern am Straßenrand, vor aller Augen, ihr eigenes Noch-Da-Sein, im Kleid der Trauernden, ihres Lieblingskostüms.[61]

Durch die Foto-Serie trifft das *Es-ist-so-gewesen* auf ein *Noch-da* und eröffnet damit komplexe Schichtungen der Zeit. Fotoserien, aber auch Theater-Serien, streichen die Dauer und das Bleiben noch deutlicher hervor als es das einzelne Bild vermag, machen allerdings auch Abbrüche und opake Stellen der Zeit sichtbar, indem zwischen jedem Bild der Serie unweigerlich eine dunkle Stelle entsteht.

6 Conclusio

Die Reflexion der verschiedenen Kunstsparten, in denen Schleef gearbeitet hat, eröffnet neuartige Perspektiven auf seine Arbeiten und in weiterer Folge konkret auf das Zusammenwirken von Jelinek und Schleef. Wie der Beitrag gezeigt hat, kann ein Zugang, der nicht so sehr den Theatermacher, sondern den Fotografen Schleef fokussiert, neue Erkenntnisse bringen, indem Eigenschaften der Fotografie mit dem Theater in Zusammenhang gebracht werden. Widmete sich die Forschung zu *Ein Sportstück* bislang eher den Chorformationen und der Kategorie Körper, rückt mit der Fotografie die Kategorie der Zeit in den Vordergrund. Nicht nur kann auf diese Weise das *Es-ist-so-gewesen* der Fotografie mit dem in der Jelinek-Forschung sich etablierenden Begriff der *Koexistenz*[62] enggeführt werden, sondern darüber hinaus können Zeit und die Erfahrung des Todes zusammengedacht werden. Diese Verbindung erlaubt es, das Prozesshafte, das Andauernde

---

61 Klaus Theweleit: Canettis Masse-Begriff: Verschwinden der Masse? Masse & Serie. In: Ders (Hg.): Ghosts. Drei leicht inkorrekte Vorträge. Frankfurt a. M. 1998, S. 161–249, hier S. 228.
62 Vgl. Haß und Meister, S. 115.

und immer Unabgeschlossene im Sinne eines Gespenstisch-*Werdens* zu fokussieren und damit eine weitere für Jelinek und Schleef zentrale Kategorie in der Analyse zu berücksichtigen, die beim Begriff der *Koexistenz* nahezu unberührt bleibt. Noch dazu eröffnet das *Es-ist-so-gewesen* der Fotografie neue Lesarten zentraler Theaterkategorien wie Mimesis und Pathos. Jelineks und Schleefs Bezug auf die Wirklichkeit lässt sich dadurch anders fassen, nicht als Abbildung oder Kopie, sondern als Spur des Wirklichen, als Zeugenschaft der Zeit, nicht des Objekts. Schließlich sind bei Schleef Fotografie und Serie engstens miteinander verbunden. Die intensive Auseinandersetzung Schleefs mit Serienformaten in der Fotografie erlaubt einen anderen Blick auf die Konzeption von *Ein Sportstück* als Serie und verweist darauf, dass es auch hier um die Schichtung verschiedener Zeitlichkeiten geht und um die opaken Stellen, um die Risse und Leerstellen, die eine vollständige Rekonstruktion des Gewesenen verunmöglichen, aber auch um die Erahnung des Todes bzw. die Abhängigkeit vom Tod bei seiner gleichzeitigen Aufhebung.

Literaturverzeichnis

Barthes, Roland: Die helle Kammer. Bemerkungen zur Photographie. Frankfurt a. M. 1989.
Behrens, Wolfgang und Müller, Harald (Hg.): Einar Schleef. Kontaktbögen. Fotografie 1965–2001. Berlin 2006.
Deleuze, Gilles und Guattari, Félix: Was ist Philosophie? Frankfurt a. M. 1996.
Fleig, Anne: Zwischen Text und Theater: zur Präsenz der Körper in „Ein Sportstück" von Jelinek und Schleef. In: Erika Fischer-Lichte und dies. (Hg.): Körper-Inszenierungen: Präsenz und kultureller Wandel. Tübingen 2000, S. 87–104.
Frecot, Janos: o. T. (http://www.adk.de/de/projekte/2006/schleef/eroeffnungsreden.htm) (letzter Zugriff: 6. April 2017).
Haider, Hans: Einar Schleef ruft Elfie Elektra Bregenz: „So helfen Sie mir doch!" In: Die Presse, 26.1.1998.
Haß, Ulrike: Idiosynkrasien: Der Körper des Chores. Einar Schleef inszeniert „Ein Sportstück" von Elfriede Jelinek am Wiener Burgtheater. In: Ästhetik und Kommunikation 101 (1998), S. 59–67.
Haß, Ulrike: Im Körper des Chores. In: Freitag, 30.1.1998.
Haß, Ulrike: Sinn egal. Körper zwecklos. Anmerkungen zur Figur des Chores bei Elfriede Jelinek anlässlich Einar Schleefs Inszenierung von „Ein Sportstück". In: Elfriede Jelinek. Text + Kritik 117 ^{2}(1999), S. 51–62.
Haß, Ulrike: Chorkörper, Dingkörper. Vom Geist der Droge. „Ein Sportstück" von Elfriede Jelinek und Einar Schleefs Theater des Chores. In: Kaleidoskopien 3 (2000), S. 151–161.
Haß, Ulrike und Meister, Monika: „Wie ist es möglich, Theater ausschließlich mit Texten aufzustören?" E-Mail-Wechsel zwischen Ulrike Haß und Monika Meister. In: Pia Janke und Teresa Kovacs (Hg.): Postdramatik. Reflexion und Revision. Wien 2015, S. 112–118.

Herrmann, Regine: o. T. (http://www.adk.de/de/projekte/2006/schleef/eroeffnungsreden.htm) (letzter Zugriff: 6. April 2017).
Jelinek, Elfriede: In einem leeren Haus. In: Theater 1998. Jahrbuch der Zeitschrift „Theater heute", S. 84–86.
Jelinek, Elfriede: Ein Sportstück. Reinbek bei Hamburg 1999.
Jelinek, Elfriede: „Für ihn hätte ich alles getan". In: Format, 6.8.2001.
Jelinek, Elfriede: Wanderers Nachtlied – Schleef, die Natur, die Kunst. In: Der Tagesspiegel, 10.5.2002.
Jelinek, Elfriede: S. tanzt. In: Karin Rocholl: bilderlust lustbilder. München 2002, S. 80.
Jelinek, Elfriede: Unter dem Lichtspalt (noch einmal zu Einar Schleef). In: Magazin der Kulturstiftung des Bundes 3 (2004), S. 18–19.
Jelinek, Elfriede: Inzwischen. Dazwischen. Zu Einar Schleefs Fotografien. In: Wolfgang Behrens und Harald Müller (Hg.): Einar Schleef. Kontaktbögen. Fotografie 1965–2001. Berlin 2006, S. 9–11.
Jelinek, Elfriede: Fremd bin ich. In: Theater heute 8 (2011), S. 60–61.
Jelinek, Elfriede: Fassungslose Begeisterung. In: profil, 18.3.2013.
Jelinek, Elfriede: Das Parasitärdrama. (http://a-e-m-gmbh.com/wessely/fparasitaer.htm) (letzter Zugriff: 10. April 2017).
Jelinek, Elfriede: Textflächen. (http://a-e-m-gmbh.com/wessely/ftextf.htm) (letzter Zugriff: 10. April 2017).
Kerlin, Alexander: Hand in Hand durch den Text – Zur Zusammenarbeit von Elfriede Jelinek und Einar Schleef. Ein Gespräch mit der Dramaturgin Rita Thiele. (http://www.theater-wissenschaft.de/hand-in-hand-durch-den-text-zur-zusammenarbeit-von-elfriede-jelinek-und-einar-schleef/) (letzter Zugriff: 12. April 2017).
Kluge, Alexander: Elfriede Jelinek, Totennachrede für Einar Schleef. (https://www.youtube.com/watch?v=tswPic-YNVo) (letzter Zugriff: 28. März 2017).
Kovacs, Teresa und Meister, Monika: Fläche und Tiefenstruktur. Die leere Mitte von Geschichte in Jelineks „Rechnitz (Der Würgeengel)" und „Winterreise". In: Pia Janke und Teresa Kovacs (Hg.): „Postdramatik". Reflexion und Revision. Wien 2015, S. 119–129.
Kovacs, Teresa und Thiele, Rita: Text & Theater. Widerstand, Reibung, Innovation. In: Pia Janke und Teresa Kovacs (Hg.): „Postdramatik". Reflexion und Revision. Wien 2015. S. 370–376.
Kovacs, Teresa: Sanktion und Selbstzensur. Elfriede Jelineks Aufführungsverbote für Österreich. (https://jelinektabu.univie.ac.at/sanktion/zensur/teresa-kovacs/) (letzter Zugriff: 4. April 2017).
Löffler, Sigrid: Um die Ecke gedacht. In: DIE ZEIT, 29.1.1998.
Lux, Joachim: „Theaterverweigerer" an der Burg. Schleef – Stemann – Schlingensief – Häusermann. In: Pia Janke (Hg.): Elfriede Jelinek: „Ich will kein Theater". Mediale Überschreitungen. Wien 2007, S. 152–171.
Müller, Heiner: Kein Text ist gegen Theater gefeit. In: ders.: Heiner Müller Werke 11: Heiner Müller Gespräche 2 1987–1991. Hg. von Frank Hörnigk. Frankfurt a. M. 2008, S. 565–586.
Pohl, Roland: Der Liebling der Mütter und Dompteur der Leiber. In: Der Standard, 26.1.1998.
N.N.: Programmzettel zur Uraufführung von Elfriede Jelineks Ein Sportstück, Inszenierung: Einar Schleef. Burgtheater Wien 1998.

Schleef, Einar: Texte zu meinen Fotos.
(http://www.adk.de/de/projekte/2006/schleef/vademekum.htm) (letzter Zugriff: 1. Mai 2017).
Schleef, Einar: Tagebuch 1999–2001. Hg. von Winfried Menninghaus, Sandra Janßen und Johannes Windrich. Frankfurt a. M. 2009.
Schößler, Franziska und Speicher, Hannah: Statistiken, Stücke und (West-Ost)Debatten: 1995 im Drama und Theater. In: Heribert Tommek, Galli Matteo und Achim Geisenhanslüke (Hg.): Wendejahr 1995: Transformationen der deutschsprachigen Literatur. Berlin 2015, S. 300–317.
Theweleit, Klaus: Canettis Masse-Begriff: Verschwinden der Masse? Masse & Serie. In: Ders (Hg.): Ghosts. Drei leicht inkorrekte Vorträge. Frankfurt a. M. 1998, S. 161–249.
Thuswaldner, Werner: Sport, Krieg und Tod. In: Salzburger Nachrichten, 26.1.1998.
Tigges, Stefan: TheaterSport. Einar Schleef bewegt Elfriede Jelinek. In: Inge Arteel und Heidy Margrit Müller (Hg.): Elfriede Jelinek – Stücke für oder gegen das Theater? Brüssel 2008, S. 131–142.
Villiger Heilig, Barbara: Der Olymp in Olympia – ein Theaterkraftakt. In: Neue Zürcher Zeitung, 26.1.1998.

Die Beiträger*innen

Simon Aeberhard, Studium der Philosophie und Deutsche Philologie in Basel und Hamburg; 2011 Promotion mit einer Arbeit zur Mediologie von Theatertexten; 2012–2019 wissenschaftlicher Mitarbeiter und Assistent am Deutschen Seminar der Universität Basel. Arbeitsschwerpunkte: Performativität, Drama und Theater, Medialität der Schrift, Scheintod, Schweizer Literatur. Veröffentlichungen u. a.: *Theater am Nullpunkt. Penthesileas illokutionärer Selbstmord bei Kleist und Jelinek*, Freiburg i. Br. 2011; *dialÄktik. Deutschschweizer Literatur zwischen Mundart und Hochsprache*, hg. mit Caspar Battegay und Stefanie Leuenberger, Zürich 2014; „Ambivalenzen der Opferschaft im Literaturtheater um 1800. Kotzebues Sonnenjungfrau, Goethes Iphigenie und Kleists Penthesilea", in: Harriet Rudolph und Isabella von Treskow (Hg.): *Opfer. Dynamiken der Viktimisierung vom 17. bis zum 21. Jahrhundert, Heidelberger Abhandlungen zur Mittleren und Neueren Geschichte*, Heidelberg 2020.

Uta Degner, assoziierte Professorin am Fachbereich Germanistik der Universität Salzburg. Studium der Neueren Deutschen Literatur, Italienischen Philologie, Anglistik und Philosophie in Konstanz, Bologna und an der FU Berlin, dort 2007 Promotion (*Bilder im Wechsel der Töne. Hölderlins Elegien und ‚Nachtgesänge'*, Heidelberg 2008), 2009–2013 wissenschaftliche Mitarbeiterin am FB Germanistik der Universität Salzburg; 2013–2015 Elise-Richter-Stelle des FWF, 2015–2019 Assistenz-Professorin am FB Germanistik, 2019 Habilitation mit einer Arbeit zu Elfriede Jelinek. 2021 Gastprofessur an der Universität Leiden. Forschungsschwerpunkte und Publikationen zur Literatur des 18.–21. Jahrhunderts; Intermedialität, Autorinnenschaft; Feldtheorie und Ästhetik.

Silke Felber, Elise Richter Fellow des FWF am Institut für Theater-, Film- und Medienwissenschaft der Universität Wien; Leiterin des FWF-Projekts *Performing Gender in View of the Outbreak*, zu/r Performance(s) europäischer Regierender angesichts der COVID-19-Krise aus intersektionaler Perspektive. 2016–2019 Hertha Firnberg Fellow des FWF; Visiting Scholar an der Ghent University (BE) und an der University of Oxford (GB); Lehraufträge an der Universität Bern (CH), der Università di Catania (IT), der Universität Innsbruck und der Universität Wien. Habilitationsschrift *Travelling Gestures. Elfriede Jelineks Theater der (Tragödien-)Durchquerung* zu Überresten der griechisch-antiken Tragödie im Theater Jelineks aus transdisziplinärer Sicht.

Anne Fleig, Professorin für Deutsche Philologie an der Freien Universität Berlin, Vorstandsmitglied im SFB 1171 *Affective Societies* und Mitherausgeberin des Kleist-Jahrbuchs. Arbeitsschwerpunkte: Literatur um 1800, Kulturelle Moderne und Gegenwartsliteratur, Geschlechterforschung, Weibliche Autorschaft, Drama und Theater, Affekte und Gefühle, Mehrsprachigkeit, Transkulturalität und Zugehörigkeit. Aktuelles Forschungsprojekt zur Berliner Literaturgeschichte der Migration. Jüngste Buchpublikationen: Mit Marion Acker, Matthias Lüthjohann: *Affektivität und Mehrsprachigkeit. Dynamiken der deutschsprachigen Gegenwartsliteratur*, Tübingen 2019; mit Christian von Scheve: *Public Spheres of Resonance. Constellations of Affect and Language*, New York 2020.

Konstanze Fliedl, Studium der Germanistik, Kunstgeschichte und Theologie in Wien. Dissertation über Elisabeth Langgässer, 1997 Habilitation zu Arthur Schnitzler. Gastdozenturen und

-professuren in Berlin, Warschau, Zürich, Bern, Neapel u. a. 2002–2007 Professur an der Universität Salzburg, danach Professorin für Neuere deutsche Literatur am Institut für Germanistik der Universität Wien, seit 2020 im Ruhestand. Herausgeberin der Historisch-kritischen Ausgabe von Arthur Schnitzlers Frühwerk. Leiterin der Arbeitsstelle ACE (Austrian Corpora and Editions) an der Österreichischen Akademie der Wissenschaften. Forschungsschwerpunkte: Literatur des 19. und 20. Jahrhunderts; Wiener Moderne; Editorik; Intermedialität.

Harald Gschwandtner, Studium der Germanistik und Geschichtswissenschaft in Salzburg. 2013–2016 Universitätsassistent für Neuere deutsche Literatur, 2016–2020 Senior Scientist an der Universität Salzburg, Promotion 2019. Arbeitet als Literaturwissenschaftler, Buchhändler und Lektor in Salzburg. Publikationen zu Thomas Bernhard, Peter Handke, Elfriede Jelinek, Robert Musil, Stefan Zweig und anderen österreichischen Autor*innen des 20./21. Jahrhunderts, außerdem regelmäßige Rezensionen für die Zeitschrift *Literatur und Kritik*. Zuletzt erschienen: *Max Reinhardt: Regiebuch zu Hugo von Hofmannsthals „Jedermann"*, hg. mit Evelyn Annuß, Edda Fuhrich u. Norbert C. Wolf, Wien 2020; *Strategen im Literaturkampf. Thomas Bernhard, Peter Handke und die Kritik*, Wien 2021.

Christa Gürtler, Studium der Germanistik und Kunstgeschichte, Dissertation *Schreiben Frauen anders? Untersuchungen zu Ingeborg Bachmann und Barbara Frischmuth* (Stuttgart 1983), Literaturwissenschaftlerin, Literaturkritikerin, Literaturvermittlerin und Lehrbeauftragte an der Universität Salzburg; Mitarbeit an Forschungsprojekten, Mitglied in zahlreichen Jurys, Organisation von Veranstaltungen; Buchpublikationen, Herausgaben und Aufsätze, Artikel und Rezensionen, vor allem zur österreichischen Gegenwartsliteratur, zur Literatur von Autorinnen (u. a. Elfriede Jelinek), zu Gender-Studies; zuletzt Mitherausgeberin der fünfbändigen Werkausgabe von Elfriede Gerstl, Graz 2012–2017.

Teresa Kovacs, Assistant Professor am Department of Germanic Studies an der Indiana University in Bloomington. Studium der Germanistik und Theater-, Film- und Medienwissenschaft an der Universität Wien; wissenschaftliche Mitarbeiterin der Forschungsplattform *Elfriede Jelinek. Texte – Kontexte – Rezeption*. Promotion 2016 (*Drama als Störung. Elfriede Jelineks Konzept des Sekundärdramas*. Bielefeld 2016); 2017–2019 Erwin Schrödinger Stipendium des FWF am Department of Germanic Languages and Literatures, University of Michigan. Zahlreiche Publikationen zum Gegenwartstheater, Theatertheorie, Intermedialität, Christoph Schlingensief; aktuelles Projekt: zeitgenössisches Theater und new materialism.

Alexandra Millner, Mag.ª Dr. phil., Privatdozentin, Projektleiterin sowie Lehrende am Institut für Germanistik der Universität Wien, Literaturkritikerin und Dramaturgin. FWF-Projekte *Transdifferenz in der deutschsprachigen Literatur von Migrantinnen Österreich-Ungarns (1867–1918)* und *Albert Drach Werke. Studienausgabe III*. Präsidentin der Albert Drach Gesellschaft sowie der H. C. Artmann Gesellschaft. Buchpublikationen u. a. zu Josef Winkler, H. C. Artmann und Peter Rosei, zuletzt u.a.: *Transdifferenz und Transkulturalität. Migration und Alterität in den Literaturen und Kulturen Österreich-Ungarns*, hg. mit Katalin Teller, Bielefeld 2018; *Experimentierräume in der österreichischen Literatur*, hg. mit Dana Pfeiferová und Vincenza Scuderi, Pilsen 2019; *Lovecraft, save the world! 100 Jahre H. C. Artmann*, Klagenfurt u.a. 2021.

Juliane Vogel, Professorin für Neuere Deutsche Literatur und Allgemeine Literaturwissenschaft mit Schwerpunkt 18. Jahrhundert bis zur Gegenwart an der Universität Konstanz. Mitherausgeberin der *Deutschen Vierteljahrsschrift für Literaturwissenschaft und Geistesgeschichte* (DVjs); 2020 Gottfried Wilhelm Leibniz-Preis der DFG. Forschungsschwerpunkte: Drama, Grundlagen und Grundbegriffe europäischer Dramaturgie, experimentelle Schreibweisen der Moderne, Literatur der Jahrhundertwende und österreichische Literatur (besonders Hugo von Hofmannsthal und Adalbert Stifter). Publikationen u. a.: *Die Furie und das Gesetz. Zur Dramaturgie der „großen Szene" in der Tragödie des 19. Jahrhunderts*, München 2002; *Aus dem Grund. Auftrittsprotokolle zwischen Racine und Nietzsche*, München 2018; *Epiphanie der Form. Goethes „Pandora" im Licht seiner Form- und Kulturkonzepte*, hg. mit Sabine Schneider, Göttingen 2018.

Norbert Christian Wolf, Professor für Neuere deutsche Literatur an der Universität Wien seit 2020. Studium der Germanistik, Geschichte sowie der AVL in Wien, Paris und Berlin (FU). Promotion 1999, wissenschaftlicher Mitarbeiter an der FU Berlin 1998–2004. APART-Stipendiat der Österreichischen Akademie der Wissenschaften (ÖAW) in Wien 2004, Juniorprofessor für Neuere deutsche Literatur und Literaturtheorie an der FU Berlin 2005–2009, Habilitation 2009; Professor für Neuere deutsche Literatur an der Universität Salzburg 2009–2020, Fachreferent für Literatur- und Sprachwissenschaften des österreichischen Wissenschaftsfonds (FWF) 2014–2020, Präsident der Internationalen Robert-Musil-Gesellschaft seit 2016; zahlreiche Monographien, Sammelbände und Aufsätze vor allem zur deutschsprachigen Literatur vom 18. bis zum 21. Jahrhundert, literarische Ästhetik, Literatursoziologie, Intermedialität, österreichische Literatur.

Personenregister

Aischylos 34, 66–68, 70, 180, 220–223, 225, 227
Aramis 125
Aristoteles 85
Artmann, H. C. 19 f.
Aury, Dominique 139
Austin, John L. 57

Bach, Johann Sebastian 181 f.
Bachmann, Ingeborg 170 f., 173, 176
Bachtin, Michail M. 216
Bacon, Francis 123
Badiou, Alain 228
Balzac, Honoré de 71
Barthes, Roland 25, 34, 61, 71, 99, 107, 149, 232, 236, 238, 240–247, 249, 251
Bataille, Georges 137, 146
Baudrillard, Jean 38–40, 42, 45
Beethoven, Ludwig van 180
Bellmer, Hans 123
Bernhard, Thomas 12 f., 62, 163–179, 181–185, 187 f., 190 f., 233
Beuys, Joseph 6
Blomberg, Benjamin von 84
Bloom, Harold 12, 169
Bourdieu, Pierre 3–6, 154–156
Bürger, Peter 3–6
Brahms, Johannes 178
Brecht, Bertolt 215
Breicha, Otto 174
Breivik, Anders Behring 82
Brinkmann, Rolf Dieter 19, 21
Brown, Wendy 228
Brus, Günter 121–125, 128
Burroughs, William 24–28
Busche, Jürgen 147
Bush, George W. 56, 69

Camus, Albert 188
Canetti, Elias 36
Castorf, Frank 60
Conner, Bruce 123
Coulibaly, Amedy 77

Deleuze, Gilles 235
Derrida, Jacques 57
Desclos, Anne Cécile 139
Diehl, Hans 164
Drews, Jörg 150
Dylan, Bob 123

Eliot, T. S. 144
Euripides 78, 220, 226
Export, Valie 5

Fassbinder, Rainer Werner 233
Fiedler, Leslie 20
Filipovic, Alexander 45
Fischer, Arno 237
Fleischmann, Krista 171
Foucault, Michel 103 f., 107
Frecot, Janos 248 f.
Freud, Sigmund 34–37, 80, 83
Fritz, Marianne 170
Froschauer, Franz 164

Gerstl, Elfriede 174
Ginsberg, Allen 26
Girard, René 225
Goethe, Johann Wolfgang von 178
Gould, Glenn 181 f.
Grasser, Karl-Heinz 38
Grassl, Gerald 150
Gstrein, Norbert 173
Guattari, Felix 235
Günther, Frank 33
Gysin, Boris 27

Hage, Volker 142–145, 148
Haider, Jörg 180
Handke, Peter 163, 172, 175 f., 189 f.
Haneke, Michael 134, 139
Harris, Oliver 29
Häupl, Michael 219
Hegel, Georg Wilhelm Friedrich 52
Heidegger, Martin 34, 39 f., 45, 80, 105
Heinrichs, Hans-Jürgen 167

Herzog, Rudolf 37
Hesiod 226
Hettche, Thomas 173
Higgins, Dick 123
Hitchcock, Alfred 181
Hochhuth, Rolf 172
Hölderlin, Friedrich 44, 148
Hoffmann, Felix 45
Hoffmann, Yasmin 152
Homer 78, 222
Horaz 149
Hütter, Frido 181

Ibsen, Henrik 13, 61, 201–208, 210f., 213–216, 246
Isenschmid, Andreas 148f.

Jandl, Ernst 172
Jauss, Hans Robert 19
Jong, Erica 138
Jonke, Gert 165f., 173

Kafka, Franz 9, 115, 119f., 127, 129
Kahl, Kurt 149
Kalinowski, Horst Egon 123
Kandel, Lenore 22, 28
Karasek, Hellmuth 146f.
Kerschbaumer, Marie-Thérèse 188
Keun, Irmgard 179
Kieler, Laura 213
Klein, Yves 123
Kleist, Heinrich von 59, 105
Kluge, Alexander 246
Koberg, Roland 81, 166, 201
Kolleritsch, Alfred 174
Kouachi, Chérif 77
Kouachi, Saïd 77
Kraus, Karl 82
Kullmann, Katja 89
Kupferberg, Tuli 26
Kurdi, Alan [auch: Aylan] 33, 46

Lavant, Christine 170f.
Lebert, Hans 178
Lilienthal, Matthias 81
Löffler, Sigrid 127, 142, 145f., 150, 167, 178

Majakowski, Wladimir Wladimirowitsch 123
Manzoni, Piero 123
Maresch, Rudolf 152f., 157
Maria Theresia 113
Marko, Inge 178
Mayer, Verena 81, 166
Mendelssohn Bartholdy, Felix 183–186
Meizoz, Jérôme 11
Meyhöfer, Annette 148
Miller, Henry 137
Mill, John Stuart 213
Mühl, Otto 123f.
Müller, André 41, 188
Müller, Heiner 241

Nestroy, Johann 81
Nietzsche, Friedrich 66
Nin, Anaïs 137
Nitsch, Hermann 123
Nonnenmann, Rainer 223

Oertzen, Tanja von 164
Ovid 34

Pařízek, Dušan David 201f.
Pascal, Blaise 181
Pasterk, Ursula 219
Persson, Karl-Johan 214
Peymann, Claus 6, 219, 233
Pohlmann, Andreas 239

Rabinovici, Doron 219
Rau, Milo 80
Réage, Pauline 138f., 144
Reich-Ranicki, Marcel 146f., 165
Riefenstahl, Leni 138
Rocholl, Karin 135f.
Roth, Gerhard 163, 165
Rygulla, Ralf-Rainer 21f.

Sade, Donatien Alphonse François de 135, 144
Scharang, Michael 174
Schiller, Friedrich 84, 98
Schirrmacher, Frank 142, 151
Schleef, Einar 14, 231–237, 240f., 243–247, 249–252

Schlingensief, Christoph 55f., 61
Schmidt-Dengler, Wendelin 127, 191
Scholten, Rudolf 219
Schubert, Franz 247
Schumann, Robert 183–187
Schumann, Clara 186
Schüssel, Wolfgang 190
Searle, John 57
Shakespeare, William 33, 105
Sontag, Susan 43f., 47
Sophokles 220, 222
Sourisseau, Laurent 33, 46
Stefan, Verena 111, 129
Stein, Peter 172
Stemann, Nicolas 60, 78, 84, 88, 234
Stirner, Max 167
Strauß, Botho 172
Sucher, Curt Bernd 168, 171
Szondi, Peter 52, 98

Thalheimer, Michael 36
Theweleit, Klaus 36f., 79f., 251

Thurnher, Armin 219
Tzara, Tristan 24

Unseld, Siegfried 172, 190
Ury, Else 23

Virilio, Paul 39–42

Waldheim, Kurt 163
Walser, Robert 107
Weibel, Peter 122–124
Werner, Oskar 66–68, 224
Wessely, Paula 246
Wieler, Jossi 179
Wittgenstein, Ludwig 82, 181
Woolf, Virginia 171

Zadek, Peter 232
Zauner, Martin 164
Zech, Rosels 164
Žižek, Slavoj 83
Zobl, Wilhelm 125

www.ingramcontent.com/pod-product-compliance
Lightning Source LLC
Chambersburg PA
CBHW020225170426
43201CB00007B/327